Cameron-Bandler, Gordon, Lebeau

Muster-Lösungen

Lösungsmuster für alltägliche Probleme

Reihe
Pragmatismus & Tradition
Band 18
Herausgegeben
von Thies Stahl

Leslie Cameron-Bandler
David Gordon, Michael Lebeau

MUSTER LÖSUNGEN

Lösungsmuster für alltägliche Probleme

Aus dem Amerikanischen von
Vukadin Milojevic

Junfermann Verlag · Paderborn
1992

Originaltitel: Know How - Guided Programs For Inventing Your Own Best Future
Übersetzung aus dem Amerikanischen: Vukadin Milojevic

Satz: adrupa Paderborn
Druck: PDC – Paderborner Druck Centrum

CIP-Titelaufnahme der Deutschen Bibliothek

Cameron-Bandler, Leslie:
Muster-Lösungen: Lösungsmuster für alltägliche Probleme / L. Cameron-Bandler; D. Gordon; M. Lebeau. Aus dem Amerikan. von Vukadin Milojevic. – Paderborn: Junfermann, 1992

(Reihe Pragmatismus & [und] Tradition, Bd. 18)
Einheitssacht.: Know How <dt.>
ISBN 3-87387-075-4

NE: Gordon, David; Lebeau, Michael:; GT

ISBN 3-87387-075-4

Inhalt

Vorwort 11

1. Eine Welt der Unterschiede 15

2. Ein Blick in den Spiegel 23

3. Die fünf Grundlagen des Erfolgs 35

4. Von „Wünschen“ zu „Haben“ 67
   Wünschen 67
   Wollen 72
   Planen 78
   Handeln 84
   Haben 88
   Verwirklichen Sie Ihre Wünsche 94

5. Essen 107
   Von Wissen zu Erfahrung 117

6. Fitness 131
   Etwas Kraft dahinter setzen 134

7. Mäßigung und Leidenschaft 141
   Drogen 141
   Ihrer Zukunft zuliebe 146
   Rauchen 152
   Der Weg zu frischem Atem 160
   Alkohol 169
   Ein Toast auf die Mäßigung 173

8. Sex 181

9. Liebe 193

10. Kindererziehung 243

Nachwort 291

Anmerkungen 293
Glossar 299
Literatur 301

Widmungen

Für Debbie, deren Liebe, Intelligenz und (scheinbar grenzenlose Geduld) so viel ermöglicht hat.

DG

Für Saul und Reva, in tiefer Liebe und Respekt. Die Erinnerungen an meine Kindheit erfüllen mich mit Dankbarkeit und sind die Quelle meines Wissens bei dem Bemühen, meinen eigenen Sohn ins Erwachsenenalter zu begleiten.

ML

Für Ken Hausman, einen Mann voller Ritterlichkeit, Freundschaft und Herz. Du hast für mich die Gegenwart von der Vergangenheit befreit und die Zukunft in Reichweite gebracht.

LCB

So wie manche Komponisten besonders kreativ sind, so haben manche Menschen eine größere Begabung für das Leben als andere. Sie haben zwar Einfluß auf die Menschen in ihrer Umgebung, doch der Prozeß endet hier, da es keine Möglichkeit gibt, das was sie genau tun, was zu einem großen Teil außerhalb ihres Bewußtseins liegt, in technischen Begriffen zu beschreiben. Irgendwann in der fernen Zukunft, wenn die Kultur genauer erforscht sein wird, wird es etwas mit einer Partitur in der Musik Vergleichbares geben, das von verschiedenen Menschen, in verschiedenen Berufen und Beziehungen für Zeit, Raum, Arbeit und Freizeit erlernt werden kann. Wir können heute Menschen sehen, die erfolgreich und glücklich sind und in erfüllenden und produktiven Berufen arbeiten. Was sind die Elemente und Muster, die diese Menschen von den weniger glücklichen unterscheiden? Wir brauchen einen Weg, um das Leben etwas weniger zufällig und dafür etwas erfreulicher zu machen.

Edward T. Hall
The Silent Language

Mitteilung an den Leser

Schon seit vielen Jahren streiten verschiedene Gruppen von Forschern, Pädagogen, Philosophen und Naturwissenschaftlern über die Existenz einer „Sprache des Gehirns", die erklären würde, wie es augenscheinlich begabten Menschen gelingt, ihre einzigartigen Fertigkeiten und Talente zu nutzen. Die kühnsten unter ihnen haben behauptet, daß diese Sprache, sollte sie je entdeckt werden, dazu dienen könnte, diese Begabungen und Fertigkeiten zu reproduzieren und von einer Person zur anderen zu übertragen. Dem Anschein nach haben diese Futuristen und Visionäre recht behalten.

Die Autoren haben vor nicht sehr langer Zeit eine solche Sprache entdeckt und darauf aufbauend eine neue Methodologie entwickelt, aus der sich Methoden und Formate ableiten lassen, die jeder nutzen kann, um aus der Schatztruhe mentaler Ressourcen zu schöpfen. Der Name dieser Methodologie ist Mental Aptitude Patterning.

MAP ermöglicht es den Autoren, die Muster zu kodieren, die menschlichen Begabungen zugrundeliegen und, wie es die Visionäre bereits vorausgesagt haben, mithilfe einer Reihe von Prozessen, diese kodierte Information in eine Sequenz von Lernerfahrungen umzuwandeln, die, wenn sie befolgt wird, die betreffende Fähigkeit in jeder beliebigen Person installiert.

Die Früchte unserer Arbeit seit der Entwicklung des MAP sind in diesem Buch und in „The EMPRINT Method: A Guide to reproducing Competence" enthalten. Wie Sie bald selbst sehen werden, schafft das MAP mit seinen Anwendungsmöglichkeiten die Voraussetzung für eine enorme Vergrößerung individueller Initiative, Erfüllung und Entwicklung. Die Welt wird vielleicht nie wieder die gleiche sein.

Vorwort

Haben Sie sich schon einmal gefragt, warum manche Menschen eine scheinbar natürliche Begabung für Erfolg und ein erfülltes Leben haben, während andere zu Mißerfolg, Enttäuschung und Frustration verdammt zu sein scheinen? Wären Sie gern in der Lage, talentierte und begabte Menschen auf eine Weise zu verstehen, die Ihnen die Möglichkeit gibt, ihnen ähnlicher zu werden – eine Möglichkeit, die Fähigkeiten derer zu erwerben, die Erfolg und ein erfülltes Leben erreicht haben? Wenn Ihre Antwort „ja" lautet, lesen Sie weiter. Das Ziel dieses Buches ist es, Ihnen diese Wahlmöglichkeit zu geben.

Die folgenden Seiten sind das Ergebnis einer inspirierenden Zusammenarbeit, die uns buchstäblich aus unserem eigenen Verständnis der Welt hinausgeführt und uns die Faszination der inneren Erfahrung anderer erschlossen hat. Vor mehreren Jahren begannen wir damit, Genialität und außergewöhnliche Begabung in wichtigen Alltagssituationen zu untersuchen, und unsere Neugier über talentierte und begabte Menschen hat uns zu der faszinierenden Entdeckung geführt, *wie* sie das, was sie so hervorragend können, tatsächlich tun. Diese Muster des Erfolgs haben wir in einfache, leicht anwendbare Formate destilliert. Unsere Absicht mit diesem Buch ist es, Ihnen diese Formate – die Denkprozesse, Wahrnehmungen und Verhaltensweisen – zu vermitteln, die auf natürliche Weise zu Erfolg und Erfüllung in einigen der wichtigsten und lohnendsten Lebensbereiche führen. In jedem Kapitel werden Sie an der Darstellung und Analyse dieser Muster teilhaben, die dazu bestimmt sind, Sie durch einen kontinuierlichen Lernprozeß zu führen. Sie können lernen und Veränderungen erreichen, noch während Sie die einzelnen Kapitel lesen.

Wir haben in den vergangenen Jahren mehreren tausend Menschen bei Veränderungen geholfen, und sie waren immer wieder verwundert darüber, daß Veränderungen nicht unbedingt schwierig sind. Früher glaubte man (und glaubt es in manchen Kreisen immer noch), daß tiefgreifende Lebensveränderungen nur sehr schwer durchzuführen seien. Größere persönliche Veränderungen galten als ein mühsamer, schmerzhafter Prozeß voller Kämpfe und

Opfer. Diese Auffasssung beruht auf den Annahmen, daß 1. tiefliegende und weit zurückreichende Probleme aufgedeckt und durchgearbeitet werden müßten, bevor andere Erfahrungen möglich seien und es 2. keine Möglichkeit gab, erfolgreiche und wünschenswerte Erfahrungen von einem Individuum zum anderen zu übertragen.

Diese Möglichkeit besteht jetzt. Unsere mehrjährige Forschungsarbeit hat uns zu einem neuen Vorhaben geführt, das einen evolutionären Schritt über unsere bisherige Arbeit hinaus darstellt.* In jüngerer Zeit haben wir unsere Forschungen darauf konzentriert, wie der Einzelne die Vergangenheit, Gegenwart und Zukunft gebraucht, um sein Verhalten und die Art und Qualität seiner Erfahrung zu bestimmen. Wir haben bei unseren Untersuchungen unerwartete Reichtümer entdeckt, aus denen wir ein neues Modell entwickelt haben – die EMPRINT-Methode – die es uns ermöglicht hat, erfolgreiche Muster für viele verschiedene Lebensbereiche zu bestimmen.

Die EMPRINT-Methode ist ein Prozeß, der das Erlernen von Fertigkeiten beschleunigt. Durch den Gebrauch dieser Methode waren wir in der Lage, eine Reihe allgemein nützlicher Wahrnehmungssequenzen, Denkprozesse und Verhaltensweisen zu entdecken und zu beschreiben, mit denen die häufigsten persönlichen Herausforderungen und Probleme, die Menschen gewöhnlich erleben, gelöst werden können. Das Ziel dieses Buches ist es, die Vorzüge dieser Methode allgemein verfügbar zu machen.**

Wann immer wir andere dabei unterstützt haben, das zu erreichen, was sie wollten, ob in Einzelsitzungen oder in Trainigsseminaren, konnten wir eine sehr wichtige Beobachtung machen: *Die*

---

* In unserer bisherigen Arbeit als Forscher und Mitentwickler des Neurolinguistischen Programmierens haben wir Menschen mit einer Reihe von Techniken, die wir entwickelt hatten, dabei geholfen, ihre gewünschten Ziele und Veränderungen zu erreichen. Diese Techniken sind in ihrer kommunikativen und therapeutischen Anwendung sehr effektiv, doch wie bei allen Techniken hat auch ihre Effektivität Grenzen.

** Diejenigen, die an einer vollständigen Darstellung der EMPRINT-Methode interessiert sind, verweisen wir auf unser Buch „The EMPRINT Method: A Guide to Reproducing Competence". Dort werden Sie eine ausführliche Darstellung der einzelnen Aspekte der Methode finden, die auch Richtlinien und Beispiele dafür enthält, wie Sie Begabungen, Fähigkeiten und Fertigkeiten anderer erwerben können. Sie werden dort auch mehr Informationen über unser neues Vorhaben – Mental Aptitude Patterning – finden.

überwiegende Mehrzahl braucht nicht so sehr Therapie als eine Gelegenheit, zu lernen, WIE sie ihre Wahrnehmungen, Denkprozesse und Verhaltensweisen wirksam organisieren können. Sobald sie dieses Wissen haben, können sie danach handeln und ihre Ziele erreichen, anstatt weiterhin darauf verzichten zu müssen.

Die folgenden Seiten enthalten eine Zusammenfassung unseres Wissens über Lösungsmöglichkeiten für häufig erlebte Probleme. Für jeden der behandelten Bereiche haben wir sowohl erfolgreiche, wie erfolglose Verhaltensmuster beschrieben. Dadurch haben Sie die Gelegenheit, Ihre eigenen Muster damit zu vergleichen und herauszufinden, was die Grundlage für Ihre Erfolge und Mißerfolge ist. Wenn Sie sich in den Beispielen mit den Personen identifizieren, deren Verhalten in einem bestimmten Bereich nicht zielführend ist, bedeutet das nicht, daß mit Ihnen etwas nicht in Ordnung ist. Sie haben lediglich noch nicht die Gelegenheit gehabt, zu lernen, wie Sie in den betreffenden Problemsituationen anders reagieren können. Dieses Buch bietet Ihnen diese Gelegenheit – die Gelegenheit Know-How zu erwerben.

Wir glauben, daß Sie Begabungen erwerben und in jedem beliebigen Lebensbereich herausragende Leistungen vollbringen können. Wir haben dieses Buch geschrieben, um Ihnen zu zeigen, wie Sie diesen Glaubenssatz für sich verwirklichen können. Die folgenden Seiten enthalten eine Auswahl der Formate, die wir aufgrund unserer Untersuchungen der Struktur von Begabung und natürlicher Spitzenleistung entwickelt haben. Wir stellen sie Ihnen in der Hoffnung vor, daß Sie sie nutzen werden, um Ihre bestehenden Begabungen zu erweitern und die Kontrolle über gegenwärtig frustrierende Bereiche in Ihrem Leben zu gewinnen. Lesen Sie weiter und lernen Sie mit Vergnügen die Fertigkeiten, mit denen Sie Ihre Träume und Wünsche verwirklichen können.

San Rafael, Kalifornien
20. September 1984

1. Eine Welt der Unterschiede

... ich stürzte mich der Zukunft entgegen. Zuerst dachte ich kaum daran anzuhalten, dachte an kaum etwas anderes als an diese neuen Empfindungen. Doch plötzlich erwachten neue Ahnungen in mir – Neugier und mit ihr Furcht – die schließlich ganz von mir Besitz ergriffen. Welche neuen Entwicklungen der Menschheit, welche wunderbaren Verbesserungen unserer rudimentären Zivilisation, so dachte ich, würden wohl erscheinen, wenn ich die verschwommene, flüchtige Welt, die vor meinen Augen vorbeiraste, genauer betrachtete!

H.G. Wells
Die Zeitmaschine

So wie der Zeitreisende in Wells Roman, so stehen auch wir am Beginn einer Entdeckungsreise. Doch im Unterschied zu ihm ist es nicht unser Ziel zu entdecken, was in der Zukunft sein wird, sondern was sein könnte. Die Frage nach dem was sein könnte, erscheint uns um vieles reizvoller und interessanter, als die Frage danach was sein wird. Unser Anliegen ist es, daß Sie, wenn Sie die letzten Worte auf der letzten Seite dieses Buches lesen, sowohl die Fähigkeit haben, eine Fülle möglicher Zukunftsentwürfe für sich zu entdecken, wie auch, eine oder alle dieser Möglichkeiten für sich zu verwirklichen.

Wenn Sie das an die Versprechungen eines Selbsthilfe-Buches erinnert, so haben Sie vollkommen recht. Genau das soll es sein: ein Buch, das Ihnen zeigt, wie Sie Ihr eigenes Verhalten und das anderer verstehen und *Ihr Erleben und Verhalten auf effektive und nützliche Weise verändern können.* Dieser Ansatz stellt für uns eine bedeutende Neuentwicklung dar. In unseren früheren Arbeiten haben wir vor allem die Einzigartigkeit jedes Individuums hervorgehoben und betont, daß ihm mit äußerstem Respekt für seine persönliche und einzigartige Sicht der Welt zu begegnen sei. Diese Überzeugung hat sich in keiner Weise geändert. Doch die Annahme, daß wir alle auf der Grundlage unserer persönlichen Sicht der Welt handeln, ändert nichts an der Tatsache, daß es auch eine Fülle von Erlebens- und Verhaltensmustern gibt, die den meisten von uns gemeinsam sind. Es gibt keinen besseren Beweis für gemeinsame menschliche Verhaltensmuster als die Wirksamkeit und den Erfolg von Werbeagenturen, Institutionen, die Tag für Tag deutlich machen, daß jeder Einzelne auch Mitglied einer kulturellen Gemeinschaft ist.

Es gibt Muster in unseren Denk- und Verhaltensweisen, die für weite Teile unserer Kultur charakteristisch sind. Einige davon sind sogar für alle menschlichen Wesen charakteristisch (1). In diesem Buch stellen wir Ihnen die Muster vor, die wir bei einer Reihe verbreiteter Probleme gefunden haben, wie auch die EMPRINT-Formate, welche, wenn sie angewendet werden, diese Probleme lösen und es Ihnen ermöglichen, neue und hoffentlich lohnendere Ziele in Ihrem Leben zu verfolgen.

Was verstehen wir unter einem EMPRINT-Format? Ein EMPRINT-Format ist eine Anordnung von Schritten oder Verfahren, die, wenn sie befolgt wird, jedesmal zu dem gleichen Ergebnis führen wird. Auf den folgenden Seiten haben wir einige EMPRINT-Formate dargestellt. Sie sind das Ergebnis unserer Bemühungen, das Verhalten und das subjektive Erleben von Menschen zu modellieren, wie es durch ihren Gebrauch und ihre Wahrnehmung von Vergangenheit, Gegenwart und Zukunft beeinflußt wird. Sobald wir über ein gemeinsames Vokabular verfügen, mit dem wir über die spezifischen Muster sprechen können, die in jedem von uns hinsichtlich Zeit und Erleben ablaufen, werden Sie diese EMPRINT-Formate verwenden können, um Ihr persönliches Erleben und Verhalten zu verändern. Dadurch werden Sie in der Lage sein, in den hier besprochenen Lebensbereichen (und vielleicht auch in anderen) mehr von dem zu erreichen, was Sie sich wünschen. Alle Formate sind mehrfach getestet worden und werden so gut wie sicher Ihr Erleben und Verhalten in der beschriebenen Weise beeinflussen.

Wir möchten Sie jedoch darauf hinweisen, daß es nicht genügt, nur das Buch zu lesen und dann die später beschriebenen Rezepte zu befolgen. Dieses Buch handelt von subjektivem Erleben. Wir werden Sie immer wieder dazu auffordern, Ihre Einstellungen, Gedanken, Wahrnehmungen, Gefühle und Verhaltensweisen auf verschiedene Weise zu untersuchen. Es ist wichtig, daß Sie sich die notwendige Zeit nehmen, um diese Übungen durchzuführen. Im

Grunde beruhen die in diesem Buch dargestellten EMPRINT-Formate auf Ihrer Fähigkeit, verschiedene Aspekte Ihres Erlebens auf ganz bestimmte Weise zu beeinflussen. Die Übungen werden Ihnen diese Fähigkeit vermitteln.

Nehmen wir zum Beispiel einmal an, eines Ihrer Kinder kommt mit einer Nachricht von seinem Lehrer nach Hause, der Sie entnehmen, daß es seine Hausaufgaben nicht gemacht habe. Sie müssen sich nun entscheiden, wie Sie auf diese Situation reagieren wollen. Wie werden Sie sich verhalten, wenn Sie jemand sind, der sich wenig Gedanken über die Zukunft macht? Welchen Einfluß wird es auf Ihre Entscheidung haben, wenn Sie nur die Vergangenheit und Gegenwart berücksichtigen? Wenn Sie die Zukunft nicht in Betracht ziehen, werden Sie kaum die mangelnde Leistung, die Ihr Kind jetzt zeigt, mit den Folgen in Zusammenhang bringen, die es als Erwachsener erleben kann, wenn es in der Schule versagt oder sich Faulheit angewöhnt. Ihre Reaktion wird daher die Zukunft kaum berücksichtigen, sondern eher darauf eingehen, was jetzt passiert oder was in der Vergangenheit passiert ist. Sie können zum Beispiel die Benachrichtigung als Kritik an ihrer erzieherischen Kompetenz auffassen und auf das Kind oder den Lehrer wütend werden. Sie können sich an frühere Benachrichtigungen der Schule erinnern, die nie besondere Folgen gehabt zu haben schienen und die ganze Angelegenheit deshalb einfach abtun. Oder Sie können sich an frühere Benachrichtigungen erinnern, die doch Folgen hatten und deshalb den Jungen bestrafen oder ausschimpfen. In jedem Fall reagieren Sie auf Ihre Wahrnehmung von dem, was gerade passiert oder in der Vergangenheit passiert ist (obwohl natürlich wütend werden, die Angelegenheit abtun, bestrafen oder schimpfen jeweils eine bestimmte Wirkung auf die Zukunft haben wird).

Nehmen Sie statt dessen an, die Zukunft sei für Sie von überragender Bedeutung, die Vergangenheit dagegen bloß eine Ansammlung unwichtiger, blasser Erinnerungen. Wie würden Sie dann auf die Benachrichtigung der Schule reagieren? Sie beginnen möglicherweise damit, sich vorzustellen, wohin das in der Benachrichtigung beschriebene Verhalten Ihren Sohn führen könnte. Wenn Sie keine besonderen Probleme vorhersehen, würden Sie das ganze wahrscheinlich dabei belassen. Wenn Sie sich statt dessen vorstellen, daß das Verhalten Ihres Sohnes zu Problemen in der Zukunft führen wird, würden Sie wahrscheinlich eingreifen mit der Absicht, das Verhalten Ihres Sohnes zu ändern, um ihm eine bessere Zukunft zu ermöglichen (oder eine schlimmere zu ersparen). Dieses Eingreifen kann nun so aussehen, daß Sie schimpfen oder Ihrem Sohn Vernunft einreden, ganz wie in dem gerade besprochenen Beispiel, in dem die Vergangenheit oder Gegenwart im Vordergrund standen. Der wesentliche Unterschied liegt jedoch darin, daß die *Absicht* des Schimpfens oder Zuredens darin besteht, bestimmte Möglichkeiten in der Zukunft anzusprechen und nicht etwas, das in der Vergangenheit passiert ist oder Sie in der Gegenwart beschäftigt.

Natürlich läßt sich keiner von uns als „völlig zukunftsorientiert" oder „ganz ohne Vergangenheit" beschreiben. Wir sind viel zu komplex und viel zu interessant dafür. Wenn Sie die oben gestellten Fragen bedenken, wird Ihnen einleuchten, daß jeder in verschiedenem Ausmaß und auf verschiedene Weise Zugang zu Vergangenheit, Gegenwart und Zukunft hat. Was bedeutet das hinsichtlich unseres Erlebens und Verhaltens?

In unserer Kultur besteht eine große Vielfalt an Reaktionen auf scheinbar ähnliche Situationen. Wenn Sie einen Augenblick an Ihre eigenen Erfahrungen und Verhaltensweisen und die von Menschen in Ihrer Umgebung denken, werden Sie zweifellos eine Fülle von Beispielen finden. Vielleicht sind Sie jemand, der Hausarbeiten, berufliche Projekte oder Aufgaben bis zur letzten Sekunde aufschiebt oder sogar solange wartet bis es zu spät ist. Mit Sicherheit kennen Sie jemanden, der seine Aufgaben rechtzeitig erledigt. (Manche ahnen Aufgaben sogar voraus und erledigen sie bevor sie überhaupt gefragt werden!) Vielleicht gehören Sie zu den Menschen, die auf ihre Gesundheit achten, und unnötige Medikamente oder eine unausgewogene Ernährungsweise vermeiden und sich ausreichend Bewegung verschaffen. Sie werden ohne Mühe Bekannte nennen können, die bis zum Vollrausch trinken, Zigaretten rauchen, sich schlecht ernähren, zu viel essen und sich vornehmen regelmäßig zu laufen – und das schon seit mehreren Jahren. Möglicherweise haben Sie ein niedriges Selbstwertgefühl und glauben, keine besondere Aufgabe oder Bedeutung zu haben. Ihnen fallen bestimmt Menschen ein, die eine sehr hohe Meinung von sich haben (einige vielleicht ohne offensichtlichen Grund). Wie kommt es, daß manche Menschen ihre geschäftlichen, finanziellen oder beruflichen Ziele erreichen, während andere nur Mißerfolg und Frustration zu erleben scheinen. Ist es nur Glück? Vererbung? Woran liegt es, daß manche Dinge aufschieben und andere sie schnell erledigen; der eine auf seine Gesundheit achtet und der andere sich Schadstoffe zuführt und ungesund ernährt; der eine keine hohe Meinung von sich hat, während ein anderer sich wertvoll fühlt. Wie ist es möglich, daß Menschen trauern und planen können, eifersüchtig und leichtgläubig, neugierig und gelangweilt, rachsüchtig und hoffnungsvoll, aufopfernd und vergnügungssüchtig sein können, sich zu jedem Anlaß erinnern eine Karte zu schicken oder ihren eigenen Geburtstag vergessen? Offensichtlich besteht selbst unter Angehörigen der gleichen Kultur eine ungeheure Vielfalt an Erleben und Verhalten.

Wir glauben, daß alle Erfahrungen und Verhaltensweisen, die wir gerade aufgeführt haben, das direkte Ergebnis der Wahrnehmungs- und Denkmuster der Individuen sind, die diese Erfahrungen und Verhaltensweisen haben. Mit anderen Worten: Die Art und Weise, in der jemand die Welt wahrnimmt und über die Welt denkt, bestimmt, wie er die Welt erlebt und auf sie reagiert. Jemand der Aufgaben aufschiebt, verwendet eine Kombination von Wahrnehmungen, Bewertungen und Verhaltensweisen, die es ihm ermöglichen, Dinge auf später zu verschieben. Die Unfähigkeit, *außerhalb* dieser Wahrnehmungen, Bewertungen und Verhaltensweisen zu handeln, macht das Aufschieben von Aufgaben zu einem Merkmal und einem Problem anstatt zu einem gelegentlichen, unproblematischen Verhalten.

Es ist eine Eigenschaft, unabhängig davon ob der Betreffende es schätzt oder nicht diese Eigenschaft zu haben. Mehr noch, ob der Betreffende es erkennt oder nicht, das Aufschieben kann eine Ressource sein. Jede einzelne der Erfahrungen oder Verhaltensweisen, die wir aufgezählt haben (und auch die abertausend, die wir nicht aufgezählt haben), können ein Segen sein, wenn sie in den richtigen und ein Fluch, wenn sie in den falschen Situationen eingesetzt werden. Wenn Sie zum Beispiel ein Stipendium beantragen oder ein Referat schreiben müssen, ist es offensichtlich besser, dazu motiviert zu sein, es so schnell wie möglich zu erledigen anstatt es aufzuschieben. Doch was passiert mit der Person, die alles sofort erledigen möchte, wenn sie in Urlaub fährt? Für jemand der auf die gleiche Weise seinen Urlaub verbringt wie er eine Arbeitskolonne leitet, wäre es eine nützliche Eigenschaft, Dinge aufschieben zu können, solange er im Urlaub ist. In ähnlicher Weise kann die asketische Haltung, die es jemandem ermöglicht, wenig zu essen und schlank zu bleiben, eine große Last sein wenn sie auch beibehalten wird, wenn es darum geht, sich um die Befriedigung seiner emotionalen Bedürfnisse zu kümmern.

Wir behaupten, daß es *das Beste ist, in jeder Situation die größte mögliche Auswahl nützlicher und lohnender Verhaltensweisen zu haben.* Wenn man die Auswahl hat, wird das Verhalten durch das beabsichtigte oder gewünschte Ergebnis bestimmt und nicht durch eine automatisch ausgelöste, angeborene und (möglicherweise) unangemessene Reaktion. Mit Kindern zu interagieren, die gerade Plätzchen backen, ist in mehrfacher Hinsicht eine deutlich andere Tätigkeit als einen Konzern zu leiten. Wenn eine leitende Angestellte, die in ihrem Beruf sehr erfolgreich ist, von der Arbeit nach Hause kommt und ihren Kindern in der gleichen Weise Anweisungen für das Plätzchenbacken gibt, wie sie ihren Betrieb leitet, mag sie sich unter Umständen darüber wundern, weshalb sie so widerspenstig und unordentlich sind und so schnell das Interesse an ihrem Vorhaben verlieren. Sie braucht die Fähigkeit, die Eigenschaften, die sie im Geschäftsleben hat, beiseitezulegen und sich die Eigenschaften zugänglich zu machen, die für die Interaktion mit Kindern angemessen sind. Die Fähigkeit, aus einer Mehrzahl von Alternativen zu wählen und angemessen (anstatt reflexhaft) zu reagieren, nennen wir *Wahlverhalten* (choice response).

Ein *Mangelverhalten* (default response) liegt vor, wenn jemand nur eine automatische Reaktionsmöglichkeit in einer bestimmten Situation hat. Für jemand, der ein Stipendium beantragen oder ein Referat vorbereiten muß, aber einfach nicht dazu kommt, ist Aufschieben ein Mangelverhalten, da er nur eine Möglichkeit hat, auf den Kontext „Arbeit termingerecht erledigen" zu reagieren: Aufschieben. In gleicher Weise ist Tüchtigkeit ein Mangelverhalten bei jemand, der lieber keinen Stipendiumantrag schreiben möchte, aber sich trotzdem gezwungen fühlt daran zu arbeiten. Für diese beiden Personen wird Aufschieben und Tüchtigkeit zu Wahlverhalten, wenn sie sich für eine (oder keine) der beiden Wahlmöglichkeiten entscheiden können.

Die Erlebens- und Verhaltensweisen, die wir in diesem Buch vor allem ansprechen werden, sind zum Teil oder vollständig durch die Art und Weise bestimmt, wie jemand Vergangenheit, Gegenwart und Zukunft gebraucht. Das engt den Bereich möglicher Anwendungen nicht so sehr ein wie es zunächst scheinen mag, da in unserer Erfahrung der Gebrauch und die subjektive Wahrnehmung der Zeit unser Erleben ständig, wenn auch in verschiedenem Ausmaß bestimmt. Das Ziel dieses Buches ist es, Ihnen das Know-How zu vermitteln, mit dem Sie Ihr Erleben und Ihren Gebrauch von Vergangenheit, Gegenwart und Zukunft so beeinflussen und verändern können, daß Sie für sich und für andere Mangelverhalten in Wahlverhalten verwandeln können.

So gut wie alle Aspekte Ihres Erlebens, die wir Sie bitten werden, zu untersuchen und zu verändern, finden in Ihnen statt. Wir nennen diese Aspekte innere Prozesse und sie umfassen Ihre Gedanken, Einstellungen und Wahrnehmungen. Sie mögen den Eindruck haben, daß Sie einfach auf Essen, Hoffnungen oder attraktive mögliche Partner, usw. reagieren, aber das ist nicht der Fall. Ihre Reaktionen sind das Resultat einer Vielzahl innerer Aktivitäten. Genaugenommen ist es dieser Bereich innerer Prozesse, der Ihre Reaktion bestimmt, und viele dieser inneren Prozesse laufen normalerweise ohne Ihre bewußte Beachtung oder Beteiligung ab. Sie werden im Verlauf der Lektüre dieses Buches mit diesem Bereich Ihres Erlebens vertraut werden. Auf den folgenden Seiten werden Sie zunächst lernen zu erkennen, wie Ihre inneren Prozesse ablaufen und wie sie Ihr Verhalten und die Qualität Ihres Erlebens beeinflussen. Dann werden Sie lernen, wie Sie die Ausdehnung und die Effektivität Ihrer inneren Welt so vergrößern können, daß Sie aus freier Entscheidung handeln und in Ihrem Erleben wie auch in der äußeren Welt die Resultate erzielen können, die Sie sich wünschen. Sie werden wahrscheinlich, so wie wir, zunächst überrascht sein, welchen Unterschied es macht, ob sich Ihre Evaluierungen mit der Vergangenheit, Gegenwart oder Zukunft (oder einer Kombination dieser drei Zeitrahmen) befassen.

Wir möchten Ihnen gleich zu Beginn deutlich machen, daß Lernen Üben voraussetzt. Wir hoffen, Sie werden unsere Anregung beherzigen und sich an den folgenden Übungen und Explorationen beteiligen. Dieses Buch ist eine greifbare Bestätigung für ein altes Sprichwort: Wer weiß *aber nicht handelt*, weiß in Wirklichkeit nicht.

Damit Ihnen das Üben und Lernen erleichtert wird, werden wir von Zeit zu Zeit einen Dialog mit Ihnen beginnen. Wir wollen, daß Sie den größten möglichen Nutzen von dem haben, was wir Ihnen anbieten. Wenn wir daher das Gefühl haben, daß Ihnen eine Ermunterung oder Anregung gut tun würde, werden wir Ihnen so etwas zuflüstern wie: „Das ist ein wichtiger Schritt. Nehmen Sie sich soviel Zeit, wie Sie für diese Überlegungen brauchen." Oder: „Bevor Sie zu dem nächsten Schritt weitergehen, führen Sie die kurzfristigen Ziele auf, die Sie als Beweis für Ihren weiteren Erfolg nutzen werden." Wenn Sie eine dieser persönlichen Mitteilungen sehen, stellen Sie sich vor, daß einer von uns neben Ihnen sitzt; stellen Sie sich vor, wie der Klang unserer Stimme Ihnen dabei hilft, Ihre neuen Fähigkeiten dafür einzusetzen, Ihre Ziele zu erreichen.

Sie, der Leser, und wir, die Autoren, werden also gemeinsam erforschen und lernen. Der Gewinn an persönlichem Wachstum und erhöhter Effektivität wird die Mühe wert sein. Sie fragen vielleicht: „Was, wenn ich mir das Buch nur in Ruhe durchlese?" Die Antwort wird Sie überraschen: Das ist so gut wie unmöglich. Die Methode, die wir vorstellen, ist so einfach, so verständlich und so wirksam, daß Sie selbst bei bloßem Durchlesen *Ihre Einstellung sich selbst, dem Leben und Ihrer Veränderungsfähigkeit gegenüber verbessern werden*. Die Wahl liegt natürlich bei Ihnen. Lesen Sie einfach zu Ihrem Vergnügen und mit der Aussicht auf ein bißchen Wachstum oder – was viel besser wäre – setzen Sie sich für die Veränderungen ein, die Sie in Ihrem Leben gern sehen würden.

Bevor wir uns der Erforschung innerer Prozesse zuwenden, müssen wir Sie zunächst mit den Vorannahmen vertraut machen, die die Grundlage für alles bilden, was wir Ihnen anbieten werden. Unsere Vorannahmen sind zugleich einsichtig und provozierend, und sie bilden eine Grundlage, die alles beinhaltet, was Sie brauchen, um damit zu beginnen, das Know-How für persönliche und berufliche Erfüllung zu erwerben.

2. Ein Blick in den Spiegel

Alice lachte. „Es hat keinen Sinn es zu versuchen," sagte sie, „man kann nichts Unmögliches glauben".

„Ich wage zu behaupten, daß du nicht viel Übung darin hast," sagte die Königin. „Als ich in deinem Alter war, habe ich es jeden Tag eine halbe Stunde lang gemacht. Ja manchmal habe ich sogar vor dem Frühstück schon an sechs unmögliche Dinge geglaubt."

Lewis Carroll
„Through the looking glass"

Eine Vorannahme ist eine Annahme oder ein Glaubenssatz, nach dem man wissentlich oder unwissentlich handelt. Manche gehen zum Beispiel davon aus, daß alle Menschen mehr oder weniger gleich sind und behandeln folglich auch alle so, als seien sie genau wie sie selbst; oder sie glauben, daß man „die menschliche Natur nicht ändern kann" und finden sich damit ab, wie sie oder andere sind; oder, daß „Menschen, die schlechte Dinge tun, schlechte Menschen sind", man „gegen die Regierung nichts ausrichten kann", „Erwachsene spießig" oder „Kinder faul" sind usw.

Es gibt eine Vorannahme, auf die wir Sie jetzt aufmerksam machen möchten: *Wenn etwas für eine Person auf der Welt möglich ist, dann ist es auch für Sie möglich – es geht nur darum, wie Sie es zu einem Teil Ihres Erlebens machen können.* Die Bedeutung dieser Aussage liegt nicht darin, ob sie wahr oder falsch ist. Die meisten Menschen haben in der Tat *nicht* die Vorannahme, daß es Ihnen möglich ist, alles zu tun, was einem anderen menschlichen Wesen möglich ist. Wir sind sogar bereit zuzugestehen, daß sie als Verallgemeinerung sicher nicht wahr ist. Wir wissen, daß alle Verallgemeinerungen gelegentlich falsch sind. Die Bedeutung dieser Vorannahme liegt nicht in ihrer Wahrheit, sondern in der *Wirkung*, die sie auf jemanden hat, der sie für wahr hält.

Lassen Sie uns dieses Phänomen an einem Beispiel verdeutlichen. Nehmen Sie sich, wenn Sie diesen Absatz beendet haben, einen Augenblick Zeit, um in Ihren Erinnerungen nach einem Beispiel für etwas zu suchen, das Sie sich zu einem bestimmten Zeitpunkt nicht zugetraut aber später bewältigt haben. Es kann sich dabei darum handeln, Algebra zu lernen, sich mit jemand zu verabreden oder sich je wieder glücklich zu fühlen. Die einzige Voraussetzung ist, daß es etwas ist, das Sie schließlich bewältigt oder erlebt haben. Suchen Sie jetzt in Ihren Erinnerungen nach einem Beispiel, bevor Sie weiterlesen.

Sie haben jetzt ein Beispiel für wenigstens eine Gelegenheit in Ihrem Leben, in der Sie irrtümlich geglaubt haben, ein bestimmtes Ziel läge außerhalb Ihrer Möglichkeit. Wir möchten Sie nun bitten, noch ein anderes Beispiel zu finden: Benennen Sie am Ende dieses Absatzes eine Erfahrung, eine Verhaltensweise oder eine Fähigkeit, die es tatsächlich gibt, über die Sie jetzt nicht verfügen, über die Sie jedoch gerne *verfügen würden,* von der Sie aber sicher sind, daß sie für Sie nicht möglich ist. Schlank sein, gehorsame und wohlerzogene Kinder haben, befördert werden oder eine erfüllende Beziehung führen, sind mögliche Beispiele. Nehmen Sie sich einen Augenblick Zeit, um dieses Beispiel zu finden, bevor Sie weiterlesen.

Sie wissen im Moment wirklich nicht, ob Sie fähig sind, dieses Ziel, das Sie anstreben aber noch nicht erreicht haben, je zu erreichen. Es gab eine Zeit (die erste Erfahrung, an die wir Sie baten sich zu erinnern), als Sie glaubten, daß ein bestimmtes Ziel für Sie unerreichbar sei. Obwohl Sie *damals* aufrichtig und mit Überzeugung daran geglaubt haben, war diese Einschätzung falsch, wie die Tatsache zeigt, daß zu einem späteren Zeitpunkt Ihres Lebens neue Erfahrungen und Veränderungen das Erreichen dieses Zieles möglich gemacht haben. Wenn Sie sich über die Möglichkeit dieses Ziel zu erreichen geirrt haben, wieviele andere Ziele mag es dann geben, von denen Sie jetzt fälschlicherweise annehmen, daß sie für Sie unerreichbar seien?

Denken Sie einmal über den Unterschied zwischen zwei Personen nach, von denen die eine glaubt, nur in einem beschränkten Bereich kompetent zu sein, während die andere glaubt, in jeder Situation, in der ein Mensch nur kompetent sein kann, auch Kompetenz erwerben zu können. Man kann sehr verschiedene innere Erfahrungen und äußere Verhaltensweisen von diesen beiden Personen erwarten. Unabhängig davon, ob diese beiden Personen ihr Ziel tatsächlich erreichen können oder nicht, wird die zweite Person (die an die Möglichkeit glaubt, alles zu meistern, was Menschen meistern können) unerschrocken jedes Ziel verfolgen, das sie sich setzt oder das ihr gesetzt wird. Demgegenüber wird die erste Person nur die Ziele angehen, von denen sie bereits glaubt, daß sie im Rahmen ihrer Fähigkeiten liegen. Um es noch einmal zu betonen, es geht nicht darum, ob es richtig oder falsch ist, zu versuchen, was die zweite Person versucht, oder ob es richtig oder falsch ist, vor Möglichkeiten zurückzuscheuen, von denen die erste Person glaubt, daß sie außerhalb ihrer Möglichkeiten liegen. Es geht vielmehr darum, daß der Unterschied in den jeweils wirksamen Voranahmen zu beträchtlichen Unterschieden in ihrem Fühlen, Denken und Verhalten führen wird, wenn sie einem möglichen Ziel begegnen.

Wir können nicht für Sie beurteilen, ob Sie in der Lage sind, ein bestimmtes Ziel zu erreichen oder nicht. Wie Sie selbst feststellen konnten, als Sie sich an das, was Sie sich irgendwann nicht zutrauten, später aber doch erreicht haben, sind Sie selbst nicht notwendigerweise in der Lage, das Ausmaß ihrer *zukünftigen* Fähigkeiten zutreffend einzuschätzen. Was wir aus der Entfernung sehr wohl sagen können ist, daß Sie Ihr Ziel so gut wie sicher *nicht* erreichen werden, wenn Sie keinen Versuch machen, es zu erreichen. Wenn Sie Ihre Ziele nicht verfolgen, können Sie mit Sicherheit Ihr Vertrauen in die Einschätzung der eigenen Grenzen erhöhen. Doch der Preis, den Sie in Form von zunehmenden Begrenzungen zahlen werden, ist sehr hoch. Es scheint daher, daß die Frage „Ist das für mich möglich?" nicht annähernd so nützlich ist wie die Frage „Wie kann ich diese Möglichkeit verwirklichen?"

Die Möglichkeiten, von denen wir sprechen sind die, die in dem unermeßlich reichhaltigen und vielfältigen Repertoire menschlichen Erlebens und Verhaltens angelegt sind. Jeder Mensch ist eine Ressource, eine Quelle einzigartiger Erfahrungen, Verhaltensweisen und Fertigkeiten. Jede Person schafft, ausgehend von den gleichen neurologischen und perzeptuellen Systemen, ihre eigene einzigartige Anordnung von Erfahrungen, Verhalten und Fertigkeiten. Die grundlegende Überzeugung, auf der alles aufbaut, was wir auf diesen Seiten sagen lautet: Die Fertigkeiten, Wahrnehmungen, Einstellungen, Eigenschaften, Denkprozesse und Verhaltensweisen anderer sind Ressourcen für *jeden*, der sie als solche wahrnimmt und in der Lage ist, sie in eine lernbare Form zu formatieren. Auch wenn diese Perspektive nicht notwendig ist, um von den in diesem Buch dargestellten EMPRINT-Formaten zu profitieren, so ist sie doch wesentlich, um die EMPRINT-Methode verstehen und würdigen zu können – den Prozeß, durch den wir diese Formeln für menschliche Erfüllung und Erfolg entwickelt haben (1).

Im folgenden finden Sie eine Reihe von Beispielen, welche die Vielfalt und Verschiedenartigkeit möglicher menschlicher Verhaltensweisen in ähnlichen Situationen zeigen. Möglicherweise können Sie sich selbst oder Menschen aus Ihrer Umgebung in diesen Beispielen wiedererkennen. Vergleichen Sie beim Lesen diese Beispiele damit, wie Sie sich in der gleichen Situation verhalten würden und überlegen Sie, was es den beschriebenen Personen ermöglicht, so zu reagieren, wie sie es tun.

Das Vorstellungsgespräch Steve und Nate stehen vor dem Büro dieser unbekannten Größe, ihres potentiellen Arbeitgebers. Sie sind beide arbeitslos, brauchen Arbeit und sind nun im Vorzimmer eines Arbeitgebers, der, wenn er sich dafür entscheidet, ihnen eine Stelle anbieten kann. Doch zunächst erwartet sie das Vorstellungsgespräch.

Während Steve auf das Vorstellungsgespräch wartet, erinnert er sich an Gelegenheiten in der Vergangenheit, als er sich auf Stellenangebote beworben hat, nervös und gehemmt war und die Stelle nicht bekommen hat – kurz, alle die Vorstellungsgespräche, die er für Mißerfolge hält. Als er dann zu dem Gespräch gebeten wird, fühlt Steve sich unzulänglich und hat alle Hoffnung auf Erfolg aufgegeben. Während des Gesprächs äußert sich Steves Gefühl von Unzulänglichkeit in seinem kleinlauten Benehmen, seinen zögernden Antworten und seiner mangelnden Begeisterung.

Obwohl Nate auch verunglückte Vorstellungsgespräche und erfolglose Bewerbungen kennt, geht er selbstbewußt in jedes neue Gespräch. Auch wenn er zustimmen würde, daß es sicherlich ein Maßstab für den Erfolg eines Vorstellungsgesprächs ist, ob man die Stelle bekommt, so betrachtet er es doch auch als Erfolg, wenn er etwas lernt. Daher hat er in jedem seiner bisherigen Vorstellungsgespräche etwas gelernt oder etwas gefunden, was er noch lernen könnte. Auch wenn er sich an Vorstellungsgespräche erinnert, die nicht zu einer Einstellung geführt haben, betrachtet er sie als Lernerfahrungen, nicht als Beispiele für seine Inkompetenz. Nate geht mit einem Gefühl der Zuversicht in das Gespräch, was sich in seiner entspannten und offenen Art, seinen bestimmten Antworten und seinem Optimismus äußert.

Die Verabredung Daphne ist Anfang Dreißig. Sie lebt allein und das nicht, weil sie sich dazu entschieden hat. Sie ist Sekretärin in einem großen Unternehmen, wo sie täglich Kontakt mit mehreren Männern hat, zu denen sie sich hingezogen fühlt. Obwohl sie es gerne möchte, hat sie sich noch mit keinem von ihnen verabredet. Daphnes Beitrag dazu, eine Verabredung mit einem von diesen Männern in die Wege zu leiten, besteht darin, hinter ihrem Schreibtisch zu warten, darauf zu hoffen, bemerkt und aufgefordert zu werden oder zuhause ein Loch in das Telephon zu starren und zu hoffen, daß jemand sich ihrer erinnert und anruft. Während sie wartet, stellt sie sich vor, wie wundervoll ihre Beziehung mit dem einen oder anderen der in Frage kommenden Männer wäre, träumt von der Hochzeit, dem Haus, den Kindern usw. Sie wünscht sich diese Dinge und Erfahrungen sehnlichst, aber in letzter Zeit zweifelt sie immer häufiger daran, daß sie sie je haben wird, weil sich schon seit längerem nichts Romantisches mehr in ihrem Leben ereignet hat. Mittlerweile schwankt sie hin und her, ob sie es den Männern übelnehmen soll, daß sie sie nicht ansprechen oder sich damit abfinden soll, unattraktiv zu sein.
Daphnes Zugang steht in starkem Gegensatz zu dem von Sue. Sue ist Mitte Dreißig, arbeitet ebenfalls in einem Büro und verabredet sich gewöhnlich mit den Personen, mit denen sie sich verabreden möchte. Wenn Sue einen Mann attraktiv findet, versucht sie zuerst herauszufinden, was er mag und was nicht. Wenn ihr zukünftiger Kavalier zum Beispiel Rätsel mag, sorgt sie dafür, daß sie welche findet, mit denen sie dann sein Interesse wecken kann. Sie merkt sich auch seine Gewohnheiten in und außerhalb der Firma, so daß sie planen kann, wann und wo sie mit ihm Kontakt aufnehmen kann, was sie dann auch tut. Auch wenn sich ihr Vorgehen, was Direktheit oder Spitzfindigkeit betrifft, ändern kann, so ist das beständige Resultat von Sues Bemühungen, daß sie mit dem Mann, den sie attraktiv findet, Kontakt aufnimmt und die sich daraus ergebende Interaktion in der Regel erfreulich verläuft.

Ein Heiratsantrag Lotty, Lester und Carl haben jeder einen Heiratsantrag bekommen. Nun müssen sie entscheiden, wie sie auf die Möglichkeit einer Heirat reagieren wollen.

Lotty denkt bei ihrer Entscheidung an ihre frühere Ehe und versucht einzuschätzen, ob es eine befriedigende Verbindung war, ob sie diesen Mann hatte heiraten sollen, ob ihr jetziger Partner sich bisher von ihrem ersten Mann unterscheidet oder nicht, usw. Das Ergebnis von Lotties Überlegungen ist, den Antrag abzulehnen, weil sie entschieden hat, daß die Ehe keine zufriedenstellende Erfahrung für sie war und ihr jetziger Freund sich häufig wie ihr erster Mann verhalten hat, den sie nicht mehr ausstehen kann. Lotty wünscht zwar, daß das alles nicht so wäre, aber sie möchte keine Wiederholung ihrer ersten Ehe.

Lester ist unsterblich in seine Freundin verliebt und sein einziger Gedanke ist, die Beziehung mit ihr fortsetzen zu können. Bei seiner Entscheidung prüft Lester, wie er seine Freundin jetzt wahrnimmt und auf sie reagiert, um einzuschätzen, ob er zur Ehe bereit sei, wie sehr er seine Freundin liebe und ob sie aufrichtig sei oder nicht. Als ein hilfsbereiter Freund (der sich erboten hat, Lester bei seiner Entscheidung zu helfen) ihn auffordert, das Angebot im Licht seiner früheren Ehe zu überdenken, ist Lester verwirrt und etwas ärgerlich. „Was hat das damit zu tun?" antwortet er kurz und geht. Lester fühlt, wie verliebt er ist, und daß seine Entschlossenheit der seiner Freundin nicht nachsteht. Er sieht einige Probleme in ihrer Beziehung, aber er findet, daß keines dieser Probleme so groß oder so wichtig sei wie die Liebe zu dieser Frau. Lester entscheidet sich wieder zu heiraten.

Carl war bisher noch nie verheiratet, hat aber bereits zweimal mit einer Frau zusammengelebt. Wie Lester versteht Carl sich ausgezeichnet mit seiner Freundin, aber das veranlaßt ihn noch nicht „Ja" zur Heirat zu sagen. Carl denkt darüber nach, was passieren wird, wenn er seine Freundin heiratet. Er fragt sich, wo sie leben werden; er stellt sich vor, Kinder zu haben und überlegt, ob er alleine in der Lage sein wird, genug Geld zu verdienen, um sie zu ernähren. Carl malt sich aus, wie es sein wird, nicht bloß jetzt sondern in zehn, zwanzig Jahren mit seiner Freundin zusammenzuleben. Er fragt sich, ob sie sich noch lieben werden und ob ihre beruflichen Wünsche sich möglicherweise nachteilig auf ihre

Beziehung auswirken werden, usw. usf. Carl glaubt, daß er genug Geld verdienen kann und alles zunächst gut klappen wird. Doch dann stellt er sich vor, wie die Beziehung durch anhaltende Auseinandersetzungen mit seiner Frau über die zeitliche Inanspruchnahme durch ihre Berufe belastet werden könnte. Carl fragt sich: „Ist es das, was uns erwartet?" Er schüttelt seinen Kopf und beschließt, eine Entscheidung so lange zu verschieben bis sie mögliche berufliche Konflikte befriedigender lösen können.

Dessert Drei Freunde – Arbuckle, Wally und Eileen – genießen ein fabelhaftes Essen in einem hervorragenden Restaurant. Nach dem Hauptgericht, während alle noch von dem Essen schwärmen und bereits ein angenehmes Völlegefühl wahrnehmen, erscheint die Bedienung mit einem Servierwagen, voller Kuchen und Torten. Sie fragt: „Möchte jemand ein Dessert?"

Arbuckle ist mehr als nur leicht übergewichtig. Er spricht häufig davon, daß er „bald" eine Diät beginnen werde. Er ist schon zu oft beim Treppensteigen außer Atem geraten und hat zuviele mahnende Zeitschriftenartikel gelesen, um nicht selbst zu wissen, daß er wirklich abnehmen muß. Ihm ist klar, daß er, wenn er nicht bald abnimmt, körperlich immer schwerfälliger und unbeweglicher werden wird, und das möchte er gerne vermeiden. Trotz alledem bestellt Arbuckle ein Stück Torte. Als seine überraschten Freunde nach einer Erklärung fragen, sagt er nur: „Ich kann morgen auch noch mit der Diät anfangen. Das ist einfach zu gut, um darauf zu verzichten."

Wally (der nicht übergewichtig ist) findet die Torte auch verlokkend und gesteht, daß er gerne ein Stück hätte. Trotzdem lehnt er wehmütig ab: „Nein, ich würde es später nur bereuen." Dann fügt er noch bedauernd hinzu: „Wenn ich noch mehr esse, wache ich mitten in der Nacht mit Sodbrennen auf."

Die Torte erscheint Eileen genauso einladend, doch auch sie lehnt ab. „Ich habe Torte noch nie vertragen. Ich bekomme *immer* Sodbrennen davon," erklärt sie. Arbuckle versucht, sie damit zum Probieren zu überreden, daß sie mittlerweile vielleicht immun gegen diese Wirkung von Torten geworden sei und falls nicht, sich ja langsam daran gewöhnen könne, indem sie jeweils nur ein kleines Stück esse. Eileen winkt bloß ab. „Hör zu," sagt sie, „ich kenne diesen Film und ich weiß wie er ausgeht." Keine Torte für Eileen.

Das Bemerkenswerte an diesen Beispielen ist, daß verschiedene Menschen in der gleichen Situation sehr verschieden reagieren können. Sie werden sagen: „Natürlich reagieren sie verschieden – es sind eben verschiedene Menschen!" Doch wenn Sie das sagen, würden Sie dann auch den nächsten logischen Schritt vollziehen und zustimmen, daß wenn diese Personen sich in den gleichen Situationen verschieden verhalten, *es folglich nicht die Situation sein kann, die das Verhalten bestimmt.* Vielmehr ist es die Art und Weise, wie jeder von ihnen denkt (die Struktur und der Inhalt der inneren Prozesse), die bestimmt, welches Verhalten sie in der betreffenden Situation zeigen werden. Ob man also mit Angst, Vorfreude, Minderwertigkeitsgefühlen oder Selbstvertrauen in einem Bewerbungsgespräch reagiert, darauf wartet, daß das Telephon klingelt oder etwas dafür tut, um es zum Klingeln zu bringen, wenn man sich verabreden will, ob man sich entscheidet zu heiraten oder ledig zu bleiben, hängt alles zu einem großen Teil davon ab, wie man in jeder dieser Situationen Informationen verarbeitet. Wenn Sie die Art dieser Verarbeitungsweise verändern, verändern Sie damit auch Ihre Gefühle und Ihr Verhalten.

Der beherrschende Einfluß innerer Prozesse läßt sich sehr einfach verdeutlichen, wenn Sie Ihre gegenwärtigen Ziele und Prioritäten bestimmen. Finden Sie am Ende dieses Absatzes Ihre Ziele und Prioritäten heraus, indem Sie folgende Fragen beantworten: Was sind einige der wichtigsten Dinge, die Sie in Ihrem Leben erreichen möchten? Welche Erfahrungen möchten Sie, solange Sie auf dieser Welt sind, auf jeden Fall machen? Welche Interessen und Tätigkeiten sind so wichtig, daß es sich lohnt, sie jetzt und in Zukunft zu verfolgen? Ihre Antworten werden für den nächsten Schritt gebraucht, nehmen Sie sich jetzt also die Zeit, um auf diese Fragen einzugehen.

Wenn Sie Ihre bestehenden Ziele und Prioritäten bestimmt haben, richten Sie jetzt Ihre Aufmerksamkeit darauf, wie sicher Sie sich sind, sie im einzelnen erreichen zu können. Mit anderen Worten, bestimmen Sie, wie fest Sie daran glauben, das, was Sie genannt haben, auch bekommen zu können. Machen Sie das für Ihre einzelnen Ziele und Prioritäten, bevor Sie zu dem nächsten Schritt gehen.

Wir werden jetzt die Art und Weise, wie Sie über Ihre Ziele und Prioritäten nachdenken, etwas verändern. Stellen Sie sich vor, folgendes wäre wahr: Sie haben gerade herausgefunden, daß Sie an einer seltenen Krankheit erkrankt sind und nur noch eine Woche zu leben haben. Wie würden Sie Ihre Zeit verbringen, wenn Sie nur noch eine Woche in Ihrem Leben hätten? Was ist Ihnen jetzt in dieser zeitverkürzten Realität wichtig? Welche Gefühle und Empfindungen erleben Sie, wenn Sie an Ihre Ziele denken und nur noch eine Woche haben, um sie zu erreichen? Erforschen Sie, in welchem Ausmaß diese Veränderung des Zeitrahmens Ihren Glauben an Ihre Fähigkeit verändert, diese Ziele und Prioritäten, die Sie ursprünglich benannt haben, zu erreichen? Nehmen Sie sich nun etwas Zeit, um das zu erforschen.

Machen Sie jetzt eine andere einfache Veränderung. Stellen Sie sich vor, daß Sie anstatt einer Woche ein Jahr zu leben haben. Wiederholen Sie den gleichen Prozeß und bestimmen Sie, was Sie tun würden, mit wem Sie zusammen sein wollten, wohin Sie gehen würden, was wichtig genug wäre, um es tatsächlich zu verwirklichen, wenn Sie noch ein *Jahr* zu leben hätten. Stellen Sie fest, wie sich Ihre Empfindungen und Gefühle verändern. Stellen Sie auch fest, was sich an Ihrer Überzeugung ändert, die eingangs bestimmten Ziele zu erreichen. Stellen Sie die durch diese Veränderung bewirkten Unterschiede fest, bevor Sie zu dem nächsten Absatz übergehen.

Wir werden Sie jetzt um eine weitere einfache Veränderung in Ihrer Wahrnehmung der Zukunft bitten. Aufgrund eines sensationellen Durchbruchs in der bio-medizinischen Forschung ist die menschliche Lebensdauer verlängert worden. Stellen Sie sich vor, folgendes wäre wahr: Anstatt einer Woche oder eines Jahres haben Sie weitere *zweihundert* Jahre zu leben. Wie ändern sich Ihre Ziele und Prioritäten, wenn Sie nun zweihundert Jahre vor sich haben? Welche Erfahrungen und Leistungen sind in dieser zeitverlängerten Realität von Bedeutung? Unabhängig davon, wie sich Ihre Liste verändert, stellen Sie fest, welche Wirkung das auf das Ausmaß Ihrer Überzeugung hat, die einzelnen Ziele zu erreichen. Welchen Einfluß hat das Wissen, daß Sie zweihundert Jahre Zeit haben, um Ihre Ziele zu erreichen, auf den Glauben an Ihre Fähigkeit, es auch wirklich zu schaffen? Stellen Sie fest, wie sich Ihre Empfindungen und Gefühle ändern, wenn sich die Ausdehnung Ihrer Zukunft verändert. Führen Sie diesen letzten Schritt der Exploration durch, bevor Sie fortfahren.

Manche Menschen verändern ihre Prioritäten, wenn sich ihre Zukunft ausdehnt, andere nicht. Vielleicht fügen sie ihrer ursprünglichen Wunschliste kaum etwas hinzu. Auch wenn es zwischen denen, die diese Übung durchführen, große Unterschiede hinsichtlich der *Art* der innerlich erlebten Veränderung geben wird, sind wir sicher, daß sie infolge der unterschiedlichen Wahrnehmung ihrer Zukunft bestimmte Veränderungen erlebt haben. Wie Sie gerade selbst feststellen konnten, beeinflussen Sie Ihre Erfahrung der Welt, wenn Sie das, was Sie glauben oder die Art, wie Sie denken, verändern. Das, was Sie als real und zwingend erleben, ist zum großen Teil eine Kombination Ihrer Glaubenssätze und inneren Prozesse.

Die Gesamtheit Ihrer Glaubenssätze und inneren Prozesse bildet das, was wir Ihr *Modell der Welt* nennen. Wie wir oben veranschaulicht haben, ist es Ihr individuelles Modell der Welt, das Bedeutung und subjektives Erleben (Ihre Gefühle und Wahrnehmungen) schafft. Diese Bedeutung und dieses subjektive Erleben bestimmen Ihr Handeln. Wenn Sie Ihr Modell der Welt verändern, werden Sie notwendigerweise in einer bestimmten Weise Ihr subjektives Erleben und Ihr Verhalten verändern. Das ist daher der Bereich, in dem Sie sich bewegen, wann immer Sie Ihr subjektives Erleben und Verhalten (oder das einer anderen Person) ändern wollen: der Bereich persönlicher Weltmodelle (2).

Wenn Sie zustimmen (auch wenn es nur für einen Augenblick ist), daß die Qualität und der Ausdruck menschlicher Erfahrung zu einem großen Teil durch die Art der inneren Prozesse, die jeder von uns verwendet, um die Welt sinnvoll und verständlich zu machen, beeinflußt, wenn nicht sogar bestimmt wird, dann ist es wichtig, herauszufinden, welche inneren Prozesse zu welchen Erfahrungen und Verhaltensweisen führen. Wenn wir diese Muster aus den verwickelten Schichten menschlicher Informationsverarbeitung und Erfahrung herausfiltern, sie benennen und so beschreiben könnten, daß sie zu formbarem Lehm des Erlebens und Ausdrucks werden – anstatt zu dem Granit genetisch und historisch bestimmter Reaktionen – dann werden wir uns der Verwirklichung des Traums, den

Edward Hall in dem Zitat am Anfang des Buches so meisterhaft beschreibt, ein gutes Stück genähert haben: jeder von uns kann Kompetenz und Erfüllung in der Verfolgung seiner persönlichen Träume, Hoffnungen und Ambitionen erreichen.

Die EMPRINT-Formate, die wir Ihnen gleich vorstellen werden, sind ein Schritt in diese Richtung. Sie sind ein Sprungbrett, das Sie nutzen können, um immer erfüllendere Lösungen für die Rätsel und Probleme des Lebens zu finden. Wir beenden deshalb dieses einleitende Kapitel mit einer Wiederholung Edward Halls beredter Worte:

So wie manche Komponisten besonders kreativ sind, so haben manche Menschen eine größere Begabung für das Leben als andere. Sie haben zwar Einfluß auf die Menschen in ihrer Umgebung, doch der Prozeß endet hier, da es keine Möglichkeit gibt, das was sie genau tun, was zu einem großen Teil außerhalb ihres Bewußtseins liegt, in technischen Begriffen zu beschreiben. Irgendwann in der fernen Zukunft, wenn die Kultur genauer erforscht sein wird, wird es etwas mit einer Partitur in der Musik Vergleichbares geben, das von verschiedenen Menschen, in verschiedenen Berufen und Beziehungen für Zeit, Raum, Arbeit und Freizeit erlernt werden kann. Wir können heute Menschen sehen, die erfolgreich und glücklich sind und in erfüllenden und produktiven Berufen arbeiten. Was sind die Elemente und Muster, die diese Menschen von den weniger glücklichen unterscheiden? Wir brauchen einen Weg, um das Leben etwas weniger zufällig und dafür etwas erfreulicher zu machen.

Edward T. Hall
The Silent Language

3. Die fünf Grundlagen des Erfolgs

In den folgenden Kapiteln werden wir spezifische Bereiche untersuchen, die häufig genannt werden, wenn Menschen neue Fertigkeiten brauchen, sich verändern oder effektiver werden wollen. Am Ende jedes Kapitels werden wir ein EMPRINT-Format vorstellen, ein Verfahren, das es Ihnen ermöglicht, Schritt für Schritt neue Fertigkeiten zu erwerben, Veränderung zu erreichen und das Know-How zu entwickeln, um in den betreffenden Bereichen effektiver zu werden. Alle EMPRINT-Formate haben einige Schritte gemeinsam: Sie nutzen alle die fünf Grundlagen des Erfolgs.

Wir entdeckten die Bedeutung der fünf Grundlagen des Erfolgs, als wir begannen, Muster in dem zu erkennen, was die Menschen taten, die beständig Erfolg und Erfüllung in ihrem beruflichen und privaten Leben fanden. Wir verglichen diese Menschen mit anderen, die genauso ernsthaft in ihren Bemühungen waren und sich genauso stark dafür einsetzten, Erfolg zu haben, aber die trotz ihrer guten Absichten und trotz all ihrer Anstrengungen am Ende immer wieder frustriert, enttäuscht und unerfüllt waren. Die Menschen, die wir untersucht haben, unterschieden sich hinsichtlich Alter, Herkunft, Beruf, Interessen und finanziellem Hintergrund, aber ein gemeinsames Muster ließ sich ohne Ausnahme bei jeder dieser begabten und erfüllten Personen finden: Jeder von ihnen hatte die meisten der fünf Grundlagen des Erfolgs in sein Denken und Handeln übernommen. Diejenigen, die andauernd Mißerfolg und Frustration erlebten, verwendeten nur wenige oder sogar keine der Grundlagen des Erfolgs.

Bevor wir ausführlich darauf eingehen, welche Schritte im einzelnen nötig sind, um Veränderung in den einzelnen, in den folgenden Kapiteln dargestellten Bereichen zu erreichen, möchten wir Sie zuerst mit diesen Elementen des Erfolgs vertraut machen. Da sie in jedem EMPRINT-Format wiederholt werden, werden wir uns jetzt die Zeit nehmen, die einzelnen Schritte mit Ihnen durchzugehen, bis Sie sie beherrschen. Die Schritte sind numeriert, um sie leichter lokalisieren zu können, falls Sie sich dafür entschließen, einzelne Schritte (oder die ganze Sequenz) zu wiederholen. Lesen Sie sich jeden einzelnen Schritt zunächst durch, bevor Sie die Übung oder

Exploration beginnen; jeder Schritt enthält wichtige Beispiele, Anweisungen und Hinweise.

Es ist wichtig, daß Sie die Grundlagen des Erfolgs in Ihr Denken und Verhalten aufnehmen und sie nicht nur durchlesen. Nehmen Sie sich also die notwendige Zeit, um sich voll auf die Übungen und Explorationen, die nun folgen, einlassen zu können. Sie werden Ihr Leben lang davon profitieren.

Zwingende Zukunft

Da Sie diese Zeilen vermutlich mit der Absicht lesen, eine neue Fertigkeit zu erlernen, etwas an sich zu verändern oder sonst in irgendeiner Weise effektiver zu werden, müssen Sie bereits eine Ahnung von einer Zukunft haben, die Sie sich wünschen. In unseren Untersuchungen hat sich immer wieder gezeigt: Wenn Sie das Erreichen dieser gewünschten Zukunft nicht den Bemühungen anderer oder der Großzügigkeit des Schicksals überlassen wollen, wird es zu einem großen Teil darauf ankommen, daß Sie in der Lage sind, eine zwingende Zukunft zu entwickeln – eine Zukunft, die Sie zwingen und Ihnen eine Richtung vorgeben kann, damit Sie diese gewünschte Zukunft schließlich zu Ihrer Wirklichkeit in der Gegenwart machen können. Sie brauchen eine zwingende Zukunft – ob es darum geht, abzunehmen, mit dem Rauchen aufzuhören, vernünftig zu investieren, mit anderen zurechtzukommen, Ihre Meinung von sich selbst zu verändern oder einen Wunsch zu verwirklichen. Lassen Sie uns nun zu den Punkten kommen, die wichtig sind, um eine zwingende Zukunft zu schaffen.

Es gibt mit Sicherheit Situationen, in denen Sie eine zwingende Zukunft haben, doch woran können Sie erkennen, daß es tatsächlich eine zwingende Zukunft ist? Erinnern Sie sich: eine Zukunft ist dann zwingend, wenn sie Sie in der Gegenwart stark genug zwingt und beeinflußt. Fällt Ihnen eine Situation ein, in der Sie eine zwingende Zukunft haben? Der entscheidende Faktor dabei ist, ob Sie eine vorgesehene Zukunft als real erleben. Damit Sie eine Vorstellung davon bekommen, wovon wir reden, möchten wir Sie bitten, die folgende Übung zu machen:

Stellen Sie sich vor, wie Sie zu Ihrem Radio hinübergehen und während es ausgeschaltet ist, den Lautstärkeregler voll aufdrehen. Bringen Sie dann ein Ohr in die Nähe des Lautsprechers und legen Sie einen Finger auf den Einschaltknopf. Stellen Sie sich nun vor, wie Ihre Reaktion aussehen würde, wenn Sie das Radio einschalten würden. Schalten Sie es einfach zügig ein oder zögern Sie? Das Ausmaß Ihres Zögerns ist ein Indiz dafür, wie real der vorgestellte zukünftige akustische Schock für Sie ist.

Stellen Sie sich vor, Sie säßen auf der gepolsterten Liege im Behandlungszimmer eines Arztes. Der Arzt hat entschieden, daß Sie eine Spritze bekommen sollen. Sie beobachten, wie die Arzthelferin die Spritze bringt, die Nadel durch den Gummiverschluß eines Glasfläschchens stößt und die Spritze langsam aufzieht. Sie wissen, was als nächstes passieren wird. Hat die näherkommende Nadel die gleiche Bedeutung für Sie, wie die Topfpflanze in der Ecke des Raumes, oder weichen Sie schon zurück und versuchen dem Stich der Nadel zu entgehen?

Stellen Sie sich vor, heute die ganze Nacht aufzubleiben. Wie real erscheint es Ihnen, daß Sie morgen müde und zerschlagen sein werden?

Diese drei Beispiele für eine zwingende Zukunft haben einen sehr kurzen zeitlichen Rahmen (wobei das dritte Beispiel einen etwas längeren Zeitrahmen zugrundelegt als die ersten zwei) und dürften daher fast allgemeine Gültigkeit haben. Jeder ist in der Lage, eine zwingende Zukunft zu haben, vorausgesetzt, der Zeitrahmen liegt innerhalb der unmittelbaren Zukunft und der Zusammenhang der betreffenden Ereignisse ist bekannt. Die meisten Menschen vermeiden es zum Beispiel, etwas zu essen, von dem sie annehmen, daß es verdorben sein könnte, da die Wahrscheinlichkeit zu erkranken sehr real ist; aus dem gleichen Grund würde kaum jemand vor ein fahrendes Auto laufen, u.ä.m. Das sind Beispiele für Situationen, in denen Sie Ihre Zukunft als zwingend erleben.

Wie diese Beispiele verdeutlichen, kann eine zwingende Zukunft Ihr Verhalten in wertvoller Weise beeinflussen. Eine zwingende Zukunft mit wahrscheinlichen negativen Konsequenzen zu haben, schützt Sie vor den Folgen leichtsinnigen oder unüberlegten Verhaltens. Genaugenommen verhält man sich in der Regel dann leichtsinnig oder unüberlegt, wenn man für die Situation, in der man das potentiell gefährliche Verhalten zeigt, zur Zeit keine zwingende Zukunft hat. Eine zwingende Zukunft hält Sie auch dazu an, jetzt das zu tun, was später zu lohnenden Resultaten und Erfüllung führen wird.

Die Fähigkeit, eine zwingende Zukunft erzeugen zu können, ist ein wichtiger Schritt, um sich vor unangenehmen persönlichen Erfahrungen wie schlechter Gesundheit, Einsamkeit, Zurückweisung, Armut, usw. zu schützen. Wie Sie selbst merken werden, wird eine zwingende Zukunft, die eine volle Repräsentation eines Ihrer Ziele beinhaltet, Sie dazu führen, das Verhalten zu wählen, das Ihnen hilft, Ihr Ziel zu erreichen. Die folgende Sequenz wird Ihnen die Kompetenz vermitteln, eine zwingende Zukunft zu erzeugen. Machen Sie sich zuerst mit den Anweisungen vertraut, indem Sie jeden Schritt zunächst durchlesen, und führen Sie dann die Anweisungen aus. Dadurch werden Sie eines der Talente zur inneren Verarbeitung von Informationen erwerben, das die Menschen besitzen, die ihre persönliche Leistungsfähigkeit beständig ausdrükken können.

1. Anders als in unseren früheren Beispielen hat die zwingende Zukunft, die in bestimmten Kontexten nötig ist (z. B. Gesundheit und Investitionen), in der Regel einen langen Zeitrahmen und reicht mindestens mehrere Jahre in die Zukunft. Um eine langfristige zwingende Zukunft für sich zu entwickeln, müssen Sie zunächst eine volle visuelle Repräsentation (ein mentales Bild) von sich in der Zukunft machen. Wenn Sie Schwierigkeiten haben sich das vorzustellen, beginnen Sie damit, auf Ihre Hand zu schauen und sich vorzustellen, wie sie älter wird. Es ist ungefähr so, als würden Sie einen der Spezialeffekte sehen, die Sie aus Filmen kennen, in denen Sie den Schauspieler oder die Schauspielerin im Verlauf des Films altern sehen können (Little Big Man, Das Bildnis des Dorian Gray). Während Sie Ihre Hand in Ihrer Vorstellung älter werden lassen, können Sie beobachten, wie sich die Haut verändert, dünner und spröder wird, die Falten und Linien tiefer und die Blutgefäße ausgeprägter werden. Sie können die Art und Weise, in der Ihre Hand altert, variieren. Sie können beobachten, wie sie farbloser wird und Leberflecke bekommt oder sich durch Arthritis knorrig verformt oder selbst im Alter noch stark und geschmeidig bleibt. Wenn Sie Ihre Hand haben älter werden lassen, können Sie das gleiche mit einem Fuß oder Bein machen. Setzen Sie sich dann vor einen Spiegel und nutzen Sie Ihre Kreativität in der gleichen Weise, um Ihr Gesicht, wie ein Maskenbildner beim Film, auf eine Ihnen real erscheinende Weise altern zu lassen.

Denken Sie daran, daß der Sinn dieser Übung nicht darin besteht, sich selbst einen Schreck einzujagen oder sich in bezug auf die Folgen des Alterns zu entmutigen, sondern darin, Ihnen eine Erfahrung zu vermitteln, die Ihnen hilft, Ihr gegenwärtiges Verhalten zu beeinflussen, damit Sie jetzt das tun, was notwendig ist, um in der Gegenwart und in der Zukunft gut leben zu können. Die Person, die Sie in dieser Übung erschaffen, ist Ihr zukünftiges Ich, und es hängt in seinem oder Ihrem Wohlergehen vollkommen von Ihrem gegenwärtigen Verhalten ab. Ob Sie es versäumen, für Ihren Ruhestand vorzusorgen, Ihre Beziehungen vernachlässigen, sich ungesund ernähren, rauchen, trinken, träge sind oder Drogen nehmen, es ist Ihr zukünftiges Ich, das am teuersten dafür bezahlen wird.

2. Wenn Sie die vorhergehende Übung gemacht haben, wird es Ihnen leichter fallen, sich eine Vorstellung von sich in einer für Sie möglichen Zukunft zu bilden. Um diese Repräsentation Ihres zukünftigen Ich noch realer zu machen, können Sie eine Zeitspanne bestimmen – zwei, fünf oder zehn Jahre – und sich vorstellen, daß Ihr, um entsprechend viele Jahre älteres, zukünftiges Ich vor Ihnen stünde. Vielleicht hilft es Ihnen, wenn Sie sich vorstellen, in einen Spiegel zu schauen, der auf magische Weise die Zukunft zeigt. Wenn Sie sich deutlich sehen können, stellen Sie sich vor, die Plätze zu tauschen und tatsächlich Ihr zukünftiges Ich zu werden. Spüren Sie, wie es ist dort zu sein. Spüren Sie, wie es ist, in Ihrem zukünftigen Körper zu sein. Atmen Sie tief ein und erforschen Sie die Empfindungen, die mit diesem Alter einhergehen. Kommen Sie dann wieder zurück, schauen Sie wieder Ihr zukünftiges Ich an und fragen Sie Ihr zukünftiges Ich, was es jetzt von Ihnen verlangt. Hören Sie der Antwort aufmerksam zu, da dieses zukünftige Ich Ihnen in der Gegenwart eine große Hilfe in der Ausbildung gesunder, kluger und produktiver Gewohnheiten sein kann. Wenn Sie nicht auf Ihr zukünftiges Ich hören, wer soll es dann tun? Schreiben Sie auf, was immer Ihr zukünftiges Ich von Ihnen verlangt:

Mein zukünftiges Ich will, daß ich ... ____________________

____

____

Ein anderer Weg, um eine zwingende Zukunftsrepräsentation von sich zu entwickeln, besteht darin, auf Menschen zu achten, die älter sind als Sie; sowohl solche, die nur ein wenig älter sind wie auch solche, die bedeutend älter sind. Denken Sie jeweils an eine dieser Personen und stellen Sie sich vor, genau wie sie zu sein. Welche dieser Personen verkörpert eine reizvolle Zukunft – eine Zukunft, in die Sie hineinwachsen wollen? Verwenden Sie beide Methoden, bevor Sie weiterlesen, und üben Sie sich darin, eine Repräsentation Ihres zukünftigen Ich zu entwickeln.

3. Der nächste Schritt in der Bildung einer zwingenden Zukunft besteht darin, eine Einschätzung Ihrer aktuellen Lebensumstände vorzunehmen. Machen Sie eine Aufstellung aller Faktoren, die in Ihrem Leben eine Rolle spielen, Ihre Wohnsituation, Ihr Privatleben, Ihre persönlichen Beziehungen, Ihr Beruf, Ihre Gesundheit, Ihre Finanzen, Ihr Aussehen, usw. Die Beurteilung sollte Ihre ehrliche Einschätzung der augenblicklichen Situation wiedergeben – nicht einer Situation wie sie sein könnte, sondern wie sie tatsächlich ist. Eine allgemeine Bewertung könnte z. B. wie folgt aussehen:

- **Wohnsituation** Haus in toller Lage, aber überholungsbedürftig.
- **Partnerschaft** Für beide zufriedenstellend und bereichernd.
- **Kinder** Glücklich, gesund, gut in der Schule. Habe leider nicht soviel Zeit für sie, wie ich mir wünschen würde.
- **Gesundheit** Mittelmäßig. Meine Eßgewohnheiten könnten besser sein und ich könnte mich mehr bewegen.
- **Beruf** Ganz gut, aber unbestimmt; weiß nicht genau was werden wird. Nicht sicher genug.

■ **Finanzen** Nicht gerade berauschend, aber komme ganz gut über die Runden. Keine langfristige Planung.
■ **Aussehen** Das Gleiche wie mit der Gesundheit. Ich achte nicht genug auf mich.

Die folgenden Zeilen stehen Ihnen zur Verfügung, um eine allgemeine Beurteilung Ihrer gegenwärtigen Situation niederzuschreiben. Sie werden diese Angaben beim nächsten Schritt benötigen, nehmen Sie sich daher nun die Zeit für diese Aufgabe.

Allgemeine Beurteilung meiner gegenwärtigen Situation

Wohnsituation ______________________________

____

Partnerschaft ______________________________

____

Kinder ______________________________

____

Gesundheit ______________________________

____

Beruf ______________________________

____

Finanzen ______________________________

____

Aussehen ______________________________

____

?________ ______________________________

____

?________ ______________________________

____

4. Erinnern Sie sich nun daran, wie der Stand in den gleichen Lebensbereichen vor fünf Jahren war. Wie war Ihr Gesundheitszustand vor fünf Jahren? Wie stand es um Ihre Finanzen? Wie war die Qualität Ihrer Beziehung? Hier sind die Angaben der Person aus dem letzten Beispiel:

- **Wohnsituation** Furchtbar. Nur eine vorübergehende Lösung.
- **Partnerschaft** In schlechtem Zustand. Sie brauchte all die Aufmerksamkeit, die wir ihr in der Folge gegeben haben.
- **Kinder** Ganz gut, aber auch etwas vernachlässigt. Sie litten vermutlich unter den Folgen der Beziehungsprobleme.
- **Gesundheit** Gut. Die Jugend ersetzte das mangelnde Gesundheitsbewußtsein.
- **Beruf** Ich hatte gerade begonnen. Die ersten Anfänge.
- **Finanzen** Wechselhaft. Häufig in den roten Zahlen.
- **Aussehen** Gut. Die Jugend machte es leicht.

Nutzen Sie die folgenden Zeilen, um eine Beurteilung der gleichen Bereiche vor fünf Jahren vorzunehmen. Machen Sie diese Angaben, bevor Sie zu dem nächsten Schritt übergehen.

Allgemeine Beurteilung meiner Lebensumstände vor fünf Jahren

Wohnsituation ____________________

____

Partnerschaft ____________________

____

Kinder ____________________

____

Gesundheit ____________________

____

Beruf ____________________

____

Finanzen ____________________

____

Aussehen ____________________

____

?________ ____________________

____

?________ ____________________

____

5. Beurteilen Sie jetzt, wie Ihr Verhalten seit dieser Zeit dazu beigetragen hat (im positiven wie im negativen Sinne), Ihre augenblickliche

Situation hervorzubringen. Mit anderen Worten, bestimmen Sie, wie Ihre Handlungen in den letzten fünf Jahren dabei geholfen haben, Ihre jetzige Persönlichkeit und Lebensumstände auszubilden. Das ist ein wichtiger Schritt, nehmen Sie sich daher soviel Zeit wie Sie brauchen.

6. Nachdem Sie diese Beurteilung abgeschlossen haben, stellen Sie sich nun vor, wie Ihre Lage jetzt schlechter sein könnte, wenn Sie sich in den letzten fünf Jahren sehr unangemessen verhalten hätten (rücksichtslos, überstürzt, leichtsinnig, zwanghaft, usw.). Sie werden gleich feststellen, welchen Nutzen Sie aus dieser Art von Überlegungen ziehen können, doch zunächst geht es darum, daß Sie erkennen, um wieviel Sie heute schlechter dran sein könnten, wenn Sie sich in der Vergangenheit anders verhalten hätten.

7. In diesem Schritt geht es darum, daß Sie bestimmen, was Sie in den letzten fünf Jahren hätten anders machen können, damit Ihre aktuelle Situation besser wäre als sie es jetzt ist. Wir denken dabei nicht an Folgen höherer Gewalt oder glücklicher Zufälle, wie in der Lotterie zu gewinnen oder dem bzw. der Richtigen zu begegnen. Uns geht es vielmehr darum, was SIE, ohne allzu große Entbehrungen hätten anders machen können, um heute in einer deutlich besseren Lage zu sein (in bezug auf Ihre persönlichen Beziehungen, Ihren Beruf, Ihre Gesundheit, usw). Nehmen wir zum Beispiel an, Sie arbeiten als Verkäufer in einem Lebensmittelgeschäft und sind unzufrieden mit Ihrem Job. Wenn Sie die letzten fünf Jahre betrachten, erkennen Sie, daß Sie heute besser verdienen und etwas Interessanteres tun würden, wenn Sie in dieser Zeit an einem Computer-Trainings-Programm teilgenommen hätten. Beginnen Sie nun damit, sich vorzustellen, was Sie in den letzten fünf Jahren hätten tun können, damit die Gegenwart noch besser wäre als sie es ist.

8. Malen Sie sich nun zwei Möglichkeiten für Ihre Zukunft aus: die eine fünf Jahre später mit Erfahrungen und Situationen, die Sie wirklich wollen; die andere fünf Jahre später mit Erfahrungen und Situationen, die Sie wirklich nicht wollen. Vergessen Sie nicht Ihre Umgebung in diesen Bildern zu berücksichtigen: wo Sie sind, wer bei Ihnen ist, was Sie tun und wie Sie sich fühlen. Achten Sie auf interessante Details. Jedes der beiden Bilder sollte eine lebendige Repräsentation Ihres zukünftigen Selbst in den erwünschten oder unerwünschten Umständen enthalten. Entwickeln Sie zuerst diese beiden Vorstellungen, bevor Sie mit dem nächsten Schritt fortfahren.

9. Nachdem Sie diese zwei Zukunftsvorstellungen entwickelt haben, schauen Sie sich am Ende dieses Abschnittes die erwünschte Zukunft an und fragen Sie sich selbst: „Wie kann ich das verwirklichen?" Diese Frage führt Sie dazu, die Handlungen zu bestimmen, die mit einiger Wahrscheinlichkeit zu Ihrer gewünschten Zukunft führen. Es ist außerordentlich wichtig, daß Sie an dieser Stelle folgendes überprüfen: Schritte, auf dem Weg zu dieser gewünschten Zukunft, die von Glück oder der Freigiebigkeit anderer abhängen, sind nicht akzeptabel. Solche Schritte nehmen Ihnen die Verwirklichung Ihrer gewünschten Zukunft aus der Hand und legen sie in die Hände anderer. Damit das Erreichen Ihres Zieles so weit wie möglich eine Funktion Ihrer freien Wahl bleibt, müssen alle diese Schritte durch solche Schritte/Verhaltensweisen ersetzt werden, die Sie selbst kontrollieren oder zumindest beeinflussen können. Nehmen Sie z. B. an, Ihr Ziel sei es, eine Liebesbeziehung zu einem guten Partner zu haben. Wenn einer der Schritte in Richtung auf dieses Ziel hin darin besteht, daß Sie hoffen, die richtige Person möge Sie finden, dann unterliegt es nicht mehr Ihrem Einfluß, ob Sie Ihr Ziel erreichen oder nicht. Äußere Kräfte oder glückliche Umstände müssen Sie mit dem richtigen Partner versorgen. Wenn Sie diesen Schritt so verändern, daß er die aktive Suche nach einem Liebespartner beeinhaltet, schaffen Sie eine Fülle von Gelegenheiten und Optionen, die Sie sonst nie gehabt hätten. Wenn Sie nicht genügend Informationen darüber haben, um zu bestimmen, wie Sie Ihre gewünschte Zukunft verwirklichen können, nutzen Sie die Frage: „Wie kann ich lernen, es zu verwirklichen?", als eine Möglichkeit, sich in Richtung auf angemessene Informationsquellen zu orientieren. Denken Sie daran, sich die Verhaltensweisen aufzuschreiben, die Ihre gewünschte Zukunft zu einer bevorstehenden Realität machen werden. Schauen Sie sich Ihre gewünschte Zukunft an und stellen und beantworten Sie diese Fragen, bevor Sie fortfahren.

Dinge, die es wert sind, getan zu werden

10. Wenn Sie die Verhaltensweisen bestimmt haben, die zu Ihrer gewünschten Zukunft führen werden, müssen Sie nun noch die Verhaltensweisen bestimmen, die voraussichtlich zu der unerwünschten Zukunft führen werden. Auf diese Weise werden Sie für sich sowohl eine zwingende Repräsentation einer Zukunft erstellen, die Sie erreichen wollen (einschließlich der nötigen Schritte/Verhaltensweisen, die Sie unternehmen müssen, um diese Zukunft zu erreichen), wie auch der Verhaltensweisen, die Sie in Richtung auf eine Zukunft führen, die Sie nicht wollen. Zur Verdeutlichung: wenn Sie Ihre Lebensmittel bewußt auswählen, wird Ihnen das dabei helfen, gesund zu bleiben, wenn Sie jedoch Ihre Ernährungsweise vernachlässigen, wird das dazu beitragen, daß Sie Ihre Gesundheit schädigen; wenn Sie Dehnungsübungen machen, werden Sie geschmeidiger werden, wenn Sie jedoch träge und faul sind, werden Sie ungelenkig sein und bleiben; wenn Sie einen Teil Ihres Gehalts sofort zur Seite legen, werden Sie in der Lage sein, Geld zu sparen, wenn Sie jedoch bis zum Ende des Monats warten, um zu sehen,was übrigbleibt, wird es Ihnen schwerfallen, Geld zu sparen; wenn Sie Zeit mit Ihrem Kind verbringen, wird das eine gute Beziehung fördern, wenn Sie immer mit anderen Dingen beschäftigt sind, so wird das zu Entfremdung zwischen Ihnen führen. Nehmen Sie sich nun die Zeit, die Verhaltensweisen zu bestimmen, die voraussichtlich zu Ihrer unerwünschten Zukunft führen werden. Nutzen Sie den unten zur Verfügung gestellten Raum, um die Verhaltensweisen aufzuführen, die Sie von Ihrem Ziel abbringen werden.

Dinge, die es wert sind, gemieden zu werden

____

____

____

____

____

____

Diese Repräsentationen sind eine Ressource, die Sie nun nutzen können, um immer wieder zu überprüfen, ob Sie sich in Richtung auf Ihr gewünschtes oder in Richtung auf Ihr unerwünschtes Ziel zubewegen.

11. Da Sie jetzt wissen, welche Verhaltensweisen zu welcher Zukunft führen werden, ist anzunehmen, daß Sie die Verhaltensweisen übernehmen werden, die zu Ihrer erwünschten Zukunft führen und sich von denen fernhalten, die zu der unerwünschten Zukunft führen. Spüren und sehen Sie sich jedesmal, wenn Sie ein Verhalten zeigen, das Sie Ihrer erwünschten Zukunft näherbringt, diesem Ziel näherkommen. Wenn Sie etwas tun, das zu ihrer unerwünschten Zukunft führt, spüren und sehen Sie sich dieser unerwünschten Zukunft näherkommen.

Sie haben nun das Know-How, um mehr als nur eine persönlich zwingende Zukunft zu entwickeln. Nutzen Sie diese persönlich zwingende Zukunft, um Ihre Entscheidungen und Ihr Verhalten so auszurichten, daß Sie auf Ihre Ziele hin- (und von Enttäuschung und Bedauern fort-) führen. Sie können immer wieder zu dieser Sequenz von Schritten zurückkehren. Wir ermutigen Sie das zu tun, wann immer Sie das Bedürfnis verspüren, Ihr Leben wieder in die gewünschte Richtung und Ihr Verhalten mit Ihren Zielen in Übereinstimmung zu bringen. Dieses Know-How ermöglicht es Ihnen, Ihr Tun von Heute mit der Erfüllung von Morgen zu verbinden. In den folgenden Kapiteln werden wir Sie dabei unterstützen, dieses Know-How auf Ihre Gesundheit, Karriere und Beziehungen anzuwenden.

Flexibilität der Kriterien

Die zwingende Zukunft, die Sie mit der gerade besprochenen Sequenz von Schritten geschaffen haben, ist das Resultat bestimmter Normen oder Kriterien, die Sie gebrauchen. Ihre Kriterien bestimmen, was Sie in ihrem Erleben zu erfüllen versuchen. Sie haben bereits Kriterien, die Sie in den meisten Situationen verwenden, auch in den Situationen, in denen Sie eine Veränderung wollen. Da diese Kriterien weitgehend bestimmen, worauf Sie achten und was Sie übersehen oder vermeiden, ist es wichtig, zu überprüfen, ob diese Kriterien im Hinblick auf Ihre gewünschte Zukunft *angemessen* sind.

Wenn Ihre gewünschte Zukunft z. B. eine stabile, sichere, langfristige Liebesbeziehung beinhaltet und Sie sich gegenwärtig von zwar charmanten aber flatterhaften Schürzenjägern angezogen fühlen, ist es wahrscheinlich, daß Ihre Kriterien für das, was attraktiv ist, für das Erreichen Ihres erwünschten Zieles nicht zuträglich sind.

Wenn Sie Ihre Kriterien überprüft und so korrigiert haben, daß sie für das Erreichen Ihrer gewünschten Zukunft (wie auch für Ihr gegenwärtiges Wohlbefinden) förderlich sind, werden wir Ihnen zeigen, wie Sie Flexibilität in Ihren Kriterien erreichen können. Flexibilität der Kriterien gewährleistet, daß Sie verschiedene Wege haben, Ihre Normen und Wünsche zu erfüllen. So wie verschiedene angenehme Wege zu einem gewählten Bestimmungsort zu haben, bietet Ihnen Flexibilität der Kriterien die Möglichkeit zu wählen, wie Sie Ihr Ziel erreichen können.

1. Zunächst gilt es die Frage zu berücksichtigen, ob Ihre Kriterien aus einer früheren (und mittlerweile überholten) Phase Ihres Lebens übriggeblieben sind. Versuchen Sie z. B. noch immer, das Kriterium „brav sein" zu erfüllen (wie es vielleicht von Eltern, Lehrern oder Geistlichen auferlegt worden ist), obwohl es weitaus angemessener wäre, Ihre Anstrengungen darauf zu richten kompetent zu sein? Mit anderen Worten: Sind Ihre Kriterien möglicherweise unangemessen, da sie aus einer anderen Zeit in Ihrem Leben stammen, die keine Relevanz mehr dafür hat, wer Sie heute sind, oder sind sie aktuell und damit repräsentativ für Ihre jetzige Persönlichkeit? Gehen Sie verschiedene Kontexte durch, wie z. B. Freundschaft, Gesundheitsbewußtsein, Liebesbeziehungen, Politik, Lebensstil und Beruf, und bestimmen Sie Ihre Kriterien für jeden dieser Kontexte. Vielleicht schätzen Sie z. B. *Loyalität* in Freundschaften, *Stärke* in Ihrer Gesundheit, *intellektuelle Kompatibilität* in Liebesbeziehungen, *Liberalität* in sozialen, *konservatives Verhalten* in wirtschaftlichen Fragen, einen *geordneten* und *städtischen* Lebensstil und einen *herausfordernden* Beruf. Jemand anderer könnte für die gleichen Bereiche folgende Kriterien haben: *Spaß* in Freundschaften, *Vitalität* in physischer Hinsicht, *Aussehen* bei einem Liebespartner, *umweltbewußte* Politik, einen *ländlichen* Lebensstil und *Unabhängigkeit* in beruflicher Hinsicht.

Was ist *Ihrer* Meinung nach *wichtig, wertvoll, richtig, falsch* und *angemessen* in diesen Kontexten? Bevor Sie mit dem nächsten Abschnitt beginnen, machen Sie zunächst eine Liste dessen, was Ihnen in den für Sie interessanten Kontexten wichtig ist und bestimmen Sie, welche der aufgeführten Kriterien für die Person, die Sie heute sind (und die Sie sein wollen), repräsentativ sind und welche Normen nicht mehr relevant sind, weil sie z. B. nur für eine bestimmte Zeit in Ihrer Vergangenheit charakteristisch waren. Die Aufzählung Ihrer Kriterien wird es leichter (und überzeugender) für Sie machen, zu beurteilen, ob die einzelnen Kriterien tatsächlich noch für Ihre eigenen Werte und Normen repräsentativ sind.

Was ist mir wichtig in ...

Sozialen Beziehungen ________________________________

____

Gesundheitlicher Hinsicht ____________________________

____

Liebesbeziehungen ___________________________________

____

Politik ____

____

Lebensstil ____

____

Beruf ____

____

?__________ ____

____

2. Eine andere nützliche Möglichkeit, um Ihre Kriterien auf den neuesten Stand zu bringen, besteht darin, jemanden zu bestimmen, der ein Vorbild für Sie ist. Mit welchen Größen aus Sport, Medien, Wirtschaft, Politik und Literatur identifizieren Sie sich? Welchen Personen aus Ihrem beruflichen oder persönlichen Umfeld eifern Sie nach (oder eifern Sie bewußt nicht nach)? Sind die Normen, die diese Personen verkörpern, repräsentativ für die Person, die Sie sind und sein wollen oder sind sie vielmehr repräsentativ für eine Person, die Sie irgendwann in Ihrer Vergangenheit einmal *waren*? Für eine Frau z. B. können in Teenager-Jahren Playboy-Bunnies oder Schönheitsköniginnen die absoluten Vorbilder gewesen sein. Später wird sie, anstatt danach zu streben, mit hohen Absätzen und Badeanzug gut auszusehen, sich nach Frauen in leitenden Funktionen, integren Politikerinnen, und zufriedenen Müttern orientieren. Ein aufreizender Gang, tolle Beine und ein verführerisches Lächeln mögen Ihnen in der Vergangenheit wichtig erschienen sein, doch heute bewundern Sie Eigenschaften wie Intelligenz, Witz, Unabhängigkeit und Anteilnahme. Nehmen Sie sich ein oder zwei Minuten, um nach dieser Methode Ihre Kriterien dafür, wer Sie sind und wer Sie sein wollen, auf den neuesten Stand zu bringen.

Qualitäten ihres Vorbildes	**Qualitäten, die für Ihre Gegenwart und Zukunft bedeutsam sind**
______________________	______________________
______________________	______________________
______________________	______________________
______________________	______________________
______________________	______________________

3. Aktuelle Kriterien zu haben bedeutet jedoch noch nicht, daß Sie auch die angemessensten Kriterien haben, um die Zukunft zu verwirklichen, die Sie sich wünschen. Sie sollten die Angemessenheit bzw. Unangemessenheit überprüfen, indem Sie eine ganze Reihe von Kriterien in Betracht ziehen, die auch Beurteilungsnormen enthalten, die Sie gewöhnlich vielleicht nicht anwenden. Einige dieser Normen können sich als nützlicher für das Erreichen Ihrer

gewünschten Zukunft erweisen, als die, die Sie jetzt verwenden. Lassen Sie uns das am Beispiel von Eßgewohnheiten verdeutlichen. Stellen Sie sich vor, Sie essen in einem Ihnen vertrauten Restaurant zu Abend und sind gerade dabei, die Speisekarte zu lesen. Möglicherweise verwenden Sie „Genuß" als das Kriterium nach dem Sie auswählen. Was würden Sie, mit „Genuß" als Kriterium, als Vorspeise auswählen? Als Hauptgericht? Als Getränk? Als Nachspeise? Lesen Sie, wenn Sie Ihre Wahl getroffen haben, die Speisekarte noch einmal durch, doch verwenden Sie diesmal „Gesundheit" als Kriterium. Wie verändert sich die Zusammenstellung Ihrer Mahlzeit durch dieses neue Kriterium? Was wählen Sie jetzt als Vorspeise (wenn Sie überhaupt eine auswählen)? Was wären gesunde Hauptgerichte, Getränke und Nachspeisen? Nehmen Sie sich die Zeit, die folgende Liste möglicher Kriterien (und beliebige andere) durchzugehen und sie für die Zusammenstellung Ihres Abendessens auszuprobieren:

Genuß
Gesundheit
Kalorienzahl
Neu (oder anders)
Gewohnt
Reichhaltig
Leicht
Wie werde ich mich nach dem Essen fühlen?
Wie werde ich mich morgen fühlen?

4. Betrachten Sie die verschiedenen Entscheidungen, die Sie unter dem Einfluß der oben aufgeführten Kriterien getroffen haben und entscheiden Sie selbst, welches der Kriterien zu Entscheidungen führte, die *mit Ihrer gewünschten Zukunft übereinstimmen*. Kriterien, die zu Entscheidungen führen, welche dem Erreichen Ihrer Ziele entgegenwirken, sind natürlich unangemessen und sollten zugunsten solcher Kriterien aufgegeben werden, die Ihre Aufmerksamkeit und Ihre Entscheidungen in Richtung auf Ihre angestrebten Ziele beeinflussen. „Genuß" als Kriterium für die Auswahl von Speisen kann Ihnen z. B. dabei helfen, „saucisson en brioche" auf der Speisekarte zu bemerken und als Vorspeise zu bestellen, zusammen mit französischem Weißbrot, Lasagne als Hauptspeise und Käsekuchen als Dessert. Welch ein Mahl... es sei denn, Sie haben Übergewicht und leben gerade diät. Vielleicht ist es ein grausamer Scherz von Mutter Natur, daß viele der Speisen, die wir mit besonderem Genuß essen,sich am nächsten Tag im Umfang unserer Hüften bemerkbar machen. Doch ganz gleich, welche der neuesten Diäten Sie befolgen, Abnehmen bedeutet, die Art und Menge der Nahrung, die Sie zu sich nehmen, zu verändern und sich ausreichend zu bewegen, um Fettreserven abzubauen und Ihren Muskeltonus zu erhöhen. „Genuß" als Kriterium zur Auswahl von Speisen wird die meisten dazu verleiten, Gerichte zu wählen, die mit Ihrem Wunsch abzunehmen nicht verträglich sind. (Wir sagen „die meisten", weil für einige Obst als Nachspeise oder der Verzicht auf Nachspeise genußvoll ist, Käsekuchen dagegen nicht.) Wenn Sie anstelle von „Genuß" z. B. „Gesundheit" als Kriterium gewählt hätten, würden Sie statt dessen vermutlich Salat als Vorspeise, gegrillten Lachs als Hauptgericht und frische Himbeeren als Nachspeise wählen. Das ist nicht unbedingt eine bessere Mahlzeit als die Lasagne-Käsekuchen-Kombination, doch wenn Sie die Absicht haben abzunehmen, dann sind Lachs und Himbeeren *angemessen*er. Beurteilen Sie nun bevor Sie weiterlesen selbst, welche Kriterien zu Entscheidungen geführt haben, die mit Ihrer gewünschten Zukunft übereinstimmen.

Die Beispiele, die wir oben gebraucht haben, enthalten die Vorannahme, daß Kriterien eine gewisse Bedeutung haben, Evidenzen ihrer Erfüllung. Unter den jüdischen Einwanderern in der ersten Hälfte dieses Jahrhunderts, galt ein Säugling als gesund, wenn er fett war. Das Kriterium ist *gesund*. Die Erfüllungsevidenz ist *fett*. Da darüber hinaus die Evidenz, eine gute Mutter zu sein, darin bestand, gesunde Kinder zu haben, fütterten Mütter ihre Kinder häufig mit Butter, und wenn ihre Babys nicht rund und dick wurden, ließen sie sie nicht aus dem Haus und hielten sie vor den Blicken anderer verborgen (wenigstens solange bis die Butter ansetzte). Es ist wichtig sich daran zu erinnern, daß Kriterien lediglich Bezeichnungen für kontextuell bedeutsame Werte sind. Wir werden den Begriff *Kriteriumsäquivalenz* benutzen, um die besonderen Erfahrungen zu bezeichnen, die als Evidenz dafür aufgefaßt werden, daß ein Kriterium erfüllt worden ist. Für eine ernährungsbewußte Person sind heute in der Zusammenstellung einer Mahlzeit die Kriteriumsäquivalenz für ein gesundes Essen Speisen, die arm an Fetten und

Kalorien und reich an Vitaminen sind. Für die jüdische Mutter in den vierziger Jahren war die *Kriteriumsäquivalenz* eines gesunden Säuglings häufig ein fettes Baby. Der Ernährungsbewußte und die Mutter in dem oben genannten Beispiel mögen beide das Kriterium „Gesundheit" verwendet haben, doch die Erfahrungen, die als Evidenzen für Gesundheit aufgefaßt werden, sind sehr verschieden und werden ihr Erleben und ihr Verhalten in sehr verschiedener Weise beeinflussen.

Steves und Nates Interviews (im zweiten Kapitel) sind ein anderes Beispiel für die Bedeutung von Kriteriumsäquivalenzen (wobei, um es zu wiederholen, Kriteriumsäquivalenz der Begriff ist, der Wahrnehmungen und Erfahrungen bezeichnet, durch die man erkennt, ob ein Kriterium erfüllt worden ist oder nicht). Für Steve war die Kriteriumsäquivalenz für Erfolg den Job zu bekommen. Als er den Job nicht bekam, hatte er daher das Gefühl, versagt zu haben. Nate würde es zwar sicherlich auch als Erfolg ansehen, die Stelle zu bekommen, aber für ihn ist es auch ein Erfolg, wenn er etwas lernt. Solange er daher in dem Job-Interview etwas lernen kann, wird er mit einem Erfolgsgefühl fortgehen, unabhängig davon, ob er die Stelle bekommt oder nicht. *Flexibilität der Kriterien und der Mittel, durch die diese Kriterien als erfüllt angesehen werden können* (Kriteriumsäquivalenzen)*, schafft Wahlfreiheit.*

Nehmen wir das Kriterium „attraktiv" als nächstes Beispiel. Für viele sind die Kriteriumsäquivalenzen für „attraktiv" die physischen Merkmale anerkannter Schönheiten, so wie sie in den Medien dargestellt werden. Statt dessen könnte man die Attraktivität einer Person auch anhand solcher Kriteriumsäquivalenzen beurteilen wie Stärke (attraktiv = starke Arme und Beine), Beschaffenheit der Haut (attraktiv = Haut wie Samt), ethnischem Hintergrund (attraktiv = Mandelaugen), Symmetrie (attraktiv = symmetrische Gesichtszüge), Aufrichtigkeit (attraktiv = aufrichtig und freundlich), usw. Es ist daher wichtig, für sich selbst genau zu bestimmen, welches die Äquivalenzen (Wahrnehmungen und Erfahrungen) des Kriteriums sind, mit dem Sie operieren.

5. Sind Ihre Kriteriumsäquivalenzen für die Erfahrungen und Ergebnisse, die Sie wollen, nützlich oder nicht? Haben Sie sich schon einmal die Zeit genommen, darüber nachzudenken, ob die Grundlage, auf der Sie sowohl Ihr Erleben als auch die Welt um Sie herum beurteilen, mit den Erfahrungen vereinbar ist, die Sie sich wünschen. In Ihrem Bemühen erfolgreich zu sein, legen Sie z. B. laufend Überstunden ein und belasten sich und Ihre Familie bei dem Versuch viel Geld zu verdienen (Erfolg = Wohlstand). Sie wollen die Erfahrung haben erfolgreich zu sein und Sie wollen auch Freude an Ihrem Leben und an Ihrer Familie haben. Ist Ihre Kriteriumsäquivalenz für Erfolg in Übereinstimmung mit Ihren Zielen?

Um Ihnen mehr Beispiele zu geben, haben wir im weiteren eine interessante Liste von Kriterien und Kriteriumsäquivalenzen zusammengestellt: Kompetenz = der Beste sein, Erfolg = Position/Titel, Freiheit = keine Verpflichtungen, Abenteuer = gefährliche, lebensbedrohende Aktivitäten. Das sind Beispiele für nicht gerade nützliche Kriteriumsäquivalenzen. Der Beste zu sein und zu bleiben ist in einer Wettbewerbsgesellschaft nicht einfach. Wenn Sie der Beste sein müssen, um sich kompetent zu fühlen, werden Sie sich über weite Strecken wohl unzulänglich fühlen. (Es wäre viel nützlicher, *den Wunsch der Beste zu sein* als Treibstoff für die Motivation und Ausdauer zu nutzen, die notwendig sind, um beständig Fortschritte zu machen.) Position und Titel als Zeichen für Erfolg zu wählen, trägt zwar zu dem Wohlstand der Visitenkarten-Industrie bei, mag aber keine adäquate Basis dafür sein, langfristig die Erfahrung persönlicher Erfüllung zu haben. Führen Sie nun einige Ihrer Kriterien und die Kriteriumsäquivalenzen auf, die Sie gegenwärtig als Anzeichen für die Erfüllung dieser Kriterien gebrauchen. Sie aufzuschreiben wird Ihnen dabei helfen eine Perspektive zu gewinnen, von der aus Sie beurteilen können, ob Ihre Kriteriumsäquivalenzen Sie in die gewünschte Richtung führen werden.

Kriterium		**Kriteriumsäquivalenz**
Erfolg	=	______________________
Intelligenz	=	______________________
Attraktivität	=	______________________
Gesundheit	=	______________________
Kompetenz	=	______________________
?________	=	______________________
?________	=	______________________

6. Da Sie nun sowohl die Kriterien, die für Ihre gewünschte Zukunft relevant sind, wie auch ihre Kriteriumsäquivalenzen benannt haben, ist es an der Zeit, diese auf Ihre gewünschte Zukunft anzuwenden. Welche der Erfahrungen, die Sie als Kriteriumsäquivalenzen Ihrer Kriterien bestimmt haben, sind im Einklang mit den Zielen, die Sie für sich haben und welche sind unpassend, hinderlich oder einfach nicht hilfreich? Die Kriteriumsäquivalenzen, die Ihre gewünschte Zukunft nicht unterstützen, sollten verändert werden. In dem oben aufgeführten Beispiel „Erfolg = Wohlstand" würde eine Veränderung der Kriteriumsäquivalenz zu „Erfolg = Freude an der Arbeit" tiefreichende Wirkung auf Ihr Verhältnis zu Ihrer Arbeit und Ihrer Familie haben. Es wird häufig offensichtlich sein, welche Kriteriumsäquivalenz für ein Kriterium angemessen ist. Rundlichkeit z. B. ist als Kriteriumsäquivalenz für Gesundheit unangemessen, wenn Sie abnehmen wollen; es muß verändert werden, damit es mit Ihren erwachsenen Bedürfnissen besser übereinstimmt (z. B. gesund = gute körperliche Verfassung, viel Energie, Fähigkeit tägliche Routinearbeiten ohne Anstrengung zu erledigen). Wenn Ihnen keine nützlichere Kriteriumsäquivalenz einfällt, können Sie einen Bekannten fragen, für den das, was Sie in der Zukunft wollen, bereits Teil seines Erlebens ist. Stellen Sie sich vor, Sie sind vor Vorstellungsgesprächen wie gelähmt vor Schreck, während des Gesprächs nervös und hinterher verzweifelt. Ihr Freund Nate jedoch freut sich auf Vorstellungsgespräche und ist hinterher zufrieden. Wenn Sie ihn fragen, ob es ihm wichtig ist Erfolg zu haben, wird er das bejahen. Die Frage, woher er weiß wann er Erfolg hat, wird Ihnen die Information geben, die Sie wollen: „Wenn ich etwas lerne." Beginnen Sie nun damit herauszufinden, welche Ihrer Kriterien und Kriteriumsäquivalenzen für die Ziele in Ihrem Leben angemessen sind und welche verändert werden müssen. Bestimmen Sie für letztere, wie Sie sie verändern können, damit sie damit übereinstimmen, wer Sie sein wollen und was Sie erreichen wollen.

Der Zweck der gerade beschriebenen Sequenz besteht darin, Ihnen zu erlauben, sich selbst auf eine besonders nützliche Weise kennenzulernen. Sie wissen jetzt, wie Sie ihre Kriterien bestimmen können und haben bereits einige wichtige Kriterien bestimmt. Sie wissen auch, wie Sie Ihre Kriterien bewerten können, um zu überprüfen, ob sie angemessen sind. Und Sie haben gerade begonnen,

Flexibilität in der Erfüllung Ihrer Kriterien zu entwickeln. Dieses Know-How wird Ihnen ein kenntnisreiches und effektives Fortschreiten in Richtung auf Ihre persönlichen und beruflichen Ziele erlauben.

Relative Spezifität

Um einen überzeugenden Zukunftsentwurf zu haben, der Sie z. B. dazu zwingen kann, sich richtig zu ernähren, ist es wesentlich, den Glaubenssatz zu haben, daß Ihr jetziges Verhalten weitgehend Ihr zukünftiges Wohlbefinden bestimmt. Wir nennen diesen Glaubenssatz eine *Gegenwart-Zukunfts Ursache-Wirkungsbeziehung*. Solange diese Ursache-Wirkungsbeziehung für Sie nicht erlebbar ist, wird es keinen guten Grund geben, jetzt mit bestimmten Verhaltensweisen zu beginnen (oder aufzuhören), um eine bestimmte Zukunft zu erreichen (oder zu verhindern).

Um diese Spürbarkeit zu schaffen, ist die relative Spezifität Ihrer mentalen Vorgänge sehr wichtig. Nehmen Sie an, Sie wollten abnehmen und die relative Spezifität mit der sie vorgehen, sei recht allgemein und groß. Daher beschließen Sie, von Größe 24 zu Größe 8 zu wechseln. Wenn Sie es dabei belassen, haben Sie entweder die gewünschte Größe 8 oder Sie haben nicht so viel abgenommen wie Sie wollten. Die Größe der Veränderung, die durch ein so global definiertes Ziel vorausgesetzt wird, macht jede relativ gesehen kleine Veränderung in ihrer Kleidergröße (von 24 zu knappen 22, z. B.) bedeutungslos. Es macht auch alles das bedeutungslos, was Sie getan haben, um eine Kleidergröße abzunehmen. Mit anderen Worten, die Tatsache, daß Sie eine Woche lang keine Süßigkeiten gegessen haben, macht die Ursache-Wirkungsbeziehung zwischen Ihren Eßgewohnheiten und Ihrem Gewichtsverlust nicht spürbar, da diese eine Woche nicht dazu geführt hat, daß sie von Größe 24 auf Größe 8 gekommen sind. Wenn Sie Ihre Erfahrung andererseits in kleineren Einheiten organisieren, schaffen Sie damit die Gelegenheit, die betreffende Ursache-Wirkungsbeziehung zu erkennen. Sie könnten z. B. die einzelnen Schritte aufführen (oder spezifizieren), die es Ihnen ermöglichen, um jeweils eine Kleidergröße abzunehmen (von vierundzwanzig auf zweiundzwanzig, von zweiundzwanzig auf zwanzig, usw. bis hinunter zu Größe acht) und dann damit beginnen, soviel abzunehmen, daß Sie auf Größe zweiundzwanzig kommen. Indem Sie um diese eine Kleidergröße abnehmen, werden Sie einen Schritt auf Ihre gewünschte Zukunft hin gemacht haben, von dem ausgehend Sie ableiten können (wie Sie es bereits bei der Schaffung einer zwingenden Zukunft getan haben), in welcher Weise Ihr Verhalten es Ihnen ermöglicht hat, Gewicht zu verlieren (Ursache-Wirkungsbeziehung).

Das Maß an Spezifität, das Sie verwenden, um Ihr Ziel zu organisieren, steht auch in Wechselwirkung mit Ihren Kriterien. In dem vorherigen Beispiel führte die Spezifizierung des Ziels in der genannten Größenordnung dazu, daß die Kriteriumsäquivalenz für erfolgreiches Abnehmen das Erreichen von Kleidergröße acht war. Wenn man das Ziel als einen großen Schritt, als eine Einheit repräsentiert, hat das zur Folge, daß man die Möglichkeit beständiger, leicht zu erzielender Erfolgserlebnisse vergibt. Daher scheint der Übergang von Größe vierundzwanzig zu Größe zweiundzwanzig als Resultat von einer Woche Diäthalten kein Erfolg auf dem Weg zu Ihrem Ziel zu sein, da Sie noch immer nicht Größe acht erreicht haben. Kleine Schritte bieten Ihnen dagegen die Möglichkeit, häufiger Erfolg zu erleben. Wenn Sie Ihr Erleben in Einheiten von einer Kleidergröße organisieren, dann ist es ein Erfolg, wenn Sie genug abnehmen, um in Größe zweiundzwanzig zu passen. D. h. Sie haben die notwendige Kriteriumsäquivalenz für einen der kleinen Schritte erfüllt, die Sie zu Ihrer gewünschten Zukunft führen. Genauso sollte man sich darüber freuen, daß man dreißig Liegestütze machen kann, wenn es vor einer Woche nur fünfundzwanzig waren und nicht allein darauf sehen, ob man bereits die geplanten zwanzig Pfund abgenommen hat. Freuen Sie sich darüber, wenn Sie heute weniger Zigaretten rauchen als letzte Woche und urteilen Sie nicht allein danach, ob Sie überhaupt noch rauchen oder nicht. Bemerken Sie, daß Sie heute bestimmte Merkmale einer gesunden Ernährungsweise zu schätzen wissen, von denen Sie vor einer Woche überhaupt noch nichts wußten, anstatt sich nur zu fragen, ob Sie bereits vollständig gesund sind oder nicht.

Nehmen wir das Kriterium „Attraktivität" als nächstes Beispiel. Wenn Sie Attraktivität nach dem alles-oder-nichts-Prinzip beurteilen, kann es dazu führen, daß Sie versuchen, die Models aus *Play-*

boy, *Vogue* oder *Gentleman's Quarterly* nachzuahmen und die Abbildungen aus diesen Magazinen als Richtschnur (Kriteriumsäquivalenz) dafür übernehmen, was attraktiv ist. Die Folge wäre u.U. der Versuch, ein Clone der Modells zu werden, die Sie als Kriteriumsäquivalenz für Attraktivität gewählt haben. Attraktivität in kleinere Bestandteile zu zerlegen, würde bedeuten, daß Sie genau bestimmen, was Ihrer Meinung nach attraktive Fingernägel, Hände, Füße, Haare, Stimmen, Gesten, Schmuckstücke, usw. sind. Wenn Sie sich die gleichen Bilder in der *Vogue* oder in *GQ* ansehen und Ihre Wahrnehmungen nach kleineren und detaillierteren Aspekten organisieren, werden Sie besondere Merkmale des Make-ups, der Frisur, einzelner Manierismen, Kleidungsstücke und persönlicher Attribute des Modells bemerken können, die Sie attraktiv finden und auch solche, die Sie nicht attraktiv finden. Die spezifischeren Details dessen was „Attraktivität" ausmacht, werden Ihnen viel mehr Gelegenheit dazu bieten, das Kriterium „Attraktivität" zu erfüllen. Es ist viel einfacher das gleiche Make-up zu tragen wie Brooke Shields, als genauso zu sein wie Brooke Shields (vor allem, wenn Sie 1,60 m groß und 44 Jahre alt sind).

In gesundheitlicher Hinsicht organisieren manche ihre Erfahrung in einer so allgemeinen Weise, daß sie nur die Kriterien „krank" und „nicht krank" überprüfen. Als Folge davon tun sie so lange nichts für ihre Gesundheit bis sie krank werden. Sie sind entweder gesund (aufgrund glücklicher Umstände) oder dabei, Ihre Gesundheit wiederherzustellen. Wenn Sie die Erfahrung „Gesundheit" detaillierter beschreiben, wird Sie das auf Kriterien aufmerksam machen, die Ihnen die Gelegenheit geben, beständig auf Feedback zu reagieren, das jedem von uns zur Verfügung steht. Das macht es möglich, auf die physiologischen Signale zu reagieren, die uns ein Bedürfnis nach Schlaf, Ruhe, Aktivität, Vitaminen, Sex, persönlichem Kontakt, frischer Luft, usw. mitteilen.

Wir wollen damit nicht die Behauptung aufstellen, daß Kriterien, die im Detaill spezifiziert sind, notwendigerweise die besten Kriterien sind, die man haben kann. Unsere Untersuchungen haben vielmehr beständig gezeigt, daß *Flexibilität* in der Art wie Sie Ihre Erfahrung organisieren, wesentlich ist (wir werden Sie noch einmal daran erinnern, wenn wir in dem Kapitel „Von Wünschen zu Haben" über James sprechen werden). Am besten ist es, die Flexibilität in der Erfüllung von Kriterien zu haben, die Sie erreichen, wenn Sie die relative Spezifität, die Sie wahrnehmen und verwenden, um Ihre Erfahrung zu organisieren, variieren können. Durch diese Flexibilität gewinnen Sie die Fähigkeit, Ihr gegenwärtiges Erleben und Verhalten in dramatischer Weise zu beeinflussen. Wir haben bereits darüber gesprochen, den Alles-oder-Nichts-Zugang in der Erfüllung des Kriteriums „Attraktivität" zu verwenden und haben dem die Spezifizierung von „Attraktivität" in einzelne Bestandteile gegenübergestellt (Brooke Shields vs. Brooke Shields Frisur, Make-up, Fingernägel, usw.). Wenn man nicht versucht, die ganze Person sondern nur einzelne Aspekte der Person nachzuahmen, gewinnt man in dem obigen Beispiel die Flexibilität, sich als wirklich attraktiv zu erleben.

1. Nehmen Sie sich einige Augenblicke Zeit, um über die Ziele nachzudenken, die Sie sich in persönlicher und beruflicher Hinsicht gesetzt haben. Was wollen Sie erreichen? Wählen Sie zwei Ihrer Ziele aus und bestimmen Sie verschiedene spezifische *und detaillierte* Beispiele dafür, woran Sie merken würden, daß Sie Fortschritte in Richtung auf diese beiden Ziele hin machen. Wenn finanzielle Sicherheit z. B. eines Ihrer Ziele ist, könnte die Liste kleiner Schritte folgende Punkte enthalten: Ihr Kreditkarten-Konto ausgleichen, etwas über mögliche Investitionen lesen, einen Haushaltsplan aufstellen, sich an den Haushaltsplan halten, einen Sparvertrag eröffnen, notwendige Versicherungen abschließen. Nutzen Sie die freigelassenen Zeilen weiter unten, um eine Liste für beide Ziele aufzustellen, die Sie gewählt haben. Und denken Sie daran, dieses ist eine der Gelegenheiten im Leben, bei der es sich auszahlt, in kleinem Maßstab zu denken.

ZIEL	**ANZEICHEN FÜR FORTSCHRITT**
1. ____________________	____________________
	____________________
	____________________
	____________________
	____________________

2. ____________________ ____________________________

____

____

____

____

2. Machen Sie nun etwas ähnliches mit zwei der wichtigen Kriterien, die Sie in dem Abschnitt über Flexibilität der Kriterien bestimmt haben. Identifizieren Sie dieses Mal jedoch die kleinen, detaillierten Merkmale oder Verhaltensweisen, die als Anzeichen für die Erfüllung dieses Kriteriums gelten können. Wenn Sie z. B. intellektuelle Vereinbarkeit als wichtig für eine Liebesbeziehung aufgeführt haben, kann Ihre Liste spezifischer Kriteriumsäquivalenzen folgende Punkte enthalten: gleicher Geschmack in bezug auf Filme, Vorliebe für Science-Fiction, den Leitartikel in Zeitungen lesen und diskutieren, keine Catch-as-catch-can- oder Bowling-Übertragungen im Fernsehen verfolgen. Denken Sie daran, wenn Sie das jetzt für zwei Ihrer wichtigen Kriterien tun, daß Sie dadurch eine Alles-oder-Nichts-Bedingung für Ihre Kriteriumsäquivalenz aufbrechen.

Kriterium	**Anzeichen der Erfüllung**
1. ____________________	____________________________
	____________________________
	____________________________
	____________________________
	____________________________
	____________________________
2. ____________________	____________________________
	____________________________
	____________________________
	____________________________
	____________________________
	____________________________

Automatische Reaktionen – Gewählte Reaktionen

Wenn Sie nun ein Kriterium, das Ihnen früher wichtig war, verändert haben (wie z. B. „Genuß“ in einem der früheren Beispiele), bedeutet das natürlich nicht, daß Sie es nie mehr erfüllen können. Deftige Speisen zu essen ist ein Verhalten und kann sicher ein Weg sein, um sich Genuß zu verschaffen, aber es ist nicht der *einzige* Weg. Wenn Sie ein weites Repertoire an Möglichkeiten haben, um sich Genuß zu verschaffen (d. h. ein weites Repertoire an Kriteriumsäquivalenzen), ermöglichen Sie es sich, Ihr Genuß-Kriterium auf Weisen zu erfüllen, die mit Ihren allgemeinen Zielen (abnehmen, gesund sein, usw.) übereinstimmen. Es geht dann nur darum, sich angemessene Situationen auszusuchen. Mahlzeiten sind ein unangemessener Zeitpunkt für eine übergewichtige Person, das Kriterium „Genuß“ zu verwenden. Wenn Sie wirklich schlau sind, werden Sie natürlich Wege finden, sich zu Mahlzeiten Genuß zu verschaffen, ohne bestimmte Speisen essen zu müssen, z. B. indem Sie sich Zeit lassen, angeregte Gespräche führen oder das Verhalten der anderen Gäste beobachten.

Wenn Sie nur eine Möglichkeit haben, um eines Ihrer Kriterien zu erfüllen, dann wird diese Möglichkeit zu einer automatischen Reaktion für Sie, d. h. Sie haben nur eine Reaktionsmöglichkeit und somit keine Wahl: wenn Sie Genuß wollen, müssen Sie essen; wenn Sie ungezwungen sein wollen, müssen Sie trinken; wenn Sie sich entspannen wollen, müssen Sie Valium nehmen. In jedem dieser Fälle haben Sie keine Wahl darüber, wie Sie diese Erfahrung schaffen. Ob Sie die Erfahrung haben oder nicht, hängt von Essen, Alkohol oder Medikamenten ab. Wenn Sie mehr als eine Möglichkeit haben, zu bekommen was Sie wollen, sind Sie nicht darauf angewiesen, daß der Rest der Welt in gewohnter oder erwarteter Weise mitspielt. Auch wenn Sie Übergewicht haben, gibt es keinen Grund, warum eine Diät notwendigerweise bedeuten muß, daß Sie auf Freuden verzichten, solange Sie Möglichkeiten haben, Ihren Wunsch nach Genuß auf eine Weise zu erfüllen, die mit Ihrer Absicht vereinbar ist, die Einnahme von Essen zu kontrollieren.

Wie erweitern Sie nun Ihre Wahlmöglichkeiten? Wir erreichen das was wir anstreben durch unser Verhalten (wozu auch unser inneres Verhalten gehört, wie z. B. Tagträumen, sich vorzustellen, was in anderen Menschen vorgeht, in Erinnerungen zu schwelgen, mit unserem inneren Ohr Musik zu hören, usw.). Wenn Sie nur einen Weg haben, um in einer bestimmten Situation das zu bekommen was Sie wollen, können Sie bereits einfach dadurch eine Reihe an Wahlmöglichkeiten gewinnen, indem Sie sich diesen Weg versagen und Ihr Verhalten weiter variieren, bis Sie verschiedene andere Wege gefunden haben, die genauso zum Ziel führen wie Ihr ursprüngliches Verhalten. Mit anderen Worten: zwingen Sie sich dazu, mit verschiedenen Wegen zu experimentieren, um Ihre Wünsche und Bedürfnisse zu erfüllen, indem Sie sich ausdrücklich genau die Reaktion versagen, auf die Sie sich bisher immer verlassen haben. Wenn Sie beispielsweise morgens ein paar Tassen Kaffee brauchen, um in Gang zu kommen, verzichten Sie auf den Kaffee und probieren Sie andere Sachen aus, um munter zu werden, bis Sie mehrere Möglichkeiten gefunden haben, die funktionieren. Vielleicht ist es Yoga, ein großes Glas frisch gepreßter Orangensaft, Vitamine, ein paar Minuten auf dem Fahrrad, ein paar Telefongespräche mit Freunden oder Purzelbäume im Flur. Ganz gleich was es ist, sobald Sie mehrere Wege haben, um morgens in Gang zu kommen, ist es Ihre freie Entscheidung, wie Sie in Gang kommen wollen.

Sie fragen vielleicht: Wozu Purzelbäume im Flur schlagen, wenn doch Kaffee so gut funktioniert? Darauf gibt es zwei Antworten. Erstens sind Sie abhängig von den Umständen, wenn Kaffee die einzige Möglichkeit für Sie ist wach zu werden. Wenn Sie schläfrig in die Küche kommen und eine Tasse Kaffee erwarten, um dann festzustellen, daß Sie keine einzige Bohne im Haus haben, sich dann zum Auto schleppen, und sich mit halbgeöffneten Augen auf die Suche nach einer anderen Kaffeequelle machen müssen... Wenn Ihnen nicht zu Hause sondern während Ihres Campingurlaubs der Kaffee ausgeht, kann die Situation kritische Proportionen annehmen (zumindest was Sie angeht). Ein bezeichnendes Beispiel dafür ist eine Bekannte von uns, die sich buchstäblich nicht dazu in der Lage fühlte, morgens aus dem Bett aufzustehen, bevor sie nicht drei Zigaretten geraucht hatte. Wenn Sie eine Auswahl an Verhaltensweisen haben, die es Ihnen ermöglichen, das zu erreichen was Sie wollen, so hilft Ihnen das dabei, zu gewährleisten – unabhängig von den Launen des Schicksals –, das bekommen *zu können* was Sie wollen.

Der zweite Grund, um diese Auswahl an Verhaltensweisen zu haben, besteht darin, daß es zu einem bestimmten Zeitpunkt ratsam oder notwendig sein kann, ein Verhalten *nicht* zu wählen, auf das Sie sich sonst verlassen. Wenn Sie z. B. von dem Kaffee, den Sie morgens zum Wachwerden brauchen, nervös werden und zu zittern anfangen, kann Sie das dazu zwingen, Ihren Kaffekonsum zu reduzieren oder sogar ganz einzustellen. Doch wenn Kaffee Ihre einzige Möglichkeit ist munter zu werden, werden Sie zunächst ohne Ihre morgendliche Tasse etwas lustlos und benommen sein (ein Umstand, der natürlich den erneuten Kaffeekonsum umso verlockender machen wird). Wenn Sie jedoch Kaffee zum Wachwerden nicht brauchen, dann stellt der Verzicht darauf weder eine Krise noch eine größere Entbehrung dar.

Nehmen Sie sich nun die Zeit, um eine Situation zu finden, in der Sie nur einen Weg nutzen, um das zu bekommen was Sie wollen. Setzen Sie Ihre Kreativität ein, um wenigstens drei oder vier andere Wege zu finden, die Ihre Wünsche und Bedürfnisse in dieser Situation genauso effektiv befriedigen könnten. Führen Sie Ihre neuen Wahlmöglichkeiten unten auf.

Situation	**Neue Möglichkeiten zur Befriedigung meiner Wünsche und Bedürfnisse**
______________________	______________________
	______________________
	______________________
	______________________

Flexibilität in der Erfüllung Ihrer Wünsche ist wichtig, weil sie Ihnen Flexibilität des Erlebens ermöglicht. Wenn Sie nur eine Möglichkeit haben ein Kriterium zu erfüllen, dann steht Ihnen in dieser Situation nur eine automatische Reaktion zur Verfügung. Sie haben keine Wahlfreiheit, denn falls es aus bestimmten Gründen nicht möglich sein sollte, diese Kriteriumsäquivalenz zu erfüllen, muß das Kriterium unerfüllt bleiben. Wenn Ihr Genuß-Kriterium z. B. nur durch Essen zu befriedigen ist, dann müssen Sie entweder essen oder auf Genuß verzichten. Ob Sie Genuß erleben oder nicht, ist von einer automatischen Reaktion abhängig, da Sie keine andere Wahl haben als auf Genuß zu verzichten, sobald Sie sich zu einer Diät entschließen. Wenn Sie jedoch eine Fülle von Möglichkeiten haben, um Ihr Genuß-Kriterium zu erfüllen (außer Essen z. B. noch heiß baden, ein Gespräch mit Freunden, sich alte Filme ansehen), dann ist der Verzicht auf eine Tüte Kartoffelchips nicht zugleich auch ein Verzicht auf Genuß, da es mehrere andere Tätigkeiten gibt, die Sie wählen können, um sich Genuß zu verschaffen. Wenn Ihr Erleben aus gewählten Reaktionen besteht, so ist das in unseren Augen eine höchst angenehme und sinnliche Form von Unabhängigkeit.

Ursache-Wirkung

Einer der Vorzüge einer an Erinnerungen reichen Vergangenheit besteht darin, daß Sie sie als unschätzbare Informationsquelle nutzen können. Auf dem Weg zu Ihren Zielen wird einiges von dem was Sie tun, so gut wie sicher angemessen und nützlich sein und eine gültige Repräsentation dessen darstellen, wer Sie sind und wer Sie sein wollen, und einiges wird unangemessen, wenig nützlich und für die Person, die Sie sind und die Sie sein wollen, nicht repräsentativ sein. Der Weg zu Veränderungen ist nur selten so eben, daß es gleichgültig ist, wo Sie Ihren Fuß aufsetzen. Es ist wesentlich, beständig zu überprüfen, wie das was Sie tun, sich mit dem Erreichen Ihres Zieles verträgt, um sicherzustellen, daß Sie auf dem richtigen Weg sind und dieses Ziel schließlich erreichen werden.

1. Aus diesem Grunde möchten wir Ihnen folgende Aufgabe stellen: Nehmen Sie sich jeden Abend etwas Zeit, um die Ereignisse des Tages noch einmal Revue passieren zu lassen. Achten Sie vor allem darauf, wie Ihr Verhalten an diesem Tag zu dem Erreichen Ihrer gewünschten Zukunft beiträgt. War Ihr Verhalten zufriedenstellend für Sie? Was wollen Sie daher auf jeden Fall wieder tun? Und was wollen Sie auf keinen Fall wieder tun?

Der Zweck dieser Übersichtsfragen besteht darin, Sie mit Filtern zu versorgen, die es Ihnen erlauben, solche Verhaltensweisen zu erfassen, die Sie Ihrer gewünschten Zukunft nähergebracht haben, wie auch solche, die Sie der Zukunft nähergebracht haben, die Sie nicht wollen. Wenn Sie die Verhaltensweisen identifizieren können, die mit Ihren Zielen in Einklang stehen bzw. nicht in Einklang stehen, dann haben Sie einen wichtigen Schritt getan, um das Erreichen Ihrer Ziele in den Bereich Ihrer freien Entscheidung zu bringen.

2. Um sicherzustellen, daß Sie morgen die Verhaltensweisen ausführen, die es sich zu wiederholen lohnt und nicht die, welche Sie als nicht hilfreich erkannt haben, sollten Sie sich jetzt die Zeit nehmen, in Gedanken einen Film zusammenzustellen, der die Aktivitäten enthält, die Sie für morgen geplant haben. Stellen Sie sich vor, wie Sie das gewünschte Verhalten in den entsprechenden Situationen ausführen. Sie können das auf wirksame Weise tun, indem Sie sich selbst dabei beobachten, wie Sie dieses Verhalten ausführen oder (was noch besser ist) indem Sie sich vorstellen, dieses Verhalten tatsächlich auszuführen und das zu sehen, was Sie sehen würden, das zu hören, was Sie hören würden und die Gefühle zu erleben, die mit dem Ausführen des gewählten Verhaltens einhergehen. Falls Sie sich eine der unerwünschten Verhaltensweisen vorstellen, beginnen Sie von neuem und achten Sie dieses Mal darauf, daß diese innerlich konstruierte Zukunft eine volle Repräsentation davon ist, *wie Sie das tun, was Sie tun wollen.* Machen Sie nun einen Schritt in Ihre gewünschte Zukunft, indem Sie sich die Zeit nehmen, diesen Film Ihrer Aktivitäten vom nächsten Tag abzuspielen. Diese Art der mentalen Vorbereitung (*Futurepacing*) ist ein beeindruckend wirksames Mittel, um sich selbst dabei zu helfen, so zu werden, wie man sein will.

In diesem Kapitel haben wir die fünf Grundlagen des Erfolgs eingeführt. Diese Grundlagen haben vielen Menschen als Schlüssel zu Erfolg und Hochleistungen gedient. Sie haben bereits die ersten Schritte unternommen, um die Grundlagen des Erfolgs beherrschen zu lernen, und Sie haben auch schon mit diesen Voraussetzungen für Erfolg einige Erfahrungen in den Lebensbereichen gesammelt, die in den nächsten Kapiteln besprochen werden sollen. Wir werden nun diese Grundlagen auf mehrere lohnenswerte Vorhaben anwenden und Sie zu den Ergebnissen führen, die Ihnen zugänglich werden, wenn Sie das Know-How für persönliche und berufliche Erfüllung besitzen.

4. Von „Wünschen" zu „Haben"

Ganz gleich, was Sie für sich wollen – materielle Dinge (Autos, Juwelen), Beziehungen (Liebe, Freundschaft), Fertigkeiten (Mathematikverständnis, Musikalität) oder bestimmte Erfahrungen (Wohlergehen, einen starken Willen, unter freiem Himmel schlafen) – ob Sie es auch tatsächlich bekommen, wird davon abhängen, was Sie *tun*, um dieses Objekt, diese Beziehung, Fertigkeit oder Erfahrung zu haben. Viele Menschen wünschen sich jedoch nur etwas und warten darauf es zu bekommen. Doch unabhängig davon, wie sehr Sie es sich wünschen, unabhängig davon, wie kreativ Sie darin sind, sich vorzustellen, wie Ihre Wünsche endlich wahr werden könnten, so lange sich nach außen hin (in Ihrem Verhalten) nichts zeigt, ist das Erreichen Ihres Ziels vom Glück und der Großzügigkeit Ihrer Umwelt abhängig. Solange alle Aktivitäten im Zusammenhang mit dem Verwirklichen Ihrer Wünsche sich auf Ihr Innenleben beschränken, wird es der oft launischen Geneigtheit der Welt überlassen bleiben, sie Ihnen zu erfüllen oder zu verwehren.

Nur *Handeln* führt von Wünschen zu Haben. Handeln wiederum setzt einen *Plan* voraus – einen Plan, der Ihre Aktivitäten in Bahnen lenkt, die zu dem führen (oder führen können), was Sie wollen. Wir unterscheiden fünf Stufen in dem Prozeß, der von Wünschen zu Haben führt:

Wünschen → Wollen → Planen → Handeln → Haben

Denken Sie daran, wenn wir die einzelnen Stufen besprechen, daß sie Teile eines größeren, *zusammenhängenden* Prozesses sind. Für Menschen, die erfolgreich dabei sind, von Wünschen zu Haben zu gelangen, sind diese fünf verschiedenen Stufen nicht voneinander unabhängig.

Wünschen

„Ich wünschte, die Ampel würde endlich umspringen", dachte sich Roy, als er an der Straßenecke stand. Plötzlich erregte etwas seine Aufmerksamkeit. „Da ist schon wieder eine." Er beobachtete die Corvette (Chevrolet Corvette, amerikanischer Sportwagen, Anm. des Übersetzers), wie sie sich ähnlich einem Haifisch durch den Verkehr bewegte. Er seufzte und sagte sich wehmütig: „Ich wünschte ich hätte eine." „Eine was?" fragte ihn ein Mann, der neben ihm am Bürgersteig stand. „Das!" sagte Roy sehnsüchtig und zeigte auf das sich entfernende Fiberglas-Raubtier. Der andere schüttelte seinen Kopf: „Ich hatte einmal eine. Haben Sie einen Haufen Geld?" Roy schüttelte seinen Kopf. „Viel Zeit?" Roy schaute etwas verwirrt und zuckte seine Achseln. „Haben Sie Familie?" Roy nickte. „Drei Kinder." Der Fremde winkte ab und sagte im Gehen: „Sie sind ohne den Wagen besser dran." Roy versuchte dahinterzukommen, was in aller Welt er damit gemeint hatte, als plötzlich wieder eine chromblitzende Corvette an ihm vorbeiglitt. Wie in Trance flüsterte er: „Ich wünschte, ich hätte auch eine." Er sah ihr hinterher. Als er sich wieder umdrehte, sprang die Ampel gerade von grün auf rot. Roy wünschte sich, es wäre grün.

Wie Jimminy Cricket uns bereits in „Pinocchio" gesagt hat: „When you wish upon a star, It makes no difference who you are..." Und solange Sie etwas nur *wünschen*, stimmt das auch. Roy hat weder das Geld, noch die Zeit, noch eine praktische Verwendung für eine Corvette. Aber keines dieser Argumente ist wirklich wichtig, da Roy nichts weiter tut, als sich bloß etwas zu wünschen (er fängt z. B. keine Nebenbeschäftigung an, um den Wagen finanzieren zu können). Die Mutter einer der Autoren hat eine Standardbemerkung, wenn jemand sein Leben lang immer nur Wünsche hat und dann darüber klagt, daß sie nie wahr werden. „Nun", sagt sie, „wenn du dir in die eine Hand etwas wünschst und in die andere Hand hineinspuckst, was glaubst du, welche Hand zuerst voll sein wird?"

Andererseits haben wir alle ständig Wünsche. Vielleicht wünscht man sich eine Million, ein Rendezvous mit einem Filmstar, mehr Verständnis auf der Welt, ordentlichere Kinder oder nicht schon wieder den Rasen mähen zu müssen. Was diese Beispiele als Wünsche kennzeichnet ist, daß sie kein Verhalten auslösen. Nehmen Sie sich am Ende dieses Abschnitts etwas Zeit, um drei Dinge aufzuschreiben, von denen Sie wünschten, daß sie wahr wären (oder, daß

Sie sie besäßen) und drei, die Sie wollen. Wenn Sie beide Gruppen vergleichen, werden Sie bemerken, daß das was Sie wollen Sie wahrscheinlich zu irgendeiner Art von Handlung veranlaßt hat (wenn auch nur zu planerischen Überlegungen), die darauf gerichtet war, es zu verwirklichen. Die Ziele, die Sie sich wünschen, ganz gleich wie inbrünstig, werden relativ wenig Beziehung zu Handlungen von Ihrer Seite aufweisen. Sie bleiben Ziele, die eines Tages vielleicht in Erfüllung gehen.

Nutzen Sie den weiter unten freigelassenen Raum für Ihre Liste der drei Dinge, die Sie sich wünschen und der drei Dinge, die Sie wollen. Vergleichen Sie den Unterschied in Ihren Reaktionen, wenn Sie an die Punkte auf den verschiedenen Listen denken. Motiviert eine der beiden Listen Sie stärker dazu, schon mit der Planung zu beginnen oder zu handeln? Erstellen und vergleichen Sie die Listen bevor Sie weiterlesen, Sie werden sie in Kürze wieder brauchen.

Wünschen	**Wollen**
______________________	______________________
______________________	______________________
______________________	______________________

Viele unterscheiden nicht genau zwischen Wünschen und Wollen. Für die Menschen, die regelmäßig dazu in der Lage sind ihre Wünsche zu verwirklichen, ist diese Unterscheidung jedoch wesentllich. Wir haben erfolgreiche Menschen interviewt, um zu ermitteln, wie sie ihre inneren Prozesse organisieren und dabei festgestellt, daß sie ihre Träume einem Beurteilungsverfahren unterziehen, bevor sie zusätzliche Schritte unternehmen, um sie zu verwirklichen. Wenn ein Wunsch diesen Test nicht besteht und kein ausdrückliches Wollen auslöst, werden sie sich nicht die Mühe geben, ihn weiter zu verfolgen. Das Verfahren, um zwischen Wünschen und Wollen zu unterscheiden, das im Abschnitt „Verwirklichen Sie Ihre Wünsche" am Ende dieses Kapitels vorgestellt wird, ist eine Verfeinerung des Beurteilungsverfahrens, das wir bei diesen Personen gefunden haben.

Die Normen die Sie verwenden, entscheiden vornehmlich darüber, ob ein Wunsch ein Wunsch bleibt oder zu etwas wird, das Sie wirklich wollen (d. h. ein Ziel, das Sie zum Handeln motiviert). Wir nennen diese Normen *Wohlgeformtheits-Kriterien*. Wohlgeformtheits-Kriterien beziehen sich auf Normen, wie sie z. B. in folgenden Erwägungen enthalten sind:

- Ist es möglich das zu haben, zu tun, zu sein oder zu erfahren?
- Ist es sinnvoll?
- Wird es mir das geben, was ich wirklich will?
- Lohnt sich der Aufwand?

Die erste Frage „Ist es möglich..." sollte mit einem „Ja" beantwortet werden, wenn dieser Wunsch durch Sie oder eine Person, die Sie kennen, je verwirklicht worden ist oder wenn Sie sich Umstände denken können, unter denen dieser Wunsch verwirklichbar wäre. An diesem Punkt ist es noch nicht nötig, an die Wahrscheinlichkeit oder Realisierbarkeit des Wunsches zu glauben. Wie Sie im nächsten Abschnitt entdecken werden, gibt es einen angemesseneren Zeitpunkt und Weg, um sich mit dieser Frage auseinanderzusetzen. Wenn es nichts gibt, was Sie sich wünschen (aber gern etwas hätten), können Sie eine Liste möglicher Wünsche erstellen, wenn Sie Antworten auf folgende Frage finden: „Was ist möglich zu haben, zu tun, zu sein oder zu erleben?"

Die Frage „Ist es sinnvoll?" führt Sie dazu, die Folgen der Verwirklichung Ihres Wunsches zu berücksichtigen. Sich ein Segelboot, einen Hund, Pferde, ein Kind, mehr Kinder, ein zweites Haus, eine eigene Firma zu wünschen kann wundervoll sein. Doch einige der Folgen, die wahrscheinlich sind, wenn man diese Dinge wirklich hat – kostspielige Wartung, Ärger, Verlust an Freiheiten, zusätzliche Verantwortung – können etwas weniger wundervoll sein. Es ist auch klug sich zu überlegen, ob „es" zu haben ein angemessener Ausdruck Ihrer persönlichen Werte wäre. Vielleicht wünschen Sie sich einen herrlichen Pelzmantel, doch wenn Sie es sich nicht verzeihen könnten, eine Industrie zu unterstützen, die Sie für verwerflich halten, dann ist es wahrscheinlich nicht sinnvoll einen zu haben. Sie können diese Frage auch nutzen, um zu beurteilen, welchen Einfluß es auf Ihre Familie, Ihre Freunde und Kollegen haben wird, wenn Sie „es" erst haben.

Es kommt nur zu häufig vor, daß jemand sich nach etwas sehnt, das sich schließlich als emotional hohl und unbefriedigend erweist.

Wenn Sie sich, *bevor* Sie damit beginnen, einem Wunsch nachzugehen, die Frage stellen „Wird es mir das geben was ich wirklich will?“, haben Sie die Gelegenheit, die Wünsche, emotionalen Bedürfnisse und Sehnsüchte zu bestimmen, deren Erfüllung für Sie am wichtigsten ist. Das wird Ihnen die Informationen geben, die Sie brauchen, um den zukünftigen Wert Ihres Wunsches nüchtern zu beurteilen. Wenn das, was Sie sich wünschen, Ihnen nicht das geben wird, was Sie wirklich wollen, wäre es besser, andere Wünsche zu entwickeln und zu berücksichtigen, die Ihnen wirklich Befriedigung geben können.

Um die vierte Frage „Lohnt sich der Aufwand?“ zu beantworten, müssen Sie voraussehen, was Sie tun müssen und wieviel es Sie an Zeit, Energie und Geld kosten wird, um einen bestimmten Wunsch zu verwirklichen. Wenn Sie bereits vorher um die Herausforderungen, Schwierigkeiten und Hindernisse wissen, die Sie zu bewältigen haben werden, und Sie immer noch davon überzeugt sind, daß sich der Aufwand lohnt, wird es Ihnen leichter fallen, die schweren Momente durchzustehen.

Die Bedeutung dieser Fragen liegt darin, daß sie Sie veranlassen, Ihre Wünsche an Ihren persönlichen Kriterien und an den Merkmalen der äußeren Situation zu überprüfen. Wie Sie in den folgenden Abschnitten sehen werden, spielen Ihre persönlichen Bedürfnisse, Neigungen, Werte und Wünsche wie auch die Bedürfnisse, Neigungen und Wünsche der Menschen in Ihrer Umgebung, eine wichtige Rolle, wenn Sie beginnen, sich auf ein Ziel zuzubewegen.

Diese Fragen helfen Ihnen nicht nur angemessene Ziele zu formulieren, sie bewirken auch schon bereits eine Veränderung, sobald sie zufriedenstellend beantwortet sind: sie verwandeln Wünschen in Wollen. Sobald ein Wunsch möglich und sinnvoll ist, den Aufwand lohnt und mit Ihrer persönlichen Ökologie übereinstimmt, werden Sie nicht mehr passiv warten, sondern anfangen wollen zu planen und zu handeln, um Ihre Wünsche zu verwirklichen.

Wir möchten an dieser Stelle noch einmal betonen, daß es nicht an sich verkehrt ist, sich etwas zu wünschen, doch 1. wird bloßes Wünschen kein zum Ziel führendes Verhalten auslösen und 2. sollten Sie wissen, wann Sie sich etwas wünschen und wann Sie etwas wollen, da die Kenntnis dieses Unterschieds es Ihnen ermöglichen wird, die Wünsche auszuwählen, die wichtig genug sind, um weiterverfolgt zu werden. Um diesen Unterschied zu erleben, können Sie die Wohlgeformtheitsfragen auf jeden der Wünsche anwenden, die Sie zuvor aufgeschrieben haben und darauf achten, wie sich Ihre Erfahrung verändert, wenn Sie für einen Wunsch alle Fragen zufriedenstellend beantworten können. Es wird Sie nur ein oder zwei Minuten kosten das zu tun, und Sie werden dabei einen Prozeß erlernen, der Ihnen Ihr ganzes Leben lang nützlich sein wird.

Wollen

> Kenny sitzt wieder einmal allein in seinem Schlafzimmer und versucht vergeblich zu ergründen, was *dieses* Mal schief gegangen war. Dieses Mal war es Alicia gewesen. Davor waren es Barbara, Linda, Mae... zu viele. Alicia war so hübsch und sie hatten sich anfangs so gut verstanden. Nach zwei Wochen hatte er sie überzeugt einzuziehen. Später haben dann, wie immer, die Enttäuschungen begonnen. Sie konnten sich nie auf eine gemeinsame Ernährungsweise einigen und es gab ständig Streit darüber, daß er gern lang aufblieb während sie es vorzog früh zu Bett zu gehen. Außerdem schien sie überhaupt keinen Sinn für Humor zu haben (falls doch, war sie unempfänglich für Kennys Späße). Sie war kindisch und unselbständig. „Am Anfang schien sie genau die richtige zu sein", denkt Kenny kopfschüttelnd. Er lehnt sich in das Kissen zurück und murmelt: „Wenn ich bloß daran denke, daß ich schon Pläne für eine Familie gemacht hatte... Vielleicht klappt's mit der nächsten."

Wenn Kenny den Eindruck hat, daß es am Anfang einer Beziehung gut läuft, braucht er nicht lange, um damit zu beginnen Pläne zu schmieden, die in die Zukunft reichen – weit in die Zukunft. Es ist jedoch offensichtlich, daß, wer auch immer die Person war, mit der er in seiner Vorstellung zusammenlebte und eine Familie gründete, Alicia war es nicht, sie sah nur so aus wie Alicia. Wie jeder andere, so hat auch Kenny Kriterien (Normen, Standards) dafür, was er in einem Partner für eine langfristige Beziehung sucht. Kennys Fehler bestand darin, daß er seine Kriterien für eine langfristige Beziehung unberücksichtigt gelassen hat, als er eine gemeinsame Zukunft mit

Alicia plante. Alicia war keine Vegetarierin, kein Nachtmensch, sie war nicht unabhängig und nicht mit einem guten Sinn für Humor ausgestattet – alles Eigenschaften, die für Kenny eindeutig von Bedeutung sind. Sie erfüllte Kennys Kriterien für Aussehen und Vergnügen, doch diese Kriterien bilden keine ausreichende Grundlage (zumindest nicht für Kenny), auf der sich eine lebenslange Verbindung gründen läßt.

Bei der Entscheidung mit Alicia zu leben, übersieht oder vergißt Kenny eine Menge der Kriterien, die für eine Entscheidung darüber, was er in seiner Zukunft will, relevant sind. Auf diese Weise gelingt es ihm, eine attraktive und scheinbar reale Zukunft für sich zu entwickeln, die trotzdem unangemessen ist. Hätte er diese Kriterien bei seinen Träumereien über die Zukunft berücksichtigt, wäre ihm sehr schnell klar geworden, daß Alicia nicht die richtige Person für ihn ist (auch wenn sie möglicherweise durchaus seine Kriterien für eine Freundschaft oder eine unverbindliche Beziehung erfüllt hätte).

> Betty hatte das Gefühl, als würde sie ständig etwas entbehren. Es gab so vieles, das sie haben wollte. Sie wollte einen neuen Wagen und ein eigenes Haus. Den Kindern hätte sie gern ein paar hübsche Sachen zum Anziehen gekauft. Ach ja, da wir gerade davon sprechen, ein Kind wollte sie auch wieder haben. Urlaub! Sie und ihr Mann waren schon seit Jahren nicht mehr verreist. Betty würde gerne eine gutbezahlte Stelle finden, doch sie möchte auch mehr Zeit für sich und für die Kinder. Deshalb hofft sie, daß sie eine gutbezahlte Stelle findet, die ihr ein paar Wochentage, die Abende und das Wochenende frei läßt. Sie beschließt, mit ihrem Mann darüber zu sprechen (wenn er heute nacht von seiner Nebenbeschäftigung kommt), daß er den Kindern mehr Zeit widmen sollte. Dann fällt ihr ein, daß sie ihm noch von diesem anderen Job erzählen muß, den er an den Wochenenden übernehmen kann. „Ja", denkt sie sich, „mit diesem Job können wir uns endlich den Urlaub leisten", und macht es sich in ihrem Sessel bequem, um sich noch ein paar Augenblicke dieser genußvollen Träumerei zu gönnen.

Anders als Kenny, versäumt Betty es nicht, die Dinge zu berücksichtigen, die für sie wichtig sind, wenn sie an die Zukunft denkt. Sie berücksichtigt sie *alle*. Was Betty lähmt und sie wirksam daran hindert, die meisten (wenn nicht sogar alle) ihrer Kriterien zu erfüllen, ist der Umstand, daß es einfach einige Tatsachen im Leben gibt, denen man Rechnung tragen muß und die sie übersieht (wie z. B. Sterblichkeit, Körpergröße, daß der Tag nur vierundzwanzig Stunden hat, usw.). Im allgemeinen muß man Geld verdienen, um sich einen Wagen, ein Haus oder Kleider zu kaufen; um Geld zu verdienen muß man Zeit und Mühe investieren; es ist schwer in Urlaub zu fahren, wenn man arbeiten muß – auch wenn man sich die Reise leisten könnte; es ist schwer in einem, zwei oder drei Jobs zu arbeiten, ohne dafür gemeinsame Zeit mit der Familie zu opfern, usw. Kurz, einige von Bettys Kriterien schließen sich gegenseitig aus (z. B. eine Stelle finden und mehr Freizeit haben), während andere sequentiell voneinander abhängen (z. B. Arbeit – Geld – Haus).

Es ist nicht einmal die Vielzahl der Kriterien, die Betty handlungsunfähig macht, es ist der Umstand, daß sie keine Prioritäten setzt. Jeder von uns könnte leicht Hunderte von Dingen nennen, die er gern haben möchte. Doch wir gebrauchen tatsächlich nur einige wenige davon, wenn wir Pläne für die Zukunft machen. Der Grund dafür ist, daß sie prioritisiert sind, was es uns ermöglicht, uns nur mit denen zu befassen, die für uns am wichtigsten sind oder die zuerst berücksichtigt werden müssen, *bevor* andere von der Liste in den Bereich des Möglichen rücken. Für Betty stellt die Tatsache, daß sie mit einer gewählten Reaktion handelte, keine Hilfe dar, da ihr Mangel Prioritäten zu setzen sie daran hindert, sich lange genug mit einem Vorhaben zu beschäftigen, um es zu verwirklichen.

James hatte sein Leben lang Musik gemacht. Er liebte Musik und hatte seinen Lebensunterhalt (der zugegebenermaßen recht dürftig war) bisher meistens als Musiker verdient. Doch die Situation änderte sich, als er heiratete und Kinder kamen. Eine Familie zu unterhalten ist kein Problem, wenn man jeden Monat eine Goldene Schallplatte nach Hause trägt, aber mit dem bißchen, was selbst ein ausgezeichneter Club-Musiker wie James verdiente, war es so gut wie unmöglich. Da er schon immer ein sehr verantwortungsbewußter Mensch gewesen war (er hatte nie einen Auftritt versäumt), lag James das Wohl seiner Familie sehr am Herzen. Als er sich Gedanken über die Zukunft machte, wurde ihm

klar, daß er einen zuverlässigeren und lukrativeren Gelderwerb finden mußte, um seine Familie zu versorgen. Technik hatte ihn immer schon fasziniert, und überall suchten Unternehmen händeringend nach Computer-Programmierern. Er wußte wenig über diesen Beruf, also begann er sich darüber zu informieren, indem er sich Bücher darüber besorgte und sich mit Leuten unterhielt, die in dem Feld arbeiteten. Mit diesen Informationen ausgestattet, stellte er sich vor als Computer-Programmierer zu arbeiten, entschied, daß es ihm Spaß machen würde und meldete sich zu der Ausbildung an.
Während er für seine Ausbildung hart zu arbeiten hatte, machte er weiterhin Musik, aber nur an Wochenenden, um etwas dazuzuverdienen, denn neben dem Kurs und seiner Familie blieb ihm kaum Zeit.

Es gibt eine Reihe von erwähnenswerten Punkten in der Art und Weise, wie James entschieden hat was er wollte. Anders als Kenny, berücksichtigt James in seinen Überlegungen die relevanten Kriterien, d. h. die Kriterien, die *sowohl in seiner kurzfristigen wie auch in seiner langfristigen Zukunft* von Bedeutung sein werden. Musikalisch kreativ zu sein und verantwortungsbewußt zu sein sind beides Kriterien, die für James schon immer wichtig waren und (wahrscheinlich) immer wichtig sein werden. Indem er sie beide einbezieht, hilft er dafür zu sorgen, daß in der Zukunft, für die er sich am Ende entscheidet, beide Kriterien erfüllt sind. Wenn er es jedoch allein dabei belassen hätte, wäre er leicht zwischen beiden Kriterien hin-und hergerissen worden (so wie Betty zwischen ihren). Statt dessen prioritisiert James seine Kriterien und gibt der Verantwortung seiner Familie gegenüber etwas mehr Gewicht als seinem Bedürfnis Musik zu machen. Die Bedeutung dieser Prioritisierung liegt darin, daß sie es ihm ermöglicht, Konflikte zu lösen, die möglicherweise in der Zukunft zwischen den beiden Kriterien auftreten können. Da er seine Kriterien spezifiziert und prioritisiert hat, kann James nun verschiedene Pläne für seine Zukunft machen und sie hinsichtlich dieser Kriterien beurteilen. James tritt mit diesen Kriterien in jeden der möglichen Zukunftsentwürfe, um herauszufinden, welche ihm am befriedigendsten und am verlockendsten erscheinen. Unabhängig davon, ob er es bewußt macht oder nicht, er versucht in diesem Prozeß einige allgemeine Antworten auf die Wohlgeformtheitsfragen zu finden, die wir im vorigen Abschnitt vorgestellt haben:

- Ist es möglich das zu haben, zu tun, zu sein oder zu erfahren?
- Ist es sinnvoll?
- Wird es mir das geben, was ich wirklich will?
- Lohnt sich der Aufwand?

Da James neue Möglichkeiten finden mußte, um Geld zu verdienen (was nicht das gleiche ist als bereits eine Idee zu haben, die überprüft werden muß), war die erste Frage, die er sich stellte: „Was ist möglich...?" und nicht „Ist es möglich...?" Die Frage „Was ist möglich...?" setzt voraus, daß es viele Möglichkeiten gibt und führt Sie dazu, wie in James' Fall, nach Alternativen zu suchen. Ein „Ja" für alle drei anderen Fragen verdeutlicht, daß die gewünschte Zukunft in Einklang mit Ihren Kriterien und den Erfahrungen und Informationen ist, die Sie verwenden, um die Erfüllung dieser Kriterien zu beurteilen. (Alle menschlichen Entscheidungsprozesse setzen Informationen voraus, auf die man sich beziehen kann. Dabei kann es sich um erinnerte oder vorgestellte Erfahrungen oder um aktuellen sensorischen Input handeln.)

Die Erinnerungen und Erfahrungen, die diese Datenbasis bilden, werden dann anhand des betreffenden Kriteriums beurteilt. James verwendet in dieser Situation z. B. eine Datenbasis, die seine früheren Erfahrungen in der Musikbranche einbezieht, ebenso wie seine aktuellen familiären Verpflichtungen, das was Bekannte in und außerhalb der Musikbranche tun sowie Informationen, die er aus Büchern oder Gesprächen gewonnen hat. Er bezieht sich bei den Entscheidungsprozessen für seine berufliche Zukunft auf alle diese Erfahrungen. Er hat verschiedene berufliche Pläne durchgespielt und jeden einzelnen Plan hinsichtlich seiner Kriterien und Prioritäten bewertet und darüber hinaus berücksichtigt, wieviel Ausbildungszeit sie voraussetzen, wie hoch die Kosten sein würden, welche Einkommensmöglichkeiten sie eröffneten, wie sie sich auf sein Familienleben auswirken würden, usw. Wenn er diese Fragen nicht aufgrund seiner eigenen persönlichen Erfahrungen beantworten konnte, schaute er sich nach Informations- und Erfahrungsquellen um (Menschen und Bücher), die er dann nutzen konnte, um seine Repräsentationen verschiedener Zukunftsentwürfe zu bereichern.

James Denken ist auch durch die Voranname gekennzeichnet, daß er über sein Schicksal *entscheiden* kann, und daß es in seiner Verantwortung liegt, das zu tun. Wenn er nur einen Weg sehen würde, alle seine Kriterien zu erfüllen, dann würde seine Entscheidung darüber was er will, nie über den Punkt hinauskommen, das, was er bereits tut, noch zu intensivieren, um die Bedürfnisse seiner Familie zu erfüllen (z. B. mehr Auftritte suchen). James ist jedoch nicht in dieser Weise eingeschränkt und sucht daher nach verschiedenen Wegen, verantwortungsbewußt zu sein, Musik machen zu können und sogar beide dieser Kriterien gleichzeitig zu erfüllen. Seinem Vorgehen liegt darüber hinaus die Voranname zugrunde, daß ein *kausaler Zusammenhang besteht zwischen dem, was er in der Gegenwart tut und der Zukunft, die er später haben wird.* Das heißt, James glaubt (und drückt in seinem Verhalten den Glauben aus), daß das, was er jetzt tut, zu einem großen Teil seine Zukunft bestimmen wird. Dieser Ursache-Wirkungs-Zusammenhang ist eine wichtige Voranname, da er ihm dabei hilft zu erkennen, daß die Erfüllung dessen, was er will, zumindest teilweise von seinen eigenen Bemühungen jetzt und in der Zukunft abhängen wird.

Die verschiedenen Zukunftsentwürfe sind an diesem Punkt noch recht allgemein, wenn man sie mit Plänen vergleicht, in denen jedes Detail genau spezifiziert ist. Es ist wesentlich, ein Ziel in seine einzelnen Bestandteile zerlegen und die Handlungen benennen zu können, durch die sich jedes dieser Teilziele erreichen läßt. Wenn man z. B. ein Abendessen vorbereitet, dann ist die Salatzubereitung eine Komponente des gesamten Kochvorgangs. Es ist jedoch relativ gesehen ein allgemeinerer Schritt als „Salat aus dem Kühlschrank nehmen", „Salat waschen", „zerpflücken", usw., die kleiner und detaillierter sind. Die relative Spezifität eines Verhaltens, die jemand verwendet, um zu repräsentieren was nötig ist, um ein bestimmtes Ziel zu erreichen, ist eine sehr wichtige Unterscheidung in allen Vorhaben, die eine Abfolge von Planung und Durchführung beinhalten. Wie Sie lernen werden, hängt Erfolg zu einem großen Teil davon ab, auf jeder Stufe Ihres Weges vom Wünschen zum Haben mit einem angemessenen Maß an Details zu arbeiten.

Wenn Sie in Ihrem Entscheidungsprozeß in der „Wollen"-Phase sind, brauchen – und sollten – Ihre Überlegungen nicht zu detailliert sein. Wenn Sie sich an diesem Punkt den Feinheiten widmen, können Sie sich u.U. in winzigen Einzelheiten verzetteln, die nur von Bedeutung wären, wenn Sie diese betreffende Zukunft tatsächlich verfolgen würden. Indem Sie nur relativ große Details berücksichtigen, können Sie die Angemessenheit eines möglichen Plans einfach und schnell bewerten. Mit den Zukunftsentwürfen, die Ihnen entsprechen, können Sie dann zur nächsten Phase der Sequenz übergehen:

Planen

Es ist 1979 und Bill hat beschlossen, Computer-Programmierer zu werden. Seine Frau hält es für eine großartige Idee und möchte wissen, wo er die Ausbildung machen wird. „Weiß ich noch nicht", antwortet Bill, „aber ich werde morgen damit anfangen, die einzelnen Schulen zu überprüfen." Das tat er auch – und zwar gründlich. Er informierte sich sogar über Schulen am anderen Ende des Kontinents. So oft er konnte, fuhr er zu einer der Schulen, um mit den Leuten dort zu reden. Bald hatte er Berge an Information über diese Schulen und ihre Programme. Er sammelte auch Informationen über die Bedürfnisse von Unternehmen, Trends in der Industrie, und zwar sowohl speziell im Zusammenhang mit Computern als auch allgemeiner Natur. Es war eine sehr komplexe Planung. Jede Schule hatte ihre Vor- und Nachteile, und Bill wägte sie alle sehr sorgfältig. Nur mit großem Zögern würde er eine Möglichkeit ausschließen, denn vielleicht hatte gerade diese Möglichkeit einen Vorzug, den er noch nicht erkannt hatte. Natürlich mußten die Unterschiede zwischen den Schulen den Anforderungen und Trends in der Industrie, Volkswirtschaft und Gesellschaft gegenübergestellt werden. Bill unterzog das einer genauen Prüfung und verbrachte viele Stunden bei dem Versuch, diese Trends genau zu bestimmen. Dann war da natürlich noch die nicht unerhebliche Frage, wie er während der Ausbildung seine Familie unterhalten und mit ihr Kontakt halten sollte. Mit jeder neuen Information oder Erwägung ging Bill seine möglichen Pläne von neuem durch, veränderte und korrigierte sie und brachte damit die nächsten Wochen, Monate und Jahre zu. Bill wollte den besten Weg suchen, um ein Computer-Programmierer zu werden und er verbrachte das ganze Jahr 1979 damit ihn zu finden, und auch 1980, 1981, 1982...

Wenn Sie das Gefühl haben, Sie wissen, was Sie für sich wollen, müssen Sie als nächstes einen Plan für Ihre Handlungen erstellen, von dem Sie glauben, daß er Sie dorthin führen wird. Wenn Sie z. B. beschlossen haben, nach Seattle zu gehen, müssen Sie als nächstes entscheiden, wie Sie dorthin kommen wollen. Wollen Sie mit dem Wagen, Bus, Flugzeug, Schiff, Zug oder einer Kombination dieser Möglichkeiten dorthin gelangen? Welche Route wollen Sie nehmen? Wann soll Ihre Reise beginnen und wann soll sie enden, usw.? Mit anderen Worten, wenn Sie ein Ziel bestimmt haben, ist es notwendig, dieses Ziel in die Schritte zu unterteilen, die zu unternehmen sind, um diese Zukunft zu ermöglichen. Ein Plan ist wie ein Rezept, das darlegt, was Sie genau zu tun haben, um das verlockende Gericht auf der Titelseite eines Kochbuchs zuzubereiten. Dieses Rezept sagt Ihnen, welche Zutaten Sie genau benötigen, wann Sie die einzelnen Zutaten benötigen und was Sie mit ihnen tun müssen. Das Rezept wird das Gericht nicht für Sie kochen, es sagt Ihnen nur, *wie* Sie es machen können.

Bill hat ohne Zweifel erkannt, daß er sein Ziel Computer-Programmierer zu werden, in die einzelnen Schritte organisieren muß, die nötig sind, um es zu erreichen. Er kann schließlich nicht einfach in eine Firma gehen, sich an einen Computer setzen und sich selbst zu einem Programmierer erklären. Was Bill jedoch lähmt, ist die Tatsache, daß er diese Aktivitäten in Einheiten zerlegt, die *zu* klein sind. Von dem Kriterium angetrieben, den *besten* Plan zu wählen, befaßt er sich damit, Berge von Material und Möglichkeiten zu sammeln und auszusieben. Es mag sehr wohl sein, daß der Plan, den Bill schließlich formuliert, äußerst umfassend, explizit und geradezu narrensicher ist, aber es kann auch sein, daß wenn er diese Auswahl erst getroffen hat, Computer schon veraltet sein werden. Bill verliert sich in Details.

Zusätzlich zu der enormen Verzögerung, die derart fein detailliertes Planen in der Verwirklichung eines Zieles bewirken kann, birgt es auch die Gefahr, daß ein in dieser Weise definierter Plan später Unflexibilität und Enttäuschung verursacht. Der Sinn eines Plans besteht darin, Ihr Verhalten in Richtung auf ein bestimmtes Ziel zu lenken. Aber da keiner von uns die Zukunft genau kennt, können oft die besten Pläne schiefgehen. Die Unsicherheiten der Welt sorgen dafür, daß es Überraschungen geben wird: die Schule, für die sich Bill entscheidet, ändert ihre Aufnahmebedingungen; der Lehrer, zu dem er gehen wollte, läßt sich vorzeitig pensionieren; seine Frau wird schwanger (mit Zwillingen); ihm wird in seinem jetzigen Job eine Beförderung angeboten oder er findet heraus, daß er Computer haßt. Was dann? Die endlose Verfeinerung zukünftiger Möglichkeiten, die er in der Verfolgung seines Zieles betreibt, könnte sehr leicht dazu führen, daß der Weg, den er ursprünglich verfolgen wollte, für seine aktuelle Situation nicht mehr angemessen oder vernünftig ist. Wenn Ihre Pläne daher, wie in Bills Fall, zu detailliert werden und von Ihnen verlangen, sie bis in den kleinsten Punkt nachzuleben, dann wird Ihr Leben wie ein Malbuch, bei dem Sie in jedem Feld die vorgesehene Farbe auftragen müssen. Während Sie gehorsam die verlangte Farbe in die numerierten Felder pinseln, können Sie leicht aus den Augen verlieren, was das Bild darstellt. Sie vergeben die Gelegenheit, das Bild selbst zu verändern, wann Sie es wollen, und Ihr Vorhaben kann jäh unterbrochen werden, wenn der Hersteller es versäumt hat, Sie mit ausreichend Farbe für ein bestimmtes Feld zu versorgen.

> Marsha war ihr ganzes Leben lang ausgenutzt worden. In der Schule war sie die Zielscheibe zahlloser Streiche und Hänseleien gewesen. Daran hat sich auch später nicht viel geändert als sie ihre Ausbildung abschloß und als Sekräterin im Büro eines Börsenmaklers zu arbeiten anfing. Sie ist dreißig Jahre alt, seit fünf Jahren in der Firma und hat immer gute Arbeit geleistet. Trotzdem wird sie entweder von niemand bemerkt oder (falls doch) von anderen ausgenutzt. Eines Tages gab ihr einer der jüngeren Angestellten eine Einkaufsliste und bat sie sich darum zu kümmern. Er war sich sicher, daß es ihr nichts ausmachen würde. Doch es machte Marsha etwas aus, und sie spürte Wut in sich aufsteigen als sie die Liste anschaute. Marsha beschloß, daß sie genug hatte. Sie wußte, daß sie mindestens genauso wertvoll und

klug war wie jeder andere, der hier arbeitete und entschied sich daher, daß sie mehr Respekt und eine bessere Position haben wollte. Sobald sie wußte, was sie erreichen wollte, entspannte Marsha sich. Sie konnte bereits sehen, wie alles geschehen würde: ihre Kollegen würden plötzlich erkennen, daß sie sie wie ein Teil des Inventars behandelt hatten. Einige würden sich entschuldigen und alles wiedergutmachen wollen. „Das ist der Moment, wann ich ihnen sagen werde, daß sie mir beibringen sollen, auch Börsenmaklerin zu werden", plant sie. Andere würden einfach zu verlegen sein und kommentarlos damit anfangen sie besser zu behandeln. „Dann werden sie das dem Chef erzählen und er wird auf mich aufmerksam werden... vielleicht eine Beförderung..." Marsha lächelte, als sie sich mit diesem Gedanken wieder an ihren Schreibtisch setzte. Der gleiche Kollege kam wieder vorbei und witzelte: „Nun, wenn ich gewußt hätte, daß Einkaufslisten sie so glücklich machen, hätte ich ihnen schon viel früher welche gegeben." „Das ist schon in Ordnung", sagte sich Marsha und spannte ein Blatt in ihre Schreibmaschine ein, „bald werden sie merken, wie wichtig ich bin."

Marsha hat ihren Plan, geachtet und als Börsenmaklerin ausgebildet zu werden, auf nützliche Weise organisiert und zwar entsprechend den einzelnen Verhaltensschritten, die notwendig sind. Das Problem ist jedoch, daß der Plan von dem Verhalten anderer Menschen und nicht von ihrem eigenen Verhalten abhängt. D. h., ob sie ihr gewünschtes Ziel erreicht oder nicht, hängt davon ab und wird davon bestimmt, was andere tun. Natürlich muß man die Möglichkeiten, Einschränkungen und Hilfsmittel der Situation bei seiner Planung berücksichtigen, aber sein Ziel zu einem großen Teil oder zur Gänze von den Reaktionen anderer abhängig zu machen (in Marshas Fall von ihren Kollegen und Vorgesetzten), ist bestenfalls riskant. Es ist z. B. eher unrealistisch anzunehmen, daß ihre Kollegen spontan ihre Fehler einsehen und sie um Vergebung bitten werden, wie sie es von ihnen möchte. Es kann sein, daß sie alle sehr nette Menschen sind, die, wenn sie auf ihre Vergehen Marsha gegenüber aufmerksam gemacht werden, versuchen würden sich zu ändern, aber ihr Plan sieht nicht einmal vor, sie darauf aufmerksam zu machen.

Das auffälligste Merkmal in Marshas Denkweise ist darüber hinaus, daß für sie die Kontrolle bei der äußeren Welt liegt und nicht bei ihr, und daß sie wenig oder gar keinen Begriff von den Ursache-Wirkungsbeziehungen zwischen ihrem aktuellen Verhalten und der Erfüllung ihres Wunsches hat, respektiert und befördert zu werden.

James hat natürlich nicht einfach beschlossen, Programmieren zu lernen und war dann *schwupps* Computerprogrammierer. Es gab da eine Reihe von Schritten, die er zuerst machen mußte, um das zu ermöglichen. Ganz allgemein mußte er seinen Abschluß machen und einen Job in dem Beruf finden, doch jedes dieser größeren Ziele setzte sich aus kleineren Zielen zusammen. Um seinen Abschluß zu machen, mußte er zur Schule gehen und die vierjährige Ausbildung durchlaufen. Danach einen zufriedenstellenden Job zu finden war sicher auch eine Hürde, die irgendwann noch genommen werden mußte. Aber sie mußte nicht jetzt sofort genommen werden. James wußte, daß er viele schwierige Situationen und Hindernisse in seinem Leben bewältigt hatte und fühlte sich deshalb zuversichtlich, daß er, wenn die Zeit käme, in der Lage sein würde, auch damit irgendwie schon fertigzuwerden. Er behielt alle diese Punkte zwar im Auge, aber anstatt sich den Kopf darüber zu zerbrechen, welche Kurse er belegen, wie er seinen Arbeitsbereich zuhause ausstatten oder seine Bewerbungsschreiben verfassen sollte, konzentrierte James sich darauf, erst einmal die Ausbildung anzufangen. Er entschied, daß er zunächst Informationen über verschiedene Schulen sammeln mußte („Ich werde in die Bücherei gehen und verschiedene Organisationen nach ihren Empfehlungen fragen.") und anhand dieser Informationen die Schulen aussuchen konnte, die die Programme anboten, an denen er interessiert war und die mit dem Wagen erreichbar und finanziell erschwinglich waren. Dann würde er sich bei denen, die er ausgesucht hatte bewerben („Ich kann die Bewerbungsunterlagen telefonisch anfordern, dann kann ich mir Bills Schreibmaschine leihen, um sie auszufüllen.") und einen Antrag auf finanzielle Förderung stellen müssen („Ich werde die einzelnen Schulen fragen, was sie in dieser Richtung anbieten. Dafür werde ich auch wieder die Schreibmaschine brauchen.")

und das alles innerhalb der nächsten vier Wochen, wenn er noch im Herbstsemester anfangen wollte. James wählte eine Reihe von Schulen aus und traf eine Entscheidung bezüglich der finanziellen Unterstützung, die er beantragen wollte, doch er war vorher nie aufs College gegangen, deshalb fragte er ein paar Freunde, die eine abgeschlossene Hochschulausbildung hatten, nach ihrer Meinung zu seiner Entscheidung und seinen Plänen. Sie hielten seine Pläne für gut. James war erleichtert und bewarb sich. Sobald er zugelassen worden war, ging James zu der nächsten Phase seines Plans über, die Ausbildung erfolgreich abzuschließen. Nun wußte er, welche Kurse zu belegen waren, wann er sie belegen mußte und wie er seine Clubauftritte an seinen Stundenplan anpassen konnte. Nun begann er sich zuhause einen Arbeitsbereich einzurichten.

Zwischen dem Vorhaben ein Computerprogrammierer zu werden und dem Erreichen dieses Ziels liegen ein langer Weg und viele kleine Schritte. James wird irgendwann jeden dieser Schritte machen müssen, doch anstatt sich selbst dadurch zu lähmen, indem er zunächst alle kleinen Schritte festlegen muß, bevor er handeln kann, legt er nur die ersten Schritte in der Sequenz fest und läßt die übrigen relativ unbestimmt. Er führt zwei Arten von Bewertungen oder Tests durch: detaillierte Bewertungen der nahen Zukunft und weniger detaillierte Bewertungen für alles, was nach dieser nahen Zukunft kommt.

Daß er sich erlaubt, nur die ersten Schritte in seinem Plan zu bestimmen, ist eine Folge davon, daß er persönliche Erfahrungen damit hat, mit Herausforderungen fertig geworden zu sein, aus einer gewählten Reaktion heraus handelt (somit liegt es in seiner Macht, sein Schicksal zu beeinflussen) und eine Gegenwart-Zukunfts-Ursache-Wirkungsbeziehung zugrundelegt (d. h. das, was er jetzt tut, bestimmt den Verlauf seiner Zukunft). Eine eingehendere Betrachtung der gewählten Reaktion zeigt auch, daß James' Pläne von ihm selbst abhängen und nicht von anderen. Er hofft z. B. nicht, daß jemand ihm eine Schreibmaschine leiht, damit er die Formulare ausfüllen kann. Auch überlegt er sich mehr als nur eine Möglichkeit, wie er die notwendigen Schritte durchführen kann (z. B. eine Schule zu finden, indem er sich Material aus der Bibliothek besorgt und verschiedene Organisationen befragt), was ihm Flexibilität im Erreichen seiner Ziele gibt.

Bei seinen Überlegungen darüber, wie er mit seinem Plan fortfahren soll, versucht James zu bestimmen (von einer allgemeinen wie von einer detaillierten Perspektive), welche Schritte effektiv sein werden (ihn an sein Ziel führen) und ob es sich lohnt diese Schritte zu machen. „Effektiv" und „lohnend" sind die Kriterien. Das erste („effektiv") bringt ihn zu den Schritten und Verhaltensweisen, die ihn mit Wahrscheinlichkeit in die gewünschte Richtung führen. Das zweite („lohnend") veranlaßt ihn, auf der Grundlage seiner gesamten persönlichen Datenbasis jeden einzelnen der Schritte hinsichtlich der Wirkung auf sein Wohlbefinden in wichtigen Lebensbereichen zu überprüfen. Ein Weg die Ausbildung zu finanzieren, wäre es, z. B. eine Bank auszurauben, aber für James würde diese Lösung nicht das Risiko und die Verletzung des eigenen Selbstkonzepts lohnen.

Schließlich testet James seine Pläne auch, indem er sie mit früheren Lebenserfahrungen vergleicht, die er im Zusammenhang mit einem bestimmten Schritt oder dem gesamten Plan hat. Wenn er in seiner eigenen Geschichte kein Beispiel dafür hat, informiert er sich anhand von Büchern oder befragt Sachkundige. Wenn er ein Buch benutzt, kann er den Plan selbst überprüfen. Wenn er mit dem Plan zu jemand anderem geht, können sie ihn überprüfen und nötige Verbesserungen vorschlagen (James ließ seinen Plan von erfahrenen Studenten begutachten).

Nun, da die Pläne formuliert worden sind, ist es Zeit zu:

Handeln

Der Klient, der gerade Barbs Praxis verließ, hatte ihr eine Menge zum Nachdenken gegeben. Er war ein Hühne von einem Mann (er hat jemand einmal mit einem Schlag den Schädel eingeschlagen), nicht sehr intelligent, arbeitete hart, war *sehr* ernst und brauchte Hilfe in seiner zerrütteten Ehe. Barb war es klar, daß er die andauernde, schwere Ernsthaftigkeit, mit der er seine Situation sah, überwinden mußte. Barb entwarf einen Plan, wie sie ihm eine neue und unbeschwertere Perspektive für seine Situation geben würde, indem sie mit ihm Späße darüber machte. Sie stellte sich vor, wie sie auf jede einzelne seiner Äußerungen mit Lachen und Scherzen antworten würde, bis schließlich ein Lächeln seine eingefrorenen Gesichtszüge auftaute und er sich ihr in einer leichtherzigeren Beurteilung der Situation anschließen würde. Zufrieden mit ihrem Plan, bestellt Barb ihn zu der nächsten Sitzung. Als es soweit ist, setzt sie ohne zu zögern ihren Plan in die Tat um. Auf jede ernste Bemerkung, auf jede schwermütige Äußerung, die er machte, erwiderte Barb mit einem Scherz oder einer witzigen Bemerkung. Sie war ungeheuer zufrieden mit ihrer Darbietung. Was sie jedoch nicht bemerkte, war, daß ihr Klient zunehmend rot im Gesicht wurde, seine Hände zu Fäusten ballte und immer schneller atmete. Bevor sie sich darüber im klaren war, was geschah, hing Barb in der Luft, ihre Füße zehn Zentimeter über dem Fußboden, während ihr Klient sie mit einer seiner Pranken hochhielt und mit der anderen, zum Schlag ausholte.

Wir wissen nicht, ob Barbs beabsichtigtes Ziel mit ihrem Klienten angemessen war oder nicht, doch wir können mit Sicherheit sagen, daß ihr Plan für das Erreichen dieses Zieles *nicht* angemessen war. Nachdem sie wußte, was sie mit ihrem Klienten erreichen wollte, entwickelte Barb einen Plan, von dem sie glaubte, daß er effektiv sein würde, um ihn dazu zu bringen, eine etwas weniger ernste Perspektive einzunehmen. Barbs Fehler lag darin, daß sie es versäumte, während der Durchführung ihres Plans die aktuellen Reaktionen ihres Klienten zu berücksichtigen. Statt dessen fuhr sie mit ihrem Plan fort, so wie sie es ursprünglich vorgesehen hatte. Die Tatsache, daß sie ihren Plan so durchführte, wie sie ihn formuliert hatte, macht ihr Verhalten in dieser Situation zu einer automatischen Reaktion (da es ihre einzige Wahl war). Wie sich zeigte, war Barbs Plan den Umständen nicht angemessen, und wenn sie nicht so stur daran festgehalten hätte, die einzelnen Schritte des Plans auszuführen, hätte sie die Gelegenheit gehabt, die Reaktionen ihres Klienten als Hinweise darauf zu verstehen, daß sie ihr Verhalten und ihren Plan abändern muß.

Barbs Fehler lag darin, ihren Plan zu verfolgen, ohne ihn dem aktuellen Feedback anzupassen. Mit Feedback meinen wir alle Reaktionen, die in einer Situation auftreten und die genutzt werden könnten, um das Denken und Handeln einer Person zu leiten. Ein anderer Fehler, den viele in der Ausführung ihrer Pläne machen, ist zu vergessen, sich überhaupt an den Plan zu halten. Wenn Sie einen Plan aufgestellt haben, der Ihnen (und eventuell Experten, wie wir sie in dem Abschnitt über „Planen" erwähnt haben) aussichtsreich erscheint, sollten Sie den Plan auch ausführen, wenn Sie auf effektive Weise Ihr Ziel verfolgen wollen. Nur wenn Sie Ihren Plan verfolgen, haben Sie Gelegenheit, fortgesetzt Feedback zu bekommen, dem Sie entnehmen können, ob der Schritt, den Sie machen, Sie Ihrem Ziel auch näherbringt.

James hatte ursprünglich geplant, tagsüber zur Schule zu gehen und nachts in Clubs zu spielen. Ihm war klar, daß es schwer werden würde, doch er dachte, er würde es schaffen und außerdem brauchte er in jedem Fall das Geld, um seine Familie zu versorgen. Gegen Ende des ersten Semesters war James ein Zombie. Zwischen (bisher sehr erfolgreichem) Schulbesuch, Lernen, Nachtarbeit und Zeit für die Familie fand er wenig Schlaf – und noch weniger Ruhe. James sah ein, daß er seine Arbeitssituation verändern mußte. Er mußte immer noch Geld verdienen; doch wie? Nach dem ersten Semester hatte er bereits einige grundlegende Computerkenntnisse. Er suchte nach einer Möglichkeit, wie er diese verwerten könnte und fand schließlich zwei Teilzeit-Jobs als Datentypist für einen Professor an der Schule und in einem Unternehmen. Er verließ die Band. Die beiden Teilzeit-Jobs brachten nicht viel ein, aber er kam über die Runden und außerdem waren die Zeiten flexibler, so daß er sie seinem Stundenplan besser anpassen konnte. Darüber hinaus – und das war möglicherweise das wichtigste – kam er nun endlich vor zwei Uhr morgens ins Bett, was nicht der Fall gewesen war, solange er in Clubs auftrat. Seine Frau war besorgt darüber, daß er etwas aufgab, das ihm schon so lange viel bedeutet hatte, doch James erklärte: „Ich mag die Musik, doch meine Familie und meine jetzigen Pläne sind mir um einiges wichtiger. Es ist Zeit die Musik aufzugeben."

Die Nützlichkeit eines Plans liegt darin, daß er ein Wegweiser für Ihr Verhalten ist, der es Ihnen ermöglicht, ein bestimmtes Ziel zu erreichen. Doch auch der beste Plan der Welt kann sich als verkehrt oder unangemessen erweisen, wenn sich die äußeren Umstände verändern. Einen veralteten Plan weiter zu verfolgen ist Unsinn. James wäre gern weiter in Clubs aufgetreten, so wie er es geplant hatte. Die Wirklichkeit sah jedoch so aus, daß er tagsüber die Schulbank drückte, abends sein Essen herunterschlang und dann loshetzte, um bis zwei Uhr morgens in den Clubs zu spielen. Das konnte er auf die Dauer nicht fortsetzen, ohne seine Gesundheit, seine Beziehung und seine Zukunft aufs Spiel zu setzen. Das wichtigste Merkmal in der Art wie James handelt und beharrlich seine Zukunft als Computer-Programmierer verfolgt ist, daß er sein Verhalten und sein Erleben immer wieder im Hinblick darauf überprüft, wie effektiv es ist, um ihn zu seinem Ziel zu führen. Diese Informationen stellen für ihn *Feedback dar, das er nutzt, um zu entscheiden, ob er das was er tut fortsetzen oder sein Verhalten bzw. seinen Plan ändern soll.* Angesichts der Doppelbelastung von Ausbildung und Auftritten, erkennt James, daß er seinen ursprünglichen Plan korrigieren (d. h. zu den im letzten Kapitel dargestellten Planungs-Erwägungen zurückkehren) mußte.

Ein weiterer Punkt, den James beständig überprüft ist, ob sein Plan überhaupt der Mühe wert ist. Es kann sein, daß Ihr Plan zwar effektiv ist, um Sie zu Ihrem Ziel zu führen, doch während Sie ihn ausführen, stellen Sie fest, daß sich die Ausführung selbst für Sie nicht lohnt. In James Fall waren die Auftritte in den Clubs sicher kein effektiver Schritt, um sein Ziel zu erreichen. Doch James sah darüber hinaus, daß es sich angesichts seiner Lebenssituation nicht mehr lohnte, weiter in der Musikbranche zu bleiben.

Angemessenes Handeln (d. h. das Ausführen eines Plans) beinhaltet daher, die wiederholte aktuelle Überprüfung der Effektivität und des Werts der Schritte bzw. der Verhaltensweisen, die Sie durchführen. Diese Überprüfung erfolgt im Bezug auf die früheren Pläne, die Sie gemacht haben sowie auf Ihr aktuelles Erleben und Ihre aktuellen Bedürfnisse. Wenn Sie auf der Grundlage der Vorannahme handeln, daß Ihr jetziges Handeln starken Einfluß darauf hat, was in der Zukunft passiert, und wenn Sie die angemessenen Verhaltensweisen bestimmt (und ausreichend detailliert) haben, können Sie flexibel reagieren, falls Sie Ihren Plan abändern wollen oder müssen.

Die Folge von Wünschen, Wollen, Planen und Handeln ist natürlich:

Haben

Dobie konnte alles ganz genau sehen: ein Garten – sein Garten – grün und sprießend, Getreidefelder, die sich in der leichten Brise wiegten, saftig-rote Tomaten, die wie Christbaumschmuck an den Stauden hängen, prächtige Karotten, riesige Gurken... Da er noch nie zuvor gegärtnert hatte, wußte Dobie nicht, ob er eine Hand für Pflanzen hatte, doch er war fest entschlossen, einen Garten wie den zu haben, den er sich vorgestellt hatte. Er kaufte Gerät und Samen und stellte fest, daß es ihm Spaß machte durch die Gärtnerei zu schlendern. Dobie hatte alle Hände voll damit zu tun, den Boden vorzubereiten und zu säen. Doch es war ein gutes Gefühl, draußen in der Natur zu arbeiten, anstatt drinnen vor dem Fernsehgerät zu sitzen und das Leben anderer Leute nachzuleben. Von der Sonne braungebrannt, war Dobie von früh bis spät im Garten beschäftigt, wässerte, jätete und wartete – wartete darauf, daß seine kleinen Schützlinge mit einem leisen Puffen, das er, wie er glaubte, dennoch hören würde, sich aus ihren Hüllen befreiten. Eines Morgens wurde er endlich durch den glorreichen Anblick winziger grüner Blätter belohnt, die sich der Sonne entgegenstreckten.

Nachbarn erkundigten sich gelegentlich nach seinen Pflanzen, machten Bemerkungen über das Wetter, und Dobie sah sich in Gedanken schon, wie er, mit von Gemüse überquellenden Körben, zu diesen Nachbarn ging und stolz klagte: „Ja, ich weiß, daß ich erst gestern mit einem Korb hier war, aber (Achselzucken) was soll ich machen, das Zeug hört einfach nicht auf zu wachsen."

Eine Woche später schaute Dobie hilflos zu, wie seine Sämlinge die Köpfe hängenließen und nach und nach dahinschieden. Zu spät, um den Garten zu retten, brachte er einen gartenkundigen Freund zur Begutachtung der Katastrophe. Schon bald stand Dobie mit offenem Mund da und staunte über das Ausmaß seines Unwissens in bezug auf Pflanzen. Einige hatte er zu tief gepflanzt, andere nicht tief genug. Einige hatte er zu viel bewässert, andere zu wenig. Einige waren im Schatten eines Baumes zugrunde gegangen, während andere in der Glut der Sonne eingingen. Der Boden war ausgelaugt, die Schnecken waren kerngesund. Seine Pläne derart zerschmettert, wandte Dobie dem Garten den Rükken zu und seufzte: „Was für eine Schnapsidee. Ich möchte wissen, was wohl gerade im Fernsehen läuft."

Der Garten, den sich Dobie gewünscht hatte, schien zunächst der Mühe wert zu sein, und es mangelte Dobie sicher nicht an Einsatz und Hingabe bei dem Versuch, seinen Wunsch zu verwirklichen. Wie sich jedoch zeigte, fehlte ihm einfach das Wissen und die Erfahrung, die notwendig waren, um *diesen* Versuch erfolgreich verlaufen zu lassen.

Wie in Dobies Fall, wird es nach Wünschen, Wollen, Planen und Handeln zu *irgendeinem* Ergebnis kommen. Es mag genau das Ergebnis herauskommen, was Sie ursprünglich gewollt haben. In diesem Fall können Sie sich zu der Effektivität Ihres Plans gratulieren und sich daran freuen, das zu haben, was Sie sich gewünscht hatten. Doch es kann Ihnen, wie Dobie, passieren, daß Sie etwas anderes bekommen als Sie gewollt haben. Was dann?

Dobies Reaktion auf das Nichteintreten seiner Erwartungen war zu beschließen, daß der Garten von Anfang an eine schlechte Idee gewesen sei und sein Vorhaben aufzugeben. Die regelmäßige Berücksichtigung der Frage „Sind meine Erwartungen eingetreten oder nicht?" führt häufig zu Unzufriedenheit; jedesmal wenn ein Unterschied zwischen dem besteht, was passiert und was erwartet war, ist Enttäuschung eine natürliche Nebenerscheinung.

Zusätzlich zu der aktuellen Bewertung darüber, ob seine Erwartungen erfüllt worden sind, handelt Dobie unter der Voramnahme, daß sein Erleben etwas ist, das mit ihm passiert, und daß die Vergangenheit die Zukunft bestimmt. Auf diese Weise rechnet er sich selbst und sein Verhalten nicht den Faktoren zu, die sein aktuelles Erleben bewirken. Wenn er mit den Informationen, die er nun hat, zurückschauen würde, könnte er sehen, woran es gelegen hat, daß sein Garten gescheitert ist. Doch da er es als etwas auffaßt, das ihm einfach zugestoßen ist, kann er nicht erkennen, daß sein Mißerfolg das direkte Resultat fehlender Information und Erfahrung war. Beides könnte er sich aneignen und so doch noch eines Tages sein eigenes Gemüse ernten. Solange er es als etwas sieht, das durch die Umstände und nicht durch ihn selbst determiniert ist, bleibt Gärtnern nur ein weiteres dieser Vorhaben, bei denen ihm kein Erfolg beschieden war. Und so heißt es dann wieder: „Zurück zum Fernsehen!"

James hatte nun schon seit zwei Wochen sein Diplom. Aus Gründen, die ihm selbst nicht ganz klar waren, hatte er die Suche nach einer Stelle als Computer-Programmierer von Tag zu Tag verschoben. Er vermutete, daß sein Zögern darauf beruhte, daß er Angst davor hatte zu versagen. Eines Morgens, als er gerade versuchte sich dazu zu überwinden, die Stellenanzeigen durchzusehen, wurde ihm schlagartig klar, daß er nicht Angst vor Versagen hatte, sondern Angst vor Erfolg – er wollte kein Computer-Programmierer mehr sein. Obwohl er die Ausbildung mit sehr gutem Erfolg abgeschlossen hatte, waren die letzten zwei Jahre vor einem Computer-Monitor doch nicht das gewesen, was er sich ursprünglich erhofft hatte. Er saß einfach lieber Menschen gegenüber als Bildschirmen. Für eine Weile war diese Erkenntnis eine sehr bittere Pille, denn er hatte gerade die letzten vier Jahre damit verbracht, Programmieren zu lernen und das Recht zu erwerben als Programmierer zu arbeiten. Das Diplom auf seinem Schreibtisch begann mehr nach einem Stück Papier auszusehen, als nach einer Eintrittskarte in ein neues Leben. Doch als er darüber nachdachte, wurde ihm klar, daß ein B.A.(Bachelor of Arts, d.Ü.) schließlich einen Hochschulabschluß darstellte und das war etwas, das er immer schon gewollt hatte. Es war an sich schon ein Grund stolz zu sein. Außerdem wurde heutzutage für fast jede bessere Stelle ein Hochschuldiplom vorausgesetzt. Mit diesem Abschluß und bei der rasenden Verbreitung von Computern dürfte er keine großen Schwierigkeiten haben, sich erfolgreich um eine Stelle zu bewerben, bloß mit dem Unterschied, daß er jetzt eine Position suchen würde, in der er mit Menschen zu tun haben würde und nicht, wie er zuerst vorhatte, eine im technischen Bereich. James entspannte sich zum ersten Mal nach Wochen, da nun seine Zukunft wieder Möglichkeiten enthielt, die ihm verlockend erschienen. Er hatte im College eine Menge Freunde gefunden und viel gelernt, und nun war es an der Zeit, einen neuen Lebensabschnitt zu beginnen. James schaute auf die Uhr – es war zehn Uhr morgens. Er seufzte vor Erleichterung und dachte sich: „Ein Glück, daß ich auf dem College war; sonst würde ich wahrscheinlich gerade wachwerden, nachdem ich mir die halbe Nacht für einen fünfundzwanzig Dollar-Auftritt um die Ohren geschlagen hätte."

Was sollen wir, da wir nun mal nicht immer am Ende das bekommen, was wir gewollt haben, mit unbefriedigenden Ergebnissen anfangen? James hatte gehofft, Computer-Programmierer zu werden und Spaß an seinem Beruf zu haben. Diese Erwartung erfüllte sich nicht. Anstatt nun zu beschließen, daß seine ursprüngliche Entscheidung falsch gewesen war, oder die vier Jahre College umsonst waren, beginnt James nach Möglichkeiten zu suchen, wie das, was er hat (ein Abschluß in einem Bereich, der ihn nicht mehr interessiert), *doch nützlich ist, und auch in Zukunft noch nützlich sein könnte.* So ist z. B. ein Diplom an sich schon erfreulich, es ist ein Pluspunkt, wenn man eine neue Karriere beginnt, seine Computer-Kenntnisse werden ihm in so gut wie jedem Beruf von Nutzen sein, er hat viel gelernt, was er sonst nicht gelernt hätte, er hat seinen Freundeskreis vergrößert und die Entscheidung Computer-Programmierer zu werden, hat es ihm zudem erleichtert, die berufliche Sackgasse als Clubmusiker ohne festes Engagement zu verlassen. James ist in der Lage, sein Wissen, seine Erfahrung und die Abschlüsse, die er im Computer-Programmieren erworben hat, mit seinem Interesse an Menschen zu verbinden, um neue berufliche Möglichkeiten für sich zu eröffnen, z. B. Verkauf, Kundenberatung, Mitarbeiterschulung, usw.

Die Kunst im „Haben" besteht darin, das was man erreicht auch zu wollen. Das bedeutet nicht, daß man aufgeben muß, was man ursprünglich wollte. Wir meinen damit das Erreichen eines der detaillierten Schritte auf dem Weg zu Ihrem Ziel oder auch das Erreichen des gesamten Ziels. Der bedeutendste Unterschied in James' und Dobies Reaktion darauf, daß das, was sie erreicht hatten nicht das war, was sie ursprünglich gewollt hatten, liegt in der Art und Weise, welchen Gebrauch James von seiner Vergangenheit, Gegenwart und Zukunft macht. Indem er sowohl darauf achtet, was er in einem bestimmten Kurs oder in einer einzelnen Unterhaltung gelernt hat wie auch auf das, was er persönlich während ganzer Semester oder in der gesamten Ausbildung gelernt hat, variiert James den Bereich, den er in seinem Denken berücksichtigt. Dobie hingegen beurteilte seine Anstrengungen nur an dem gewünschten Gesamtergebnis. Die Flexibilität in der Erfüllung seiner Kriterien trägt dazu bei, daß James in der Lage ist, seine Erfahrungen zu seiner eigenen Zufriedenheit in der Gegenwart und für weiteren Erfolg in der Zukunft zu nutzen. Dobies Unflexibilität trägt nur zu der länger werdenden Liste seiner Unzulänglichkeiten und Mängel bei.

Zu James Flexibilität paßt auch seine Vorannahme einer Vergangenheit-Gegenwart-Zukunft Ursache-Wirkungsbeziehung. Das gibt ihm Kontinuität in seinem Erleben und bietet ihm immer wieder die Möglichkeit, seine gewünschten Ziele zu erreichen. Er hat darüber hinaus auch die Vorannahme, daß es an ihm liegt, seine Ziele zu erreichen. Diese Vorannahme führt dazu, daß er in der Lage ist zu entscheiden, wie er sein Verhalten im Sinne seiner Ziele ändern kann.

Wenn Dobie diese Überlegungen angestellt hätte, anstatt sich Vorwürfe wegen seiner Unüberlegtheit zu machen und einen Traum aufzugeben, hätte er bemerken können, daß er einen Ort gefunden hat, der ihm gefiel (die Gärtnerei) und sich darüber gefreut hat, nebenbei braun zu werden, Spaß an der körperlichen Arbeit gehabt hat, den intensiveren Kontakt zu seinen Nachbarn schätzen gelernt hat, und daß sein gescheiterter Garten eine Referenzerfahrung war, die er nun nutzen konnte, damit sein nächstes Gartenprojekt erfolgreicher verlief.

Wenn Sie schließlich das haben, was Sie sich einmal gewünscht haben, ist es wichtig, es nutzen und schätzen zu können. Ein wichtiger Aspekt im Bewahren des Erreichten ist, das was man hat und die Leistung zu würdigen, die man vollbracht hat, um es zu bekommen. Ob es Ihnen gelungen ist, Ihren Körper fit oder gesund zu machen, Ihr berufliches Fortkommen zu fördern, den Wagen, den Sie sich gewünscht haben, zu bekommen und instandzuhalten oder eine Beziehung einzugehen und zu pflegen, die Zeit und Mühe, die Sie dafür eingesetzt haben, hat großen Wert. Allein die Tatsache, daß Sie Ihr Ziel erreicht haben, ist etwas, über das Sie sich freuen und auf das Sie stolz sein können. Ein schlanker Körper kann ohne Bewegung wieder schlapp werden; eine gute Stelle kann man wieder verlieren; ein Wagen kann sich in einen Haufen Rost, Schmutz und Schmiere verwandeln; eine Beziehung kann fade werden, wenn sie als selbstverständlich aufgefaßt wird und ihre Rituale und Bedürfnisse vergessen werden. Die Würdigung des Erreichten wird Ihnen dabei helfen, daß Sie auch weiterhin tun, was notwendig ist, um das zu bewahren, was Sie sich einmal so sehr gewünscht haben.

Wir haben eingangs bereits gesagt, daß Personen, denen es leicht fällt, von Wünschen zu Haben zu gelangen, die fünf gerade beschriebenen Phasen eher als eine sich entwickelnde Abfolge verwenden, denn als voneinander unabhängige Schritte. Wie vermutlich aus der Darstellung dieser inneren Verarbeitungsprozesse deutlich geworden ist, ist es nicht immer möglich, die Sequenz nur in einer Richtung zu durchlaufen. Offen gesagt wird das eher die Ausnahme als die Regel sein. Die Komplexität, die in das Erreichen der meisten Ziele eingeht, und die oft unvorhersehbare Vielfalt der äußeren Einflüsse sorgen gemeinsam dafür, daß Sie so gut wie sicher an irgendeinem Punkt Ihr Vorhaben, Ihren Plan oder Ihr Vorgehen werden ändern müssen. Diese Phasen wirken in folgender Weise aufeinander ein:

Wünschen ➤ Wollen ➤ Planen ➤ Handeln ➤ Haben

Mit anderen Worten, wenn ein Aspekt Ihres Plans nicht zielführend ist, dann müssen Sie entweder den Plan entsprechend verändern oder zu der Phase zurückgehen, in der Sie das was Sie wollen, noch einmal überprüfen und in irgendeiner Weise neu bestimmen, was Sie genau wollen. Wenn Sie in der Ausführung Ihres Plans Feedback erhalten, daß Ihr Verhalten entweder ineffektiv oder nicht lohnend ist, werden Sie entweder zu der Planungsphase zurückgehen und Ihren Plan verändern können oder gegebenenfalls sogar weiter zurückgehen und Ihr Ziel neu überprüfen müssen. Wenn das was Sie erhalten, etwas anderes ist als das, was Sie wollten, können Sie es in etwas verwandeln, das Sie trotzdem wollen oder Ihren Plan entsprechend verändern, um das Resultat mit Ihrem gewünschten Ziel mehr in Übereinstimmung zu bringen oder sogar noch weiter zurückgehen und das Ziel selbst verändern.

Was wir gerade beschrieben haben, ist eine Sequenz innerer Verarbeitungsschritte, wie sie Menschen, die mit Erfolg von Wünschen zu Haben gelangen, automatisch durchlaufen. Die Begabung, Träume in Wirklichkeiten zu verwandeln, ist in jeder Situation fruchtbar. Der nächste Abschnitt enthält das EMPRINT-Format, das Ihnen dieses wertvolle Know-How vermitteln wird.

Verwirklichen Sie Ihre Wünsche

Wünschen und Wollen

1. Der erste Schritt, um das EMPRINT-Format für eine erfolgreiche Wünschen-zu-Haben-Strategie für sich zu übernehmen, besteht darin, zwischen dem, was Sie sich wünschen und dem, was Sie wollen, zu unterscheiden. Nehmen Sie sich am Ende dieses Absatzes die Zeit, um fünf Sachen, Ziele oder Veränderungen zu benennen, die Sie sich *wünschen,* und dann fünf, die Sie *wollen.* (Die Sätze „Ich wünschte mir, ich hätte..." und „Ich will..." werden Ihnen bei dieser Aufgabe helfen.) Tragen Sie die verschiedenen Punkte in der Liste ein:

Wünschen	**Wollen**
____________________	____________________
____________________	____________________
____________________	____________________
____________________	____________________
____________________	____________________

2. Vergleichen Sie als nächstes am Ende dieses Absatzes die beiden Listen mit Hilfe der folgenden Fragen: Besteht ein Unterschied in Ihrem Denken und Fühlen zwischen dem, was Sie sich wünschen und dem, was sie wollen? Machen Sie von beiden in Gedanken Bilder? Beschreiben Sie die Bilder für sich und haben Sie dann die Gefühle, die Sie hätten, wenn Sie es tatsächlich erleben würden oder haben Sie Gefühle, die mit der Durchführbarkeit Ihrer Vorstellungen zusammenhängen? Wie reagieren Sie auf diese Gefühle? Nehmen Sie sich die Zeit, die Sie brauchen, um zu vergleichen, wie Sie denken und reagieren, wenn Sie etwas wünschen, und wie Sie denken und reagieren, wenn Sie etwas wollen.

Es ist wahrscheinlich, daß die Dinge, die Sie sich wünschen, nur verschwommen dargestellt sind, wenig Detail enthalten und unklar sind im Vergleich zu den Dingen, die Sie wollen, die in der Regel detaillierter und klarer dargestellt sind. Der vielleicht wichtigste Unterschied besteht jedoch hinsichtlich der Reaktion: *Wünschen* führt meistens zu Passivität, während *Wollen* aktiver und zielgerichteter ist. Nehmen Sie sich die Zeit, um sich etwas von Ihrer Liste zu wünschen, und Sie werden wahrscheinlich bemerken, daß Sie, auch wenn Sie wirklich glücklich wären, es zu bekommen, keinen besonderen Antrieb erleben, etwas zu tun, um es zu bekommen. Das ist anders bei den Dingen, die Sie wollen, die vermutlich Motivation, ein Bedürfnis zu handeln und planen und andere aktive Reaktionen auslösen.

Die Bedeutung dieser Unterscheidung liegt darin, daß etwas, das wir wollen, Verhalten bewirkt, welches auf das Erreichen des gewünschten Zieles gerichtet ist, während Wünschen kein solches Verhalten bewirkt. Wenn Sie ein Ziel verfolgen wollen, sollten Sie zuvor in jedem Fall überprüfen, daß es mit Ihren Kriterien dafür, was wichtig und lohnenswert ist, und mit Ihrer Persönlichkeit in Einklang ist. Wenn Sie jedoch nicht vorhaben, ein Ziel zu verfolgen, besteht kein Grund, Ihre Wünsche durch Kriterien einzuschränken, da es sich hierbei im wesentlichen um eine Phantasieübung handelt. Wünschen ist der Bereich ungezügelten Phantasierens über das, was sein könnte und ist als solches ein sehr guter Weg, um neue und kreative Möglichkeiten zu entwickeln. Wenn Sie die Welt der Möglichkeiten durch Ihre Kriterien filterten, würden Sie mit Sicherheit ganze Kontinente wünschenswerter Ziele übersehen oder unberücksichtigt lassen, weil Sie blind dafür wären. Sie können den Siebeffekt von Kriterien sehr leicht überprüfen, wenn Sie sich nur kurz vorstellen, was Sie mit dem Rest Ihres Lebens anfangen würden, wenn Sie die Zeit, das Geld und die Freiheit hätten, *alles* das zu tun, was Sie tun wollen; vergleichen Sie dann Ihre Ideen mit den Plänen, die Sie sonst für Ihre Zukunft haben.

Um zu verhindern, daß Sie Ihre Wünsche von der Möglichkeit der Erfüllung ausschließen, bieten wir Ihnen die folgenden Schritte an, mit denen Sie einen Wunsch in etwas verwandeln können, das Sie uneingeschränkt, mit Ihrem ganzen Wesen *wollen.* Der erste Schritt besteht darin, Ihr Verhalten zu aktivieren. Das kann in der Regel dadurch erreicht werden, daß Sie eine spezifische, detaillierte und lebhafte Repräsentation dessen haben, was Sie sich wünschen.

3. Wählen Sie am Ende dieses Absatzes einen der Wünsche, die Sie zuvor aufgeführt haben, und machen Sie ein spezifisches, detailliertes und lebhaftes inneres Bild davon, wie Sie das, was Sie sich wünschen, bereits schon haben. Machen Sie diese Repräsentation so wirklichkeitsnah wie möglich. Sie können es ausschmücken, indem Sie Farbe, Bewegung und Ton hinzufügen. Achten Sie darauf, daß Sie genau das sehen, hören und fühlen, was tatsächlich passieren würde, wenn Sie in dieser gewünschten Wirklichkeit wären. Vielleicht wünschen Sie sich wahre Liebe, Ruhm, eine bestimmte Karriere. Ganz gleich, welchen Wunsch Sie haben, entwickeln Sie eine reichhaltig detaillierte Vorstellung davon, wie Ihr Wunsch in Erfüllung gegangen ist. Achten Sie darauf, was sich in Ihrer inneren Reaktion verändert, je wirklichkeitsgetreuer diese Vorstellung wird. Nehmen Sie sich nun die Zeit, diese Phantasie zu entwickeln und sich vorzustellen, daß Ihr Wunsch bereits erfüllt ist.

Fühlen Sie sich von diesem vorgestellten Erlebnis stark angezogen? Wenn nicht, ist es nicht sinnvoll, diesen besonderen Wunsch weiter zu verfolgen. Wenn Sie sich von einem Ihrer Wünsche stark angezogen fühlen, nachdem Sie diese vorgestellte Erfahrung entwickelt haben, fahren Sie mit dem nächsten Schritt fort.

4. Der nächste Schritt, um etwas, das Sie sich wünschen, in etwas zu verwandeln, das Sie wollen, besteht darin, sich die Wohlgeformtheitsfragen zu stellen. Diese Fragen sollten für jedes Ergebnis, das Sie erreichen wollen, gestellt werden, um sicherzustellen, daß es sich lohnt es zu verfolgen. Bevor Sie das für jedes Ihrer Vorhaben tun, sollten Sie jedoch einen Ihrer Wünsche aussuchen, von dem Sie sich stark angezogen fühlen (nachdem Sie den vorigen Schritt durchgeführt haben) und beurteilen Sie ihn nach jeder der folgenden Fragen.

Ist es im Rahmen des Möglichen? D. h. gibt es wenigstens eine Person, die ein ähnliches Ziel erreicht hat oder sind die notwendigen Hilfsmittel, das notwendige Wissen, usw. verfügbar? Unter dem Gesichtspunkt der Möglichkeit besteht ein großer Unterschied, ob man noch in diesem Jahr auf dem Mars leben und Astronaut werden will oder sich zwei Nummern kleinere Füße und finanzielle Unabhängigkeit wünscht. Auch wenn ein Ziel in dieser Welt erreichbar ist, gibt es Faktoren, die es für Sie unmöglich machen. Die Möglichkeit Astronaut zu werden z. B. ist stark eingeschränkt, wenn Sie querschnittsgelähmt oder siebzig Jahre alt sind. Überprüfen Sie Ihren Wunsch anhand dieser Fragen, bevor Sie fortfahren.

Ist es sinnvoll? D. h. ist das Ziel, das Sie anstreben, im Einklang mit den Eigenschaften, Idealen und Vorlieben, die Ihnen wichtig sind und die Sie als Person ausmachen? Unser angehender Astronaut mag zu dem Schluß kommen, daß die Teilnahme an dem Raumfahrtprogramm gleichbedeutend ist mit der Befürwortung der Aufrüstung des Weltraums, der er sich stark widersetzt. Oder vielleicht lohnt sich das Ziel Astronaut zu werden doch nicht, wenn man die Zeit berücksichtigt, die man von seinem Zuhause und seiner Familie getrennt verbringen muß. Überprüfen Sie Ihren Wunsch nun mit der Frage „Ist es sinnvoll?"

Wird es mir das geben, was ich wirklich will? Vermutlich haben Sie schon einmal die Erfahrung gehabt, etwas zu wollen, das wirklich wertvoll erschien, bloß um festzustellen, als sie es endlich hatten, daß es keinen Wert besaß (oder sogar besser vermieden worden wäre). Sie haben z. B. ein großes, schönes Haus gewollt, dafür gearbeitet und es schließlich gekauft, nur um festzustellen, daß der Unterhalt des Hauses und Grundstückes eine zeitraubende und lästige Zusatzbelastung ist. In ähnlicher Weise kann ein eigenes Geschäft (lange Arbeitsstunden, schwankende Einkünfte), ein teurer und empfindlicher Wagen (häufige Werkstattbesuche, teure Reparaturen) oder ein eigenes Pferd (tägliche Pflege, Tierarztrechnungen) verlockend erscheinen, bis man tatsächlich mit der möglicherweise unerfreulichen Realität konfrontiert ist, es wirklich zu haben. Um zu entscheiden, ob Ihr Wunsch Ihnen wirklich das geben wird, was Sie wollen, müssen Sie sich wie zuvor in lebhafter Deutlichkeit vorstellen, daß Ihr Wunsch bereits Wirklichkeit geworden sei – stellen Sie es sich so vor, als ob Sie bereits dort wären, das sehen können, was Sie sehen würden, das hören können, was Sie hören würden und vor allem, das fühlen, was Sie fühlen würden. Ist das die Erfahrung, die Sie sich wünschen? Falls nicht, kann Ihr Wunsch so verändert werden, daß er Sie doch noch zufriedenstellt? Stellen Sie es sich jetzt vor, und beantworten Sie die Fragen.

Lohnt sich der Aufwand? Bevor Sie sich einem Ziel widmen, ist es wichtig zu entscheiden, ob sich der Aufwand lohnt, den Sie vermutlich investieren werden müssen, um es zu erreichen. Um das zu beurteilen, finden Sie zunächst etwas, das notwendigerweise geschehen muß, damit Ihr Wunsch Wirklichkeit werden kann (um wieder das Astronautenbeispiel zu nehmen: Ihren jetzigen Job aufgeben, nach Houston ziehen, niedrige Löhne, wenig Zeit für die Familie), und stellen Sie sich dann vor, es tatsächlich zu tun und beurteilen Sie Ihre Gefühle dazu. Haben Sie das Gefühl, daß sich der Aufwand lohnt? Entscheiden Sie das für Ihren Wunsch, bevor Sie fortfahren.

5. Nachdem Sie das getan haben, können Sie nun das Gefühl, das Sie in bezug auf den notwendigen Einsatz haben, mit dem vergleichen, das Sie in bezug auf das gesamte Ziel haben, und nutzen Sie diesen Vergleich für eine Entscheidung darüber, ob das Ziel den Aufwand lohnt, der nötig ist, um es zu erreichen. Nehmen Sie sich nun die Zeit, diesen Vergleich anzustellen und die Entscheidung zu treffen.

Hier sind noch einmal die Punkte zusammengefaßt, die erfüllt sein müssen, damit es nützlich und angemessen ist, ein Ziel zu verfolgen:

- Sie müssen eine spezifische, detaillierte und lebhafte Repräsentation des Zieles haben.
- Das Ziel muß erreichbar sein, auch wenn Sie im Augenblick noch nicht wissen wie.
- Das Ziel muß Ihre persönlichen Kriterien erfüllen (es gibt Ihnen was Sie wirklich wollen; der Aufwand der nötig ist, um es zu erreichen, lohnt sich), nicht von außen auferlegte Kriterien (wie beispielsweise durch Werbung: „Das ist der Wagen für den Mann der achziger Jahre.").

6. Nehmen Sie sich am Ende dieses Absatzes die Zeit, diese Tests an den verschiedenen Wünschen und Vorhaben, die Sie eingangs aufgeschrieben haben, durchzuführen. Sie können auch ein oder zwei Dinge hinzunehmen, die Sie Wollen wollen – d. h. Ziele, die Sie jetzt zwar nicht haben, von denen Sie aber glauben, daß Sie sie haben *sollten* (z. B. mit dem Rauchen aufzuhören oder mit der finanziellen Planung für Ihren Ruhestand beginnen) – und wenden Sie die Tests auch darauf an. Es kann sein, daß diese Ziele, nachdem Sie die verschiedenen Tests auf sie angewandt haben, sich qualitativ verändern und Sie nun stärker die Erfahrung haben, daß Sie sie wollen, und daß Ihr Verhalten aktiviert worden ist. Wenden Sie die Tests nun an und achten Sie darauf welche Veränderungen eintreten.

Es ist oft abträglich für Ihr persönliches Wohlbefinden, Ziele zu verfolgen, die nicht diesen Überprüfungen unterzogen worden sind, die Sie gerade kennengelernt haben. Jemand, der Ziele verfolgt, die nicht zunächst gründlich geprüft worden sind, läuft zwar nicht unbedingt Regenbögen hinterher, aber er erinnert doch oft an einen Hund, der sich blind in den Verkehr stürzt, um einem Wagen nachzujagen. Ziele zu verfolgen, die uns nur von unseren Launen und Einfällen eingegeben werden, ist eine grundsätzlich unproduktive und möglicherweise auch gefährliche Beschäftigung. Indem Sie einige Überlegungen auf Ihre Träume, Wünsche und Vorhaben verwenden, *bevor Sie handeln,* bewahren und vertiefen Sie Ihr persönliches Wohlbefinden.

Planen

Planen bedeutet im Wesentlichen, die Reihenfolge der Handlungen und der daraus folgenden Resultate zu erstellen, die zu dem Ziel führen sollen, das Sie erreichen wollen. Wenn die Reihenfolge, die Sie erstellen, tatsächlich zielführend ist, werden Sie, wenn Sie die einzelnen Schritte ausführen, das bekommen was Sie wollen (wir schließen für den Moment eventuelle Launen der Umgebung aus). Natürlich gibt es nur sehr wenige Dinge, die sicher sind, und man wird selten genau wissen, welche Schritte zwangsläufig zu dem gewünschten Ergebnis führen. Daher sollte jeder Ihrer Pläne Gabelpunkte enthalten. Gabelpunkte sind die Schritte in der Sequenz, die Sie zu einer von verschiedenen Alternativen führen. Wenn Sie z. B. planen Astronaut zu werden, ist es sinnvoll, sich bei Ihrer Planung zu überlegen, was Sie tun werden, wenn Ihre erste Bewerbung abgelehnt wird. (Sie könnten sich bei einer Tochtergesellschaft der NASA oder bei der Europäischen Raumfahrtbehörde bewerben, usw.)

Der Zweck von Gabelpunkten in Plänen ist es, Ihnen zu erleichtern, Ihr Ziel weiter zu verfolgen, wenn ein Teil Ihres Plans schiefgeht. Die Grundlage allen Planens ist naheliegenderweise die Vorannahme von Gegenwart-Zukunft Ursache-Wirkungsbeziehungen:

Was Sie jetzt tun, bestimmt, was in Ihrer Zukunft passieren wird. Die Überlegung, Gabelpunkte in Ihren Plan einzubauen, beruht auf der Einsicht, daß es wichtig ist, über eine gewählte Reaktion zu verfügen und nicht nur eine festgelegte Sequenz zu haben, die zu dem Ziel führt. Nur eine festgelegte Sequenz zu haben, ist eine automatische Reaktion, und ein einziger erfolgloser Schritt kann Ihren ganzen Plan gefährden. Wie kommt man nun zu dieser Sequenz und den Gabelpunkten? Wie wir bereits besprochen haben, bedeutet Planen eine Sequenz von Schritten zu bestimmen, die zu dem Erreichen Ihres Zieles führt. Diese Sequenz ergibt sich, wenn Sie das Verfolgen Ihres Zieles nach bestimmten Überlegungen in verschiedene Einheiten aufteilen (detaillieren). Wenn Sie z. B. die Absicht haben Astronaut zu werden, können Sie diesen Prozeß in die verschiedenen *Aktivitäten* unterteilen. Die ersten recht allgemeinen Schritte, die einem dazu einfallen, sind „bewerben und angenommen werden" und „Ausbildung bestehen". Diese Schritte können wiederum feiner unterteilt werden. Was die Bewerbung angeht, muß man zunächst die notwendigen Formulare bekommen, ausfüllen, sich für die NASA in attraktiver Weise darstellen und die Bewerbung einsenden. Jeder dieser Schritte kann dann wiederum genauer ausgeführt werden: Für das Ausfüllen der Bewerbungsformulare braucht man eine Schreibmaschine, Korrekturflüssigkeit, Kopien, usw.; „sich für die NASA attraktiv darstellen" bedeutet eine leicht lesbare Bewerbung zu schreiben, Punkte aufführen, auf die sie vorteilhaft reagieren werden, usw. Wenn Sie zu einem Schritt kommen, für den Ihnen die Details unbekannt sind (z. B. worauf reagiert die NASA vorteilhaft?), dann ist das *Feedback*, für das Sie eine äußere Informationsquelle finden müssen, die Sie mit der detaillierten Information versorgen kann, die Sie brauchen. In unserem Beispiel könnten das Bücher und Artikel über die Auswahl von Astronauten sein, das NASA Personal-Büro, oder ein Gespräch mit einem Astronauten.

Wann hören Sie auf, die Sequenz weiter zu detaillieren? Im allgemeinen ist das Erreichen eines Zieles in genügend Schritte unterteilt, wenn Sie ein Maß der Spezifität erreichen, das Kenntnisse, Fertigkeiten und Verhaltensweisen voraussetzt, über die Sie bereits verfügen und mit denen Sie vertraut sind. Wenn Sie planen sich als Astronaut zu bewerben, besteht keine Notwendigkeit, das

Ausfüllen der Bewerbungsformulare einzeln aufzuführen, wenn das ein Vorgang ist, mit dem Sie bereits vertraut sind. Es ist auch im allgemeinen nicht notwendig, die genaue Sequenz von Anfang bis Ende im Detail festzulegen. Es genügt in der Regel, die ersten Schritte zu spezifizieren, damit man beginnen kann, sich in Richtung auf das Ziel zu bewegen. Die nachfolgenden Schritte brauchen nur so weit spezifiziert zu sein, daß Sie in der Lage sind, sich genau vorzustellen, wie es wäre, sie tatsächlich auszuführen. Sie beginnen daher damit, sich so vollständig wie möglich vorzustellen, wie Sie die Sequenz der Schritte zu Ihrem Ziel ausführen und achten darauf, welches Gefühl Sie bei jedem einzelnen der Schritte haben. Indem Sie sich vorstellen, wie Sie die notwendigen Verhaltensweisen ausführen, um Ihr Ziel zu erreichen, erhalten Sie die Möglichkeit, die Durchführbarkeit und den Wert jedes einzelnen Schrittes zu überprüfen, bevor Sie sich entschließen, den Plan tatsächlich auszuführen. Auf diese Weise können Sie verhindern, Schritte in Ihren Plan aufzunehmen, die sich nicht lohnen oder die nicht zu Ihnen passen (z. B. kann ein Schritt, den Sie bestimmt haben, beinhalten, in der Stadt zu wohnen, und Sie erkennen, daß das mit Ihren persönlichen Vorlieben nicht übereinstimmen würde). Als nächstes spezifizieren Sie die für den ersten Schritt nötigen Handlungen und Überlegungen und beginnen damit, diesen Schritt auszuführen. Wenn Sie einmal dabei sind, den ersten Schritt auszuführen, ist es an der Zeit, alle Details des nächsten notwendigen Schrittes (evtl. der nächsten zwei) zu bestimmen und zu überprüfen. Das setzen Sie fort, bis Sie Ihr Ziel erreicht haben.

In dem Beispiel, das wir Ihnen gerade gegeben haben, wird ein Ziel in die verschiedenen Aktivitäten unterteilt, die notwendig sind, um es zu erreichen (Bewerbung anfordern und ausfüllen, Training, herausfinden, worauf die NASA vorteilhaft reagiert, usw.). Es gibt andere Möglichkeiten ein Ziel zu detaillieren. Wir haben einige, die wir für wichtig halten, um einen wirksamen Plan zu entwickeln, im folgenden aufgeführt:

- **Aktivitäten** Welche Handlungen müssen ausgeführt, welche Aufgaben müssen erledigt werden?
- **Informationen** Welche Kenntnisse, die Sie haben, können Ihnen dabei helfen Ihr Ziel zu erreichen? Welche Kenntnisse müssen Sie noch erwerben?

▪ **Menschen** Welche Personen sind oder könnten am Erreichen dieses Zieles beteiligt sein? Welche Personen werden Sie bei dem Erreichen Ihres Zieles unterstützen (hindern) und wie werden Sie sie unterstützen (hindern)?

▪ **Hilfsmittel** Welche Fähigkeiten, Fertigkeiten und greifbare Werte haben Sie, die Ihnen helfen (oder Ihnen hinderlich sein) können, und auf welche äußeren Hilfsmittel können oder müssen Sie zurückgreifen?

▪ **Zeit** Wieviel Zeit werden Sie für die einzelnen Schritte brauchen, und wann müssen diese Schritte unternommen werden?

▪ **Phasen des Fortschritts** Wie und wann werden Sie erkennen können, daß Sie sich auf Ihr Ziel zubewegen?

1. Suchen Sie sich am Ende dieses Absatzes eines Ihrer Vorhaben von Ihrer Liste aus. Unterteilen Sie die Verfolgung dieses Ziels in verschiedene Komponenten, die angemessen detailliert sind, um einen Plan zu erstellen. Nutzen Sie dafür nacheinander die oben aufgeführten Planungs-Gesichtspunkte. Sobald Sie mit jedem einzelnen dieser Gesichtspunkte vertraut sind, werden Sie bemerken, daß Sie Informationen zu den einzelnen Gesichtspunkten ganz selbstverständlich in Ihre Planung einbeziehen. Nehmen Sie sich nun einige Minuten Zeit, um diesen Planungsprozeß zu durchlaufen. Wenn Sie es jetzt tun, wird es Ihnen in der Zukunft leichter fallen.

Zum Schluß noch ein wichtiger Hinweis für das Beenden der Planungsphase. Grundsätzlich ist es möglich, einen Plan zum Erreichen eines Zieles bis in unendlich feine Details zu unterteilen. Wir kennen Leute, die die verschiedenen Möglichkeiten und Alternativen so gründlich ausformulieren, daß sie es oft ganz versäumen, tatsächlich etwas zu *tun*, um ihre Ziele zu erreichen. Deshalb müssen Sie für sich festlegen, wann Sie die Planung beenden wollen. Das können Sie zum Teil dadurch erreichen, indem sie bemerken, wenn der Plan spezifisch genug ist. D. h. sobald Sie die ersten Phasen des Planes in Verhaltensweisen und Fertigkeiten unterteilt haben, mit denen Sie vertraut sind, können Sie Ihre Planung vorerst beenden und damit beginnen, diese Schritte auszuführen. Es ist *auch* nützlich, eine Art äußerer Zeitgrenze für Ihre Planung zu setzen, z. B. eine Stunde, eine Woche, ein Jahr, bis Debbie nach Hause kommt, bis Sie aufbrechen müssen, usw. Wenn die Zeit abläuft, bevor Sie mit Ihren Plänen zufrieden sind, haben Sie immer noch die Wahl, eine neue Frist zu setzen. Ein Zeitpunkt für das Ende der Planung ist nützlich, da er Sie dazu motiviert, entschlossen in Ihrer Planung zu sein und Ihnen wenigstens als Erinnerungshilfe dafür dient, daß bereits einige Zeit vergangen ist, ohne daß Sie gehandelt haben.

Planung ist ein wichtiger Schritt in dem Prozeß, Ihr Vorhaben zu verwirklichen. Die Elemente des Planens, die Sie hier gelernt haben, sind wesentlich für Ihren zukünftigen Erfolg. Wenden Sie diese Strategien an und Sie werden sich an der Steigerung Ihrer Effektivität freuen können. Wenn das, wonach Sie streben, lohnenswert ist, lohnt es sich auch zu planen, wie Sie es am besten erreichen können.

Handeln

Wenn Sie die einzelnen Schritte geplant haben, ist es Zeit, mit den Verhaltensweisen zu beginnen, die in dem Plan spezifiziert sind. Das vielleicht wichtigste in der Ausführung Ihres Plans ist, in ihm eine Gelegenheit für *Feedback* und nicht für Scheitern zu sehen. Es geschieht häufig, daß jemand das Ausbleiben von Erfolg an einem bestimmten Schritt des Plans als Versagen auffaßt. Er ist entmutigt, fühlt sich unzulänglich, beginnt an seiner Fähigkeit zu zweifeln weitermachen zu können, und gibt auf.

Es ist jedoch sehr viel angemessener und nützlicher, diese erfolglosen Schritte als wertvolles *Feedback* zu betrachten. Das spezifische Feedback, das Sie erhalten, wenn ein Schritt in Ihrem Plan schiefgeht, lautet: *Sie müssen diesen Schritt weiter unterteilen und werden voraussichtlich mehr Informationen darüber brauchen, wie Sie das tun können.* Vielleicht war eine bestimmte Fertigkeit, ein bestimmtes Verhalten oder ein Ablauf nicht so vertraut, wie Sie geglaubt hatten. Z. B. können Sie als angehender Astronaut beim Überfliegen der Bewerbungsformulare feststellen, daß Sie vergessen haben, wie man solche Formulare ausfüllt. Oder es kann Ihnen passieren, daß Sie in der Ausführung Ihres Plans feststellen, daß bestimmte Verhaltensweisen oder Fertigkeiten nötig sind, die Sie nicht vorausgesehen hatten und die mehr Informationen und Lernen erfordern. In beiden Fällen müssen Sie zusätzliche Informationen sammeln, um diesen übersehenen oder unerwarteten Schritt soweit zu spezifizieren, daß Sie ihn meistern können.

Manchmal wird es auch durch weitere Spezifizierung nicht möglich sein, mit dem ursprünglichen Plan fortzufahren. Wenn Ihre Bewerbung als Astronaut abgelehnt wird, so ist das ein Ereignis, auf das Sie so gut wie keinen Einfluß haben (Bestechung und einflußreiche Beziehungen lassen wir natürlich unberücksichtigt), und jede weitere Spezifizierung der Schritte, die zu dem betreffenden Ziel führen, wird nichts bewirken. An diesem Punkt sind die zuvor erwähnten Gabelpunkte von Bedeutung, denn Sie werden Ihnen erlauben, das Ziel weiterzuverfolgen (wenn auch auf einem andern Weg) oder ein neues, gleichermaßen attraktives Alternativziel zu finden.

Ganz gleich was passiert, setzen Sie Ihren Plan auf jedem Fall in die Tat um. Handeln Sie danach. Führen Sie ihn aus. Solange ein Plan bloß eine mentale Übung bleibt, kann er keine Früchte tragen. Führen Sie Ihren Plan durch und Sie werden *etwas* erreichen. Und wenn Sie flexibel bleiben und die verschiedenen Schwierigkeiten und Hindernisse als Gelegenheiten zu lernen auffassen können, werden Sie wahrscheinlich bis an Ihr Ziel gelangen.

Haben

Schließlich haben Sie Ihr Ziel (oder eine annehmbare Alternative) erreicht. D. h. Sie haben das, was Sie wollten. „Haben" richtig verstanden ist jedoch nicht die passive Erfahrung, die das Wort „haben" zu beschreiben scheint. Es ist wichtig, dem Erreichten die Würdigung entgegenzubringen, die es verdient. Es unbeachtet zu lassen oder mit einem: „Na ja, das ist ganz in Ordnung", oder „Jeder hätte das geschafft" abzutun, ist nicht nur respektlos Ihren eigenen Bemühungen gegenüber, es gefährdet auch das Bewahren des Erreichten und das Erreichen zukünftiger Ziele. Wenn Sie Ihren Erfolg nicht schätzen, wird Ihre Motivation schwer zu stimulieren sein, sich für weitere Ziele einzusetzen. Das trifft nicht nur auf das Gesamtziel zu, das Sie anstreben, sondern auch für die geplanten Schritte auf dem Weg dorthin. Jeder dieser Schritte ist in sich ein kleines Ziel und sollte als solches gewürdigt werden.

Wählen Sie verschiedene Beispiele aus Ihrer persönlichen Geschichte für Situationen, in denen Sie ein Ziel erreicht hatten und sich als Folge davon gefreut haben. Dabei kann es sich sowohl um größere Ziele handeln (einen Hochschulabschluß erreichen, Kinder großziehen, Zuneigung bewahren, liebe- und verständnisvoll bleiben können, wenn jemand Sie verletzt hat, dreißig Pfund abnehmen) wie auch um kleinere (Ihr Zimmer aufräumen, ein Geschenk kaufen, den Wagen waschen). Bestimmen Sie, während Sie diese Beispiele vergleichen, was durch das Erreichen dieser Ziele erfüllt worden ist und was besonders angenehm daran war. Auf diese Weise können Sie die Kriterien bestimmen, mit denen Sie das Erreichen eines Zieles be- oder abwerten. „Leistung", „Perfektion", „Lernen", „Anerkennung durch andere", „Gründlichkeit", „mein Bestes geben", „schnell erreicht" sind Beispiele für Kriterien, mit denen das Erreichen eines Zieles bewertet werden könnte. Wenn Sie Ihre Kriterien bestimmt haben, sollten Sie sich die Zeit nehmen, sie auf ihre Angemessenheit hin zu überprüfen. Wenn wir die gerade aufgeführten Kriterien als Beispiele nehmen, so werden solche Beurteilungsnormen wie „Perfektion", „Anerkennung durch andere" und „schnell erreicht" leicht zu Enttäuschung führen und entwerten das Bewahren dessen, was Sie erreicht haben. Perfektion ist schwer zu messen, noch schwerer zu erreichen und leicht zu verfehlen; die Anerkennung anderer hängt davon ab, daß andere da sind, um Sie zu bestaunen, und daß sie mit Ihnen das Erreichte für lobenswert halten; das Kriterium „schnell erreicht" wird in einer nicht immer kooperativen Welt oft unerfüllt bleiben und wird leicht durch das Auftreten unvorhergesehener Hindernisse vereitelt. Die anderen aufgeführten Kriterien hingegen sind einfach aus dem Grunde angemessener, weil sie allein von Ihren Bemühungen und Ihren Erfahrungen abhängen. Die Erfahrungen, etwas geleistet oder gelernt oder Ihr Bestes gegeben zu haben, sind Kriterien, die alle durch Sie allein beurteilt und erfüllt (oder unerfüllt gelassen) werden können. Es wird die Mühe wert sein, die Kriterien zu beurteilen, die Sie gegenwärtig verwenden, um das Erreichen eines Zieles zu würdigen, und alle die zu verändern, die von äußeren Faktoren abhängen, auf die Sie wenig Einfluß haben. Dadurch sorgen Sie dafür, daß Sie sich weiterhin an Ihren bisherigen Erfolgen freuen und sie schätzen werden und Ihre Fähigkeiten als das würdigen, was sie sind: die Grundlage für Ihre zukünftigen Erfolge.

Sie haben nun das strategische Know-How, um von Wünschen zu Haben zu gelangen. Sie haben nun die Wahl. Dieses EMPRINT-Format ist ein Vehikel, das Ihre Träume in Wirklichkeit verwandeln kann. Es liegt an Ihnen, die Energie beizusteuern. Ihr Einsatz liefert den Treibstoff, doch die Struktur sorgt dafür, daß Sie zuverlässig an das gewählte Ziel gelangen.

5. Essen

Jeder weiß, daß persönliche Gesundheit einer der ersten (wenn nicht der erste) Punkt auf der Liste persönlicher Prioritäten sein sollte, denn ohne Gesundheit wird man nur wenig Freude an dem Rest der Liste haben. Trotzdem vernachlässigen viele ihre Gesundheit, bis Krankheit oder Alter sie darauf aufmerksam machen. Es scheint erstaunlich, daß Menschen, die bereits übergewichtig sind, weiterhin zuviel essen, andere sich wissentlich ungesund ernähren oder immer noch Zigaretten rauchen, obwohl ihre Schädlichkeit eindeutig nachgewiesen ist, oder körperliche Bewegung meiden, auch wenn sie schon nach ein paar Treppenstufen außer Atem geraten (oder ihre Muskeln manchmal schmerzen, weil sie zuwenig benutzt werden), usw. Das Bemerkenswerte an diesen Menschen ist, daß die meisten von ihnen gesund sein wollen und die meisten von ihnen versucht haben, anderen nachzueifern, die ein angemessenes Gewicht halten können, Sport treiben und schädliche Substanzen meiden. Doch diese Versuche sind auch häufig fehlgeschlagen und deshalb haben viele von ihnen die Hoffnung aufgegeben, je so werden zu können wie sie sein wollen.

Doch es gibt Menschen, die sich vernünftig ernähren, schädliche Substanzen meiden (oder nur in Maßen zu sich nehmen) und sich ausreichend Bewegung verschaffen. Es ist unwahrscheinlich, daß diese Personen bereits mit der Fähigkeit geboren wurden, richtig mit den gesundheitlichen Implikationen von schweren Torten, Tabak und Bürojobs umzugehen. Wie Sie in diesem Kapitel und den beiden folgenden Kapiteln feststellen werden, besteht der Unterschied zwischen einer Person, die zuviel ißt, tatenlos herumsitzt oder raucht, und einer Person, die sich richtig ernährt, ausreichend bewegt und Zigaretten meidet, in der Art und Weise, in der sie ihre inneren Prozesse einsetzen. (1)

> Wilma ist mit Freunden zum Mittagessen ausgegangen und genießt die Zeit mit ihnen. Eine ihrer Freundinnen bewundert Wilmas neues Kleid. Mit einem stolzen Lächeln setzt Wilma sich auf, um einen besseren Blick auf ihr Kleid zu erlauben und gesteht dann errötend, daß sie es sich eigentlich gar nicht leisten könne.

„Aber es stand mir einfach so gut", erklärt sie, „deshalb mußte ich es einfach haben. Mein Mann wird wahrscheinlich an die Decke gehen, wenn er die Rechnung sieht." Wilmas Freundinnen hätten sicher nichts an ihrem Kauf auszusetzen gehabt, da das Kleid in bemerkenswerter Weise eine Figur verbirgt, die innerhalb des letzten Jahres beständig voller geworden ist. Wilma hat ihr Essen genossen und ist eigentlich übersättigt, aber das Essen scheint für sie noch nicht vorüber zu sein. Die Kellnerin kommt an den Tisch, um die Bestellungen für die Nachspeisen aufzunehmen, und während sie die verschiedenen Kuchen, Torten und Cremes des Tages aufzählt, probiert Wilma in Gedanken jede einzelne davon. Sie weiß, daß sie die Nachspeise auslassen sollte, aber die Auswahl ist so verführerisch, daß sie sich entschließt, diesmal eine Ausnahme zu machen. Sie bestellt ein Stück Schokoladentorte. Als sie etwas später in ihrer Wohnung gerade dabei ist, Hausarbeiten zu verrichten, fällt ihr Blick auf eine Pralinenschachtel. Sie ist zwar noch satt vom Mittagessen, und das Abendessen ist auch nicht mehr weit, aber die Pralinen sehen einfach zu gut aus. Nachdem sie zunächst ihr Gewissen damit beruhigt hat, daß sie sich vornimmt, nur ein leichtes Abendessen zu sich zu nehmen, gönnt Wilma sich die erste Praline.

Es ist nicht so, daß Wilma die Folgen unbekannt sind, sie ist vielmehr recht gut informiert. Aus früheren Erfahrungen weiß sie, daß ihr Mann ihr Vorhaltungen wegen der übertriebenen Ausgabe machen wird, daß das Dessert ein unangenehmes Völlegefühl bewirken und die Pralinen ihren Appetit für das Abendessen verderben werden. Sie weiß auch, daß sie von beiden, Dessert und Pralinen, weiter zunehmen wird. All das weiß sie, doch keine dieser wahrscheinlichen zukünfigen Entwicklungen ist so überzeugend real für sie wie die Verlockung durch das Kleid, das Dessert oder die Pralinen. Für Wilma ist die unmittelbare Befriedigung ihrer Gelüste unwiderstehlich, und ihr Erleben, ihre Rationalisierungen und ihr Verhalten werden davon kontrolliert.

Wilmas zukünftige Gesundheit und ihr zukünftiges Wohlbefinden sind der Erfüllung momentaner sinnlicher Freuden untergeordnet. Mit unterordnen meinen wir, daß sie ihre Überlegungen in bezug auf die Gegenwart subjektiv als überzeugender und verlokkender erlebt als ihre Überlegungen in bezug auf die Zukunft. Wir brauchen keine weiteren Variablen ihres Verhaltens zu spezifizieren, da die Tatsache, daß sie die Zukunft sinnlichen Freuden in der Gegenwart unterordnet, ausreicht, um zu erklären, warum sie zuviel ißt. Wenn Sie sich vorstellen, Sie seien in einer Eßsituation (oder in einer beliebigen anderen Situation), *und* die *einzige* Grundlage Ihrer Entscheidungen wäre die Erwägung, was Ihnen jetzt sinnliches Vergnügen bereiten würde, dann werden Sie bemerken, daß es leichtfällt, sich zu überessen und alle anderen Überlegungen beiseitezuschieben.

Mae ist eine der Freundinnen, mit denen Wilma zu Mittag ißt. Als die Kellnerin die Liste der süßen Verlockungen aufsagt, ist Mae durch einige davon versucht. Aber sie weiß, daß sie die Nachspeise später bloß wieder abarbeiten muß und winkt ab. Ihre Freundinnen versuchen sie dazu zu überreden, sich auch eine Nachspeise zu bestellen und weisen darauf hin, daß sie kein Gramm Übergewicht habe und es sich daher (als einzige in der Gruppe) erlauben könne. Aber Mae antwortet unbeeindruckt: „Nein, ich würde es bereuen. Ich möchte mir solche kleinen Ausschweifungen lieber für besondere Gelegenheiten aufheben. Und was glaubt Ihr wohl, ist der Grund, warum ich es bisher geschafft habe, kein Übergewicht anzusetzen?" Als sie wieder zu Hause ist, fällt Mae eine Schachtel ihrer Lieblings-Süßigkeiten in die Hände – English Toffee. Sie sieht verlockend aus, doch sie möchte ihr Abendessen nicht verderben und legt die Schachtel beiseite. „Vielleicht eine nach dem Abendessen, wenn ich dann noch Appetit darauf habe."

Mae ist wie Wilma dazu in der Lage, sich die unmittelbare Befriedigung einer genußvollen Möglichkeit vorzustellen, doch ob Mae es sich erlaubt oder nicht, hängt davon ab, ob die momentane Befriedigung mit den sich daraus ergebenden zukünftigen Folgen in Einklang steht. Für Mae sind diese zukünftigen Folgen in überzeugender Weise real und sie kann daher nicht umhin, auf sie zu reagieren. Während es für Wilma unsinnig ist, sich die Befriedigung eines Verlangens wegen einiger *möglicher* (d. h. nicht-überzeugender) zukünftiger Entwicklungen zu versagen, findet Mae es unsinnig, sich jetzt etwas zu gönnen, nur, um später den Preis dafür zahlen zu müssen. Mae hat in dieser Situation eine zwingende Zukunft.

Mae stellt daher die Befriedigung momentaner Gelüste zugunsten zukünftiger Vorteile zurück. Wichtig ist auch ihre Einsicht, daß ihre gegenwärtigen Handlungen mit diesen zukünftigen Vorteilen verbunden sind und diese möglich machen (Gegenwart-Zukunft Ursache-Wirkungszusammenhang), und ihre Entscheidungsfreiheit in bezug auf die Art und Weise, wie sie ihre Kriterien in der Gegenwart und auch in der Zukunft erfüllen will.

Sharon atmet erleichtert auf, als sie die Tür hinter sich schließt. Es war ein langer, heißer und frustrierender Arbeitstag gewesen. Dankbar schaltet sie die Klimaanlage an und beginnt sich auszuziehen. Doch ihre Kleider lassen sich nicht so leicht ablegen. Ihr Kleid sitzt sehr knapp. „Ich habe immer noch nichts abgenommen!" Sie schüttelt reuevoll ihren Kopf und nimmt sich vor, wieder eine Diät zu beginnen. Später, als es ihr nicht mehr so warm ist und sie sich etwas entspannt hat, beginnt Sharon sich zu überlegen, was sie unternehmen sollte, doch es gibt nichts, worauf sie wirklich Lust hätte. Sie ist zunächst etwas bedrückt, bis ihr einfällt, daß sie ihren Anrufbeantworter noch nicht abgehört hat. Sie freut sich, als sie sieht, daß eine Nachricht auf dem Anrufbeantworter ist, doch es stellt sich heraus, daß es bloß eine Erinnerung der Telefongesellschaft ist, ihre Rechnung zu bezahlen. „Warum rufen mich meine Freunde nie an?" fragt sie sich. Sharon fühlt sich einsam, ratlos und deprimiert, und es dauert nicht lange bis sie dabei ist, den Kühlschrank auszuräumen. Sie greift sich etwas Käse, Erdnußbutter und ein Diätgetränk, dazu noch eine Schachtel Kräcker und macht sich auf den Weg zum Sofa. Unterwegs nimmt sie noch schnell eine alte Illustrierte mit, die sie schon gelesen hat, um ein wenig Gesellschaft zu haben während sie ißt, und sie macht es sich mit all dem ausgerüstet auf dem Sofa bequem. Eine halbe Stunde später ist sie zwar satt, aber immer noch unzufrieden. Sie räumt den Rest der Kräcker, der Erdnußbutter und des Käses beiseite, geht zurück in die Küche und macht sich nun an die Gefriertruhe. Diesmal schnappt sie sich eine Ein-Liter Packung Eiscreme, die sie direkt aus dem

Behälter löffelt. Als das Eis schon zur Hälfte aufgegessen ist, klingelt das Telefon. Sharon legt das Eis weg und nimmt den Hörer auf. Es ist (zu Sharons Freude) eine Freundin von ihr. Die beiden erzählen sich die Schrecken des Tages und ein paar witzige Geschichten über gemeinsame Bekannte. Als Sharon den Hörer wieder auflegt, fühlt sie sich unbeschwert. Sie hatte ganz vergessen, daß sie Freunde hat, die an sie denken. Überrascht bemerkt sie die geschmolzene Eiscreme auf dem Tisch. Solange sie telefonierte, hatte sie überhaupt kein Verlangen danach gehabt. Ihr fällt auch das letzte Wochenende ein, als sie einen ganzen Tag mit Freunden auf einer Grillparty verbracht hat und kaum etwas gegessen hat (und auch kaum etwas essen wollte).

Sharon hat, wie jeder andere auch, gute und schlechte Zeiten. In guten Zeiten erlebt sie angenehme Gefühle (sie fühlt sich geliebt, hoffnungsvoll, sicher, bedeutend), in schlechten Zeiten erlebt sie unangenehme Gefühle (wie z. B. einsam, unattraktiv, wertlos). Die Ereignisse des Tages haben bewirkt, daß Sharon sich so fühlt, wie sie sich fühlt, doch der Tag hat noch nicht den Stimulus bereitgestellt, den sie braucht, um sich besser oder anders zu fühlen. Um die Leere, die sie empfindet, zu füllen, ißt sie. Doch während sich der Hunger leicht stillen läßt, ist es nicht so leicht für sie, sehr wichtige emotionale Erfahrungen wie Verbundenheit und Nähe zu erfüllen. Da die Erfüllung dieser sehr bedeutenden emotionalen Erfahrungen nicht Sharons freier Entscheidung unterliegt, sondern von den Umständen abhängt, tut sie das einzige was sie tun kann, um ihre Gefühle zu verändern: sie ißt.

Sharons Evaluierungen beziehen sich hauptsächlich darauf, was sie im Moment erlebt. Es sind Evaluierungen über ihre momentanen emotionalen Zustände. Da ihr gegenwärtiges Erleben so sehr im Vordergrund steht, wird Sharon sehr schnell jeder Möglichkeit, sich besser zu fühlen, einen hohen Wert beimessen (wie z. B. Telefongespräche, Parties, Essen, usw.) und alles zu vermeiden suchen, was unangenehme Gefühle bewirkt. Natürlich sucht oder genießt niemand unangenehme Gefühle, aber viele Menschen sind bereit, Unangenehmes zu ertragen, um einen wichtigen zwingenden Zukunftsentwurf zu verwirklichen. Solche Personen haben überzeugende Zukunftsentwürfe und können diesen ihre momentanen Wünsche unterordnen, um Wünsche für die Zukunft zu ermöglichen. Sie zeigen auch, daß sie an die Ursache-Wirkungsbeziehungen zwischen ihrem jetzigen Verhalten und zukünftigen Erfahrungen glauben.

Die inneren Prozesse Sharons, die wir gerade beschrieben haben, reichen jedoch noch nicht aus, um das Verhalten (Überessen) zu bewirken. Seine emotionalen Zustände wahrzunehmen und zu würdigen und das zu schätzen, was befriedigende Gefühle bewirkt, ist wichtig und nützlich. Jeder hat ein Recht darauf Erfüllung zu erleben. Das, was ihre inneren Prozesse jedoch zu einem Problem für Sharon macht ist, daß sie aus einer automatischen Reaktion heraus handelt und keine freie Wahl über ihre Reaktionen hat. Wir meinen damit, daß ihr Erleben etwas ist, das ihr zustößt, etwas, das mit ihr passiert und nicht etwas, das ihrer Kontrolle unterliegt. Sie hat nur eine Möglichkeit, ihre unangenehmen Gefühle zu beeinflussen – Essen – und diese funktioniert nicht allzu gut. Wenn man nur mit einer Verhaltensmöglichkeit reagieren kann, hat man keine freie Entscheidung. Da sie so sehr durch den Mangel an einer zufriedenstellenden Reaktion bestimmt wird, wendet sie sich automatisch dem zu, was ihr auch nur eine Annäherung der emotionalen Zustände ermöglicht, die sie möchte. Die Zustände, die sie anstrebt (Verbundenheit, Nähe), äußern sich in einem Gefühl von Leere, wenn sie nicht erfüllt sind, und in einem Gefühl von Befriedigung, wenn sie erfüllt sind. D. h. das Gefühl der Befriedigung ist Teil der Kriteriumsäquivalenz für diese inneren Zustände. Essen ist ein leicht zugängliches Mittel, um ein Gefühl der Leere zu lindern, auch, wenn es ihr nicht die Gefühle vermittelt, die sie sich wünscht. Wenn sie statt dessen andere Wahlmöglichkeiten erwägen und einüben würde, könnte sie mehrere Wege finden, um zu den inneren Zuständen zu gelangen, die sie so sehr schätzt.

Mit einem Seufzer der Erleichterung schließt Carol ihre Wohnungstür hinter sich. Es war ein langer, heißer und frustrierender Arbeitstag gewesen. Dankbar schaltet sie die Klimaanlage an und schlüpft aus ihrem Kleid. Nachdem sie sich eine Weile vor der Klimaanlage abgekühlt hat, beginnt sie sich zu überlegen, was sie zu ihrer Verabredung an diesem Abend tragen möchte. Schon zwei Stunden nach Arbeitsbeginn war ihr klar, daß das ein Tag werden würde, den sie gern vergessen würde, und so rief sie eine ihrer Freundinnen an, um sich mit ihr fürs Kino zu verabreden. Sie teilte ihrer Freundin mit, daß ihre einzige Bedingung die sei, einen unterhaltenden oder lustigen Film zu sehen. Da es ein warmer Abend werden würde, wählte Carol weite, leichte Kleidung. Als das erledigt war, bereitete sie sich ihr Abendessen zu. Carol hatte ihr Geflügelsalat-Sandwich zur Hälfte aufgegessen, als sie merkte, daß sie schon satt war. Sie wickelte den Rest des Sandwichs in Zellophan ein und legte es in den Kühlschrank. Da ihr noch zwei Stunden bis zum Kino blieben, begann sie in einer Illustrierten zu lesen, doch merkte sie schon bald, daß sie sich etwas einsam fühlte. Sie legte die Illustrierte zur Seite und rief eine Freundin an, die sich über ihren Anruf sehr freute. Sie tauschten die Schreckensereignisse des Tages und einige Scherze über gemeinsame Bekannte aus. Bevor sie auflegte, verabredete sich Carol mit ihrer Freundin für den nächsten Abend. Die Unterhaltung hatte Carol an eine andere alte Freundin erinnert, von der sie lange nichts mehr gehört hatte, und Carol verbrachte die letzte Stunde vor dem Kino damit, ihr einen Brief zu schreiben.

Carol mag in der gleichen Situation sein wie Sharon, doch ihre Art darauf zu reagieren ist deutlich anders. Obwohl sie beide die gleichen Kriterien haben (Verbundenheit, Nähe), stellen sie doch eindeutig verschiedene Überlegungen in bezug auf diese Kriterien an. Sharons Überlegungen zwingen sie dazu, fast von Minute zu Minute auf Veränderungen in ihren emotionalen Zuständen zu reagieren. Carol hingegen entwickelt reichhaltige innere Repräsentationen von der Zukunft und bewertet ihr gegenwärtiges Verhalten in Beziehung zu dieser Zukunft (auf der Grundlage von Ursache-Wirkungsbeziehungen), was dazu führt, daß sie plant, wie sie sich zu verschiedenen Zeitpunkten während des Tages *fühlen wird*. Carol *plant* daher, wie sie ihre Situation und ihr Verhalten organisieren kann, um die Erfahrungen zu haben, die sie haben möchte. Wenn die Dinge nicht so verlaufen, wie sie es geplant hat, entwickelt sie weitere Wahlmöglichkeiten, indem sie ihre Ziele in nützliche und wirksame Verhaltensweisen unterteilt, die ihr andere Wege bieten, ihre Bedürfnisse zu erfüllen.

Während Sharon nach Hause kommt und nichts weiter vor hat, als sich Kühlung zu verschaffen, hat Carol bereits Pläne für den

Abend gemacht wenn sie nach Hause kommt, die darauf ausgerichtet sind, ihr die emotionalen Zustände zu ermöglichen, die sie haben möchte. Wie sich in der Vielfalt zeigt, mit der Carol ihre gewünschten emotionalen Zustände erzeugen kann (Verabredungen treffen, mit einer Freundin telefonieren, Briefe schreiben), sind diese emotionalen Zustände in einem sehr großen Ausmaß eine Frage ihrer freien Entscheidung. Sharon dagegen ist für die Erfüllung ihrer Bedürfnisse nach Verbundenheit und Nähe auf Essen und die Großzügigkeit ihrer Umgebung angewiesen. Es ist unwahrscheinlich, daß Carol sich überessen wird, da sie 1. eine Fülle von Möglichkeiten entwickelt, ihre emotionalen Bedürfnisse zu erfüllen und deshalb Essen keine über die Befriedigung physischen Hungers hinausgehende Bedeutung zumessen muß, und 2. als jemand, der Evaluierungen in bezug auf die Zukunft anstellt und von der Zukunft stark motiviert ist, wird Carol ihre Projektionen über die schwerwiegenden Folgen unangemessener Ernährung berücksichtigen und sich von ihnen leiten lassen.

> Als Kind wog George vierzig Pfund und er erwartete eine Menge vom Leben. Er wollte ein Fahrrad, er wollte Klassensprecher werden, er wollte, daß Silvia ihn mochte. Als er nichts davon erreichte, war er verwirrt und wütend auf seine Eltern, seine Klassenkameraden, auf Silvia und die ganze Welt, weil sie es ihm vorenthielten. George ist nun erwachsen, wiegt 250 Pfund und *erwartet* immer noch eine Menge. Während er vor dem Fernsehen sitzt und Popcorn ißt, schaut er den schlanken Hauptdarstellern zu, wie sie über den Bildschirm jagen und stellt sich vor, einer von ihnen zu sein, mit einer bezaubernden Frau an seiner Seite, die sein Popcorn mit ihm teilt. Er wäre gern attraktiv, doch wenn er feststellt, daß er es immer noch nicht ist und immer noch kein Starlet neben ihm sitzt, fühlt er sich bedrückt und zu kurz gekommen. „Ich wünschte, ich wäre dünner", erzählt George später seinen Freunden bei Bier und Brezeln. Als sie ihm eine Diät vorschlagen, schüttelt er bloß den Kopf und antwortet: „Diät? Ich will keine Diät, ich will so schlank sein wie ihr Glückspilze."

George macht etwas Seltsames mit seinen Zukunftsplänen – er verwandelt sie in die Gegenwart. Wie jeder andere wünscht auch

George sich Dinge, die gegenwärtig noch nicht erfüllt sind (wie z. B. schlank und attraktiv sein), was sie normalerweise entweder in die Vergangenheit oder in die Zukunft verweisen würde. Doch George repräsentiert seine gewünschten Ziele in der Gegenwart, d. h. er stellt sich vor, bereits zu haben was er sich wünscht. Wenn es nur Tagträume blieben, wäre es weiter nicht schlimm.

Doch George wünscht sich, er hätte diese Dinge wirklich. Indem er seine Ziele in der Gegenwart repräsentiert, löscht er die Zeitspanne zwischen dem Nicht-Erfülltsein des Zieles (der Wirklichkeit) und dem Erreichen des Zieles (der Möglichkeit). Doch in genau diesem Intervall zwischen Wollen und Bekommen erfolgen gewöhnlich die Schritte, die Wünsche zu Wirklichkeit machen. Indem er dieses Intervall nicht repräsentiert, beraubt George sich selbst der Möglichkeit, die Reihenfolge der Schritte zu bestimmen, die er unternehmen muß, um abzunehmen, für andere attraktiv zu sein, usw. Die Art und Weise, in der er über seine Vorhaben nachdenkt, macht das Erreichen seiner Ziele zu einer automatischen Reaktion, da die Entscheidung darüber, ob George eines seiner Ziele erreicht oder nicht, von glücklichen Umständen abhängen wird und nicht von seinen Bemühungen, die notwendigen Bedingungen zu schaffen und die erforderlichen Schritte auszuführen.

Da George sein Erleben in relativ großen Einheiten organisiert (das Ziel erreichen), hat er begrifflich keinen Zugang zu den Schritten, die zu diesen gewünschten Zielen führen werden. Erfolgreich sein bedeutet für George, das Ziel bereits vollständig erreicht zu haben. Im Zusammenhang mit seinen Zielen, schlank und attraktiv zu sein, erkennt George nicht die Ursache- Wirkungsbeziehungen, die ihm den kumulativen Effekt seiner Eßgewohnheiten verdeutlichen könnten, und fährt daher fort, sich unvorteilhaft zu ernähren. Auf diese Weise werden seine Eßgewohnheiten nie in überzeugender Weise mit der Erfahrung, schlank zu sein, in Verbindung gebracht.

Eines Tages versuchte Martha eine alte Hose anzuziehen und stellte fest, daß sie den Reißverschluß nicht mehr zuziehen konnte. Sie hatte offensichtlich zugenommen. Sie stellte sich vor, wie sie in einigen Jahren aussehen würde: aufgedunsen, plump und von anderen gemieden. Da sie viel Wert darauf legt, schlank, gesund und attraktiv zu sein, war der Gedanke Übergewicht zu haben, unannehmbar für sie. Noch während sie sich aus ihrer Hose zwängte, begann Martha sich vorzustellen, wie sie aussehen und sich fühlen wollte und setzte sich dann auf den Rand ihres Betts, um sich zu überlegen, was sie tun müsse, um so auszusehen und sich so zu fühlen, wie sie wollte. Sie erkannte, daß sie einige ihrer Eßgewohnheiten ändern und sich mehr bewegen müsse und fing bereits mit der notwendigen Planung an, um diese Veränderungen durchzusetzen. An diesem Abend ging sie mit Freunden zum Abendessen. Als die Reihe an sie kam zu bestellen, wählte sie Fisch und Salat. Als der Kellner später mit der Nachspeisenkarte kam, ignorierte Martha die Witzeleien ihrer Freunde und verzichtete auf eine Nachspeise. Sie war sehr stolz auf sich. Jeder Tag brachte neue Herausforderungen und Gelegenheiten, stolz zu sein, wann immer sie sich an ihr Übungsprogramm hielt und Gerichte wählte, von denen sie wußte, daß sie sie gesund und attraktiv machen würden. Der Zuwachs an Energie, den sie erlebte, und die Aufmerksamkeit, die ihr andere schenkten, bezeugten, daß sie sich wirklich auf ihr Ziel zubewegte. Als sie eines Tages feststellte, daß sie den Reisverschluß an ihren alten Hosen zuziehen konnte, war sie glücklich und stolz. Doch sie wußte, was geschehen würde, wenn sie ihre gesunde Lebensweise aufgeben würde, und so experimentierte sie, um herauszufinden, wieviel Bewegung und welche Diät nötig war, damit sie ihre gute Figur beibehalten könne.

Anders als George, evaluiert Martha eine *ferne Zukunft* und ist durch sie stark motiviert. Das ermöglicht es ihr zu berücksichtigen, was zwischen ihrem gegenwärtigen Erleben und dieser vorgestellten Zukunft passieren wird. Marthas Überlegungen richten sich darauf, was sie tun wird, um diese Zukunft zu verwirklichen oder zu vermeiden. Das beruht auf der Interaktion zwischen dem sehr detaillierten Maß an Spezifität (bestimmen spezifischer Verhaltensweisen), gewählten Reaktionen (sie wird die Verhaltensweisen ausführen) und Gegenwart-Zukunft Ursache-Wirkungsbeziehungen (sie glaubt, daß ihr Verhalten zu den gewünschten Resultaten führen wird). Das entspricht auch ihrem Glaubenssatz, daß das, was sie in der Vergangenheit getan hat, die bestehenden Resultate bewirkt hat. Zusätzlich zu diesen Elementen ihrer Überlegung, die sie dazu motivieren, verhaltensorientierte Pläne zu machen, verwendet Martha auch Stolz als wichtiges Kriterium und definiert Erfolg als „mit zielgerichtetem Verhalten zu beginnen" (und nicht allein durch das Erreichen des Zieles). Die Wirkung des Kriteriums Stolz besteht darin, daß Martha die Gelegenheit bekommt, sich gut zu fühlen, auch wenn Entbehrungen im Spiel sind; sie kann z. B. stolz auf sich sein, wenn sie auf das Dessert verzichtet. In ähnlicher Weise erlaubt ihr ihre Definition von Erfolg, sich erfolgreich zu fühlen, wenn sie die geplanten Schritte unternimmt, d. h. sich bewegt oder vernünftig ißt.

Martha hat daher nicht das Gefühl, daß sie durch einen Morast von Entsagungen und Mühen waten muß, um ihr gewünschtes Ziel zu erreichen, sie hat vielmehr regelmäßige Erfolgserlebnisse (wenn auch kleine) und befriedigende innere Erfahrungen (Stolz). Mit anderen Worten, der Weg zum Ziel ist für Martha schon in sich eine lohnende Erfahrung.

Von Wissen zu Erfahrung

Im vorigen Abschnitt haben wir die spezifischen Denkmuster (inneren Prozesse) vorgestellt, die von Bedeutung sein können, wenn es darum geht, unangemessene Eßgewohnheiten zu verändern. In ähnlicher Weise werden die nachfolgenden Kapitel über Fitness und Suchtmittelmißbrauch die Unterschiede in den inneren Prozessen beschreiben, die es ermöglichen, regelmäßig Sport zu treiben oder Sport ganz zu meiden, zu rauchen oder nicht zu rauchen, Drogen zu mißbrauchen, usw. Wenn Sie plötzlich infolge einer stark motivierenden Erfahrung, oder nach längerer Zeit, als Folge von Wiederholungen, beginnen, sich gesund zu ernähren oder aufhören zu rauchen, usw., dann deshalb, weil Sie Ihre perzeptuellen und konzeptuellen Filter geändert haben, durch die Sie die Welt sehen. Sie haben nun Beschreibungen der inneren Prozesse, die angemessenen und unangemessenen Eßgewohnheiten zugrundeliegen, aber noch nicht die Mittel, um von den einen Prozessen zu den anderen zu wechseln. In diesem Abschnitt werden wir Sie durch ein EMPRINT-Format führen, das es Ihnen ermöglichen wird, sich diese inneren Ressourcen zugänglich zu machen und sie (wenn sie Ihnen zusagen) zu einem ständigen Teil Ihrer Denkweise und Erfahrung zu machen.

Wenn Sie sich die Beispiele anschauen, die wir in diesem Kapitel vorgestellt haben, werden Sie bemerken, daß alle Beispiele für eine gesunde Ernährungsweise eine zwingende Zukunft enthalten. Ohne eine zwingende Zukunft ist die Langzeitwirkung von Trägheit, falscher Ernährung, Trinken und Drogenkonsum bloß wirkungslose Information und nicht näherrückende Wirklichkeit. Die erste Frage lautet daher: Haben Sie eine zwingende Zukunft für Ihre Gesundheit? Oder genauer: Haben Sie eine zwingende Zukunft in bezug auf Ihre Eßgewohnheiten und Ihr Gewicht? Wenn nicht, besteht der erste Schritt darin, eine zwingende Zukunft für Ihr Gewicht zu entwickeln. Diese zwingende Zukunft ist die Grundlage für alles, was im weiteren Verlauf kommen wird.

1. Stellen Sie zuerst fest, ob Sie Übergewicht haben und wenn ja, wieviel. Merken Sie sich die Kriterien, die Sie verwenden, um das zu überprüfen. Ist es Attraktivität im äußeren Sinne, oder die Anstrengung, die Sie aufbringen müssen, um Treppen zu steigen, oder der Rat Ihres Arztes oder eine Kombination davon? Würde es Ihnen etwas ausmachen, sich im Badeanzug zu zeigen oder wäre das Anlaß zu Verlegenheit? Wenn diese oder ähnliche Situationen für Sie zutreffen, ist es an der Zeit zu erkennen, daß Sie jetzt handeln müssen, wenn Sie in Zukunft nicht nur älter und dicker sein wollen. Das muß die rauhe Wirklichkeit der Zukunft werden, die Sie vermeiden wollen. Führen Sie die folgenden Schritte auch aus, wenn Sie z.Zt. Ihr Wunschgewicht haben, aber sich wegen Ihrer Eßgewohnheiten Sorgen machen und gern Ihr Gewicht und Ihre Eßgewohnheiten beibehalten wollen (und vielleicht sogar Ihr Aussehen, Ihre Fitness und Gesundheit verbessern wollen, indem Sie sich dazu zwingen, Ihre Eßgewohnheiten zu *verbessern*). Doch nehmen Sie sich jetzt zunächst die Zeit, um zu bestimmen, ob Sie Übergewicht haben und, falls ja, wieviel. Denken Sie auch daran, die Kriterien zu bestimmen, die Sie für diese Beurteilung verwenden.

Ich habe _____ Pfund Übergewicht. Ich weiß das, weil ________

____

2. Es gibt mehrere Wege, um eine zwingende Zukunft für gesunde Eßgewohnheiten zu entwickeln. Wenn Sie die Anweisungen in diesem Kapitel gelesen haben, stellen Sie sich vor, Sie seien sechs Monate älter und litten unter den Folgen regelmäßigen Überessens, insbesondere an kalorienreicher Nahrung. Stellen Sie sich vor, Sie sähen sich nackt im Spiegel, von vorn, von der Seite, von hinten. Sehen Sie den Tonus Ihrer Haut wie auch die allgemeine Beschaffenheit Ihres Körpers. Stellen Sie sich vor, wie Sie mit diesem „Zukunftskörper" Ihre Zehen berühren, sich ein paar Mal aus dem Liegen aufsetzen oder die Beine anheben und dabei die Anstrengung und Mühe erleben, die diese kleinen Übungen Ihrem mißbrauchten Körper abverlangen. Hören Sie Ihr zukünftiges Ich sagen: „Wenn ich doch jetzt nur den Körper haben könnte, den ich will und nicht diesen. Statt dessen habe ich mich durch meine Ausschweifung noch tiefer herunterziehen lassen." Machen Sie das jetzt.

3. Wenn das für Sie noch nicht real genug ist, verbringen Sie etwas Zeit mit der folgenden Übung, und wiederholen Sie dann den letzten Schritt. Achten Sie, wohin Sie auch gehen, auf übergewichtige Personen Ihres Geschlechts. Schauen Sie ihnen dabei zu, wie sie Treppen steigen, sich in Stühle zwängen, sich im Flugzeug durch den Gang quälen und Mühe haben, in den Wagen zu steigen und aus dem Wagen zu kommen. Stellen Sie sich vor, Sie seien an deren Stelle und fühlen Sie, wie das überschüssige Gewicht Ihr Herz belastet und Ihnen Vitalität und Schwung entzieht. Beobachten Sie, wie andere reagieren, wie sie diese Menschen anschauen und welche Bemerkungen sie machen, wenn eine stark übergewichtige Person vorbeigeht. Es ist eine grausame Wirklichkeit, aber gerade das Unangenehme daran hilft Ihnen dabei, sich durch diese Wirklichkeit zwingen zu lassen.

4. Soviel dazu. Stellen Sie sich am Ende dieses Absatzes vor, Sie seien sechs Monate älter und hätten sich an tadellose Eßgewohnheiten gehalten. Schauen Sie Ihr zukünftiges Ich wieder im Spiegel an, von vorn, von hinten und von der Seite. *Vergleichen Sie dieses zukünftige Ich mit Ihrer Schreckensphantasie wie auch mit Ihrer gegenwärtigen Erscheinung* und zwar ausschließlich mit dieser Schreckensphantasie und ihrer gegenwärtigen Erscheinung. Auf diese Weise vergleichen Sie die für Sie beste mögliche Figur mit einer, die für Sie nicht akzeptabel ist. Achten Sie auch darauf, wie vorteilhaft sich diese

Veränderung auf Ihre Haut und Ihr Haar ausgewirkt hat. Fühlen Sie die Leichtigkeit und das Vergnügen in den Bewegungen, die Sie in diesem schlankeren, gesünderen und gepflegteren Körper erleben, wenn Sie Ihre Zehen berühren, sich aufsetzen und Treppen steigen. Lesen Sie sich diese Anweisungen, wenn nötig, mehrere Male durch, und führen Sie diese Übung aus, bevor Sie weiterlesen.

5. Wenn es Ihnen schwerfällt, diese Vorstellung von Ihrem zukünftigen Ich real erscheinen zu lassen, machen Sie folgendes: Erinnern Sie sich an eine Zeit in Ihrer Vergangenheit – es kann ruhig zehn Jahre her sein – als Ihr Gewicht und Ihre Figur Ihren Vorstellungen entsprachen. Erinnern Sie sich daran, wie sich das anfühlte und wie es aussah. Erleben Sie noch einmal die Leichtigkeit, mit der Sie sich bewegen konnten, als Sie dieses Gewicht hatten, und rufen sie sich in Erinnerung, wie es war, frei von Gewichtsproblemen zu sein. Wenn Sie sich dieses frühere Ich vergegenwärtigt haben, übertragen Sie diese Gewichts- und Vitalitätsmerkmale auf Ihr vorgestelltes zukünftiges Ich. Achten Sie darauf, dabei die Merkmale Ihres tatsächlichen Alters beizubehalten, aber das Gewicht und die Vitalität, die Sie erleben, zu verändern. Bewahren Sie vor allem, was Sie an Wissen und an wertvollen Kriterien seitdem erworben haben.

Wenn Sie nie das Gewicht oder das Maß an Vitalität hatten, das Sie sich wünschten, ist es wesentlich, daß Sie sich vorstellen, bereits in Ihrer Kindheit und Jugend ein idealeres Gewicht und Maß an Vitalität gehabt zu haben und diese vorgestellte Erinnerung in Ihre Zukunft zu übertragen. Wenn es Ihnen schwierig erscheint, gehen Sie hinaus in die Welt und schauen Sie sich nach Beispielen um. Beobachten Sie Menschen aller Altersklassen, die ein angemessenes Gewicht haben. Identifizieren Sie sich mit ihnen. Stellen Sie sich vor, sich in dem Körper des gewählten Modells zu bewegen. (Denken Sie daran: Das einzige, was zwischen Ihnen und Ihren Zielen steht ist Lernen, Handeln und etwas Zeit.) Übertragen Sie diese Beispiele anderer in die Repräsentationen Ihres eigenen zukünftigen Ichs. Wenn dieser Schritt für Sie paßt, ist es jetzt an der Zeit, dieses interessante Experiment durchzuführen.

6. Unabhängig davon, wie Sie diese zwingende, erwünschte Zukunft geschaffen haben, freuen Sie sich daran, dieses zukünftige Ich zu sein, indem Sie in das Bild, das Sie geschaffen haben hineingehen und die Welt so sehen, wie Sie sie aus den Augen Ihres zukünftigen Ichs sehen würden. Fühlen Sie, wie Sie sich bewegen, beginnen Sie damit zu fühlen, wie es ist zu gehen, sich zu bücken und mit diesem Wunschkörper zu tanzen. Erleben Sie die sinnliche Erfahrung von Vitalität und Anmut, die Ihnen dieses zukünftige Ich bietet. Hören Sie sich selbst sagen: „Ich bin so glücklich und stolz, daß ich meine Gewohnheiten verändert habe.“ Wenn Sie das ausgeführt haben, kehren Sie langsam wieder in die Gegenwart zurück.

7. Wenn Sie Ihre zwei möglichen Zukunftsentwürfe deutlich vor Augen haben, ist es nun an der Zeit, Ihre Kriterien zu untersuchen. Auf welcher Grundlage entscheiden Sie zu essen, und auf welcher Grundlage entscheiden Sie, was Sie essen? Werden Ihre Kriterien Ihr gewünschtes Verhalten unterstützen oder untergraben? Lassen Sie uns gegenüberstellen, wie zwei verschiedene Gruppen von Kriterien aussehen und wie diese Kriterien erfüllt werden könnten:

Gruppe A

Nahrhaft =	Nährstoffe, Vitamine, Proteine
Leicht Bekömmlich =	kein Völlegefühl hinterher
Frisch =	keine gefrorenen, konservierten oder verarbeiteten Lebensmittel; rohes Obst und Gemüse
Sättigend =	nicht mehr hungrig

Gruppe B

Genuß =	süß, fett, sahnig
Belohnung =	süß, fett, sahnig
Verfügbarkeit =	Fertiggerichte; keine Vorbereitung nötig
Völlegefühl =	keinen Bissen mehr essen können

Eine Gruppe von Kriterien wird offensichtlich das Erreichen Ihres Zieles unterstützen, während die andere Gruppe es nicht unterstützen wird (es sei denn, die Art und Weise, in der diese Kriterien erfüllt werden, wird verändert). Überprüfen Sie Ihre Kriterien und die Kriteriumsäquivalenzen, die Sie für diese Kriterien verwenden. Sind Ihre Kriterien angemessen und unterstützen sie Ihre gewünschte Zukunft? Sind die Kriteriumsäquivalenzen, die Sie verwenden, um zu entscheiden, ob Ihre Kriterien erfüllt worden sind oder nicht, angemessen und unterstützen sie Ihre gewünschte Zukunft? Um bei Ihrem Vorhaben Erfolg zu haben ist es wesentlich, daß Sie wissen, ob Ihre Kriterien Ihnen helfen oder Sie hindern; führen Sie daher diese Überprüfung durch, bevor Sie weiterlesen.

Falls Ihre Kriterien und Ihre Erfüllungsbeweise (-evidenzen) für Ihre Ziele unangemessen sind, wählen Sie andere, die angemessen sind. Das wird Ihnen nur am Anfang künstlich erscheinen. Da Sie erreichen werden, was Sie auf einer übergeordneten Ebene wollen (Fortschritt in Richtung auf ihre gewünschte Zukunft), werden Sie sich diese neuen Kriterien mit Ihrem Erfolg zu eigen machen. Um sich mit dem Vorgang vertraut zu machen, können Sie üben, Gerichte von einer Speisekarte zu bestellen und dabei Ihre angemessenen Kriterien zu verwenden. Stellen Sie z. B. mit Hilfe der Speisekarte auf den nachfolgenden Seiten eine Mahlzeit zusammen, indem Sie die zuvor definierten Kriterien „nahrhaft", „leicht bekömmlich" und „frisch" verwenden.

Wenn Sie eine zwingende Zukunft für Gewicht geschaffen und Ihre Kriterien auf Angemessenheit untersucht haben (wie auch die Kriteriumsäquivalenzen, die Sie verwenden, um zu entscheiden, wann diese Kriterien erfüllt sind), müssen Sie als nächstes die Schritte festlegen, die notwendig sind, um diese gewünschte Zukunft zu erreichen. Sie müssen auch sicherstellen, daß die Schritte, die Sie wählen, mit Ihren Kriterien übereinstimmen und zu dieser Zukunft führen.

8. Der nächste Schritt besteht darin, zu überprüfen, daß Sie Ihr Ziel in Schritte aufgeteilt haben, die klein genug sind, um Ihnen genügend verstärkendes Feedback zu bieten. Dabei sollten Sie auf drei Arten von Details achten: 1. Ihre Kleidergröße. Achten Sie darauf, wie Ihre Kleidung zunächst eng anliegt, dann bequemer wird und dann bei der nächst kleineren Größe wieder eng anliegt, usw. 2. Achten Sie täglich darauf, daß Sie die vorher bestimmten Verhaltensweisen ausführen (z. B. wahrnehmen, daß Sie den ganzen Tag über auf Zucker und Butter verzichtet und zwei verschiedene Sorten Obst und Gemüse gegessen haben); und 3. Achten Sie auf Ihre Gesundheit und auf Veränderungen Ihrer Vitalität. Letzteres können Sie wahrscheinlich am leichtesten über einen Zeitraum von einer Woche bemerken. Lassen Sie dabei solche Wochen unberücksichtigt, in denen Sie vorübergehend erkrankt waren, da es unrealistisch ist zu erwarten, daß Ihre neuen Eßgewohnheiten Sie vor allen Viren u.ä. beschützen werden. Es ist hingegen sehr wohl realistisch, eine Zunahme Ihrer Vitalität über einen Zeitraum von einigen Monaten zu erwarten. Sie werden u.U. bemerken, daß Sie in diesem Winter im Vergleich zum letzten seltener erkältet waren. Nutzen Sie, bevor Sie zu dem nächsten Schritt übergehen, den weiter unten freigelassenen Raum, um Ihre kleinen, kurzfristigen Ziele aufzuführen, die Sie als Anzeichen für Ihren anhaltenden Erfolg verwenden werden. Indem Sie sie aufschreiben, schaffen Sie sich eine ständige Erinnerungshilfe.

Kurzfristige Ziele für erfolgreiches Essen

____

____

____

____

____

VORSPEISEN

Austern – 1/2 Dutzend

Überbackene Zwiebelsuppe

Gemischter Salat

Gemüse Consommé

LEICHTE GERICHTE

Salat mit Roquefort-Dressing

Spinat-Salat
mit frischen Pilzen,
hausgemachten Knoblauch-Croutons,
Ei, Schinkenstreifen und Dressing

Geflügelsalat

Gold-Omelett
Spinat, frische Pilze,
Käse, mit verschiedenen Früchten garniert

Sandwich „Monte-Christo"
köstliches Drei-Lagen-Sandwich mit Putenbrust,
Schinken und Käse in Eierteig gewendet,
goldbraun frittiert

Kräutergeröstetes Putenbrust-Sandwich
Putenbrust mit Kräutern geröstet,
auf frischgebackenem Brot,
mit grünem Salat, Tomaten und Preiselbeeren

Sirloin-Burger
zartes Lendenstück vom Holzkohle-Grill,
mit sautierten Pilzen, auf Zwiebelbrot serviert

New York Steak Sandwich
zartes Steak vom Holzkohle-Grill,
mit sautierten Pilzen, auf Zwiebelbrot serviert

Gegrilltes halbes Hähnchen

HAUPTGERICHTE

New York Steak
vom Holzkohle-Grill, mit Knoblauchbutter,
Sauce Bearnaise oder grüner Pfeffersauce

Lammrücken Florentine
in Blätterteig, serviert mit grüner Pfeffersauce

Lammkeule
geröstet, in Rosmarin-Sauce

Huhn „Tropica“
sautierte Hühnerbrust in Mango-Ingwer Beurre blanc

Brathähnchen
mit Knoblauch und frischen Pilzen geröstet,
wahlweise mit Cognac-Sahne-Sauce

Gegrilltes Rindersteak

Gegrillter Lachs
vom Holzkohle-Grill, in Dill Beurre blanc serviert

Gegrillter Schwertfisch mit Fenchelsauce

Frische Forelle
in Sonoma-Chardonnay

Garnelen-Brochette
in Beurre blanc

NACHSPEISEN

Frische Himbeeren

Ananas Sorbet

Haselnuß-Torte

Mousse au chocolat

Schokoladen-Torte „Decadence“

9. Wenn Sie diese kurzfristigen Ziele (die zugleich Anzeichen dafür sind, daß Sie sich Ihrer gewünschten Zukunft annähern) bestimmt haben, können Sie nun damit beginnen, genauer zu überlegen, welche Verhaltensweisen zu diesen Zielen führen werden. Sie etablieren damit die Ursache-Wirkungsbeziehung zwischen Ihrem Verhalten in der Gegenwart und Ihren Resultaten in der Zukunft. Indem Sie sowohl Ihr nächstes, unmittelbares Ziel wie auch Ihre zwingende Zukunft (die, die Sie vermeiden wollen wie auch die, die Sie anstreben) im Auge behalten, werden Sie Ihren einzelnen Verhaltensweisen ein Gefühl von Zielgerichtetheit und Bedeutung geben, das Ihren Erfolg andauern lassen wird.

Seien Sie sehr spezifisch, wenn Sie festlegen, was Sie essen werden und was nicht, welche Mengen Sie essen werden und wann Sie essen werden und wann nicht. Seien Sie realistisch. Wenn die einzelnen Punkte, die wir besprochen haben, befolgt sind, werden Sie ein Gefühl von Zufriedenheit erleben und nicht Verzicht. *Wenn Sie ein Gefühl von Verzicht erleben, ist das ein Signal dafür, daß eine Korrektur nötig ist,* vermutlich im Hinblick auf die Kriterien, die Sie verwenden, möglicherweise aber auch in dem Umfang der Verhaltensweisen, die Sie von sich erwarten oder verlangen. Nehmen Sie sich nun die Zeit, die Verhaltensweisen zu bestimmen, die Sie zu Ihren Zielen führen werden. Tragen Sie sie in die dafür vorgesehenen Zeilen ein. Auf diese Weise werden Sie eine Liste wirksamer Möglichkeiten haben, auf die Sie jederzeit zurückgreifen können, wenn Sie Ihre Motivation etwas beleben wollen.

Was ich nicht essen werde ______________________

____

____

____

Was ich essen werde ______________________

____

____

____

Wieviel ich essen werde ______________________

____

____

____

Wann ich essen werde ______________________

____

____

____

Wann ich nicht essen werde ______________________

____

____

____

Sie haben jetzt eine zwingende Repräsentation von Ihrem zukünftigen, schlankeren Ich; Sie haben Ihr Verhalten ausreichend spezifiziert, so daß es Ihnen beständig Feedback liefert; Ihre Verhaltensweisen beruhen auf angemessenen Kriterien, und Sie haben die

Verhaltensweisen bestimmt, die Ihre gewünschte Zukunft ermöglichen oder verhindern können. Nach unseren Untersuchungen ist ein weiterer bedeutsamer Aspekt bei der Kontrolle Ihres Gewichts oder Ihres Eßverhaltens Ihr Glauben, daß Ihre Eßgewohnheiten und Ihr Gewicht eine Frage freier Entscheidung sind – Ihrer Entscheidung. Solange Ihr Körpergewicht und Ihre Eßgewohnheiten nicht eine gewählte Reaktion für Sie sind, wird es von den Umständen abhängen und nicht von Ihnen selbst, ob Sie sich angemessen ernähren und Ihr Gewicht kontrollieren. Denken Sie für einen Augenblick an das in der Zukunft mögliche übergewichtige/ungesunde Ich und das in der Zukunft mögliche schlanke/gesunde Ich. Welcher von beiden Zukunftsentwürfen eintritt, hängt davon ab, was Sie jetzt *tun* (und nicht tun). Der Unterschied zwischen einer gewählten und einer automatischen Reaktion ist der Unterschied zwischen Wählen und einfach nur reagieren.

Sie brauchen daher persönliche Erfahrungen für folgende Punkte:

- Körpergewicht ist eine gewählte Reaktion.
- Die Auswahl Ihrer Speisen ist eine gewählte Reaktion.
- Die Menge Ihrer Speisen ist eine gewählte Reaktion.

10. Sie können sich diese Erfahrungen verschaffen, indem Sie bewußt (während einer Mahlzeit) so entscheiden und so handeln, wie Sie es zuvor ausdrücklich beschlossen haben. Das geht folgendermaßen: Nehmen Sie sich vor, mit Freunden zum Essen zu gehen, ohne selbst etwas zu essen und dabei trotzdem eine angenehme Zeit zu verbringen (wenn es nötig ist, können Sie etwas essen, bevor Sie ausgehen). Sie können sich auch vornehmen, während einer Mahlzeit ausschließlich Gemüse zu essen (falls nötig, können Sie sich Genuß dadurch verschaffen, indem Sie ein besonders angenehmes Ambiente schaffen, bewußt die Beschaffenheit und die verschiedenen Geschmacksnoten der einzelnen Gemüse wahrnehmen, mit verschiedenen Zubereitungsweisen experimentieren oder andere Vorkehrungen treffen, die es Ihnen ermöglichen, wenigstens eine Erfahrung zu machen, in der Sie mit Genuß während einer Mahlzeit nur Gemüse essen). Jede Erfahrung dieser Art wird Ihnen wichtige Referenzerfahrungen vermitteln, die in Zukunft einen positiven Einfluß darstellen können, wenn Sie Ihr gewünschtes Ziel verfolgen.

Wie wir bereits mehrmals erwähnt und in bezug auf Eßgewohnheiten näher ausgeführt haben, ist es häufig der Fall, daß Menschen essen, trinken, rauchen und Drogen nehmen, um für sie wichtige Kriterien zu befriedigen, wie z. B. Genuß, Erfüllung, Kontrolle und Selbstvertrauen. Doch wie viele verschiedene Wege gibt es, um jedes dieser Kriterien zu erfüllen? Man kann Genuß erleben, wenn man sich Schokoladeneis im Mund zergehen läßt, doch man kann das auch anders erreichen:

Sie können

- sich in warmem, samtweichen Wasser treiben lassen,
- geschmeidig und locker Treppen hinauflaufen,
- in einer schwülen Sommernacht sich in frische, glatte Laken legen,
- an einem kalten Abend Glühwein trinken,
- eine rasante Abfahrt einen Hügel hinunter machen,
- gute Musik auf der Stereoanlage oder im Konzert hören,
- bei einer Tasse frischen Kaffee die Wochenendausgabe der Zeitung im Bett lesen,
- die verschiedenen Grün- und Brauntöne eines Waldes an einem warmen Nachmittag bestaunen,
- Ihre eigenen Schritte hören, während Sie unter dem Sternenhimmel spazieren gehen.

11. Diese Liste läßt sich natürlich beliebig fortsetzen. Was müßte auf Ihrer Liste genußvoller Erfahrungen stehen? Stellen Sie für jedes der Kriterien, die für Sie im Zusammenhang mit Abnehmen wichtig sind, eine Liste von verschiedenen Möglichkeiten auf, diese Kriterien auf andere Weise als durch Essen zu befriedigen.

Liste genußvoller Erfahrungen

____

____

____

____

____

____

12. Um sich eine neue Strategie anzueignen, ist es notwendig, diese innerlich einzuüben und zu trainieren, indem Sie sie in den Situationen einsetzen, in denen Sie die neuen Programme in der Zukunft einsetzen wollen. Wenn wir Sie z. B. auffordern (innerlich) einzuüben, zu einer Party zu gehen und Mineralwasser statt Bier oder Sekt zu verlangen, müssen Sie sich selbst hören, wie Sie Mineralwasser verlangen. Wenn Sie sich z. B. überessen wenn Sie müde sind, üben Sie (innerlich) ein, wie Sie müde nach Hause kommen und in ein warmes Bad steigen oder sich mit Ihrer Lieblings-Zeitschrift in einen bequemen Sessel setzen (oder sonst etwas tun, von dem Sie wissen, daß es die Bedürfnisse befriedigen wird, die Sie erleben, wenn Sie müde sind), anstatt sich mit einem Berg von Essen vor das Fernsehgerät zu setzen.

Bei diesem Einüben ist es wichtig, daß Sie sich nur das vorstellen, was Sie *tun werden* und nicht, was Sie nicht mehr tun wollen. Der Grund dafür ist, daß wir auf vorgestellte Erfahrungen reagieren und selbst, wenn wir etwas nicht tun wollen, müssen wir uns zunächst vorstellen, es zu tun, bevor wir es negieren können. (Es ist ähnlich wie mit einigen europäischen Straßenzeichen, in denen eine bestimmte Möglichkeit dargestellt ist, z. B. gehen, überholen oder Hunde mitführen und diese dann dick durchgestrichen ist, um Sie darüber zu informieren, daß Sie das nicht tun sollen.) Sagen Sie sich z. B.: „Ich werde dieses Stück Schokoladentorte nicht essen." Um die Bedeutung dieser Entscheidung zu verstehen, müssen Sie sich wahrscheinlich zunächst ein Bild von diesem Stück Schokoladentorte machen. Vielleicht stellen Sie sich auch den Geschmack, den Geruch und die Beschaffenheit der Torte vor. Je reichhaltiger die Repräsentation ist, umso unwiderstehlicher wird sie. Worte – oder ein Balken quer durch das Bild der Schokoladentorte – können mit den Reaktionen nicht mithalten, die durch die sinnlich stärkere Repräsentation der Torte ausgelöst wird. Wenn Sie die Absicht haben Gewicht zu verlieren, ist es daher nützlicher zu sagen: „Ich werde eine frische, saftige Nektarine essen." anstatt: „Ich werde die Käsetorte nicht essen."

Stellen Sie sich daher so lebhaft und detailliert wie möglich vor, daß Sie genau so handeln und reagieren, wie Sie es wollen und zwar in der Situation, in der Sie die betreffenden Handlungsweisen und Reaktionen brauchen. Probieren Sie es jetzt aus. Nehmen Sie sich einige Minuten Zeit, um Ihre neuen Strategien einzuüben.

Überprüfen Sie täglich oder wenn sich eine nützliche Gelegenheit bietet, welche Ihrer Verhaltensweisen zu dem gewünschten Ziel führen. Jede der Veränderungen, die Sie infolge dieser Überprüfung für nötig befinden, sollten Sie auf ihre Angemessenheit hin überprüfen und dann future-pacen, wie wir es gerade beschrieben haben, um es zu einem Teil Ihres geläufigen Verhaltensrepertoires zu machen. Wenn Sie sich an diese Abläufe halten und sie beständig wiederholen, können Sie dieses EMPRINT-Format nutzen, um die Strategien der erfolgreichen Personen, denen Sie in diesem Kapitel begegnet sind, zu übernehmen. Üben Sie sie häufig; diese Strategien werden Ihnen so mit jedem Mal natürlicher und selbstverständlicher erscheinen.

6. Fitness

Fran stand nackt vor dem Spiegel und betrachtete sich. „Zu schlaff" seufzte sie, während sie die Muskeln an Armen, Bauch und Schenkeln befühlte. „Ich wünschte, ich wäre besser in Form." Fran überlegte sich, ob sie am gleichen Tag mit einem Übungsprogramm beginnen sollte, aber sie hatte noch das Abendessen vorzubereiten. Morgen würde sie den ganzen Tag arbeiten müssen und wäre dann bestimmt zu müde, wenn sie nach Hause käme. Am Tag darauf wollten sie verreisen. „Dann werde ich wohl warten müssen bis ich etwas mehr Zeit habe."

In Frans Zugang zu sportlicher Betätigung fallen zwei Dinge auf. Zunächst einmal geht sie nicht aktiv darauf zu, sondern wartet darauf, daß es sich ergibt. Sie läßt sich vom Abendessen, ihrer Arbeit, dem Urlaub und einer Fülle anderer Dinge davon abhalten und wartet darauf, daß etwas sie bei der Hand nimmt und ihr sagt: „So, jetzt wird trainiert." Zweitens repräsentiert Fran genau wie George in dem Kapitel über Eßgewohnheiten, ihr gewünschtes Ziel attraktiv zu sein, in der Gegenwart und schränkt dadurch ihre Möglichkeiten ein, die Sequenz der Schritte zu bestimmen, die sie unternehmen muß, um nicht nur attraktiv zu werden, sondern auch um Zeit zum Üben vorzusehen. Das Ergebnis dieser beiden Faktoren ist, daß Fran weder einen vernünftig abgestuften Plan für sportliche Betätigung aufstellen, noch Vorkehrungen dafür treffen kann, die sehr allgemein gehaltenen Pläne, die sie aufstellt, umzusetzen.

Die Überlegungen, die Fran über die Zukunft anstellt, beziehen sich darauf, welche Unannehmlichkeiten durch ihr Übungsprogramm entstehen können, während sich ihre Überlegungen in bezug auf die Gegenwart darauf richten, ob sie attraktiv ist oder nicht. Darüber hinaus ist eine Zukunft, die mit Fitnessprogrammen ausgefüllt ist, für sie nicht zwingend. Das was sie tut ist (in ihrer Auffassung) dadurch bestimmt, was die Außenwelt ihr an Möglichkeiten läßt. Daher bleibt ihr nichts anderes übrig, als sich als unattraktiv zu erleben und in bezug auf mögliche Veränderungen hilflos zu fühlen. Das sind genau die Gründe, warum es Diät- und Fitness-Instituten hierzulande so gut geht. Sie bieten eine komplette Umgebung, in der ihre Kunden kaum etwas anderes zu tun haben als sich an Diäten und Fitness-Programme zu halten und in denen ihnen gesagt wird, wann sie was und wie zu tun haben. Das Problem mit diesen Studios liegt für die Benutzer jedoch darin, daß sie irgendwann einmal wieder gehen und in eine Welt zurückkehren müssen, die verlangt, daß eigene Entscheidungen getroffen und ausgeführt werden.

Sally keuchte mit einem großen Karton voller Kleidung die Treppe hoch. Sobald sie in ihrem Schlafzimmer war, ließ sie den Karton auf das Bett fallen und streckte sich daneben aus, um wieder zu Atem zu kommen. „Huuu", stöhnte sie, „warum bin ich bloß so außer Atem?" Sie schaute auf ihre Arme und Beine. Sie fühlten sich nicht nur schwach an, sie sahen auch schwach aus und ihre Haut erschien an einigen Stellen unnötig schlaff. Sally stand auf, um sich ihren Körper im Spiegel anzuschauen. Für einen Augenblick fühlte sie sich ein paar Jahre zurückversetzt, in eine Zeit als sie Tennis spielte, jeden Tag mit dem Fahrrad fuhr und im Garten arbeitete; sie erinnerte sich daran, wie es war, zwei Treppen auf einmal zu nehmen und sich mit schlanken, straffen Gliedmaßen zu bewegen. Als sie wieder in den Spiegel schaute, sah sie sich wie sie nur knappe zwei Jahre später aussah: außerstande, Treppen zu steigen, ohne außer Atem zu geraten, und in Kleidern, die danach ausgesucht waren, einen Körper zu verhüllen, der seine Spannkraft verloren hatte. „Nein" sagte sie laut, „nicht mit mir!" Sally beschloß an Ort und Stelle, wann und wo sie wieder beginnen würde Sport zu treiben und machte sich an die Arbeit.

Als Sally ihre früheren aktiven Jahre damit verglich, wie sie sich jetzt fühlte, wurde ihr klar, daß die Passivität der letzten Jahre ihren Tribut gefordert hatte und sie auch weiterhin Kraft und Energie kosten würde, falls sie nichts dagegen unternähme. Die matte und faltige Zukunft, die sie für sich voraussah, war so real und so unerfreulich, daß im Vergleich dazu alle Unannehmlichkeiten und Hindernisse im Zusammenhang mit einem Fitness-Programm nebensächlich erschienen. Und was noch wichtiger ist, sie glaubt, daß es von ihr abhängt, ob sie in ihrer Zukunft welken oder aufblühen wird.

Sallys vergangenes, gegenwärtiges und zukünftiges Erleben bildet die Grundlage einer Ursache-Wirkungsbeziehung, die ihre mäßige gegenwärtige und schreckliche zukünftige körperliche Verfassung darauf zurückführt, welche Aufmerksamkeit sie ihrem Körper zukommen läßt. Körperliche Betätigung hielt ihren Körper früher fit und, falls sie das wieder erleben möchte, wird sie sich mehr Bewegung verschaffen müssen. Neben dieser Ursache-Wirkungsbeziehung ist die Zukunft auch sehr zwingend für Sally; für sie ist sowohl eine erschreckende, schlaffe Zukunft wie auch eine attraktive, vitale Zukunft real, und es liegt an ihr, welche von beiden sie verwirkichen wird (eine gewählte Reaktion). Eine weitere wichtige Unterscheidung, die wir in bezug auf Sallys innere Prozesse hervorheben möchten ist, daß sie ihr Denken nach *Verhaltensweisen* organisiert – Fahrrad fahren, Tennisspielen, Gartenarbeit. Anders als Fran, die in ihrem Denken nur das Gesamtziel berücksichtigt, versorgt Sally sich mit den Repräsentationen der Verhaltensweisen, die sie aus der Gegenwart in die Zukunft führen werden, die sie für sich will.

Das, was wir von Sallys inneren Prozessen gerade beschrieben haben, reicht aus, um sie dazu zu bringen, sich körperlich zu betätigen, aber es wird noch nicht gewährleisten, daß sie es *regelmäßig* tut. Jedesmal, wenn sie in dieser Weise denkt, wird sie motiviert sein Sport zu treiben. So wie es jetzt jedoch aussieht, hängt ihre Motivation davon ab, attraktiv und kräftig zu sein und wird daher nur dann aktiviert werden, wenn die Umstände dazu führen, daß sie auf ihren Muskeltonus oder ihre Kraft aufmerksam wird. D. h. sie wird motiviert sein, wenn sie beim Treppensteigen außer Atem gerät oder beim Fahrradfahren mit ihren Kindern nicht mithalten kann oder wenn sie ihren Badeanzug anzieht und feststellt, daß ihre Beine nicht so schlank aussehen wie sie könnten.

Körperliche Betätigung wird zu einem Teil der regelmäßigen Routine, wenn die Früchte des Übens zur Erfüllung wichtiger Kriterien werden. In Sallys Fall z. B. wird „kräftig sein" ihr ermöglichen, in Situationen, die Kraft erfordern, mehr zu leisten. Diese Situationen sind zugleich auch die einzigen Gelegenheiten, in denen Kraft eine Rolle spielt. Stellen Sie sich jedoch vor, Sally würde Wert auf Unabhängigkeit legen und sie handelte nach der Kriteriumsäquivalenz, daß unabhängig sein u.a. voraussetzt, körperlich kräftig zu sein (unabhängig = körperlich kräftig). Im Gegensatz zu Körperkraft ist Unabhängigkeit ein Kriterium, das in fast jeder Situation eine Rolle spielen kann, wodurch „kräftig sein" viel relevanter wird. In ähnlicher Weise ist „Muskeltonus" ein Kriterium, das sie nur gelegentlich einsetzen wird, während „Attraktivität" ein Kriterium ist, dessen sie sich häufiger bewußt sein wird. Indem ein guter Muskeltonus wenigstens teilweise ihr Kriterium „Attraktivität" erfüllt, wird Sally regelmäßiges Sporttreiben zu einem bedeutenden Bestandteil ihres Lebens machen. Diese allgemeineren Wege, ein Kriterium zu erfüllen, machen Sporttreiben für sie zu einem wichtigeren, umfassenderen Teil ihrer Wahrnehmung.

Etwas Kraft dahinter setzen

In diesem Teil des Buches werden wir Sie durch ein EMPRINT-Format führen, das Ihnen die Fertigkeiten, Wahrnehmungen und inneren Prozesse vermitteln wird, die auf natürliche Weise dazu führen, das Sporttreiben zu einem regelmäßigen Bestandteil Ihres Lebens zu machen. Sie werden in Kürze das Know-How erhalten, das es Ihnen ermöglichen wird, angemessene Kriterien zu etablieren, eine zwingende Zukunft zu entwickeln, nützliche Gegenwart-Zukunfts Ursache-Wirkungsbeziehungen zu übernehmen, zu bestimmen, *wann* Sie Sporttreiben wollen (und auch, welche Art von Sport für Sie angemessen ist) und Ziele zu entwickeln, die Ihren Erfolg auf sinnvolle Schritte und Etappen des Fortschritts gründen. Das folgende EMPRINT-Format ist dafür vorgesehen, Ihre inneren Ressourcen so zu organisieren, daß Sporttreiben ein natürlicher, erfreulicher und müheloser Bestandteil Ihres täglichen Tagesablaufs wird.

Um zum Sporttreiben motiviert zu sein, muß Sporttreiben selbst ein Weg sein, einige für Sie wichtige Kriterien zu erfüllen. Wenn die für Sie normalerweise wichtigen Kriterien Wohlstand, Effektivität, Bequemlichkeit und Witz sind, werden Sie wahrscheinlich Sportteiben nicht sehr verlockend finden, einfach weil es keine dieser Kriterien zu erfüllen scheint. Wenn das der Fall ist, müssen Sie Kriterien für sich aufstellen, die dazu führen, daß Sie es vorziehen, Treppen zu steigen anstatt den Aufzug zu nehmen; Sie brauchen Kriterien, die es Ihnen ermöglichen zu erkennen, welches Vergnügen andere in solchen Aktivitäten wie Schwimmen, Tennisspielen und Fahrradfahren finden, Kriterien, die Ihnen körperliche Bewegung und Anstrengung als lohnenswert erscheinen lassen. Beispiele für Kriterien, die Sporttreiben unterstützen sind u.a.:

Gesundheit
Ausdauer
Gelenkigkeit
Kraft
Attraktivität
Langfristiges Wohlbefinden
Langlebigkeit

1. Kriterien wie diese machen Sporttreiben lohnenswert, da es (wenigstens teilweise) die Erfüllung dieser Kriterien ermöglichen wird. Wenn Sie diesen Absatz zu Ende gelesen haben, übernehmen Sie in Ihrer Vorstellung nacheinander die aufgeführten Kriterien (wie auch andere, die Ihnen noch einfallen) und gehen Sie mit dem jeweiligen Kriterium in Gedanken in Ihre Zukunft. Stellen Sie sich dafür vor, sich in Zukunft immer so zu verhalten, daß das gewählte Kriterium erfüllt wird. Falls z. B. Ausdauer das Kriterium ist, das Sie beständig erfüllen wollen, muß Ihr Verhalten damit in Einklang sein, Ausdauer zu erlangen und zu bewahren. Das würde zu solchen Verhaltensweisen führen wie z. B. Treppen zu steigen anstatt mit dem Aufzug zu fahren, einen aktiven anstatt einen passiven Urlaub zu verbringen und im allgemeinen Ihre Freizeit aktiv zu gestalten und nicht vor dem Fernsehgerät zu verbringen, usw. Es kann sogar auf Ihre Berufswahl Einfluß haben (zumindest insofern, als es Sie davon abhalten könnte, einen Beruf zu wählen, der Ihre körperliche Ausdauer verringern könnte). Achten Sie darauf, ob dieses Kriterium Sie auf Dauer zu einer möglichen Zukunft führt, die Ihnen entspricht. Kriterien, die zu einer Zukunft führen, die Sie sich wünschen, sind es wert übernommen zu werden. Schmücken Sie Ihre Repräsentation der Zukunft, zu denen diese Kriterien führen, weiter aus, bis Sie zu einer zwingenden Zukunft für Sie werden. Wenn nötig, ziehen Sie hierfür das Verfahren zum Bilden einer zwingenden Zukunft zu Rate, das wir in Kapitel 3 vorgestellt haben. Nehmen Sie sich jetzt mehrere Minuten Zeit für diese Exploration, bevor Sie zu dem nächsten Schritt übergehen. Sie werden diese Zeit gut eingesetzt haben.

2. Die Tatsache, daß Sporttreiben zu der Erfüllung der Kriterien führen wird, die Sie für sich gewählt haben, muß auf persönlichen Erfahrungen beruhen. Dieser Schritt soll Ihnen diese persönlichen Erfahrungen vermitteln. Machen Sie sich zunächst mit den Anweisungen vertraut und führen Sie diese später aus, wenn wir Sie dazu auffordern.

Nehmen wir wieder an, daß eines Ihrer Kriterien Ausdauer sei. Gehen Sie in Ihrer persönlichen Geschichte zurück, bis Sie ein Beispiel dafür finden, daß Sie die Art von Ausdauer gehabt haben, die Sie wieder haben (oder bewahren) möchten. Gehen Sie von diesem Beispiel aus weiter in Ihre Vergangenheit zurück und achten Sie darauf, wie Ihr Verhalten und Ihre Handlungen zu dieser Ausdauer geführt haben. Wenn Sie keine solchen Erfahrungen in Ihrer persönlichen Geschichte haben, können Sie statt dessen Beispiele von Personen verwenden, die Ausdauer haben. Stellen Sie sich vor, wie das Erleben dieser Personen ist und übernehmen Sie das dann für sich. D. h. stellen Sie sich vor, wie es wäre, eine dieser Personen zu sein. Das gibt Ihnen eine Grundlage für eine Ursache-Wirkungsbeziehung zwischen Ihrem Verhalten und den sich daraus ergebenden Resultaten in bezug auf Ihre Ausdauer. Übertragen Sie das nun in Ihre Gegenwart und Zukunft, indem Sie ein zukünftiges Ich entwickeln, welches das gewünschte Maß an Ausdauer hat. (Wählen Sie verschiedene Altersstufen für dieses zukünftige Ich, die zwischen Ihrer nahen Zukunft und einem hohen Alter liegen.) Arbeiten Sie sich von jeder dieser Zukunfts-Etappen aus zurück und bestimmen Sie, was Sie *getan haben werden*, um diese gewünschte Zukunft zu ermöglichen. Auf diese Weise werden Sie eine Reihe von Ursache-Wirkungsbeziehungen zwischen Ihrem jetzigen Verhalten und der zukünftigen körperlichen Verfassung, die Sie sich wünschen, etablieren. Beginnen Sie jetzt damit, diese Ursache-Wirkungsbeziehungen zu bilden.

3. Um zu entscheiden, welche Art von Sport zu der körperlichen Verfassung führt, die Sie sich wünschen, sollten Sie mögliche Zeiten für sportliche Betätigung bestimmen und spezifische Arten sportlicher Betätigung und typische Kontexte für diese bestimmen. Fahrradfahren und Schwimmen sind spezifische sportliche Kontexte, was bedeutet, daß Sie einen bestimmten Zeitrahmen dafür vorsehen

müssen (was einen bedeutenden Nachteil für manche darstellt). Wenn Sie jedoch zu Fuß zur Arbeit gehen oder Treppen steigen anstatt mit dem Aufzug zu fahren, so wären das Beispiele dafür, daß Sie alltägliche Kontexte als Gelegenheiten für sportliche Betätigung nutzen. Welche Gelegenheiten haben Sie in Anbetracht Ihrer Kriterien und Ihrer täglichen Verpflichtungen, typische Situationen für sportliche Betätigung zu nutzen?

Darüber hinaus können Sie neue Kontexte für sportliche Betätigung entdecken oder schaffen, die Kriterien erfüllen, welche in keinem direkten Zusammenhang damit stehen, wie z. B. in das Fitness-Zentrum zu gehen um Leute kennenzulernen, Laufen um alleine zu sein, Wandern um die Landschaft zu genießen, Sporttreiben und dabei Radio hören, um in bezug auf Musik und Weltereignisse auf dem Laufenden zu bleiben, Handball zu spielen, um sich körperlich einzusetzen. Nutzen Sie den freigelassenen Raum, um verschiedene Möglichkeiten aufzuschreiben, wie Sie sich in alltäglichen Situationen sportlich betätigen können. Führen Sie auch andere Möglichkeiten für sportliche Betätigung auf, die weitere wichtige Bedürfnisse oder Kriterien erfüllen könnten.

Reizvolle Möglichkeiten für sportliche Betätigung

____

____

____

____

____

____

4. Unabhängig davon welche Möglichkeiten Sie finden, um sich sportlich zu betätigen, ist es wichtig, den Prozeß der sportlichen Betätigung und/oder das Erlernen der Sportart, die Ihnen das ermöglichen soll, in einzelne Stufen und Schritte zu unterteilen. Es ist nicht nötig, gleich am Anfang das Endziel erreichen zu wollen und eine ganze Stunde am Stück zu trainieren. Sie haben langfristig bessere Aussichten auf Erfolg, wenn Sie mit einer zehn-Minuten-Einheit beginnen und diese dann ausdehnen, wenn Sie Ihnen vertrauter und angenehmer geworden ist. Bewegen Sie sich und entdecken Sie dabei, welche Bewegungen jetzt für Sie angenehm sind. Nutzen Sie dieses Feedback, um Ihr Bewegungsrepertoire zu vergrößern. Ein Bekannter von uns, der begeisterter Tennisspieler ist, zog sich eine Knieverletzung zu. Er spielte mit der Verletzung genauso häufig wie zuvor, nur blieb er jetzt auf der Grundlinie stehen, da er sich nicht sehr gut und schnell bewegen konnte. Während seiner Genesung beurteilte er seinen Fortschritt nicht aufgrund seines Könnens vor der Verletzung, sondern aufgrund der täglichen Fortschritte, die er machte; außerdem reagierte er auf alle Körpersignale, die ihn auf die Notwendigkeit hinwiesen, sein körperliches Wohlbefinden zu berücksichtigen. Indem Sie Ihr Erleben in kleine Schritte aufteilen, sorgen Sie dafür, daß Sie sich Ihrer gewünschten Zukunft in der Geschwindigkeit nähern, die für Ihre augenblickliche körperliche Verfassung und sportliche Aktivität angemessen ist. Darüber hinaus schaffen Sie für sich die Gelegenheit, wiederholt die Zufriedenheit zu erleben, Ihre Zwischenziele auf dem Weg zu dem zukünftigen Ich zu erreichen, das Sie anstreben.

Berücksichtigen Sie das, wenn Sie die oben aufgeführten Möglichkeiten sportlicher Betätigung durchgehen, und unterteilen Sie jede einzelne in Schritte und Abschnitte, die leicht zu erreichen und aufrechtzuerhalten sind und Ihre aktuelle körperliche Verfassung und Ihr körperliches Wohlbefinden berücksichtigen. Seien Sie realistisch. Entscheiden Sie sich für etwas Kurzes und Einfaches. Führen Sie jetzt diese Schritte und Stufen im Detail aus, bevor Sie weiterlesen.

5. Sie sind dabei neue Strategien zu erwerben, und weiteres Üben ist notwendig, um sicherzustellen, daß diese neuen Denk- und Verhaltensweisen in der Zukunft effektiv sein werden. Glücklicherweise ist diese Art des Übens ebenso einfach und angenehm wie lohnenswert. Gehen Sie am Ende dieses Kapitels noch einmal in Gedanken durch, wie Sie sich in den nächsten zwei Wochen sportlich betätigen werden. Stellen Sie sich die Ereignisse für jeden einzelnen der kommenden Tage von Aufwachen bis Einschlafen vor – wo Sie sind, was Sie tun, wer sonst noch anwesend ist. Erleben Sie den Fluß von Zeit und Aktivitäten und achten Sie darauf, daß Sie Ihr gewähltes Übungsprogramm so durchführen, daß sportliche Betätigung zu einem natürlichem Bestandteil dieses Zeitablaufs

wird. Schließen sie notwendige Vorbereitungen und Reisen mit ein. Erleben Sie die Bewegungen in Ihrem Körper und die begleitenden Körperempfindungen, während Sie die einzelnen Schritte des Übungsprogramms durchführen. Sobald Sie merken, daß Sie in Ihrer Vorstellung in einer Weise denken oder handeln, die unproduktiv ist, gehen Sie wieder zurück und verändern Sie Ihr mentales Einüben solange, bis es wieder mit Ihren sportlichen Zielen in Einklang steht. Wenn Sie sich z. B. vorstellen, daß Sie nach einem anstrengenden Tag nach Hause kommen, sich in den Sessel vor das Fernsehgerät fallen lassen und darin sitzen bleiben, bis es Zeit ist ins Bett zu gehen, wäre es eine gute Idee, wieder von vorn zu beginnen und sich vorzustellen, wie froh Sie sind, daß Sie einen zügigen und erfrischenden Spaziergang um den Block gemacht haben (oder in das Fitness-Center gegangen sind). Nehmen Sie sich jetzt ein, zwei Minuten, um Ihre neuen sportlichen Gewohnheiten mental einzuüben.

Ein recht häufiges Problem, das manche mit sportlicher Betätigung haben ist, daß sie Jogger *sein wollen*, anstatt Joggen lernen zu wollen; Skiläufer sein wollen, anstatt Skifahren lernen zu wollen; Tennisspieler sein wollen, anstatt Tennisspielen lernen zu wollen. Auch wenn diese Personen oft die notwendige Ausstattung und Ausrüstung erwerben, so werden sie doch wahrscheinlich in ihrem Wunsch enttäuscht werden, als Folge ihres Joggens, Skifahrens oder Tennisspielens fit und gesund zu werden. Wenn sie kräftiger oder geschmeidiger werden oder ihre Ausdauer und Lebenserwartung verbessern wollen, werden ihnen die richtigen Schuhe, Stöcke und Schläger nicht helfen. Was es ihnen hingegen ermöglichen wird, Kraft, Gelenkigkeit und Ausdauer zu entwickeln, ist ein ausreichend starker Glaube an die Vorteile sportlicher Betätigung (zwingende Zukunft), eine durchgehende Verbindung zwischen ihrem Selbstbild und dem Prozeß und den Resultaten der sportlichen Betätigung (Erfüllung von Kriterien) und einem sorgfältig abgestuften Vorgehen (spezifische kleine Schritte). Das wird dazu führen, daß sportliche Betätigung zu einem Teil von dem wird, was Sie als Person ausmacht, anstatt nur wie ein Heftpflaster äußerlich angewendet zu werden, wenn Sie schnell mal Hilfe brauchen.

Sie haben jetzt das Know-How erworben, um ein Programm für sportliche Betätigung zu evaluieren, zu planen und auszuführen.

Wenn etwas Sie z.Zt. daran hindert, sich fest an ein Trainings-Programm zu halten, brauchen Sie sich nur diese Seiten durchzulesen, sobald Sie dazu bereit sind. Wenn jetzt die Zeit für Sie ist damit anzufangen, wird dieses Know-How Sie von guten Absichten zu nutzbringenden Handlungen führen.

7. Mäßigung und Leidenschaft

Vernünftige Eßgewohnheiten und regelmäßige sportliche Betätigung sind zwei wichtige Faktoren, wenn es darum geht, körperliches und emotionales Wohlbefinden zu erreichen und zu bewahren. Doch sie sind nicht die einzigen Faktoren, die eine Rolle spielen. Die Vorzüge nahrhafter Ernährung und regelmäßiger sportlicher Betätigung können den Schaden nicht ausgleichen, der entstehen kann, wenn Sie Ihr Wohlbefinden durch den Mißbrauch schädlicher Substanzen gefährden. Wir meinen damit alle natürlich vorkommenden oder hergestellten Substanzen, die bekanntermaßen eine Gefahr für das körperliche oder emotionale Wohlbefinden darstellen. Zu diesen Substanzen gehören z. B. Kokain, Amphetamine, Valium, Beruhigungsmittel, Kaffee, Zigaretten und Alkohol. Da alle diese Substanzen Drogen sind, liegt ein Mißbrauch vor, wenn jemand trotz der bekannten gefährlichen kumulativen Effekte, das eine oder andere dieser Mittel regelmäßig gebraucht. Dieser Mißbrauch ist in fast jedem Fall durch eine verschieden starke, erworbene psychologische oder physiologische Abhängigkeit von dem betreffenden Mittel gekennzeichnet. Die gesundheitlichen Risiken eines Mißbrauchs dieser Substanzen und die Probleme im Zusammenhang mit einer Abhängigkeit von diesen Substanzen sind bereits andernorts ausführlich dargestellt worden und sollen hier nicht wiederholt werden. Während des letzten Jahrzehnts sind die kurz- und langfristigen Folgen dieser Mittel zum Allgemeinwissen für jeden geworden, der älter ist als einundzwanzig (und häufig auch für viel jüngere). Selbst fünfjährige Kinder wissen, daß die Zigaretten, die ihre Eltern rauchen, schädlich sind. Heutzutage kann kaum jemand mehr den Gebrauch von Drogen mit Unwissenheit rechtfertigen. Trotzdem gibt es weiterhin Millionen von Personen, die entweder kannenweise Kaffee trinken, Kokain schnupfen, drei Packungen Zigaretten rauchen oder sich täglich betrinken. Wie ist das möglich?

Drogen

Wie viele andere heutzutage haben auch wir die häufig tragischen Konsequenzen von Drogenabhängigkeit und Drogenmißbrauch beobachten können. Drogenabhängigkeit und Drogenmißbrauch stehen im offensichtlichen Gegensatz zu den wichtigsten Zielen, die wir mit dem hier vorgestellten Konzept verfolgen: es dem Einzelnen zu ermöglichen, mit der Welt auf der Grundlage von gewählten anstelle von automatischen Reaktionen zu interagieren. Obwohl wir den Gebrauch von Drogen nicht entschuldigen wollen, so erkennen wir doch, daß viele Drogen nehmen, um ihre Dazugehörigkeit zu einer Subkultur auszudrücken, an Ritualen teilzuhaben, usw. Wir hoffen, daß das Folgende vielen die notwendige Fähigkeit vermitteln wird, damit der Gebrauch von Drogen eine gewählte Reaktion bleibt und nicht zu einer automatischen Reaktion wird.

Hooper war schon von Kokain angetan, nachdem er es das zweite oder dritte Mal probiert hatte. Nach ein paar Linien war er voller Energie und so scharf in seinen Wahrnehmungen, so brillant in seinen Überlegungen, daß er es selbst kaum glauben konnte. Hooper war gern brillant und anderen überlegen, und hier war nun dieses weiße Pulver, mit dem er das erreichen konnte, wann immer er es wollte! Seine Arbeitssituation war allerdings nicht ganz so gut. Hoopers Kollegen beschwerten sich über seine Reizbarkeit und seine unvorhersehbaren Stimmungsschwankungen. „Sie sind bloß neidisch" versicherte Hooper sich selbst. Doch dann war da noch Hoopers Chef, der in letzter Zeit mit Hoopers Arbeit an einigen Projekten nicht ganz zufrieden gewesen war. Gerade hatte Hooper noch einen Anruf von seinem Chef erhalten, in dem dieser mehr Leistung von ihm verlangte. Das war insgesamt ein schlechter Tag für Hooper, da er wieder eine schlaf- und ruhelose Nacht gehabt hatte, in der ihm eine Menge toller Ideen gekommen waren. Bedauerlicherweise kann er sich an keine dieser Ideen mehr erinnern und zu allem Überfluß ruft ihn auch noch sein Chef an und stellt diese Forderungen. „Aber", denkt er, während er seine Bürotür abschließt, „ich weiß, was ich machen kann." Hooper schnupft ein paar Linien, doch diesmal reagiert sein Gehirn nicht und trottet einfach in dem gewohnten Tempo weiter. Hooper nimmt noch ein paar Linien. Nach einer Weile kann er die Wirkung spüren. Er fühlt sich wacher, doch wo bleiben die Geistesblitze? Wo bleibt die Flut von Ideen? Wo bleibt das Gefühl von Kontrolle? Hooper nimmt noch zwei Linien und ist schon bald beeindruckt von seinem eigenen Scharfsinn und dem Gefühl von Selbstsicherheit. Etwas später reicht er seine Arbeit ein. Kurz darauf ruft sein Chef ihn in sein Büro, um seine Arbeit mit ihm zu besprechen. Der Chef scheint verwirrt durch das was Hooper eingereicht hat und kann nicht sagen, ob es etwas taugt oder nicht, weil es so unverständlich und zusammenhanglos ist. Doch Hooper ist bereit, sich der Kritik seines Chefs zu stellen. Da er weiß, daß es zu Schwierigkeiten kommen kann, genehmigt Hooper sich noch schnell ein paar Linien vor dem Gespräch.

Brillant und in Kontrolle zu sein sind Erfahrungen, die Hooper sehr schätzt, und Kokain gibt ihm das Gefühl, das er mit diesen Erfahrungen verbindet. D. h. unter dem Einfluß von Kokain erlebt Hooper die Wahrnehmungsgenauigkeit, die Gefühle, die Kinästhetik, die inneren Bilder und Dialoge, die er mit „brillant sein" und „in Kontrolle sein" verbindet. Wie kann ein Mittel, das das ermöglicht, etwas Schlechtes sein? Da er einen einfachen Weg gefunden hat, diese sehr geschätzten Erfahrungen nach Wunsch in sich zu erzeugen, beginnt Hooper regelmäßig, Kokain zu nehmen. Doch mit häufigerem Gebrauch tritt eine Gewöhnung an die Wirkung der Droge ein. Diese erworbene Toleranz gegenüber der Droge bedeutet, daß die Linie, die ihn vor ein paar Monaten noch high gemacht hat, jetzt kaum noch Wirkung hat und er gezwungen ist mehr Linien zu nehmen, bis er endlich die Gefühle und Emotionen erlebt, hinter denen er her ist. Es bedeutet auch, daß er, wenn er kein Kokain nimmt, einen deutlichen Mangel an Kontrolle und Brillanz erlebt, der viel schärfer ist, als er es aus der Zeit gewohnt war, bevor er Kokain nahm. Dieser erlebte Mangel an Kontrolle macht die Droge noch attraktiver und so geht die Spirale weiter.

Hoopers Verhalten in bezug auf Kokain wird durch die Interaktion dreier Faktoren bestimmt. Erstens sucht er bestimmte Fähigkeiten und emotionale Zustände (Brillanz, Kontrolle). Zweitens hat er nur einen Weg, um zu den gewünschten Fähigkeiten und emotionalen Zuständen zu gelangen, was bedeutet, daß die Verfügbarkeit von Kokain darüber bestimmt, ob er die Erfahrung von Kontrolle und Brillanz hat oder nicht. Drittens richtet er seine Aufmerksamkeit allein auf die Gegenwart (in Zeiträumen von Stunden gemessen) und bedenkt keine der Konsequenzen, die in der Zukunft lauern könnten.

Hoopers Weg, seine Kriterien Brillanz und Kontrolle zu erfüllen, ist eine automatische Reaktion, da er aus dem Glauben heraus handelt, daß er diese Kriterien nur durch Kokain erfüllen kann. Doch auch wenn der Gebrauch von Kokain eine automatische Reaktion darstellt, würde Hooper aus Angst vor möglichen Konsequenzen u.U. darauf verzichten, wenn er durch die Zukunft und nicht durch die Gegenwart motiviert wäre. Doch da er ausschließlich durch die Gegenwart motiviert ist und vor allem auf seine emotionalen Zustände achtet (und dabei die berücksichtigte Zeitspanne auf ungefähr zwei Stunden beschränkt), findet er, daß seine gegenwärtigen Bedürfnisse viel wichtiger sind als mögliche Komplikationen in der Zukunft. Doch auch wenn das Kokain die emotionalen Zustände (d. h. die *Gefühle*) bewirkt, die er will, so gibt es ihm nicht notwendigerweise auch die perzeptuellen Unterscheidungen, die inneren Prozesse und die Verhaltensweisen, die Kontrolle und Brillanz zu einer Wirklichkeit zu machen, die sich in seinem Verhalten äußert.

Chloe hatte Kokain über Hooper kennengelernt und sie mußte zugeben, daß es ihr gefiel. Sie hatte plötzlich Millionen Dinge zu sagen und die meisten beeindruckten sie als geistreich und scharfsinnig. Auch wenn sie die unmittelbare Wirkung mochte, so war sie doch auch wegen der langfristigen Folgen besorgt. Letztes Jahr war ein Freund von ihr zur Entwöhnung in ein Zentrum eingewiesen worden. Seine berufliche Karriere war zu diesem Zeitpunkt bereits zerstört und heute, ein Jahr später, verbrachte er immer noch die Hälfte seiner Zeit in solchen Zentren. Es war offensichtlich für Chloe, daß selbst Hooper im letzten Jahr finster und launisch geworden war und sie wollte nicht, daß ihr das gleiche passierte. In der Arbeit stand sie unter starkem Druck. Ihr Chef wollte das Material, an dem sie gearbeitet hatte, aber sie hatte noch keinen zufriedenstellenden Einfall gehabt. Da sie nicht mehr einfach auf eine Eingebung warten konnte, machte sie einen Spaziergang, um sich etwas zu entspannen. Das hatte ihr in der Vergangenheit oft geholfen klarer zu denken, wenn sie an ihren Schreibtisch zurückkehrte. Dieses Mal wirkte es jedoch nicht und so begann sie Artikel zu lesen und Bücher über verwandte Themen durchzublättern. Als sie immer noch keine zufriedenstellende Idee hatte, rief Chloe einige ihrer Kollegen zusammen und besprach ihr Projekt mit ihnen. Das half. Schon bald arbeitete Chloe mit Interesse an ihrem Projekt, entwickelte neue Ideen und verbesserte sie in Zusammenarbeit mit ihren Kollegen.

Wie Hooper ist auch Chloe gern brillant und in Kontrolle, doch ihr ist auch ihr physisches und psychisches Wohlbefinden sehr wichtig. Aufgrund früherer und aktueller Erfahrungen anderer und der zukünftigen Folgen, die sie sich vorstellen kann, *weiß* sie, daß sie letztendlich ihr Wohlbefinden gefährdet, falls sie auf Dauer Kokain nimmt. Es kann sein, daß für Hooper sein eigenes Wohlbefinden auch wichtig ist, doch die Gefährdung seines Wohlbefindens, die er sich als Folge seines Kokaingebrauchs in der Zukunft vorstellen kann, sind für ihn blaß, wenig beeindruckend und nicht real. Auch wenn für Chloe die unmittelbaren Folgen des Kokains seine zukünftigen Nebenwirkungen nicht aufwiegen, bedeutet das nicht, daß sie damit auch ihren Wunsch nach Brillanz und Kontrolle aufgibt. Anstelle des Gebrauchs der Droge hat sie verschiedene *andere* Möglichkeiten entwickelt, diese Fähigkeiten und emotionalen Zustände in sich herzustellen. Spazierengehen, um einen klaren Kopf zu bekommen, Lesen einschlägiger Literatur und Gespräche mit Kollegen sind einige der Möglichkeiten, die sie gefunden hat, um kreatives Denken anzuregen. Ob sie brillant ist oder nicht, hängt daher nicht von der Verfügbarkeit von Kokain, sondern nur von ihrem eigenen Handeln ab und das wiederum weitgehend von ihrer freien Entscheidung.

Das was es für Chloe möglich macht, Kokain gar nicht (oder nur in sehr spezifischen Situationen) zu gebrauchen, ist der Umstand, daß die Zukunftsmöglichkeiten, die sie sich vorstellt, für sie in bezug auf ihr Wohlbefinden stark zwingend sind und sie andere Möglichkeiten hat, um die Fähigkeiten und emotionalen Zustände zu erzeugen, die Kokain in ihr zu bewirken scheint. (Es mag sehr wohl sein, daß Hooper die zukünftigen Folgen des Kokaingebrauchs bedacht hat, doch diese zukünftigen Folgen sind für ihn nicht real genug, um eine motivierende Wirkung auf sein Verhalten zu haben.)

Natürlich gibt es neben Kokain eine Menge anderer Drogen, die mißbraucht werden. Es scheint keinen Mangel in der Nachfrage für Aufputschmittel, Beruhigungsmittel, Heroin, Marihuana, usw. zu geben. Die Muster der inneren Prozesse, die den wiederholten Gebrauch jeder dieser Drogen kennzeichnen, ähneln in den meisten Fällen dem Muster, das wir gerade für den Mißbrauch von Kokain beschrieben haben. Was das (psychologische) Abhängigkeitspotential dieser Drogen ausmacht ist, daß sie Menschen Zugang zu wichtigen emotionalen Zuständen ermöglichen; die Zukunft wird der unmittelbaren Bedürfnisbefriedigung untergeordnet und es besteht in der Wahrnehmung der Person keine Möglichkeit, diese angestrebten emotionalen Zustände auf andere Weise zu erreichen. Was von Person zu Person jedoch verschieden ist, sind die Kriterien, die durch den Gebrauch der Droge erfüllt werden.

Ihrer Zukunft zuliebe

Das folgende EMPRINT-Format beruht auf den inneren Prozessen von Personen, die keine Neigung zum Drogenmißbrauch haben. Dieses Format kann dafür eingesetzt werden, um die Entstehung eines Problems zu vermeiden, jemanden, der gefährdet ist, zu unterstützen oder ein Problem in der Anfangsphase zu korrigieren. Die Behandlung langwährender Abhängigkeiten ist nicht Gegenstand dieses Buches, auch wenn die folgenden Schritte die gleichen Elemente behandeln, die wesentlich sind, um Un-abhängigkeit von Suchtmitteln zu erreichen: Zwingende Zukunftsentwürfe, Gegenwart-Zukunfts Ursache-Wirkungsbeziehungen, Kontextualisierung von Verhaltensweisen und Flexibilität der Kriterien, die jede Einnahme von Drogen zu einer gewählten Reaktion macht.

Wie Überessen ist auch der Mißbrauch von Drogen durch den Wunsch nach Befriedigung unmittelbarer Bedürfnisse und die mangelnde *zwingende Berücksichtigung langfristiger Folgen* gekennzeichnet. Daher muß sowohl eine zwingende Repräsentation entwickelt werden, in der das zukünftige Ich infolge fortgesetzten Drogengebrauchs unter gesundheitlichen, emotionalen und sozialen Problemen leidet, wie auch eine zwingende Repräsentation des Zukunfts-Ichs, in der es gesundheitliches, emotionales und soziales Wohlbefinden infolge einer von Drogen unabhängigen Lebensweise genießt.

Möglicherweise haben Sie keine Schwierigkeiten im Zusammenhang mit Suchtmittelmißbrauch, und diese Muster erscheinen Ihnen daher irrelevant. Wenn Sie das folgende Muster dennoch durchlaufen, können Sie sich dagegen immun machen, jemals solche Schwierigkeiten zu bekommen. Die Vertrautheit mit der folgenden Sequenz kann Ihnen auch dabei helfen, einen Freund oder einen Jugendlichen dabei zu unterstützen, sein Verhalten im Zusammenhang mit Drogen zu verändern.

1. Auch wenn Sie persönlich keine Probleme mit Suchtmitteln haben, nehmen Sie sich jetzt die Zeit, sich an Personen zu erinnern, die Drogenprobleme hatten. Beantworten Sie dann folgende Fragen: Woher wissen Sie, daß diese Personen ein Drogenproblem hatten? Was sind die Anzeichen im Verhalten und in den Reaktionen dieser Personen, die darauf hinweisen, daß sie ein Drogenproblem haben? Sie werden diese Informationen in dem nächsten Kapitel brauchen, werten Sie daher jetzt entsprechende Erinnerungen aus und beantworten Sie diese Fragen, bevor Sie weiterlesen.

2. Wenn Sie die Anzeichen eines Drogenproblems bestimmt haben, sind Sie bereit für den nächsten Schritt. Stellen Sie sich am Ende dieses Kapitels vor, dieses Drogenproblem und die begleitenden Beschwerden und Symptome selbst zu haben. Machen Sie diese Vorstellung so real wie möglich, indem Sie genau darauf achten, was Sie tun, wer außer Ihnen noch anwesend ist, wie Ihr Sehvermögen beeinträchtigt ist, wie Ihr Hörvermögen und Ihr Geschmackssinn sich verändern und wie Sie sich fühlen. Nehmen Sie in diesem Zukunftsentwurf noch auf, daß Personen, die Ihnen nahestehen und die Sie respektieren, wissen, daß Ihr Drogengebrauch außer Kontrolle geraten ist. Ein Zeichen dafür, daß Sie sich ausreichend in die Wirklichkeit dieses Problems hineinversetzt haben, ist das Ausmaß, in dem Sie diese Möglichkeit als erschütternd und unerfreulich erleben. Während Sie in dieser furchtbaren vorgestellten Zukunft sind, denken Sie an die Droge, die der Grund dafür ist. Auf diese Weise wird die unangenehme Zukunft mit der Droge assoziiert, die ursächlich dafür verantwortlich ist. Vergessen Sie nicht, nachdem

Sie das getan haben, diese furchtbare Zukunft wieder abzuschütteln und in die Gegenwart zurückzukehren.

3. Entwickeln Sie jetzt eine zukünftige Wirklichkeit, in der Sie Kontrolle über Ihr eigenes Wohlbefinden haben, und sich in Ihrer Unabhängigkeit sicher und selbstbewußt fühlen. Blicken Sie von dieser Zukunft aus zurück und finden Sie Beispiele für Gelegenheiten, in denen Sie die Droge abgelehnt haben. Machen Sie sich bewußt, wie sehr diese Beispiele zu dieser erwünschten Zukunft beigetragen haben. Nehmen Sie sich soviel Zeit wie Sie brauchen, um die Vorstellung, in dieser Zukunft zu sein, so real wie möglich zu machen. (Wenn Sie etwas Hilfe dabei brauchen, diese zwingende Zukunft zu entwickeln, gehen Sie noch einmal die in Kapitel 3 wiedergegebene Sequenz für eine zwingende Zukunft durch.)

4. Um die Zukunft erreichen zu können, die Sie sich wünschen, brauchen Sie Kriterien, die Ihre Aufmerksamkeit auf Ihr physisches, emotionales und soziales Wohlbefinden lenken. Wir würden Kriterien vorschlagen wie z. B.:

Kriterien	**Kriterienäquivalenz**
Unabhängigkeit von Suchtmitteln	Sie müssen nicht Suchtmittel nehmen, um Ihre Bedürfnisse zu befriedigen.
Wohlbefinden	Sie sind körperlich gesund, bei klarem Verstand und Ihre Beziehungen sind jetzt wie auch in Zukunft zufriedenstellend.
Selbsterhaltung	Sie würden nicht absichtlich etwas tun, das Ihnen schaden würde.
Begrenzung der Menge	Für den Fall, daß Sie sich entschließen, die Droge weiterhin gelegentlich zur Entspannung zu nehmen, haben Sie angemessene Verbrauchsmengen festgelegt (d. h. Mengen,

die Unabhängigkeit von Substanzen, Wohlbefinden und Selbsterhaltung gewährleisten).

Wir empfehlen diese Kriterien, da wir sie bei fast allen Personen gefunden haben, die entweder keine Dorgen gebrauchen oder sie nur zur Entspannung nehmen (und auch dann nur in Maßen).

5. Wir möchten etwas mehr über das oben angeführte vierte Kriterium „Begrenzung der Menge" sagen, da es eine weitere Möglichkeit beinhaltet, die zur Vermeidung von Drogenabhängigkeit notwendige Flexibilität zu erlangen und zu bewahren. Das läßt sich durch die Kontextualisierung der Einnahme solcher Substanzen erreichen, die von manchen auch als „Freizeitdrogen" (recreational drugs) bezeichnet werden (wie z. B. Alkohol und Marihuana). Mit Kontextualisierung meinen wir die Beschränkung des Gebrauchs dieser Drogen auf bestimmte Situationen (d. h. Sie legen genau fest, wann, wo, mit wem und wie lange Sie das betreffende Mittel einnehmen werden). Es ist jedoch wichtig, diese Kontextualisierung im Hinblick auf Ihre gewünschte Zukunft und Ihre anderen Kriterien für Wohlbefinden vorzunehmen, damit gewährleistet ist, daß die „Freizeit-Kontexte", die Sie festlegen, im Einklang mit Ihrer gewünschten Zukunft sind. Wenn Sie z. B. „nach der Arbeit zu Hause entspannen" als angemessene Freizeit-Situation für den Genuß von Drogen festlegen, kann es sein, daß Sie andere Überlegungen im Bezug auf Ihre Zukunft vernachlässigen. Solche Überlegungen würden z. B. auch den nächsten Arbeitstag und evtl. durch Drogen induzierte Katerstimmungen miteinbeziehen, die Ihr Wohlbefinden gefährden könnten. Wenn Sie diese Tests in der Zukunft durchführen, müssen Sie auch wieder die Zittrigkeit, Nervosität und Zerfahrenheit, die in der Folge von Alkoholgenuß z. B. auftreten können, wenigstens ebenso zwingend real machen, wie das unmittelbare angenehme Hochgefühl, das Sie sich von dem Alkoholgenuß erwarten. Auf diese Weise werden Sie in der Lage sein, besser durchdachte und (im Sinne Ihrer gewünschten Zukunft) angemessenere Situationen für die Einnahme von Drogen zu bestimmen. Beispiele dafür sind „Abends, wenn ich den nächsten Tag frei habe" und „Vormit-

tags, wenn ich am gleichen Tag keine Verpflichtungen mehr habe". Bestimmen Sie, bevor Sie zu dem nächsten Schritt übergehen, einige Situationen, die Ihnen für den beschränkten Genuß von „Freizeit-Drogen" wie Alkohol angemessen erscheinen. Überprüfen Sie, nachdem Sie diese niedergeschrieben haben, jede dieser Situationen im Hinblick auf zukünftige Konsequenzen und nehmen Sie die Veränderungen vor, die notwendig sind, um Ihrem Wunsch nach Wohlbefinden in der Zukunft Rechnung zu tragen.

Situationen, die für den Gebrauch von „Freizeit-Drogen" angemessen sind

____

____

____

____

6. Auch wenn Sie engumschriebene Situationen für den Gebrauch von Drogen festsetzen oder Drogen gänzlich vermeiden, bedeutet das nicht, daß die Bedürfnisse, die diese Drogen erfüllt haben, nun unerfüllt bleiben müssen. Wie wir bereits mehrmals gesagt haben, versuchen viele, die trinken, rauchen oder Drogen nehmen, wichtige Kriterien wie z. B. Genuß, Kontrolle und Selbstvertrauen zu erfüllen. Doch es gibt viele Wege, um jedes einzelne dieser Kriterien zu erfüllen. Wie wir in dem Kapitel über Essen erwähnt haben, müssen Sie sich *eine Liste von Verhaltensweisen anlegen, die das Bedürfnis oder die Bedürfnisse befriedigen können, die durch den Gebrauch der Droge erfüllt werden sollten.* Um das tun zu können, müssen Sie zunächst die Bedürfnisse und Wünsche identifizieren, die Sie gegenwärtig mit der Droge erfüllen. Stellen Sie dann eine Liste von Möglichkeiten auf, wie Sie diese Kriterien auf andere Weise als durch den Gebrauch der Droge erfüllen können.

Liste erfüllender Verhaltensweisen

____

____

____

Mit Hilfe solcher Listen von Verhaltensweisen (und der Konsequenzen, die diese Verhaltensweisen bewirken) können Sie für sich die Unabhängigkeit im Erleben und Verhalten schaffen, die eine Folge der Fähigkeit ist wählen zu können. Das ist mit Sicherheit der sklavischen Abhängigkeit vorzuziehen, in der Sie sich befinden, wenn Ihr Erleben und Verhalten durch die Verfügbarkeit einer Droge bestimmt ist.

7. Um sicherzustellen, daß Sie Ihre neue Liste auch gebrauchen und sich in Zukunft anders verhalten, müssen Sie nun mental einüben, wie Sie Ihre Kriterien in der Zukunft erfüllen werden. Schließen Sie, wenn Sie diesen Absatz beendet haben, Ihre Augen und versetzen Sie sich in Situationen, in denen Drogen eine Versuchung dargestellt haben. Stellen Sie sich eine nach der anderen vor und erleben Sie, wie Sie sich in jeder Situation so fühlen und verhalten (den Gebrauch der Droge natürlich ausgeschlossen), daß ihre Bedürfnisse und Wünsche erfüllt sind. Stellen Sie sich so lebhaft und gründlich wie möglich vor, wie Sie in einer Weise handeln und reagieren, die mit Ihrer gewünschten Zukunft in Einklang steht. Nehmen Sie sich, Ihrer eigenen Zukunft zuliebe, nun die Zeit und führen Sie diesen Schritt aus.

8. Wenn Drogenmißbrauch für Sie ein persönliches Problem und nicht nur Gegenstand von Neugier ist, empfehlen wir das in diesem Kapitel Gelernte dadurch zu unterstützen, daß Sie die Übungen und Fragen in den Kapiteln drei bis sechs wiederholen. Sie werden auch von den EMPRINT-Formaten in den folgenden Kapiteln über Rauchen und Trinken profitieren. Sie brauchen nur die Schritte in diesen Kapiteln, die sich auf Rauchen oder Trinken beziehen, auf das Drogenproblem anzuwenden. Sie haben durch die Arbeit, die Sie in diesem Kapitel geleistet haben, wertvolle Ressourcen für sich geschaffen. Anstatt einem Sermon über die Gefahren des Drogengebrauchs zuzuhören, haben Sie Ihre Wahrnehmungen und inneren

Prozesse so organisiert, daß sie Sie auf natürliche Weise von dem Gebrauch der Droge fort und zu nützlicheren Wegen der persönlichen Erfüllung hinführen werden.

Rauchen

John ist froh, endlich zuhause zu sein und sich mit seiner Frau unterhalten zu können. Sie erzählt ihm etwas Lustiges, das die Kinder tagsüber angestellt hatten, und John muß lachen – er *will* lachen – doch was als Lachen beginnt, geht schnell in einen Hustenanfall über. Als er sich endlich wieder beruhigt hat, ist der letzte Streich der Kinder längst vergessen. „Alles in Ordnung?" fragt seine Frau. „Ach, es sind bloß diese verdammten Zigaretten" knurrt John und wischt sich den Mund mit der Hand ab. Es ist nicht das erste Mal, daß John das erlebt. Er weiß, es wäre besser für ihn nicht zu rauchen, und er wünscht sich auch, er würde nicht rauchen, aber er war bisher nicht in der Lage aufzuhören. John hat als Teenager mit dem Rauchen angefangen, z. T. weil es ein rebellisches Zeichen der Unabhängigkeit war und zum Teil, weil es ihm das Gefühl gab, von seiner Clique akzeptiert zu werden. Natürlich lag das mittlerweile fast zwanzig Jahre zurück. Seine Frau hat es sich auf dem Sofa bequem gemacht und zündet sich eine Zigarette an. Es macht John unruhig, seiner Frau beim Rauchen zuzusehen, während er dasitzt und nichts tut. Er möchte den Abend zusammen *mit* seiner Frau verbringen und zündet sich auch eine Zigarette an. Noch während er den Rauch ausatmet, entspannt er sich und hat das Gefühl, mit seiner Frau verbunden zu sein. „Vielleicht solltest du nicht gleich wieder rauchen, John", ermahnt ihn seine Frau besorgt. ‚Ich mache was ich will' war Johns erster Gedanke, doch er antwortete beiläufig: „Ach, ein oder zwei Sargnägel mehr machen keinen großen Unterschied."

Die meisten Menschen, die rauchen, haben in jungen Jahren damit angefangen. Keiner von ihnen hat damit angefangen, weil Zigaretten gut schmeckten oder gute Zustände hervorriefen. Schwindelgefühl, Übelkeit und Husten sind am Anfang eher die Regel als die

Ausnahme. Wenn diese Hürden genommen sind, kann sich der junge Raucher auf eine rauhe Kehle, brennende Lungen, kurzen Atem, der zudem übel riecht, gelbe Finger, zusätzliche Ausgaben und die Aussicht auf Lungenkrebs und Herzerkrankung freuen. Zumindest am Anfang raucht niemand, weil Zigarettenrauchen Genuß bereitet. Sie rauchen wegen der Dinge, die mit dem Rauchen verbunden sind. John legte z. B. wie die meisten Teenager großen Wert darauf, von seinen Freunden akzeptiert zu werden. Er wollte sich als Teil der Gruppe fühlen; er wollte von den anderen gemocht und respektiert werden. Wie die meisten Teenager wollte er auch seine Unabhängigkeit von der Autorität der Eltern beweisen; und da waren seine Freunde, die ihre Eltern herausforderten indem sie rauchten. John fing nicht an zu rauchen, weil er den Geschmack von Zigaretten mochte, sondern weil es ihm das Gefühl gab, von seinen Eltern unabhängig und von seinen Freunden akzeptiert zu sein.

Es dauerte nicht lange, bis John den nächsten Schritt machte. Aufgrund der Kriterien, die er als Jugendlicher hatte, konnte er mit einer Zigarette Einfluß darauf nehmen wie er sich fühlte (unabhängig und akzeptiert). Zusätzlich dazu entwickelte er bald eine physiologische Abhängigkeit vom Nikotin. Folglich bewirkte das Nikotin bald emotionale Zustände wie Wohlbefinden, Entspannung und Ruhe. Eine bestimmte Zeit, nachdem er die letzte Zigarette geraucht hatte, begann John, sich reizbar, unbehaglich und außer Tritt mit der Welt um ihn herum und mit sich selbst zu fühlen; doch er brauchte nur eine Zigarette anzuzünden und in wenigen Augenblicken fühlte er sich wieder wohl. Es dauerte nicht lange, bis John das Rauchen mit der Fähigkeit assoziierte *seine Gefühle zu kontrollieren.* (1) Jahre später sitzt John mit seiner Frau am Küchentisch und fühlt sich nicht verbunden mit ihr, unwohl in seiner Haut, zappelig und reizbar. Er zündet sich eine Zigarette an und stellt mit dieser einfachen Handlung die vertrauten Gefühle von Dazugehörigkeit, Unabhängigkeit und Wohlbefinden wieder her.

Die meisten Menschen, die rauchen, haben damit angefangen, um bestimmte wichtige Kriterien zu erfüllen. (Wie wir oben bereits ausgeführt haben, fängt so gut wie niemand damit an, weil es gut schmeckt.) Diese Kriterien können z. B. „Unabhängigkeit", „cool sein", „interessant sein", „Härte", „Entspannung", „Reife", „Potenz" oder „Kühnheit" sein. Drei der häufigsten Kriterien sind

„Dazugehören", „Unabhängigkeit" und „Erfahrenheit". Selbst Jahre später löst das Anzünden einer Zigarette noch die früheren Erlebnisse aus, in denen diese Kriterien scheinbar erfüllt wurden. (Einer unserer Klienten sagte uns: „Wenn ich mir eine Zigarette anzünde, ist es, als wäre ich wieder in der Schule und würde mit einem Mädchen im Arm an meinem Wagen lehnen.") Die Verbindung zwischen Rauchen und Kriterien, die im Jugendalter entwikkelt wurden, mag zu dem Zeitpunkt ihrer Entstehung angemessen gewesen sein, doch sie sind nicht mehr angemessen, wenn der Betreffende erwachsen geworden ist. Die Unangemessenheit dieser Verbindung kommt daher, daß sie aus einem *vergangenen Zeitabschnitt stammt, der für das aktuelle oder zukünftige Wohlbefinden nicht mehr relevant ist.*

Rauchen mag zwar ein Weg gewesen sein, um sich dazugehörig und unabhängig zu fühlen, als Sie sechzehn Jahre alt waren, es ist nicht mehr angemessen, wenn Sie dreißig sind. In der Erwachsenenwelt ist das Anzünden einer Zigarette weder ein Weg, um Anschluß an eine Gruppe zu finden (außer vielleicht, wenn es sich um eine Gruppe von Rauchern handelt), noch ist es ein Zeichen von Unabhängigkeit. Das sind typische Kriterien des Teenageralters. Wenn das die einzigen Kriterien wären, die durch Rauchen erfüllt würden, gäbe es wahrscheinlich viel weniger erwachsene Raucher als es tatsächlich gibt. Angesichts des wenig unterstützenden Feedbacks der Erwachsenenwelt und der eigenen Körpersignale würde der Anachronismus und die Unangemessenheit dieser frühen Assoziierungen schnell offenbar werden. Die Werbe-Industrie hat die Kriterien unserer Jugend und unser Bemühen, diese Kriterien zu erfüllen, jedoch nicht vergessen und stachelt sie weiter an. Fast jede Zigarettenwerbung ist darauf ausgerichtet, die Vorstellung in Ihnen zu erwecken, daß Rauchen Kriterien wie Dazugehörigkeit, Unabhängigkeit oder Weltgewandheit erfüllen wird. Die *Lark*-Kampagne („Show us your Lark!") richtete sich auf die Wünsche von Menschen, zu einer ausgewählten Gruppe zu gehören (in diesem Fall Larkraucher). Der Marlboro-Mann spricht Leute an, die gern so unabhängig wie ein Cowboy erscheinen wollen. Und „have you come a long way baby?" heißt: haben Sie schon Ihre Milchmädchen-Naivität gegen die Weltgewandheit einer Geschäftsfrau eingetauscht, die sich darin zeigt, Virginia Slim zu rauchen? Hier eine Auswahl anderer

Anzeigen-Kampagnen: (Photo einer Party mit glücklichen Rauchern) „Players go places" (Dazugehörigkeit); (ein Mann im Dschungel) „Camel – where a man belongs" (Unabhängigkeit); (Zwei Piloten zünden sich eine Zigarette an) „Winston – join the first team" (Dazugehörigkeit); (ein elegant gekleidetes Paar im Theater) „Benson & Hedges – The Deluxe 100" (Weltgewandheit); (Vibraphonsolist) „Kool Lights – there's only one way to play it" (Unabhängigkeit); (ein schick gekleidetes Paar beim Stadtbummel) „Pall Mall – einen Schritt voraus" (Weltgewandheit).

Zusätzlich zu der konstanten Verstärkung dieser jugendlichen Identifizierungen durch die Medien wird das Rauchen auch durch Assoziationen verstärkt, die im Erwachsenenalter erworben worden sind. Ein Beispiel dafür ist das wichtige und pervasive Kriterium der Kontrolle. Jeder Raucher, mit dem wir gesprochen haben, hat uns gesagt, daß Rauchen ihm das Gefühl gäbe, in Kontrolle zu sein, d. h. die Fähigkeit zu haben, sein eigenes Erleben zu beeinflussen. Wenn ein Raucher wiederholt die Erfahrung gemacht hat, daß er durch Rauchen seine emotionalen Zustände verändern kann (häufig, indem die oben beschriebenen Kriterien erfüllt werden), entsteht eine neue, spezielle Verbindung: Rauchen = Kontrolle des eigenen Erlebens. Darüber hinaus wird das Rauchen (wieder) durch die Werbung verstärkt, die Assoziationen (Kriteriumsäquivalenzen) herstellt, die spezielle *erwachsene* Belange ansprechen: *Camel* rauchen = männlich; *Winston* rauchen = der erste, beste sein; *Pall Mall* rauchen = Aufstieg; *Vantage* rauchen = Erfolg.

Mit dem Rauchen aufzuhören setzt verschiedene Variablen voraus, von denen zwei für *bleibende* Resultate absolut wesentlich sind. Die erste beinhaltet, auf der Grundlage einer Gegenwart-Zukunfts Ursache-Wirkungsbeziehung eine Motivation zum Aufhören zu entwickeln, die die Berücksichtigung einer zwingenden realen Zukunft miteinbezieht. Personen, für die ihre Zukunft, wenigstens was ihre Gesundheit betrifft, zwingend real ist, werden (heutzutage) gar nicht mit dem Rauchen anfangen. Für jemanden, der raucht, ist die Zukunft nicht in zwingender Weise real. Bei fast allen Personen, mit denen wir gesprochen haben, die mit dem Rauchen aufgehört haben, kam die Motivation dafür (aufzuhören, nicht aufhören zu wollen) infolge einer Erfahrung, die plötzlich eine der schrecklichen zukünftigen Folgen des Rauchens in zwingender Weise real machte.

Mit *schrecklich* meinen wir, daß die Zukunft ein sehr wichtiges Kriterium gefährdete. Hier sind drei Beispiele:

> Liz fing in ihren späten Teenagerjahren mit dem Rauchen an, zu einer Zeit, als die meisten kaum etwas über die schädlichen Wirkungen von Zigaretten wußten. Rauchen war absolut „**in**" und Liz wollte „**in**" sein. Sie hatte schon fast fünfzehn Jahre lang geraucht, als die Medien damit begannen, den Zusammenhang zwischen Rauchen und Krebs publik zu machen. Liz erschrak bei dem Gedanken, auf eine so furchtbare Weise zu sterben, und gab daher das Rauchen auf.
>
> Jerry begann mit sechzehn Jahren zu rauchen als er zur Air Force kam. Alle rauchten – es gehörte einfach dazu, wenn man ein Mann war. Als Jerry (fünfzehn Jahre später) die Nachricht von dem Zusammenhang zwischen Rauchen und Krebs erfuhr, glaubte er es zwar, aber er fühlte sich nicht gezwungen, etwas in bezug auf sein eigenes Rauchen zu ändern. Mehrere Jahre vergingen. Eines Tages drückte Jerry seine Zigarette aus, um mit den Kindern zu spielen. Innerhalb von ein paar Minuten brannten seine Lungen und er begann zu husten und zu keuchen. Jerry wurde klar, daß die Krebs-Warnung an *ihn* gerichtet war und hörte mit dem Rauchen auf.
>
> Naomi hatte während achtundzwanzig ihrer fünfundvierzig Lebensjahre geraucht. Ihre Kinder waren mittlerweile fast erwachsen und drängten sie dazu aufzuhören, doch jedesmal, wenn sie es versuchte, geriet sie in Panik und fing wieder an zu rauchen. „Ich bin eben eine schwache Person", erklärte sie achselzuckend ihrer Familie, „was soll ich sonst sagen?" Schließlich mußte ihr Arzt ein ernstes Wort mit ihr reden. Nach einer eingehenden Untersuchung sagte er Naomi, daß sie, wenn sie nicht mit dem Rauchen aufhörte, nicht alt genug werden würde, um ihre Enkelkinder zu sehen. Naomi war geschockt. Husten, schmerzende Lungen und ein Nikotin-Paria in der Öffentlichkeit zu sein, konnte sie ertragen. Aber ihre Enkelkinder nicht sehen zu können? Nein! Naomi gab das Rauchen auf.

In allen drei Beispielen *wurde die Zukunft zwingend* und das führte dazu, mit dem Rauchen aufzuhören. Das wiederum ist eine Folge davon, sich die Zukunft sehr detailliert vorzustellen. Jemand, der raucht, wird ausnahmslos die in der Gegenwart gewünschte Erfahrung (einen bestimmten emotionalen Zustand) relativ spezifisch und detailliert repräsentieren, während die Repräsentationen zukünftiger Erfahrungen (z. B. gesund sein) vage und unspezifisch sind. Der Mangel an Details läßt die Zukunft unwirklich und unverbindlich erscheinen, d. h. es besteht kein Bezug zu dem, was die Person sehen, hören, riechen, schmecken und fühlen wird.

Gesundheit betrifft so viele verschiedene Lebensbereiche, daß die meisten, wenn sie an eine gesunde Zukunft denken, nur recht vage Bilder von sich sehen, auf denen sie gesund erscheinen und vielleicht noch eine Ahnung von einem kraftvollen Gefühl bekommen. Wenn man jedoch eine spezifischere Repräsentation erstellt, ist es leichter, in die Erfahrung hineingezogen zu werden, da sie nicht nur erleben was sie fühlen, sondern auch, was sie sehen und hören werden. Naomi *wußte*, daß sie, wenn sie nicht mit dem Rauchen aufhörte, gesundheitliche Schwierigkeiten bekommen würde. Doch erst als ihr Arzt ihr eine Zukunft ausmalte, in die sie sich ohne weiteres hineinversetzen konnte, war sie wirklich dazu motiviert aufzuhören. Sie konnte sehen, daß keine Enkelkinder an ihrem Sterbebett stehen würden; sie konnte hören, wie sie sich wegen ihrer Dummheit Vorwürfe machte, und sie konnte den Schmerz und das Bedauern fühlen. In ähnlicher Weise konnte Liz sich vorstellen, im Krankenhaus zu sein (mit den entsprechenden Geräuschen und Anblicken) und einen qualvollen Tod zu sterben. Der einzige Unterschied zwischen den Erfahrungen der beiden ist das jeweils bedeutende Kriterium, das durch Weiterrauchen gefährdet worden wäre. (Es spielt keine Rolle, wie detailliert die Repräsentation der Zukunft erscheint, wenn Naomi keinen Wert darauf legt, ihre Nachkommen zu sehen, wird sie sie nicht dazu motivieren, mit dem Rauchen aufzuhören.) Was die Spezifität der Zukunft für Jerry auf ein zwingend reales Maß gebracht hat, waren keine äußeren Informationen (wie in Liz' und Naomis Fall), sondern die persönliche Erfahrung durch das Rauchen beeinträchtigt zu werden. Als das geschah, verfügte Jerry sofort über alle Erlebnis-Elemente, die er brauchte, um eine zwingende Zukunft zu konstruieren.

Zusammenfassend läßt sich sagen, daß die Motivation, mit dem Rauchen aufzuhören, dann entsteht, wenn man sehr wichtige Zukunftsentwürfe finden kann, die durch das Rauchen gefährdet würden und diese Zukunftsentwürfe soweit spezifiziert, daß der Betreffende sich in sie hineinversetzen kann (d. h. sie zwingend werden). Das hat die Wirkung, die Zukunft sehr viel motivierender zu machen als die Gegenwart und führt dazu, daß aktuelle Erwägungen wie Unbehagen, Verlust an Männlichkeit und Welterfahrenheit untergeordnet werden. Diese realen Zukunfts-Repräsentationen sind durch eine Gegenwart-Zukunfts Ursache-Wirkungsbeziehung mit dem Rauchen verbunden, so daß Rauchen oder der Gedanke ans Rauchen diese reale, unangenehme Zukunfts-Repräsentation auslöst. Das Unbehagen, das durch den Nikotin-Entzug ausgelöst wird ist vorübergehend. Doch wie ist es mit den Bedenken bezüglich des Verlusts an Männlichkeit und Welterfahrenheit?

> Dan rauchte schon als Teenager. Als sein Vater (der auch rauchte) dahinterkam, ging er an die Decke. Dan sei zu jung um zu rauchen, erklärte er und er solle es bloß nicht wieder versuchen. Einige Wochen später verletzte sich Dan beim Ballspielen. Sein Vater fuhr ihn zur Notaufnahme ins Krankenhaus. Während sie auf den Arzt warteten, zündete sein Vater zwei Zigaretten an und gab eine davon Dan. Selbst jetzt, zwanzig Jahre später, erinnert sich Dan an diesen Moment des Erwachsenwerdens, den er mit seinem Vater teilte. Natürlich war Dan jetzt ein Raucher. Er wußte, daß er damit aufhören sollte, doch andererseits waren alle in seiner Familie Raucher gewesen. Er war einfach ein Mensch, der mit einer Zigarette in der Hand besser funktionierte. Als Dans Vater an einem Emphysem starb, dachte Dan an seine eigene Zukunft und konnte nur seufzen: „Nun, als Raucher werde ich vielleicht nicht so lange leben wie andere, aber daran kann ich auch nichts machen.“ In seiner Niedergeschlagenheit zündete er sich eine Zigarette an um sich zu beruhigen.

Millionen von Menschen wissen, daß mit dem Rauchen aufzuhören und Nichtraucher zu sein zwei verschiedene Dinge sind. Viele von denen, die aufhören und die Phase anfänglichen körperlichen Unbehagens überstehen, in der sich der Organismus umstellt, rauchen innerhalb von einer Woche, eines Monats oder eines halben Jahres wieder. Für viele dieser Menschen erfüllt das Rauchen positive, befriedigende Kriteriumsäquivalenzen. In dem oben angeführten Beispiel hatte Dan als Teenager eine sehr positive und erfreuliche Erfahrung mit seinem Vater, die Rauchen mit Männlichkeit assoziierte (Männlich sein = rauchen). Im Verlauf der Zeit entwickelte Dan zusätzliche Kriteriumsäquivalenzen, die sowohl dazu führten, daß er sich als Raucher identifizierte (Rauchen ist nicht etwas, das er tut, sondern ein Teil von ihm: ich = Raucher) wie auch diese Identifikation als Raucher unterstützte (Raucher = komme aus einer Familie von Rauchern, genieße es zu rauchen, funktioniere besser mit Zigarette).

Wenn es doch einmal geschieht, daß Dan eine Erfahrung macht, die ihm die Zukunft, vor der auf jeder Zigarettenpackung gewarnt wird, unmittelbar vor Augen führt (wie z. B. zu erfahren, daß er Lungenkrebs hat), mag er zwar daraufhin aufhören, doch das verändert noch nicht notwendigerweise seine Kriterien oder die Evidenz die er verwendet, um zu entscheiden, ob seine Kriterien erfüllt sind. Eine Woche oder einen Monat, nachdem er aufgehört hat, setzt er Rauchen immer noch mit männlich-sein gleich und sieht sich immer noch als Raucher, der lediglich versucht, gegen seine natürliche Neigung anzukämpfen. Er erlebt einen Bruch zwischen der Evidenz, die er verwendet, um zu wissen, daß seine Kriterien „männlich-sein" und „ich selbst sein" erfüllt sind (genauer: männlich-sein = rauchen; ich = Raucher) und seinem Verhalten (nicht rauchen). Diese Diskrepanz wird stärker und schließlich unerträglich werden, was dadurch gelöst werden wird, daß er wieder mit dem Rauchen anfängt.

Der zweite wesentliche Schritt, um mit dem Rauchen aufzuhören, besteht darin, dafür zu sorgen, daß man die Art und Weise verändert, auf die sehr wichtige Kriterien erfüllt werden, so daß Kriterien und Selbstkonzept mit dem Nichtrauchen in Einklang stehen und es unterstützen.

Wenn Dan z. B. seine Kriteriumsäquivalenz für männlich-sein zu „seine Verpflichtungen anderen gegenüber erfüllen" oder „nicht abhängig sein" oder „Willenskraft" verändert hätte, würden sich eine ganze Reihe von Verhaltensmöglichkeiten, außer Rauchen, anbieten, durch die er das Kriterium „männlich-sein" erfüllen könnte. Darüber hinaus ist es wichtig, Rauchen von solchen Erfahrungen abzukoppeln, die man zur Definition seiner selbst verwendet. Es ist sehr viel angemessener, solche mit dem Rauchen verbundenen Assoziationen als Ursache-Wirkungsbeziehungen zu verstehen (Familie raucht → Dan will auch rauchen; Nikotinabhängigkeit → Verlangen zu rauchen, usw.), wodurch sie zum Gegenstand einer potentiellen Neuentscheidung und Veränderung werden. Auf diese Weise kann Dan (oder jeder andere) sein Selbstverständnis als Raucher gegen das eintauschen, ein freundlicher, hart arbeitender Mann zu sein, der z. Zt. noch raucht. Das macht es sehr viel leichter, zu einem Selbstverständnis überzugehen, das nicht-rauchen mit einschließt.

Der Weg zu frischem Atem

Das EMPRINT-Format, das Ihnen hilft mit dem Rauchen aufzuhören, enthält die wesentlichen Komponenten unseres fünfwöchigen Behandlungsprogramms. Die Erfahrungen, die durch die folgenden Schritte vermittelt werden, nützen jedem, weil sie sich mit Aspekten der *gesamten* Person befassen und nicht nur mit dem Rauchen. Selbst wenn Sie Nichtraucher sind, wird Ihnen dieses Kapitel vieles bieten, das im weiteren Verlauf des Buches nicht mehr wiederholt wird. Lesen Sie sich jeden Schritt aufmerksam durch, bevor Sie die Anweisungen ausführen. Falls Sie bereits ein Nichtraucher sind, setzen Sie einfach ein anderes unerwünschtes Verhalten anstelle des Rauchens ein.

In diesem Kapitel wird besonderer Wert auf die Entwicklung eines starken positiven Selbstkonzepts gelegt. Sie werden unabhängig davon, ob Sie rauchen oder nicht, von diesem Schritt der Sequenz profitieren. Falls Sie rauchen, wird diese Selbst-Konzept-Sequenz Ihnen dabei helfen, nachdem Sie aufgehört haben zu rauchen, auch weiterhin ein Nichtraucher zu *bleiben*. Zusätzlich zu der Verknüpfung nützlicher Verhaltensweisen mit einem starken, positiven Selbstkonzept, beginnen Sie damit auch eine motivierende Zukunft zu entwickeln, sinnvolle Gegenwart-Zukunfts Ursache-Wirkungsbeziehungen zu übernehmen, die Bedürfnisse zu erkennen, die das Rauchen gegenwärtig erfüllt, neue Wege zu finden, um diese Bedürfnisse zu erfüllen und zu lernen, wie Sie Erfolg in leicht durchführbare Schritte unterteilen können.

Wie Sie vielleicht schon bemerkt haben, besteht einer der wichtigsten Unterschiede zwischen einem Raucher und einem Nichtraucher (oder ehemaligem Raucher) darin, daß für den Raucher die negativen Folgewirkungen des Rauchens nur sterile Informationen sind und keine sehr reale Möglichkeit im eigenen Fall darstellen. Das zeigt sich auch in dem sehr häufigen Fall, daß ein motivierendes Erlebnis, wie z. B. blutiger Auswurf, Kurzatmigkeit, die Eröffnung des Arztes, daß Krebs diagnostiziert worden oder wahrscheinlich sei, wenn es einem selbst oder einer nahestehenden Person widerfährt, unmittelbar dazu führt, mit dem Rauchen aufzuhören. Die Wirkung dieser Erlebnisse besteht darin, daß sie bloße Informationen bezüglich der schädlichen Wirkung in eine persönliche Erfahrung verwandeln. Jeder weiß, daß Rauchen schädlich ist, doch für manche ist die Möglichkeit von Herzerkrankungen, Bluthochdruck oder Krebs zu entrückt und nur sterile Information, die keinen Bezug zu *ihrer* persönlichen Erfahrung hat. Es liegt auf der Hand, daß Sie daher, wenn Sie aufhören wollen zu rauchen, eine zwingende Zukunft für sich entwickeln müssen, in der Sie infolge Ihres Rauchens schwer erkrankt sind. Diese zwingende Zukunft wird Sie ganz entschieden dabei unterstützen, Sie zum Aufhören zu motivieren.

1. Zu diesem Zweck müssen Sie sich vorstellen, daß Sie sich in der Zukunft als direkte Folge Ihres regelmäßigen Zigarettenrauchens erbärmlich schlecht fühlen. Sie können mit einer Erinnerung beginnen, in der Sie sich in einem Krankenhausbett liegen sehen. Wenn Sie keine solche Erinnerung haben, erinnern Sie sich daran, wie es war, jemanden zu besuchen, der im Krankenhaus lag, und was für ein gutes Gefühl es war, das Krankenhaus wieder verlassen zu können. Finden Sie jetzt eine entsprechende Erinnerung, damit Sie sie im nächsten Schritt verwenden können.

2. Stellen Sie sich jetzt vor, Sie seien der Patient und nicht der Besucher. Beziehen Sie alle die wünschenswerten Erfahrungen in diese Vorstellung mit ein, um die Sie das Rauchen gebracht haben wird, wie z. B. Ihre Enkelkinder nicht sehen zu können (wie in Naomis Fall), nicht mit Ihrem Partner schlafen zu können, den Frühlingsmorgen nicht genießen zu können, die Reise, die Sie geplant hatten, nicht antreten zu können, usw. Erleben Sie die Trauer, das Bedauern, den Schmerz, die Sehnsucht und die Enttäuschung, die ein Teil dieser Wirklichkeit sind. Es wird eine Herausforderung sein, diese Vorstellung so wirklich wie möglich zu machen, denn je realer sie ist, umso unbehaglicher werden Sie sich fühlen, wenn Sie versuchen eine Zigarette zu rauchen. Wir empfehlen Ihnen, diese zwingende Zukunft real genug zu entwickeln, damit Sie motiviert sind und dann wieder dazu zurückkehren, wenn Sie die nächsten Schritte ausgeführt haben. (Lesen Sie das dritte Kapitel noch einmal, falls Sie Hilfe brauchen, um eine zwingende Zukunft zu entwikkeln.) Auf diese Weise werden Sie dazu motiviert sein zu handeln, wenn Sie die anderen notwendigen Schritte durchgeführt haben, die notwendig sind, um auf angenehme Weise zum Nichtraucher zu werden. Nehmen Sie sich nun Zeit, um diesen Schritt auszuführen.

3. Für viele ist Rauchen nicht nur ohne Beziehung zu motivierenden persönlichen Erfahrungen, wie wir sie gerade besprochen haben, es ist außerdem auch (unglücklicherweise) eine Quelle primären Lustgewinns. Es ist ein Mittel, mit dem Sie Ihr Erleben kontrollieren können. Rauchen ermöglicht es Ihnen, sich zu entspannen, nachzudenken, eine Pause zu genießen, sich zurückzuziehen, sich zufrieden zu fühlen, sich aufzuputschen, kreativ zu sein und das Ende bestimmter Handlungen (z. B. Mahlzeiten) zu kennzeichnen. Bestimmen Sie, auf welche Weise das Rauchen es Ihnen erlaubt, Ihr Erleben zu kontrollieren. Führen Sie, nachdem Sie das getan haben, die Situationen auf, in denen diese Erfahrungen für Sie wichtig sind.

Was ich durch das Rauchen gewinne	**Situationen, in denen es wichtig ist**
______________________	______________________
______________________	______________________
______________________	______________________

4. Führen Sie, um das bereits Genannte noch zu ergänzen und genauer zu spezifizieren, in den nächsten zwei Wochen ein Tagebuch, in dem Sie für jede Zigarette aufschreiben, wann, wo und mit wem Sie sie geraucht haben und was Sie in der Situation durch das Rauchen der Zigarette erreichen wollten (wie z. B. zur Entspannung, um Zeit für sich alleine zu haben, die Hände beschäftigt zu halten, die Zeit schneller vergehen zu lassen oder auch nur aus Gewohnheit oder weil Zigaretten verfügbar waren.)

5. Versagen Sie sich, nachdem Sie die Situationen, in denen Sie Rauchen bestimmt haben, eine Woche lang in *einer* dieser Situationen das Rauchen (beispielsweise nach einer Mahlzeit), während Sie zu anderen Gelegenheiten weiter rauchen. Experimentieren Sie in dieser Woche mit anderen Verhaltensmöglichkeiten, bis Sie *mehrere* gefunden haben, die es Ihnen ermöglichen, in der betreffenden Situation das gleiche ohne Zigarette zu erleben. (Das wird Ihnen eine persönliche Erfahrung dafür vermitteln, daß Sie eine durch Zigaretten bestimmte automatische Reaktion in zumindest einer Situation in eine gewählte Reaktion verwandeln können.) Sie können diesen Prozeß dann mehrfach wiederholen, indem Sie auch für die übrigen Situationen andere Wege entdecken, Ihre Bedürfnisse zu befriedigen. Die Frage, die Sie sich während dieses Vorgangs stellen sollten, lautet: „Was kann ich – werde ich – anstelle des Rauchens tun, das in dieser Situation genauso gut funktionieren wird?" Vergessen Sie nicht, diesen Prozeß auch wirklich als Gelegenheit zur Exploration zu sehen und nicht als auferzwungene Entbehrung.

6. Der nächste Schritt besteht darin, die Kriterien zu bestimmen, die mit Ihrem Selbstkonzept verbunden sind. Welche Merkmale und Eigenschaften würden Sie sich zuschreiben? Welche Züge und Merkmale sollen andere an Ihnen wahrnehmen? Was für ein Mensch möchten Sie gerne sein? Sehen Sie sich z. B. als nett, großzügig, liebevoll, reif, intelligent, neugierig, tatkräftig, kühl, unerschütterlich, unabhängig, stolz, dickköpfig? Möchten Sie gern rücksichtsvoller, attraktiver, selbstbewußter sein? Benennen Sie wenigstens fünf der Eigenschaften, die Sie an sich schätzen und tragen Sie sie in dem dafür vorgesehenen Raum ein.

Meine aktuellen und (hoffentlich) zukünftigen Eigenschaften

____

____

____

7. Nachdem Sie Ihre Selbstkonzept-Kriterien bestimmt haben, müssen Sie diese nun auswerten. Tun Sie das, indem Sie die folgenden drei Fragen beantworten: Sind diese Kriterien repräsentativ für die Person, die Sie heute sind oder stammen sie aus früheren Zeiten in Ihrem Leben und sind jetzt unangemessen (z. B. cool wirken, erwachsen wirken, usw.)? Sind sie repräsentativ für die Person, die Sie sein wollen (möchten Sie z. B. rücksichtsvoll anderen gegenüber, unabhängig, tatkräftig sein)? Welche Kriterien können Sie hinzufügen, die im Einklang mit Ihrem Wunsch stehen würden, mit dem Rauchen aufzuhören (z. B. unabhängig, gesund, stolz)? Nehmen Sie sich jetzt die Zeit, um diese Evaluierung für jedes der aufgeführten Kriterien vorzunehmen.

Möglicherweise fällt Ihnen nach der Evaluierung Ihrer Selbstkonzept-Kriterien auf, daß zwischen dem Rauchen und der Person, die Sie sein wollen, ein Konflikt besteht. Wenn ja, wird die folgende Sequenz besonders nützlich für Sie sein.

8. Erinnern Sie sich daran, wie Sie vor fünf Jahren waren. Fügen Sie so viele Details wie möglich hinzu: was haben Sie getan, was war Ihnen wichtig, welche Träume und Hoffnungen hatten Sie, usw.

9. Bestimmen Sie als nächstes zwei bedeutende Veränderungen, die Sie seit dieser Zeit gemacht haben, und richten Sie Ihre Aufmerksamkeit vor allem darauf, wie Sie diese Veränderungen gemacht haben, d. h. führen Sie genau aus, was Sie getan haben, das zu diesen zwei Veränderungen beigetragen und sie ermöglicht hat. (Dadurch etablieren Sie eigene Vergangenheit-Gegenwarts Ursache-Wirkungsbeziehungen.) Schließen Sie diesen Schritt zunächst ab, bevor Sie weiterlesen.

10. Sehen Sie sich jetzt in Ihrer Vorstellung fünf Jahre in der Zukunft, als langjährigen Nichtraucher. Statten Sie diese Repräsentation von sich als zukünftigem Nichtraucher so vollständig wie möglich aus; sehen Sie, was Sie dann sehen würden, hören Sie die

Veränderung in Ihrer Stimme, und spüren Sie wie anders es sich anfühlt, ein langjähriger Nichtraucher zu sein.

11. Bitten Sie in Gedanken Ihr zukünftiges Ich, als Ressource für Sie in der Gegenwart zu wirken, indem es Ihre Bemühungen ein Nichtraucher zu werden ermutigt und unterstützt. Da niemand teurer für Ihr Rauchen bezahlen wird als Ihr zukünftiges Ich, haben Sie jemand wirklich Nahestehenden, für den es sich lohnt aufzuhören. Sobald Ihr zukünftiges Ich sich bereit erklärt hat, Ihre Bemühungen zu ermutigen und zu unterstützen, kehren Sie beruhigt in die Gegenwart zurück.

12. Orientieren Sie sich vollkommen auf die Gegenwart und schreiben Sie die Antworten auf die folgenden Fragen auf. Indem Sie diese Fragen beantworten, setzen Sie Verhaltensgrenzen fest, die nützlich sind, um Ihr Wohlbefinden zu bewahren. Zu wissen, daß Sie z. B. nicht absichtlich etwas möglicherweise Giftiges essen oder jemandem erlauben würden, Ihnen körperlichen Schaden zuzufügen, erlaubt es Ihnen, sich darauf zu verlassen, daß Sie sich um Ihr Wohlbefinden kümmern und sorgen werden.

- Was sind Beispiele für Verhaltensweisen (Handlungen, Gedanken, Äußerungen), die Sie *nicht* tun würden?

Dinge, die ich nicht tun würde

____

____

____

- Nennen Sie Beispiele für Dinge, die Sie anderen nicht antun würden.

Dinge, die ich anderen nicht antun würde

____

____

____

- Nennen Sie Beispiele für Dinge, die Sie sich von anderen nicht gefallen lassen würden.

Dinge, die ich mir von anderen nicht gefallen lassen würde

▪ Nennen Sie Beispiele für Dinge, die Sie sich selbst nicht antun würden.

Dinge, die ich mir nicht antun würde

Können Sie jetzt (ohne Einschränkungen und ohne Zögern) Rauchen in die Kategorie der Dinge einordnen, die Sie sich nicht antun würden? Falls nicht, haben Sie noch keine Repräsentation von Rauchen als etwas Schädlichem, das Sie sich selbst zufügen, etwas *Destruktivem, für das Sie in der Zukunft teuer zu zahlen haben werden.*

Denken Sie daran, daß Sie sich Ihrem Ziel immer in Etappen annähern können. Wenn Sie z.Zt. eine Packung am Tag rauchen, könnten Sie sich – in der „Würde-ich-mir-nicht-antun"-Kategorie – ein Limit von z. B. nicht mehr als sechzehn Zigaretten pro Tag setzen. Das Limit können Sie dann auf vierzehn pro Tag heruntersetzen, dann zwölf, usw., bis Sie *Schritt für Schritt* Rauchen aus Ihrem Leben verbannt haben. Um sicherzustellen, daß Sie sich an das jeweils festgesetzte Limit halten, werden Sie weiterhin Ihr zukünftiges Ich als Ressource nutzen müssen, durch die Sie ermutigt und unterstützt wie auch an die schrecklichen zukünftigen Folgen erinnert werden, die eintreten würden, wenn Sie *nicht* aufhörten zu rauchen. Ihr zukünftiges Ich kann Ihnen dabei helfen, Grenzen, die Sie als wesentlich für Ihr Wohlbefinden erkannt haben, nicht zu übertreten.

13. Der nächste Schritt in dieser Sequenz besteht darin, fünf Verhaltensweisen zu benennen, die Sie z.Zt. täglich ausführen und von denen Sie wissen, daß sie zu einer wünschenswerten Zukunft führen werden. Diese Verhaltensweisen können dem Anschein nach so unbedeutend sein wie z. B. Zähneputzen. Es mag wie etwas Nebensächliches erscheinen, aber Zähneputzen trägt zu einer wünschenswerten Zukunft bei, einer Zukunft, in der Sie noch Ihre eigenen Zähne und gesundes Zahnfleisch haben. Ein anderes Beispiel könnte die Art und Weise sein, in der Sie täglich Ihrer Familie gegenüber Ihre Zuneigung äußern. Das trägt zu einer Zukunft mit gehaltvollen und wichtigen Beziehungen bei. Sie werden vermutlich eine ganze Reihe dieser förderlichen Verhaltensweisen finden können, aber fünf werden für unsere Zwecke vorerst genügen. Tragen Sie sie in den unten dafür vorgesehenen Zeilen ein.

Gewohnte Verhaltensweisen, die zu einer wünschenswerten Zukunft führen

____

____

____

____

____

14. Wenn Sie diese nützlichen Verhaltensweisen benannt haben, bestimmen Sie, welche Eigenschaft sich in jeder von ihnen ausdrückt. Zähneputzen kann Ausdruck dafür sein, daß Sie gewissenhaft, gepflegt oder verantwortungsbewußt sind. Zuneigung äußern kann Ausdruck von Herzlichkeit, Liebe oder sogar einer anderen Art von Verantwortungsbewußtsein sein. Bestimmen Sie zunächst diese Eigenschaften, bevor Sie weiterlesen.

15. Alle fünf Verhaltensweisen haben die Gemeinsamkeit, daß sie Sie zu Ihrer gewünschten Zukunft führen. Nehmen Sie sich nun Zeit, sich die positiven Zukunftsentwürfe vorzustellen, die Sie verwirklichen, indem Sie jede dieser Verhaltensweisen ausführen. Überprüfen Sie, ob diese Zukunftsentwürfe auch von Ihrem zukünftigen Ich befürwortet und unterstützt werden. Untersuchen Sie jetzt, wie das Unterlassen dieser Verhaltensweisen zu *un*erwünschten Zukunftsentwürfen führen kann. Stellen Sie sich die verschiedenen Zukunftsalternativen vor, die Sie erwarten, wenn Sie es versäumen, diese fünf Verhaltensweisen auszuführen. Führen Sie diesen Schritt aus, bevor Sie weiterlesen.

16. Bestimmen Sie jetzt vier Verhaltensweisen, die nicht zu Ihrem Verhaltensrepertoire gehören und die, ihre Ausführung vorrausgesetzt, zu unangenehmen Konsequenzen führen würden (z. B. Stehlen, Lügen, rücksichtslos sein, keine Steuern zu zahlen oder die Bedürfnisse nahestehender Personen zu vernachlässigen). Vielleicht trinken Sie keinen Alkohol, essen kein rohes Fleisch oder betrügen Ihren Partner nicht. Die Ausführung des jeweiligen Gegenteils wären Beispiele für Verhaltensweisen, die zu einem schlechten Selbstwertgefühl oder anderen bitteren Konsequenzen führen könnten. In diesem Schritt müssen Sie nun vier Verhaltensweisen benennen, die Sie *nicht* tun – Verhaltensweisen, von denen Sie froh sind, daß Sie sie nicht tun.

Dinge, die ich (zum Glück) nicht tue

____

____

____

____

____

17. Fügen Sie jetzt noch eine fünfte Verhaltensweise hinzu: entweder Rauchen oder so viel zu rauchen wie Sie es z.Zt. tun.

18. Stellen Sie sich die positive Zukunft vor, auf die Sie sich zubewegen, indem Sie diese fünf unerwünschten Verhaltensweisen nicht ausführen. Stellen Sie sich vor, wie Sie sich Tag für Tag, Woche für Woche, Monat für Monat dieser positiven Zukunft nähern. Lassen Sie sich genug Zeit, um sich jede dieser Etappen so wirklich wie möglich vorzustellen. Auf diese Weise können Sie wirklich erleben und würdigen, daß Sie sich mit jedem Tag, an dem Sie diese Verhaltensweisen nicht ausführen, um einen Schritt der Verwirklichung Ihrer gewünschten Zukunft nähern und von der unerwünschten und unerfreulichen Zukunft entfernen. Nehmen Sie sich, bevor Sie weiterlesen, ein paar Minuten, um jede dieser Phasen Ihrer Zukunft real und zwingend zu machen.

19. Nachdem Sie die verschiedenen Phasen Ihres Fortschritts untersucht haben, bestimmen Sie jetzt die Eigenschaften, die Sie ausdrücken, indem Sie diese fünf Verhaltensweisen nicht ausführen. Welche Eigenschaften wie z. B. Treue, Ehrgefühl, Fürsorge, Verantwortungsbewußtsein, Kompetenz, Weisheit (und andere, die auf Sie zutreffen) äußern Sie, indem Sie die als potentiell schädlich und selbstzerstörerisch erkannten Verhaltensweisen nicht ausführen?

Diese Verhaltensweisen, die Sie regelmäßig ausführen (oder nicht ausführen), können Ihnen die Bestätigung dafür geben, daß Sie die Person sind, die Sie sein wollen. Vergessen Sie nicht, von Zeit zu Zeit die Listen der Dinge, die Sie tun und nicht tun, zu erweitern. Nehmen Sie jeweils eine neue Verhaltensweise auf. Indem Sie das tun, helfen Sie sich selbst dabei, Ziele zu setzen, die Sie planen und erreichen können. Jedes Verhalten, das Sie neu in Ihre Liste aufnehmen, gibt Ihnen eine neue Möglichkeit, Ihren Fortschritt zu verfolgen. Es gibt Ihnen auch eine überprüfbare Grundlage für ein starkes Selbstwertgefühl. Überprüfen Sie Ihre Liste der Verhaltensweisen, die Sie ausführen und nicht ausführen, bevor Sie einschlafen, und belohnen Sie sich mit einem Gefühl der Zufriedenheit darüber, wie Sie sich in der Gegenwart verhalten und wie Sie sich einer erstrebenswerten Zukunft annähern.

Wir erwarten nicht, daß Sie sofort zum Nichtraucher werden, nachdem Sie diese Sequenz einmal durchgelesen haben (obwohl Sie uns natürlich überraschen können). Mit dem Rauchen aufzuhören setzt eine starke Motivation und Entschlossenheit zum Handeln voraus. Wenn Sie dazu bereit sind das Ziel zu verfolgen, Nichtraucher zu werden, müssen Sie sich die Zeit nehmen, diese gesamte Sequenz zu wiederholen. Sie sollten die Wirkung zusätzlich durch die EMPRINT-Formate in den Kapiteln drei bis sechs verstärken. Sie werden dann über das gesamte Know-How verfügen, das diejenigen Personen haben, die nie eine Neigung zum Rauchen verspürt oder mit Erfolg und Zufriedenheit das Rauchen aufgegeben haben.

Alkohol

Gus war wie gewöhnlich etwas nervös und mehr als nur ein bißchen befangen. So war es immer, wenn er die ersten Male mit einer Frau ausging, und auch dieses Mal war es nicht anders. Er mochte Sophie, die junge Frau, mit der er verabredet war, wirklich gern und hatte bereits große Hoffnungen für diesen Abend. Er wollte nicht, daß sie seine Nervosität bemerkte, daher trank er zum Abendessen ein paar Cocktails und mehr als eine halbe Flasche Wein. Gegen Ende des Abendessens hatte er gerade genug, um sich nicht mehr nervös zu fühlen. Er hatte nun das Gefühl sehr verbindlich zu sein. Doch dann wollte Sophie tanzen gehen und schleppte Gus mit in eine Discothek. Gus ist kein begeisterter Tänzer. Er hatte sich immer schon durch die ungehemmte Ausgelassenheit der anderen Tänzer eingeschüchtert gefühlt. Die Situation wurde noch dadurch verschärft, daß die angenehme Wirkung der Getränke, die er während des Abendessens zu sich genommen hatte, mittlerweile abgeebbt war als er und Sophie die Discothek erreichten. Sophie wollte sofort tanzen, doch Gus konnte sie lange genug zurückhalten, um Zeit für zwei Drinks zu haben. Langsam wurde seine Furcht durch die vertraute, behagliche Wärme, die der Alkohol bewirkt hatte, abgelöst und Gus führte Sophie auf die Tanzfläche. Er hatte einen Riesenspaß. Er hielt die Kellnerin mit seinen regelmäßigen Bestellungen beschäftigt und mit jedem zusätzlichen Drink wurde er lockerer. Als Sophie schließlich nach Hause gehen wollte, wirbelte Gus nur noch über die Tanzfläche. Sie bemerkte, daß er kaum in der Verfassung sei noch zu fahren, aber er versicherte ihr, daß er „völlig in Ordnung" sei. Gus schlängelte durch die (glücklicherweise) fast leeren Straßen und setzte Sophie vor ihrer Haustür ab. Um sieben Uhr am nächsten Morgen weckte ihn das schädelspaltende Klingeln des Weckers und erinnerte ihn daran, daß er in einer Stunde bei der Arbeit sein müsse. „Das wird ein langer Tag" brummte er, als er vorsichtig seine Beine über die Bettkante schwang. „Aber es war die Sache wert", dachte er sich. Sophie lag zu dieser Zeit bereits wach in ihrem Bett und überlegte: „Es muß doch einen Weg geben, solche Nieten auszusieben, bevor ich mit ihnen ausgehe."

Millionen von Menschen setzen Alkohol ein, um ihre emotionalen Zustände zu verändern. (2) Für Gus, wie für viele andere auch, hat der Alkohol eine entspannende und enthemmende Wirkung. Verschiedene Personen werden ihr Erleben unter Alkoholeinfluß verschieden beschreiben und die Fähigkeit des Alkohols betonen, sie mutig, gesellig, stark, verführerisch, sentimental, usw. zu machen. Doch der Zweck des Trinkens ist immer der gleiche – die Veränderung eines emotionalen Zustandes.

An und für sich ist es nichts Schlimmes, Alkohol zu benutzen, um die genannten emotionalen Zustände zu erreichen. Es ist jedoch eine *Beschränkung*, wenn Alkohol der einzige Weg ist, den man hat, um sich so zu fühlen, wie man sich fühlen möchte. In diesem Fall ist z. B. Ungezwungenheit, wie in Gus' Beispiel, durch äußere Faktoren bestimmt. Gus *braucht* Alkohol, um sich ungezwungen zu fühlen. Deshalb wird er jedesmal trinken, wenn er in einer Situation ist, in der er sich ungezwungen fühlen möchte. Das Problem dabei, sich ausgelassen zu trinken ist, daß Gus unter dem Einfluß einer Droge steht, die er nicht einfach abstellen kann, wenn sich die Situation ändert (z. B. Autofahren) und es nicht mehr angebracht ist ausgelassen zu sein. Außerdem sind da noch die Nachwirkungen am Morgen danach, die Gus zu berücksichtigen vergißt, wenn er nachts seine Drinks kippt.

Gus' Alkoholmißbrauch wird durch folgende Faktoren ermöglicht: 1. Er trinkt, um die sehr wichtigen emotionalen Zustände Ausgelassenheit und Entspannung zu erreichen (und nicht z. B. wegen des Geschmacks oder um seinen Durst zu stillen, gesellig zu sein, usw.); 2. das Erreichen dieser Zustände stellt eine automatische Reaktion dar, da er keine andere Möglichkeit hat sie zu induzieren; 3. er stellt keine Überlegungen darüber an, wie er in der Zukunft sein Trinken einschränken kann, um mögliche Nachteile zu vermeiden (z. B. Verlust von Führerschein, Arbeit, Gesundheit). Diese Parameter werden dazu führen, daß Gus in einer Situation, in der er entspannt und ungehemmt sein möchte, Alkohol trinken wird, wenn er die Gelegenheit dazu hat,und so lange weitertrinken wird, wie er ungehemmt bleiben möchte und es wahrscheinlich versäumen wird, sein Trinken wegen der möglichen zukünftigen Folgen eines Rausches einzuschränken.

Sophie nahm Gus' Einladung zum Abendessen an, da sie ihn gern näher kennenlernen wollte. Das Abendessen verlief angenehm. Der Wein, den er bestellt hatte, war ausgezeichnet und sie genoß die Wärme, die er in ihren Gliedern auslöste. Sie wollte tanzen gehen und schlug deshalb vor, eine Discothek in der Nähe zu besuchen. Gus wollte nicht sofort tanzen und Sophie mußte warten, bis er etwas zu trinken gehabt hatte. Sie wollte sich bloß entspannen und nicht total die Kontrolle verlieren, deshalb trank sie nach ihrem ersten Cocktail Mineralwasser. Sie wollte sich nicht betrinken, weil sie am nächsten Morgen arbeiten mußte und weil sie dachte, es sei besser, wenn sie nüchtern bliebe, da Gus offensichtlich zu betrunken war, um zu fahren. Als sie endlich tanzen konnte, fühlte sie sich großartig. Gegen elf war die Wirkung des Alkohols verflogen, aber Sophie war immer noch an Gus interessiert. Als sie ein paar Tänze ausließen, stellte sie ihm ein paar Fragen zu seinem Privatleben und seiner Vergangenheit. Gus erzählte ihr, wenn er nicht gerade an seinem Glas nippte, ein bißchen von seinem Leben, und Sophie fühlte sich ihm schon bald näher. Später bestand Gus darauf, daß er in der Lage sei zu fahren, und Sophie war während der Fahrt nach Hause angespannt. Als sie endlich angekommen waren, ließ sie sich von Gus auf die Wange küssen und bedankte sich für einen netten Abend. Sobald sie in ihrer Wohnung war, begann sie jedoch zu überlegen, wie sie die Nieten aussondern könnte, *bevor* sie mit ihnen ausging.

Sophie mag den leichten Rausch und das Gefühl der Wärme, das sie vom Alkohol bekommt. Anders als Gus braucht sie jedoch keinen Alkohol, um sich anderen nahe zu fühlen. Sie hat wenigstens eine zusätzliche Möglichkeit, um Nähe zu anderen herzustellen, und das ist eine Möglichkeit, die sie durch ihr Verhalten kontrollieren kann (z. B. indem sie persönliche Fragen stellt). Sie weiß außerdem, daß Alkohol ihre Wahrnehmungsgenauigkeit und Reaktionsgeschwindigkeit für eine Weile beeinträchtigen und über ein bestimmtes Maß hinaus zu einem Kater am nächsten Morgen führen wird. Sophie überlegt daher, in welcher Verfassung sie sein muß, wenn es Zeit ist, später nach Hause und morgen früh zur Arbeit zu gehen, und stellt sich dann in bezug auf ihr Trinken darauf ein.

Die Fähigkeit, in einem vernünftigen Maße zu trinken, setzt also Überlegungen bezüglich möglicher zukünftiger Erfahrungen voraus, die real und zwingend genug sind, um Ihr Verhalten im Hinblick auf kommende Situationen zu motivieren, in denen betrunken (oder verkatert) zu sein, unangemessen wäre (z. B. wenn Sie in wenigen Stunden fahren müssen, noch zu arbeiten haben, mit Ihrem Partner schlafen wollen, ohne daß Ihre Sinne dabei abgestumpft sind, oder am nächsten Morgen für eine bestimmte Aufgabe einen klaren Kopf brauchen). Es setzt auch voraus, daß Sie andere Möglichkeiten haben, außer durch Trinken die emotionalen Zustände herzustellen, die Sie in der Gegenwart wollen. Das erlaubt es Ihnen, das zu tun, was für Ihr zukünftiges Wohlbefinden nötig ist, ohne dafür wichtige aktuelle Bedürfnisse und Wünsche unerfüllt zu lassen.

Ein Toast auf die Mäßigung

Das folgende EMPRINT-Format ist dafür vorgesehen, Ihnen das Know-How für ein sehr wichtiges Talent zur Verfügung stellen: Mäßigung. Auch wenn einige Ähnlichkeiten zwischen den Schritten in diesem Kapitel und in den Kapiteln über Essen, Drogen und Rauchen bestehen, stellen wir hier eine Methode vor, mit der Sie neue Verhaltensweisen erwerben können und bieten Ihnen das spezifische Know-How, um Trinken in eine gewählte Reaktion zu verwandeln. Lesen Sie die Anweisungen und Erklärungen für die einzelnen Schritte, bevor Sie mit den Übungen und Explorationen beginnen. Sie werden dadurch lernen, wie Sie auf befriedigende und erfüllende Weise für sich sorgen können.

1. Wie wir oben (Anmerkung 2) bemerkt haben, ist dieses Format nicht geeignet, um die komplexen interaktionellen und physiologischen Probleme von Alkoholabhängigkeit zu lösen. Es gibt jedoch eine große Zahl von Personen, die bei verschiedenen Gelegenheiten exzessiv trinken. Wenn Trinken ein potentielles Problem für Sie darstellt, besteht der erste Schritt darin, eine zwingende Zukunft zu entwickeln, in der man sich als Alkoholabhängigen sieht. Wenn Sie das tun, ist es wichtig, eine Zukunft zu schaffen, die die tatsächlichen langfristigen Folgen exzessiven Trinkens widerspiegelt. Stellen Sie sich den zukünftigen Alkoholiker als jemanden vor, der völlig am Ende ist, heimlich trinkt, seine Schnapsflaschen versteckt und für jeden in seiner Umgebung unangenehm und unerträglich ist. Wenn Sie nicht bereits Erinnerungen (an eigene Erlebnisse oder die anderer) haben, die Sie mit den nötigen Elementen für diese Vorstellung versorgen, können Sie die stellvertretende Erfahrung nutzen, die Ihnen durch die Straßen torkelnde Stadtstreicher oder Betrunkene in jeder Kneipe bieten. Vielleicht kennen Sie auch jemand in Ihrer eigenen Familie, dessen Alkohol-Karriere Sie lieber nicht nachahmen möchten.

Ein Ziel dabei, Sie eine zwingende Zukunft erstellen zu lassen, in der Sie sich als Alkoholabhängigen sehen, besteht darin, Sie jetzt dazu zu motivieren, auf übertriebenen Alkoholgenuß zu verzichten, lange bevor es notwendig wird, sich wegen Alkoholabhängigkeit behandeln zu lassen. Ein weiteres Ziel für die Repräsentation einer zukünftigen Alkoholabhängigkeit besteht darin, Ihnen die Gelegenheit zu bieten, die Verhaltensweisen zu identifizieren, die wahrscheinlich zu dieser unerwünschten Zukunft führen werden. Sie werden diese Information später nutzen können, um zu entscheiden, ob Ihr Verhalten mit Ihrem Wunsch im Einklang steht, ohne die Abhängigkeit von Alkohol zu leben. Nehmen Sie sich nun die Zeit, eine zwingende Zukunft von sich selbst als Alkoholabhängigem zu entwickeln.

2. Wenn es Ihnen zu unwirklich erscheint, sich eine Zukunft als Alkoholabhängiger vorzustellen (d. h. wenn Sie unerschütterlich fest daran glauben, daß eine solche Wirklichkeit in keiner Weise eine Möglichkeit für Sie darstellt), probieren Sie folgendes: Stellen Sie sich eine Problemsituation vor, in der es ausreicht einmal zuviel zu trinken, um sehr unerfreuliche Konsequenzen zu bewirken (wie z. B. wegen Fahrens unter Alkohleinfluß verhaftet zu werden oder, noch schlimmer, betrunken einen Unfall mit Verletzungsfolgen zu verursachen; oder sich unter Alkoholeinfluß in einer Weise zu benehmen, derer Sie sich später schämen). Es sollte sich dabei um sehr spezifische und wahrscheinliche Situationen handeln, von denen Sie sich vorstellen können, daß sie Ihnen tatsächlich zustoßen. Wir sind uns dessen bewußt, daß wir Sie dazu auffordern, sich sehr unangenehme Erfahrungen vorzustellen, doch es ist besser, sie sich vorzustellen und zu nutzen, um die Verhaltensweisen vermeiden zu können, die zu diesen Erfahrungen führen, als sie und die daraus folgenden Gefühle von Schmerz, Reue, Schuld und Scham direkt zu erleben.

Um diese vermeidbaren zukünftigen Erfahrungen zu schaffen, brauchen Sie sich nur an die gleiche Sequenz zu halten wie in dem vorherigen Schritt – mit nur einer Ausnahme: Es ist entscheidend, daß Sie sich in dieser Erfahrung selbst sehen können. Der Grund dafür ist, daß Sie, wenn Sie sich vollständig in diese vorgestellten Erfahrungen hineinversetzen würden, Sie die betäubte, verschwommene Wahrnehmung eines Betrunkenen übernehmen würden. Wenn es sich um exzessives Trinken handelt, ist es besser, sich selbst von einer äußeren Perspektive zu sehen, die Sie dazu motiviert, ähnliche Erfahrungen zu vermeiden.

3. Falls exzessives Trinken z.Zt. ein Problem für Sie darstellt, ist es wichtig, eine Antwort auf die Frage zu finden: „Wodurch wird das ermöglicht?" Eine Möglichkeit besteht darin, daß Ihre Kriterien veraltet sind: vielleicht stammen sie aus früheren Jahren und müssen auf einen neueren Stand gebracht werden. Fühlen Sie sich in sozialen Trinksituationen in die Trinkwettbewerbe Ihrer Teenagerzeit zurückversetzt? Ist ein Mann für Sie jemand, der nicht unter den Tisch zu trinken ist? Ist sich zu betrinken für Sie immer noch Ausdruck von Draufgängertum, Erwachsensein oder Unabhängigkeit? Wenn ja, überprüfen Sie Ihre aktuellen Kriterien hinsichtlich ihrer Angemessenheit für die Person, die Sie heute sind, und die Welt, in der Sie heute leben. Wenn Sie Ihre Kriterien überprüfen, sollen Sie nicht nur die Kriterien aufgeben, die nicht mehr relevant sind, sondern auch neue hinzunehmen, die Sie für angemessener halten. Wollen Sie z. B., daß eine Person, an der Sie interessiert sind, Sie nüchtern oder betrunken kennenlernt? Wahrscheinlich werden Sie in sozialen Situationen sich selbst und andere weiter mit Respekt und Integrität behandeln wollen. Bereiten Sie, wie Sie es schon einmal getan haben, eine Liste möglicher Kriterien vor, und überlegen Sie, was, wie und wann Sie in einer sozialen Situation trinken würden, wenn Sie die einzelnen Kriterien verwenden würden.

einen Rausch haben
sich amüsieren
vergessen
genießen
Gesundheit

Wohlbefinden am nächsten Tag
Kontrolle über mein Verhalten haben
Achtung anderer
Stolz

Probieren Sie die verschiedenen Kriterien in der folgenden Situation aus: Es ist ein Abend während der Woche, und Sie sind nach einem besonders schweren Tag auf der Fahrt nach Hause. Überlegen Sie jetzt, wie Sie den Rest des Abends im Hinblick auf Alkoholtrinken verbringen werden. Wählen Sie z. B. das Kriterium „Vergessen“ und stellen Sie sich vor, daß das die Erfahrung sei, die Sie wollen. Wie werden Sie planen und was werden Sie tun müssen, um diese Erfahrung zu haben? Kehren Sie, nachdem Sie das für das Kriterium „Vergessen“ getan haben, wieder an den Anfang zurück und stellen Sie sich vor, Sie seien nach einem besonders anstrengenden Tag auf der Fahrt nach Hause. Überlegen Sie, wie Sie den Rest des Abends verbringen werden, wenn Sie jetzt das Kriterium „Wohlbefinden am nächsten Tag“ anwenden. Der Kontrast zwischen diesen beiden Erfahrungen und ihren Wirkungen wird Ihnen verdeutlichen, welche Unterschiede im Verhalten die Berücksichtigung solcher Kriterien bewirkt. Probieren Sie das jetzt für die Kriterien „Vergessen“ und „Wohlbefinden am nächsten Tag“, und stellen Sie sich so lebhaft wie möglich vor, tatsächlich in der beschriebenen Situation zu sein und die betreffenden Kriterien zu verwenden.

4. Wiederholen Sie diese Situation (oder eine beliebige Situation Ihrer Wahl) mehrere Male und ändern Sie jedesmal das Kriterium, das Sie anwenden (Sie können eines der vorgegebenen Kriterien oder ein Kriterium von Ihrer eigenen Liste wählen). Wie ändert sich Ihr Erleben und Verhalten mit jedem dieser Kriterien? Welche Kriterien führen auf natürliche Weise zu einem Erleben und Verhalten, das Ihre Entscheidung unterstützt, frei von Alkoholabhängigkeit zu leben? Dies ist ein wichtiger Schritt, nehmen Sie sich daher ausreichend Zeit für diese Überlegungen. Schließen Sie diesen Schritt ab, bevor Sie weiterlesen.

5. Wie im Kapitel über Drogen sollte auch der Gebrauch von Alkohol eine gewählte Reaktion und keine automatische Reaktion sein. Das setzt die Interaktion zweier Faktoren voraus. Der erste ist der Erwerb persönlicher Erfahrungen, auf die Sie sich beziehen können, um in Trinksituationen Entscheidungsfreiheit zu haben. Das können Sie erreichen, indem Sie die Elemente einer Situation so arrangieren, daß es für Sie möglich wird, anders zu reagieren als Sie das gewöhnlich tun würden. Wenn z. B. einer der Vorzüge des Trinkens für Sie darin besteht, daß es Sie enthemmt, schaffen Sie eine Umgebung, in der Sie ungehemmt interagieren können, ohne Alkohol gebrauchen zu müssen. Sie können variieren, mit welchen und mit wievielen Personen Sie wann, wo und zu welchem Zweck, usw. zusammen sind. Kontrollieren Sie so viele Elemente in dieser Situation wie nötig ist, damit Sie sich wohl fühlen. Mit jeder zusätzlichen Erfahrung werden Sie Ihr Selbstvertrauen in Ihre Fähigkeit erhöhen, ohne Alkohol die Erfahrungen haben zu können, die Sie wollen.

6. Der zweite Faktor der notwendig ist, um den Gebrauch von Alkohol zu einer gewählten Reaktion zu machen, ist, ausreichende Flexibilität im Verhalten zu haben, um auf verschiedene Weise die gewünschten Erfahrungen herstellen zu können. Da Sie nun die Erfahrung haben, in der Lage zu sein, gewünschte Zustände ohne Alkohol erreichen zu können, können Sie jetzt damit beginnen, sich Alkohol in Situationen zu versagen, in denen Sie gewöhnlicherweise trinken würden, und dann mit anderen Möglichkeiten experimentieren, die gewünschten Zustände für sich herzustellen. Probieren Sie diese neuen Verhaltensweisen in der Gesellschaft verschiedener Personen (Bekannte und Fremde), und variieren Sie Ihr Verhalten so lange, bis Sie keinen Zweifel mehr daran haben, ohne Alkohol gelassen, freundlich und zufrieden sein zu können.

Um solche neuen Verhaltensweisen zu erwerben, können Sie das unter dem Namen „New Behavior Generator" bekannte Verfahren benutzen, das in den Schritten 7 bis 11 vorgestellt wird.

7. Finden Sie zunächst eine Person, die über das Verhalten, das Sie erwerben möchten (oder wichtige Aspekte dieses Verhaltens) verfügt und es in dafür angemessenen Situationen einsetzt.

8. Schauen Sie sich nun in Ihrer Vorstellung einen kurzen Film an, in dem Sie Ihrem Verhaltensmodell zusehen und zuhören. Achten

Sie darauf, wie es seinen Körper einsetzt (wie es sich bewegt, sich anderen gegenüberstellt, welche Gesten und Mimik es gebraucht, usw.) und auch darauf, was es sagt und *wie* es das sagt (Sprechtempo, Tonalität und Timbre der Stimme, usw.). Prüfen Sie genau, ob Sie mit dem, was das Verhaltensmodell tut und wie es das tut, zufrieden sind. Falls nicht, finden Sie ein anderes Modell und wiederholen Sie diesen Schritt. (Wenn Ihnen niemand einfällt, den Sie persönlich kennen, können Sie eine Film- oder Romangestalt wählen.)

9. Nachdem Sie genau beobachtet haben, wie jemand anderer das tut, was Sie können wollen, ersetzen Sie nun in Gedanken diese Person durch Sie selbst, und lassen Sie den gleichen Film wieder ablaufen. Ändern Sie alle Aspekte in Ihrem Verhalten, die Ihnen nicht gefallen, bis Sie mit dem, was Sie sehen und hören, zufrieden sind. (Wenn Sie, während Sie sich selbst in diesem Film beobachten, eine innere Stimme hören, die sagt: „Das bin nicht ich – ich kann das nicht – ich werde das nie tun können", sollten Sie wieder von vorn beginnen und Veränderungen vornehmen, bis der Film, in dem Sie sich sehen, zumindest genauso zufriedenstellend ist wie der Film mit Ihrem Verhaltensmodell, und setzen Sie dann folgenden inneren Dialog ein: „Das sieht gut aus – ich kann das – wenn er/sie das kann, kann ich das auch – ich werde das wirklich tun.")

10. Stellen Sie sich nun vor, sich auf genau diese Weise zu verhalten, indem Sie in den Film hineingehen und so, als ob Sie tatsächlich dort wären, das sehen können, was Sie dort sehen würden, sich selbst sprechen hören und merken können, wie andere auf Sie reagieren und vor allem, das fühlen, was Sie fühlen würden, wenn Sie dieses Verhalten auf natürliche und kongruente Weise ausführen würden.

11. Bestimmen Sie schließlich eine Situation in der Zukunft, in der Sie dieses Verhalten zeigen wollen. Stellen Sie sich vor, in dieser Situation zu sein, zusammen mit den Personen, die Sie dort vermutlich antreffen werden. Beobachten Sie sich zunächst dabei, wie Sie das neue Verhalten ausführen, und gehen Sie dann in den Film hinein und stellen Sie sich vor, das Verhalten direkt auszuführen.

Nutzen Sie das als eine Gelegenheit, weitere Verfeinerungen in Ihrem Verhalten vorzunehmen.

12. Nachdem Sie nun Ihre Kriterien auf einen zeitgemäßeren Stand gebracht und das Trinken von Alkohol durch Ihre Flexibilität im Verhalten zu einer gewählten Reaktion gemacht haben, werden Sie in bestimmten sozialen Situationen, wie z. B. einer Party, weiterhin in der Lage sein wollen zu trinken. Das in einer Weise tun zu können, die Ihre gewünschte Zukunft nicht gefährdet, setzt Future Pacing voraus. Um pünktlich zur Arbeit oder zu einer Verabredung zu kommen, planen Sie voraus und veranschlagen eine bestimmte Zeit für Fahrt, Duschen, Frühstück, usw. Führen Sie die gleiche Art von Planung für Ihr Trinken durch. Bevor Sie zu einer Party gehen, sollten Sie zunächst die Zeit abschätzen, die vergeht, bis die Wirkung des ersten, zweiten, dritten Drinks, usw. einzusetzen beginnt und dabei im Auge behalten, wann Sie gehen wollen und wie lange es dauern wird, bis Sie wieder fahrtüchtig sind. Auf diese Weise können Sie sich darauf einstellen, wie viele Drinks Sie haben können, in welchen Abständen Sie trinken können und wann Sie aufhören müssen zu trinken, um wieder nüchtern zu sein, wenn Sie die Party verlassen. Die Wirksamkeit eines solchen Future Pacing wurde durch eine Bekannte von uns demonstriert, die sich vorgenommen hatte, auf einer Gartenparty um genau sechs Uhr aufzuhören Sekt zu trinken. Sie vergaß später ihren Entschluß. Sie stand gerade in der Küche, als sie auf unerklärliche Weise ihr volles Glas Sekt zu Boden fallen ließ. Sie bückte sich, um die Scherben aufzuheben und erinnerte sich dabei plötzlich an ihren Entschluß. Als sie auf ihre Uhr schaute war es genau sechs.

Wählen Sie einen sozialen Anlaß und legen Sie für sich die Zeiten und die gewünschten Erfahrungen im Hinblick auf Ihren Alkoholkonsum fest. Vergessen Sie nicht zu berücksichtigen, wie lange die Wirkung des Alkohols (und möglicher Kater) über den Abend hinaus anhält. Wenn Sie vorhaben sich zu betrinken, sollte Ihre Planung den ganzen Abend (inklusive Nachhausefahrt) und den nächsten Tag einschließen (d. h. mit einem Kater arbeiten zu müssen).

Sobald Sie wissen, daß Sie in der Zukunft anders sein können und werden, können Sie stolz und zufrieden sein, daß Sie die Kontrolle über einen zuvor frustrierenden und selbstzerstörerischen Aspekt

Ihres Lebens übernommen haben. Eine solche Veränderung ist eine bedeutende persönliche Leistung und verdient es daher, bei jeder Gelegenheit gewürdigt zu werden.

8. Sex

Sex ist eine von Natur aus sinnliche Erfahrung, ein Fest für die Sinne. Sexuelles Verhalten kann Leidenschaft, Intimität, Liebe, Zärtlichkeit und vieles mehr ausdrücken. Auch wenn Worte die Wirkung verstärken können, so wird die Vitalität und Tiefe des Gefühls, das während eines sexuellen Kontakts vermittelt wird, vor allem durch die unmittelbare sinnliche Erfahrung ausgedrückt. Die Berührungen, der Geruch, Geschmack, die Geräusche und der Anblick im Liebesakt bilden eine tiefgehende und wundervolle Kommunikation. Der Liebesakt ist eine natürliche und ergreifende menschliche Erfahrung, und jeder sollte die Möglichkeit haben, die darin enthaltene Lust und emotionale Erfüllung zu erleben.

Doch nur wenige Menschen wissen, wie sie die befriedigenden und erfüllenden sexuellen Erfahrungen schaffen können, die sie sich wünschen. Das EMPRINT-Format, das wir in dem Abschnitt „Wecken Sie Ihr Interesse“ dieses Kapitels vorstellen, zielt darauf ab, Ihnen einige grundlegende Elemente dieses Wissens zu vermitteln. Doch zunächst möchten wir in den folgenden kurzen Geschichten am Beispiel von drei Personen darstellen, wie manche Menschen ihr inneres Erleben auf eine Weise organisieren, das zu nicht gerade erfüllenden sexuellen Erfahrungen führt. Die inneren Prozesse, die erfüllende sexuelle Erfahrungen charakterisieren, werden im Anschluß an diese drei Beispiele vorgestellt. Wie Sie entdecken werden, sind die Muster in jedem dieser Beispiele deutlich verschieden. Die Lösung ist jedoch in allen drei Fällen die gleiche.

Tims erste sexuelle Erfahrung wurde von seinem älteren Bruder und dessen Freunden für ihn arrangiert. An einem warmen Abend fuhren sie mit Tim in ein Freudenhaus nach Nogales, wo sie eine Situation arrangiert und eine Prostituierte bezahlt hatten, um ihn zum Mann zu machen. Tim war unsicher und verlegen, aber sein Bruder schubste ihn hinein, die Frau nahm seine Hand, und bevor er wußte, was geschah, war er in ihrem Zimmer und die Tür verriegelt. Tims Bruder und seine Freunde standen draußen, lachten, klopften sich auf die Schultern und gratulierten sich zu ihrer guten Tat. Tim hatte Angst und fühlte sich durch die schäbige Umgebung abgestoßen. Natürlich hatte er Schwierigkeiten eine Erektion zu bekommen. Die Prostituierte verbrachte die nächste halbe Stunde damit, Tim für dieses Versagen zu demütigen. Diese Erfahrung war folgenreich. Heute, zehn Jahre später, errötet Tim bei dem bloßen Gedanken, sexuell mit einer Frau zu verkehren. Wenn er tatsächlich mit einer Frau zusammen ist, hat er Angst, keine Erektion zu bekommen und ist auch oft wirklich nicht dazu in der Lage. Sex ist eine so peinliche und beängstigende Angelegemheit für Tim, daß er sich häufig überlegt, einfach die Hoffnung aufzugeben, je eine erfüllende Beziehung mit einer Frau zu haben.

Als sie zwölf Jahre alt war, wurde Norma von ihrer Mutter über Männer und Sex aufgeklärt. Sie erklärte Norma, daß Sex zwar schmutzig und widerlich, aber zugleich auch eine Pflicht sei, die eine Frau ihrem Mann gegenüber erfüllen müsse. Schließlich kam der Tag, an dem Norma heiratete und somit auch diese Pflicht übernahm. Die Angst, der Schmerz und die Verwirrung, die sie erlebte, als sie in ihrer Hochzeitsnacht mit ihrem Mann schlief, bestätigte Norma, daß ihre Mutter recht gehabt hatte. In der Folge war Norma ihrem Mann zu Willen, wenn es sein mußte, und versuchte ihre Abneigung dagegen so weit wie möglich zu ignorieren.

Trudy gehen während des Liebesakts viele Sachen durch den Kopf. Wenn sie in den Armen ihres Liebhabers liegt, fragt sie sich „Wann ist er soweit?", „Ob ich diesmal zu einem Orgasmus komme?", „Hoffentlich werde ich nicht schwanger", „Wielange wird es noch dauern?", „Wie sollen wir uns das nächste Mal lieben?", „Was sollen wir machen, wenn es vorbei ist?" Trotz all ihres Planens geschieht es nicht häufig, daß Trudy eine befriedigende sexuelle Erfahrung hat.

Jedesmal wenn Tim in einem sexuellen Kontext ist, erlebt er seine erniedrigende erste Erfahrung in Nogales wieder, als eine Prostituierte ihm sagte, daß Sex darin bestünde, eine Erektion zu bekommen, was ihm nicht gelang. Unabhängig davon, ob er sich bewußt an diese unglückliche Einweihung erinnert oder nicht, so wird Tim doch von den gleichen Gefühlen und Wahrnehmungen überwältigt, die er zehn Jahre zuvor hatte. Wenn es um Sex geht, ist Tim nicht bei seiner Partnerin, sondern in der *Vergangenheit*. In ähnlicher Weise ist auch Trudy nicht bei ihrem Partner, sondern anstatt in der Vergangenheit in der Zukunft. Indem sie sich während des Liebesakts damit beschäftigt, was in einer Minute, einer Woche, einem Monat passieren wird, versäumt sie einen großen Teil der sinnlichen Erfahrung, die ihr in der Gegenwart zur Verfügung steht. Weder Tim noch Trudy sind geistig oder emotional dort, wo ihre Körper sind, wenn sie mit jemandem schlafen, sondern in ihren Kriterien (und den für sie persönlich bedeutenden Assoziationen), Erinnerungen und Möglichkeiten der Vergangenheit und Zukunft versunken. Norma hingegen ist in der Gegenwart und wünscht sich, sie wäre es nicht. Aufgrund ihrer Glaubenssätze ist Sex die Einlösung einer Verpflichtung, eine Erniedrigung und etwas Schmutziges. Daher kann sie keine Freude dabei erleben.

Für Mark und Maggie ist miteinander zu schlafen eine besondere Gelegenheit, in der sie sich durch das Geben und Empfangen von Lust zeigen können, wie sehr sie sich lieben und wie wichtig sie füreinander sind. Sex ist eine Gelegenheit, Lust zu erleben und alles, was Mark und Maggie tun, wenn sie miteinander schlafen, geschieht, um in diesem Moment sinnliche Freuden zu schaffen, zu erforschen und zu genießen. Dazu mag es manchmal gehören, sich die Empfindungen und Freuden vorzustellen, die der Partner erlebt. Wie jeder andere, so haben auch Mark und Maggie unglückliche und unbefriedigende sexuelle Erfahrungen gehabt, doch sie haben aus diesen Erlebnissen gelernt, wie sie ihre eigenen sexuellen Bedürfnisse und die sexuellen Bedürfnisse ihres Partners erfüllen können. Da sie bereits seit Jahren zusammen sind, wissen sie beide viel darüber, was der andere als sinnlich und erregend erlebt. Trotzdem kommt es manchmal vor, daß einer von ihnen durch vorübergehende Stimmungsveränderungen nicht soviel Freude in dem Liebesspiel erleben kann, das sie normalerweise so erregend finden. Sie reagieren darauf, indem sie einzeln und miteinander neue sinnliche Möglichkeiten erforschen, bis sie beide wieder gemeinsam Lust erleben.

Sex ist im wesentlichen (und auch am schönsten und am befriedigendsten) eine Erfahrung für die Sinne. Als solches ist es am angemessensten ein Erleben der unmittelbaren Gegenwart. Mit jemandem zu schlafen sollte darauf ausgerichtet sein, *jetzt* Lust zu geben und zu erleben, anstatt sich damit zu beschäftigen, was war oder was sein könnte. Die Aufmerksamkeit, die Sie auf die Vergangenheit oder Zukunft richten, ist für Ihr Genießen der angenehmen Empfindungen in der Gegenwart nicht verfügbar. Wenn Sie sich darüber hinaus in dieser Vergangenheit oder Zukunft verlieren, werden Sie (wie Tim) auf der Grundlage von Glaubenssätzen und Kriterien handeln, die für das Genießen sexueller Erfahrungen irrelevant oder hinderlich sind.

Im Zusammenhang mit Sex ist es sinnvoll, sich auf solche Erfahrungen zu beziehen, die Ihnen darüber Aufschluß geben, was Sie und Ihr Partner genießen. Diese Bezugserfahrungen bilden die Grundlage einer Interaktion, die es Ihnen ermöglicht, die Bedürfnisse zu erfüllen, die Sie und Ihr Partner in bezug auf Lust, Erregung, Zärtlichkeit und Zuneigung haben. Darüber hinaus gibt es Situationen, in denen es zugleich angebracht und genußvoll ist, sich die sinnliche und emotionale Erfahrung Ihres Partners vorzustellen (z. B. während Sie Ihren Partner oral stimulieren).

Während Sie Ihr aktuelles Erleben als Quelle von Information, Motivation und Feedback nutzen, gibt es außer dem Kriterium „Genuß" noch drei weitere Elemente, die wichtig sind, um erfüllende sexuelle Erfahrungen zu haben. Das erste besteht darin, daß die Erfüllung Ihrer Kriterien in bezug auf Sexualität (Ihre Kriteriumsäquivalenzen), anders als in Normas Beispiel, genußvoll sein sollte. Solche Kriteriumsäquivalenzen wie z. B. Sex = Ausdruck von Liebe, Sex = natürlich, verleihen Sex Eigenschaften, die von Bedeutung für Sie, Ihren Partner und Ihre Beziehung sind.

Das zweite wichtige Element besteht darin, von der Vorannahme auszugehen, daß Sie Wahlfreiheit haben. Wenn daher die Kriterien, die Sie und Ihr Partner haben, nicht erfüllt sind, können Sie Ihre Kriterien und Ihr Verhalten ändern, damit Ihre Wünsche erfüllt werden.

Das dritte Element besteht darin, Ihre Aufmerksamkeit auf Ihre Empfindungen zu richten. Die relativ hohe Spezifität von Empfindungen liefert die Flexibilität, die Sie brauchen, um Ihre Kriterien und sinnlichen Begierden zu erfüllen. Empfindungen bilden die Grundlage für emotionale Zustände, das Selbst-Konzept, usw.

Während es wahrscheinlich einer ganzen Reihe von Verhaltensweisen und Erfahrungen bedarf, um global repräsentierte Kriterien, wie z. B. das Selbst-Konzept zu erfüllen, die für Sie Ausdruck Ihrer Persönlichkeit sind (was es schwer macht, diese Kriterien zu erfüllen, wenn Sie mit jemandem schlafen), genügt eine Veränderung der Stellung, ein bestimmter Kuß, ein Geräusch oder ein Geruch, um eine bestimmte lustvolle Empfindung zu erreichen.

Wecken Sie Ihr Interesse

Das folgende EMPRINT-Format wird Ihnen nützliches Know-How vermitteln, um sexuelle Erfüllung zu erreichen – eine Art von Know-How, die häufig übersehen wird oder unbekannt ist. Lesen Sie jeden Schritt durch und genießen Sie anschließend die Erfahrung, wenn Sie die Anweisungen ausführen. Die Schritte leiten Sie zu Ihrem eigenen aktuellen sexuellen Erleben. Sie werden Ihre Aufmerksamkeit auf angenehme Empfindungen konzentrieren und gleichzeitig Ihre eigene Sexualität akzeptieren und schätzen lernen. Schließlich werden Sie auch lernen, wie Sie Unterscheidungen zwischen mehreren wünschenswerten Emotionen treffen und befriedigende Wege finden können, um diese Emotionen auszudrücken. Als Folge davon werden Sie nicht nur die Fähigkeit erworben haben, wünschenswerte Reaktionen in anderen hervorzurufen, sondern auch das Know-How besitzen, Ihre eigene sexuelle Erfüllung zu erreichen.

Wie wir oben bereits dargestellt haben, ist Sex vor allem eine sinnliche, in der Gegenwart stattfindende Erfahrung. Wenn Ihr Bewußtsein während einer sexuellen Begegnung mit der Vergangenheit oder der Zukunft beschäftigt ist, wird das die Intensität Ihres Erlebens auf jeden Fall verringern (wie Sie oben gesehen haben). Da Sex vor allem eine sinnliche Erfahrung ist, besteht die grundlegende Veränderung in den inneren Prozessen darin, die Aufmerksamkeit auf die eigenen Empfindungen zu richten.

1. Beginnen Sie mit externen Stimuli. Schließen Sie am Ende dieses Absatzes Ihre Augen und betasten Sie verschiedene Objekte, die ähnlich aber doch verschieden sind. Sie könnten z. B. einen Avocado, eine Orange und eine Zitrone nehmen. Fühlen Sie die Unterschiede in Beschaffenheit, Feuchtigkeit, Festigkeit, Gewicht, Wärme usw., die zwischen ihnen bestehen. Riechen Sie dann an ihnen und vergleichen Sie ihre Gerüche. Erfühlen und schmecken Sie sie dann mit Ihren Lippen und Ihrer Zunge und fühlen Sie die gleiche Beschaffenheit, Temperatur und Festigkeit, die Sie mit Ihren Fingern ertastet haben. Tun Sie das jetzt, bevor Sie weiterlesen.

2. Lenken Sie Ihre Aufmerksamkeit als nächstes in Ihre Körperextremitäten. Strecken Sie Ihren Arm aus und bewegen Sie ihn vor und zurück, bis Sie spüren können, wie die Luft daran vorbeizieht. Klopfen Sie mit einem Bleistift und dann mit Ihren Fingern leicht auf einen Tisch. Welchen Unterschied fühlen Sie? Wieviel Informationen erhalten Sie durch Ihre Sinne, wenn Sie den Bleistift gebrauchen und wieviel, wenn Sie Ihre Finger gebrauchen? Wenn Sie die Frage beantwortet haben, können Sie die Übung wiederholen (zuerst mit einem Bleistift, dann mit dem Finger), und achten Sie diesmal mehr auf die Verschiedenartigkeit der Informationen, die Sie erhalten. (Häufig verwenden Menschen ihre Körper als seien sie Bleistifte, passive Objekte, die man manipuliert, und nicht die reagierenden und interaktiven Werkzeuge, die sie tatsächlich sind.) Wenn Sie an verschiedene Menschen denken, die Sie kennen oder gekannt haben, werden Sie vermutlich einige Personen finden, die sich ihrer Körper stärker bewußt waren als andere. Vielleicht sind Sie einmal von den wundervollen Händen eines Heilers, einer Masseurin oder eines einfühlsamen Liebhabers berührt worden. Nehmen Sie sich einen Moment Zeit, um sich daran zu erinnern, wie diese Person ihre Hände gebraucht hat, um auf sanfte Weise Informationen zu sammeln, während sie Sie berührte. Ein weiteres Beispiel für diese Art von Sensibilität und Empfänglichkeit, die wir hier beschreiben, erhalten Sie, wenn Sie an Bekannte denken, deren Umarmung angenehm ist und solche, deren Umarmung Ihnen nicht angenehm ist. Nehmen Sie sich etwas Zeit für diese Exploration. Schließen Sie diesen Schritt ab, bevor Sie zu dem nächsten Schritt übergehen.

3. Streicheln Sie eine Katze oder einen Hund mit einem Holzlöffel und dann mit Ihrer Hand, und erinnern Sie sich an den Unterschied

zwischen den Empfindungen, die Sie erleben. Achten Sie auch auf die Unterschiede in der Reaktion des Tieres auf Ihr Streicheln. Betasten Sie nun eine Hand mit der anderen Hand und spüren Sie Bereiche, die rauh, sanft, hart, weich, warm, kalt, usw. sind. Erforschen Sie dann den Rest Ihres Körpers mit Ihren Händen und achten Sie auf die Unterschiede in Sensibilität, Beschaffenheit und Temperatur in verschiedenen Bereichen Ihrer Haut.

4. Setzen Sie sich mit Ihrem Partner oder einem Freund zusammen und überlegen Sie sich etwas, das Sie ihm mitteilen wollen, ohne es ihm zu sagen. Jede Äußerung von Zuneigung, Leidenschaft, Sorge, Anteilnahme oder Vertrauen ist hier angemessen. Nehmen Sie die Hand der anderen Person und benutzen Sie *nur* Ihre Hand, um ihm die Botschaft mitzuteilen, die Sie ausgewählt haben. Fragen Sie dann Ihren Partner, wie er die Botschaft verstanden hat. Fahren Sie fort, nur Ihre Hand zu gebrauchen, bis die Botschaft, die Ihr Partner empfängt, mit der Botschaft übereinstimmt, die Sie beabsichtigen. Erweitern Sie dann den Bereich der Berührung und nutzen Sie Umarmung, Streicheln usw., und experimentieren Sie damit, um Ihrem Partner andere Botschaften mitzuteilen.

5. Lassen Sie uns nun auf die innere Erfahrung eingehen. Das bedeutet u.a., die Assoziationen zwischen bestimmten Erfahrungen und ihren Bedeutungen mit der Tatsache in Übereinstimmung zu bringen, daß *Sexualität sinnliche Erfahrung ist*. Lassen Sie Ihre Aufmerksamkeit langsam durch Ihren Körper gleiten und spüren Sie die Masse und Substanz Ihres physischen Wesens. Spüren Sie diesen lebenden Zylinder von innen, spüren Sie Ihren linken Arm, Ihren rechten Arm, Ihren linken und rechten Oberschenkel, spüren Sie Ihr Herz schlagen und spüren Sie, wie sich Ihre Lungen in Ihrem Brustkorb ausdehnen und zusammenziehen. Wenn Sie diese Empfindungen bewußt erleben können, beginnen Sie wahrzunehmen, wo Sie mit der äußeren Welt Kontakt haben – d. h. mit Ihrer Kleidung, Ihren Schuhen, dem Stuhl, dem Fußboden, usw. Indem Sie das tun, bestimmen Sie die Evidenz dafür, *am Leben zu sein*. Konzentrieren Sie sich weiter auf diese Empfindungen, die es Ihnen erlauben zu wissen, daß Sie leben. Es ist wichtig, daß Sie sich für diesen Schritt soviel Zeit nehmen wie Sie brauchen.

6. Machen Sie sich nun bewußt, ohne zu schauen oder sich zu berühren, daß Sie ein Mann oder eine Frau sind. Wenn Sie ein Mann sind, können Sie Ihren Bart in Ihrem Gesicht spüren, Ihre Hoden, Ihren Penis, die Veränderung von Druckempfindungen in Ihrem Penis und in den Beckenmuskeln, die mit ihm verbunden sind. Wenn Sie eine Frau sind, können Sie Ihre Brüste und Ihr Gewicht spüren, Ihre Schamlippen, Ihre Scheide und die Muskeln, die diese an Empfindungen sehr reiche Öffnung umgeben, Ihre Gebärmutter und Eierstöcke. Spüren Sie Ihren Körper ganz. Spüren Sie als nächstes Ihre Lippen, Ihre Zähne und Ihre Zunge. Berühren Sie Ihre Lippen mit Ihrer Zunge, fühlen Sie ihre Wärme, Feuchtigkeit, Weichheit und Oberflächenbeschaffenheit.

Richten Sie Ihre Aufmerksamkeit dann auf den Rest Ihres Körpers – die Evidenz Ihrer Sexualität ist auf der gleichen Ebene wie die Gefühle innerhalb Ihres Körpers die Evidenz dafür sind, daß Sie lebendig sind. Auf dieser grundlegenden Stufe sensorischer Erfahrung kann Ihre Sexualität genausowenig von Ihnen abgetrennt werden wie Ihre Atmung oder Ihr Herzschlag. Es kann sein, daß Sie diese Empfindungen, die Evidenz für Ihre Sexualität sind, nicht immer bewußt wahrnehmen, doch sie sind nichtsdestoweniger immer vorhanden, Teil Ihres Seins, Teil Ihres Wohlbefindens.

Eines der wichtigsten Ziele dieser sensorischen Ebene Ihres Erlebens ist, zwischen Sexualität und Kriterien zu unterscheiden; auf dieser Ebene gibt es kein richtig oder falsch, hübsch, häßlich, groß, klein, schlecht, gut, stolz oder schamhaft. Es gibt nur Erleben. Jedem sind bestimmte Kriterien (und die Kriteriumsäquivalenzen für diese Kriterien) hinsichtlich Sexualität auferlegt worden. Eltern, Freunde, Institutionen und Medien haben zusammen in starkem Maße Ihre Begriffe davon geprägt, was Attraktivität, normale Sexualität und normalen Sex ausmacht. Die oben beschriebene Sequenz von Erfahrungen kann Sie zu einer unschuldigen Wahrnehmung Ihrer eigenen Sexualität zurückführen und bietet Ihnen so die Gelegenheit, sexuelle Empfindungen ohne die Last auferlegter Kriterien zu erleben. Es bietet Ihnen auch die Gelegenheit, auf der Grundlage dieser Erfahrungen Ihre eigenen Kriterien zu entwickeln. Dies ist ein wichtiger Schritt in jeder Veränderung in Richtung auf ein erfüllendes sexuelles Erleben. Es ist Teil des Prozesses, physiologische Reaktionen, Emotionen und mentale Vorgänge, die Bestandteil befriedigender sexueller Erfahrungen sind, in Einklang miteinander zu bringen.

7. Richten Sie jetzt Ihre Aufmerksamkeit, wie Sie es vorher bereits getan haben, auf Ihre sinnliche Erfahrung und stellen Sie fest, welche angenehmen Empfindungen Sie im Augenblick erleben, z. B. Emotionen, Stellen, in denen Sie Wohlbehagen, Wärme und Erregung in Ihrem Körper und auf Ihrer Körperoberfläche erleben. Die Emotion, die Sie jetzt erleben, während Sie diesen Satz lesen, könnte z. B. Neugier sein, der untere Teil Ihres Gesichts ist dabei entspannt, die Muskeln um Ihre Augen und in Ihrem Oberkörper sind auf angenehme Weise angespannt, Ihr Mund und Ihre Hände fühlen sich warm an. Erforschen Sie Ihre sinnliche Erfahrung, bevor Sie weiterlesen, um diese angenehmen Emotionen und Empfindungen zu entdecken.

8. Indem Sie auf Ihre Empfindungen achten, können Sie Unterscheidungen in Ihren eigenen emotionalen Zuständen treffen, was es Ihnen erlaubt, Verhaltensweisen zu wählen, die sich am besten für den Ausdruck dieser emotionalen Zustände eignen. Wie in dem Abschnitt über Gesundheit, können Sie auch hier wieder sinnliche Unterscheidungen zwischen den verschiedenen Emotionen treffen, die Sie haben und die in einem sexuellen Kontext möglich sind. Solche emotionalen Zustände sind u.a.:

einsam
gelangweilt
geil
liebevoll
erregt
stark
herzlich
romantisch
zärtlich

Nehmen Sie sich Zeit, um zu überlegen, welche Emotionen Sie erleben und erleben möchten, und tragen Sie diese dann unten ein.

Emotionen, die ich in sexuellen Situationen erleben möchte

____

____

____

____

9. Wie können Sie nun in Ihrer sinnlichen Erfahrung zwischen verschiedenen emotionalen Zuständen unterscheiden? Wählen Sie, wenn Sie am Ende dieses Kapitels angelangt sind, einen der emotionalen Zustände auf Ihrer Liste und bestimmen Sie für sich die Empfindungen, die zusammen diesen emotionalen Zustand ausmachen. Sie können sich z. B. als *herzlich* erleben, wenn Sie mit Mund und Augen lächeln, Ihr Gesicht und Oberkörper entspannt sind, im ganzen Körper Wärme spüren und Ihre Arme und Hände ausstrecken und Ihren Partner berühren möchten, usw. Bestimmen Sie jetzt diese Empfindungen.

10. Bestimmen Sie nun wenigstens drei Verhaltensweisen, die angemessen, nützlich und erfüllend sind, um diese Emotion auszudrücken. Wenn wir *herzlich* als Beispiel wählen, wären das Verhaltensweisen wie Ihren Partner sanft zu streicheln, ihn mit einer kräftigen Umarmung und einem satten Kuß zu überraschen, ihm wegen einer besonderen Eigenschaft ein Kompliment zu machen und ihm zu sagen, daß Sie ihn/sie lieben. Bestimmen Sie, bevor Sie fortfahren, wenigstens drei Verhaltensweisen, die die Emotion ausdrücken, die Sie gewählt haben.

Angemessenes Ausdrucksverhalten

____

____

____

____

11. Future-Pacen Sie als nächstes diese Verhaltensweisen, indem Sie eine dafür angemessene Situation auswählen und sich vorstellen, diese Verhaltensweisen mit Ihrem Partner auszuführen. Machen Sie diese vorgestellte Erfahrung so real wie möglich, indem Sie auf alles achten, was Sie sehen, hören, riechen, schmecken und fühlen können, wenn Sie tatsächlich mit Ihrem Partner zusammen sind. Wenn Sie sich bei der Vorstellung, diese neuen Verhaltensweisen auszuführen, unsicher oder ängstlich fühlen, können Sie das Verhalten (oder das, was zu diesem Verhalten geführt hat) in Ihrer Vorstellung verändern, bis Sie damit zufrieden sind. Führen Sie alle Veränderungen durch, die notwendig sind, um sich so verhalten zu können, wie Sie es wollen und dabei den gewünschten emotionalen Zustand beizubehalten. Stellen Sie sich nun, bevor Sie weiterlesen, vor, dieses neue Verhalten auszuführen und dabei den gewünschten emotionalen Zustand zu bewahren.

12. Nachdem Sie das für einen emotionalen Zustand getan haben, den Sie in sexuellen Kontexten erleben, können Sie jetzt Ihre Liste durchgehen und für jede Emotion die charakteristische subjektive Empfindung und drei Verhaltensweisen benennen, durch die sie ausgedrückt werden kann. Future-Pacen Sie dann jede dieser Verhaltensweisen, wie Sie es vorhin getan haben, indem Sie sich so detailliert wie möglich vorstellen, die gewählten Verhaltensweisen tatsächlich auszuführen. Indem Sie das jetzt tun, tragen Sie dazu bei, den gewünschten emotionalen Zustand zu erreichen und zu bewahren und in Zukunft ein angemessenes Ausdrucksverhalten zu wählen.

Der Sinn dieser Erfahrungen, durch die wir Sie begleitet haben, besteht darin, Ihre Aufmerksamkeit in Momenten sexuellen Ausdrucks auf die aktuellen sinnlichen Eindrücke zu richten und Ihr Verhalten mit angemessenen Kriterien und Kriteriumsäquivalenzen für Sexualität in Einklang zu bringen. Die Prozesse, die wir Ihnen hier vorgestellt haben, sollen als Grundlage für persönliche Erfahrungen dienen, auf die Sie sich immer beziehen können. Während die Übungen, die wir Ihnen vorgestellt haben, darauf ausgerichtet sind, Sie auf Ihre aktuelle sinnliche Erfahrung zu orientieren, besteht das letztendliche Ziel (was Sexualität anbelangt) darin, daß Sie *automatisch* auf Ihre aktuelle sinnliche Erfahrung achten, um unmittelbare sensorische Informationen zu erhalten. Diese unmittelbare sensorische Information sollte als Feedback genutzt werden, um unmittelbare Korrekturen vorzunehmen, die zu größerem Lustgewinn führen. Das werden Sie durch Übung erreichen können. In der Zwischenzeit werden Sie, wenn Sie die oben beschriebene Sequenz durchlaufen, neue Erfahrungen, Einsichten und Wahlmöglichkeiten in Ihrer Wahrnehmung und in Ihrem Verhalten gewonnen haben. Bis Sie sich daher in sexuellen Situationen automatisch auf die Gegenwart orientieren, können Sie das nutzen, was Sie in dieser Sequenz lernen, um Ihre Aufmerksamkeit auf die Teile Ihrer aktuellen Erfahrung zu richten, die sinnlich angenehm sind. Indem Sie das Ausmaß und die Intensität Ihres sexuellen Genusses erhöhen, werden Sie den befriedigenden und erfüllenden sexuellen Erfahrungen näher kommen, die Sie sich wünschen.

9. Liebe

Auch wenn Sie, was Karriere, Wohlstand, Gesundheit und Besitz anbetrifft, alles haben, was Sie sich wünschen, kann Ihr Leben Ihnen trotzdem leer vorkommen, wenn Sie keine wichtigen, bedeutungs- und liebevollen Beziehungen zu anderen haben. Literatur, Film, Fernsehen und auch Ihre eigene Erfahrung bieten Ihnen genügend Beispiele dafür, daß die Suche nach Liebe eine der stärksten Kräfte im Leben darstellt. Das Bedürfnis nach Liebe und Verbundenheit liegt sogar häufig dem Streben nach Karriere, Wohlstand, Gesundheit und Besitz zugrunde.

Jeder von uns hat persönliche Sehnsüchte, die er zu erfüllen sucht, und viele dieser Sehnsüchte betreffen Beziehungen mit anderen. Auf einige dieser Beziehungen haben wir von Geburt an ein Anrecht – wir sind Söhne und Töchter, Brüder, Schwestern und Enkelkinder. Andere Beziehungen entstehen, wenn wir unser Elternhaus verlassen und beginnen, das Leben zu erforschen. Auf diese Weise werden wir mit der Zeit Nachbarn, Klassenkameraden, Geschäftspartner, Freunde, Liebhaber/Geliebte, Ehepartner und Eltern. Von den zahlreichen möglichen Beziehungen sind jedoch Liebesbeziehungen und Ehe die vermutlich wichtigsten.

Im Unterschied zu früheren Jahrhunderten stellt die romantische Liebe in unserer Kultur heute eine wesentliche Vorbedingung für die Ehe dar. Romantische Liebe ist zu einem wichtigen Thema für fast alle Altersgruppen in dieser Gesellschaft geworden. Darüber hinaus ist das Vorhandensein oder Fehlen gegenseitiger Liebe zum Test geworden, der darüber entscheidet, ob zwei Menschen heiraten sollten oder nicht. Eine der offensichtlichsten Nebenwirkungen dieses Tests ist die hohe Scheidungsrate in unserem Land. Wie die meisten Personen über achtzehn vermutlich wissen, ist eine langfristige Beziehung viel komplizierter und fordernder als eine stürmische, heftige Liebe. Der Mangel an Vorbereitung für Liebe und Ehe scheint eine in unserer Kultur verankerte Annahme wiederzugeben, daß wir alle irgendwie schon wissen sollten, wie wir gut damit fertigwerden können. Wir wissen es nicht.

Als Marilyn Monroe frisch mit Joe Dimaggio verheiratet war, erzählte sie Reportern, daß nichts in der Welt sie glücklicher mache, als Joe Bier und Sandwichs zu bringen, während er sich Sportübertragungen im Fernsehen anschaue. Zehn Monate später reichte sie die Scheidung ein und begründete das angeblich damit, daß Dimaggio nichts anderes tun wollte, als Fernsehen zu schauen und Bier zu trinken. Sie entschied, daß sie Besseres in ihrem Leben zu tun habe als sich damit abzufinden. Was war in diesen zehn Monaten geschehen?

Wie verlieben sich Menschen? Wie ent-lieben sich Menschen? Wie schaffen es Menschen verliebt zu bleiben? Was macht eine zufriedene Ehe aus? Was macht eine lange Ehe möglich? Die Antworten auf diese Fragen finden sich in den verschiedenen Anforderungen, die durch die einzelnen Phasen gestellt werden, die eine Beziehung durchläuft.

- Zunächst ist da die Phase der *Anziehung*, während der Sie entdecken, daß die andere Person bestimmte Sehnsüchte in Ihnen weckt und befriedigt.
- Darauf folgt die Phase der *Wertschätzung*, in der die andere Person in das Zentrum Ihrer Aufmerksamkeit und Zuneigung rückt und scheinbar nichts falsch machen kann.
- Wenn Ihre Erfahrung mit der anderen Person für Sie befriedigend bleibt, werden Sie eine langfristige, verbindliche Beziehung wollen, damit Sie Ihre von Moment zu Moment bestehende Beziehung zeitlich so ausdehnen können, daß sie nicht nur Vergangenheit und Gegenwart, sondern auch eine erfüllende Zukunft miteinschließt. Das ist die *Sicherheits*-Phase.
- Nun, da Sie gemeinsam in die Zukunft gehen, beginnt die *Erwartungs*-Phase, in der die Schwächen und Vergehen, die zuvor ignoriert oder toleriert worden waren, irritierend und unakzeptabel werden. Nun ist es Zeit, die Erwartungen zu erfüllen, die jeder von Ihnen in bezug auf das Leben geweckt hat, das Sie zusammen führen werden.
- Wenn Sie beide in der Lage sind, diese Erwartungen zu erfüllen, ist alles in Ordnung. Doch wenn es (wie es oft der Fall ist) nicht möglich ist, die Hoffnungen und Versprechen zu erfüllen, die Sie einst wie auf einer Welle in die Beziehung trugen, beginnt die Phase des *Übelnehmens*.
- Sollten diese Enttäuschungen ein kritisches Maß erreichen, kann damit die letzte Phase der Beziehung beginnen: *die kritische Grenze*. Sobald Sie über die kritische Grenze hinausgegangen sind, scheint

auf einmal keine Möglichkeit mehr zu bestehen, zu den intensiven Liebesgefühlen und der Beziehung zurückzugehen, die Sie einst hatten. Sie sehen Ihren Partner nicht nur als hoffnungslos unbefriedigend, auch die gemeinsame Geschichte wird davon befallen und ist nun voll bitterer Erfahrungen, Bedauern und Scham um die verlorene Zeit und Zuneigung.

Die Beziehungs-Phasen, die wir gerade dargestellt haben, enden gewöhnlich in Enttäuschung, Wut, Bedauern, usw. Natürlich müssen Beziehungen nicht auf diese Weise enden, doch die extrem hohe Scheidungsrate in diesem Land (die wir oben bereits angesprochen haben) spricht für die unerfreuliche Tatsache, daß viele Beziehungen unbefriedigend und auf Dauer unerträglich verlaufen. Was kann man persönlich dagegen tun?

Die Anziehungs-Phase

> Später erzählten Jill und Sam ihren Freunden oft, es sei Liebe auf den ersten Blick gewesen. Jills wundervolles rotes Haar, ihre grünen Augen, ihre gertenschlanke Figur und die übermütige Art, in der sie mit ihm geflirtet hatte, erfüllten für Sam alles, was er sich je in einer Frau gewünscht hatte. Der Gedanke daran, mit ihr zusammen zu sein, sie zu küssen, mit ihr zu schlafen, jagte ihm Schauer der Erregung über den Rücken. Jill ihrerseits gefiel nicht nur Sams Aussehen, sondern auch seine Ungezwungenheit; er war leitender Angestellter und hatte ein gutes und sicheres Einkommen. Noch bevor sie den ersten Drink ausgetrunken hatten, stellte Jill sich schon vor, wie wunderbar es wäre, mit Sam verheiratet zu sein: Parties, Reisen, ein schönes Haus, Kinder...

Für die meisten Menschen beginnt die Phase der Anziehung damit, daß eine andere Person einen visuellen Standard erfüllt, den sie für Attraktivität aufgestellt haben. Sam sah Jill nur einmal an und *Bumm*! Sie entsprach nicht nur genau der Frau seiner Träume, er konnte sich auch sofort vorstellen, wie wunderbar es sein würde, mit ihr zusammenzusein. Sie erfüllte seine Kriterien für eine Frau, die man lieben konnte. Als er endlich aufhörte, zu phantasieren und seine Aufmerksamkeit wieder nach außen richtete, um zu sehen, was um ihn herum geschah, erlebte er bereits Gefühle, die er als Liebe identifizierte. Und er hatte nicht einmal mit ihr geredet.

Wir haben in unserer Arbeit mit Paaren und Einzelpersonen festgestellt, daß die Strategien, die viele haben, um sich von einer anderen Person angezogen zu fühlen, viel zu leicht erfüllt sind. Im allgemeinen ist ein Teil dieser Strategien das Angezogensein durch bestimmte äußere, visuelle Merkmale. Anziehung, die auf solchen Beurteilungen beruht, führt häufig zu nicht sehr nützlichen Konsequenzen. Die erste dieser Konsequenzen besteht darin, daß der Verlauf der Beziehung plötzlich eine Bedeutung für die Person gewinnt, die im krassen Mißverhältnis zu der tatsächlichen Situation steht. Wie in dem oben beschriebenen Beispiel mit Sam sind er und Jill noch *Fremde*, und trotzdem ist sein emotionales Wohlbefinden schon von den Reaktionen dieser unbekannten Person abhängig.

Der zweite Punkt besteht darin, daß auch, wenn zwei Menschen sich gegenseitig angezogen fühlen und sich am Anfang gut verstehen (wahrscheinlich, indem sie ihre gegenseitigen, oberflächlichen, äußeren Kriterien erfüllen), immer noch keine Basis für eine dauerhafte Beziehung besteht. Sie können wenig tun, außer sich anzusehen oder sich zusammen sehen zu lassen. Das ist bei Mannequins ganz in Ordnung, aber letztendlich nicht so gut für Menschen, die hoffen, eine Beziehung aufzubauen, die ihnen Liebe, Freundschaft, Respekt, Anregung, usw. bringt.

In dem obigen Beispiel liebäugelt Sam mit diesen zwei Problemen, als er nur aufgrund von Jills Erscheinung von ihr bezaubert ist. Sie erfüllt seine visuellen Standards dafür, was eine attraktive und „liebenswerte" Frau ist, und das genügt ihm, um den emotionalen Zustand der Liebe zu erleben. Mit einem Mal ist Jill von einer hübschen Fremden zu einer Person aufgerückt, die mit einem Wort sein Herz beflügeln oder durchbohren kann.

Jill macht einen anderen Fehler, der häufig begangen wird, wenn es darum geht, sich angezogen zu fühlen. Obwohl sie bemerkt, daß Sam ihren Vorstellungen von gutem Aussehen entspricht, beruht die Anziehung, die für sie von ihm ausgeht, vor allem auf ihren relativ vagen Beurteilungen ihrer zukünftigen Möglichkeiten mit ihm. Sie stellt sich vor, wie es wäre, mit ihm verheiratet zu sein, ein Haus und Kinder zu haben, usw. (Wir kennen eine Frau, die bereits bei der ersten Verabredung versucht herauszufinden, ob ihr Begleiter zu der Sorte von Mann gehört, der regelmäßig seinen Unterhaltszahlungen nachkommen würde!) In den ersten zwanzig Minuten eines Treffens zu entscheiden, ob er ein guter Ehemann und Vater und sie eine gute Frau und Mutter sein wird, ist unangemessen. Solche Bewertungen in bezug auf die Zukunft sind entwürdigend und unhöflich der Person gegenüber, die bewertet wird, selbstbetrügerisch für die Person, die sie anstellt, und verwandeln die Suche nach einer Beziehung in Vorteilshascherei.

Wenn Jill sich von Sam angezogen fühlt, reagiert sie nicht so sehr darauf, wie Sam wirklich ist, sondern darauf, wie er in ihrer Vorstellung *sein könnte* oder *sein wird*, wenn sie zusammen wären. Jills vorgestellte Zukunft mit Sam mag natürlich nur wenig damit zu tun haben, was wirklich möglich ist. Das bereitet den Boden für Enttäuschungen vor. Darüber hinaus hat Sam ein Anrecht darauf, um seiner selbst willen geliebt oder verschmäht zu werden.

Wenn die Anziehung, die Sie zu einer anderen Person spüren, auf Bewertungen der Zukunft gegründet ist, für die es keine entsprechenden aktuellen Erfahrungen gibt, dann besteht die Möglichkeit, daß Sie nicht auf die Person reagieren wie sie ist, sondern darauf, wie diese Person sein *könnte*. Das mag der anderen Person wie ein Kompliment erscheinen und ist auch häufig so gemeint („Aber er/sie hat das Potential, um so nett, klug, produktiv, gut-aussehend zu sein!"). Doch ganz gleich wie wohlgemeint, die eindeutige und vernichtende Botschaft ist, daß die Person jetzt nicht nett, klug und produktiv ist. Mit anderen Worten, sie ist jetzt nicht gut genug. Auf diese Weise sind alle Beteiligten um die Gelegenheit betrogen, das zu lieben, was jetzt da *ist*.

> Das erste, was Frances an Ian auffiel war, daß er ihre Hand schüttelte, als sie einander vorgestellt wurden. Die anderen Männer hatten bloß genickt oder ihr lüsterne Seitenblicke zugeworfen. Sie wollte als Person und nicht als Objekt behandelt werden – auch nicht als bewundertes Objekt. Als sie sich später am Abend nach anderen Gesprächspartnern umschaute, fiel ihr der Händedruck wieder ein und sie machte sich auf die Suche nach Ian. Während sie sich unterhielten, entdeckte sie, daß er humorvoll war und echtes Interesse an ihr und ihrer Arbeit zu haben schien.

Er war bescheiden in bezug auf seine eigene Arbeit und erst, als sie ihm im Spaß drohte, begann er von sich zu erzählen. Das angenehme Gefühl, das Frances in seiner Gegenwart hatte, begann sich jedoch in der Qualität zu ändern und zu etwas noch Anziehenderem und Wertvollerem zu werden, als sie bemerkte, daß Ian jeden mit dem Respekt, der Heiterkeit und dem Interesse begegnete, das er Frances gegenüber gezeigt hatte.

Im Gegensatz zu Sam entscheidet Frances aufgrund von persönlichen und nicht äußeren Merkmalen, wen sie kennenlernen möchte. Wenn Sie Ihren Partner nicht nur anschauen wollen, wird die Qualität der Beziehung durch die Qualität der Interaktionen zwischen Ihnen und Ihrem Partner bestimmt werden. Anders als Jill bewertet Frances auch keine zukünftigen Möglichkeiten mit Ian, sondern beurteilt nur, welche Erfahrung sie *jetzt* mit ihm hat. Diese Bewertung der Gegenwart ist wichtig, um zukünftige Möglichkeiten zu schaffen. Wenn jemand in der Gegenwart Persönlichtkeitsmerkmale zeigt, die sich mit Ihren eigenen nicht vertragen, besteht kein Grund zu erwarten, daß Sie positive Erfahrungen mit dieser Person in der Zukunft machen werden.

Frances Vorgehen hat zwei Vorteile. Erstens bemerkt und schätzt sie die Eigenschaften, von denen der Erfolg einer Beziehung letztendlich abhängen wird, nämlich von der Verträglichkeit ihrer beider Persönlichkeiten. Zweitens sucht sie nach solchen Personen, die bereits die Persönlichkeitsmerkmale haben, die sie bewundert, da eine befriedigende Zukunft (soweit es Beziehungen betrifft) mit solchen Personen am wahrscheinlichsten ist.

Die Wertschätzungs-Phase

Jill und Sam waren schon bald wie Magneten füreinander. Sie konnten kaum bis zum Abend warten, um endlich wieder zusammen zu sein. Wenn sie zuhause waren, trösteten sie sich über frühere schlechte Erfahrungen und hatten großes Vergnügen dabei, sich Verrücktheiten aus ihrer Vergangenheit zu erzählen. Manchmal hatte Sam das Gefühl, daß Jill etwas zu häufig sein Verhalten und seine Garderobe kritisierte, doch, so dachte er sich, wahrscheinlich würde es nicht schaden, wenn er ein paar Veränderungen an sich vornehmen würde. Außerdem, dachte er weiter, sah Jill immer so temperamentvoll und bezaubernd aus, wenn sie ihn korrigierte. Jill war nicht gerade erfreut über die lange Liste flüchtiger Liebschaften, die Sam zu haben schien, aber das gehörte der Vergangenheit an. Sie liebte ihn, er liebte sie, und von nun an würde es nur noch sie beide geben. Natürlich verspätete Sam sich auch chronisch, war ziemlich fordernd und etwas geheimnistuerisch, aber Jill schaute in die Zukunft und wußte, daß das alles anders werden würde, sobald sie sich erst aneinander gewöhnt hätten.

Sobald eine gegenseitige Anziehung besteht (d. h. die Kriterien dafür, was eine Person attraktiv macht, erfüllt sind), beginnt die wundervolle und magische Phase der Wertschätzung. (1) Während dieser Zeit wird selbst das kleinste Verhalten als Ausdruck von Charme, Humor, Intelligenz, Rücksichtnahme, usw. aufgefaßt. Wenn man sich diese rosarote Brille erst aufgesetzt hat, wird jeder Moment, den man gemeinsam verbringt, zu etwas Besonderem und Wertvollem. Es ist als wäre man gerade von einer einwöchigen Wanderung nach Hause zurückgekehrt, hätte ein warmes Bad genommen und sich in sein frischbezogenes Bett gelegt. Vermutlich genießt man das Bad und Bett in einer Weise, wie man es vor der Wanderung nicht getan hätte.

In den frühen Phasen einer Beziehung wird kaum etwas als selbstverständlich aufgefaßt. Da nichts als sicher gilt, achtet man ständig auf das, was in der Gegenwart geschieht und bemerkt alles, was gut und angenehm ist. Allein die Tatsache gegenseitiger Anziehung reicht aus, um viele davon zu überzeugen, daß es sich lohnt, eine Beziehung weiterzuverfolgen. Dabei werden Sie beständig nach Beispielen dafür suchen, daß Ihre Kriterien von der anderen Person erfüllt werden und Sie selbst die Wünsche und Bedürfnisse der anderen Person erfüllen. Abweichungen zwischen Kriterien und Kriteriumsäquivalenzen werden, wie in Sam und Jills Fall, übersehen oder gerechtfertigt. So wird Nörgelei zu etwas Niedlichem und Nützlichem und eine ausschweifende Lebensweise, Unpünktlichkeit und Geheimniskrämerei gehören bereits der Vergangenheit an oder werden doch bald der Vergangenheit angehören.

Es wird alles getan, um weiter die Perspektive zu bewahren, daß die andere Person wundervoll sei.

Die Wertschätzungs-Phase ist auch die Zeit, in der man sein Bestes tut und sein Bestes gibt. Sich geschätzt und gewürdigt zu fühlen, großzügig, rücksichtsvoll und respektvoll zu sein, fällt leicht und erscheint vollkommen natürlich.

Jill begeht den Fehler, ihre Wertschätzung für Sam auf die gleichen Gründe zu stützen wie zuvor ihr Interesse an ihm: sie schätzt ihn aufgrund ihrer Einschätzung der Zukunft, nicht aufgrund einer Bewertung der Gegenwart. Was Jill an Sam schätzt ist nicht das, wer und was er jetzt ist, sondern das, was er, wie sie glaubt, irgendwann in der Zukunft sein wird. Ihr Verhalten Sam gegenüber ist durch eine vorgestellte Zukunft bestimmt und nicht durch ihre tatsächliche Erfahrung mit ihm.

Obwohl Sam Jills störende Verhaltensweisen in Beispiele dafür verwandelt, wie lieb und teuer sie ihm ist, tut er das in Beziehung zu seiner aktuellen Erfahrung und nicht hinsichtlich zukünftiger Erwägungen. Die Bedeutung des Unterschiedes zwischen diesen zwei Denkweisen liegt darin, daß Jill vermutlich aktuelle Probleme und Meinungsverschiedenheiten in einer Beziehung in viel größeren Maße und viel länger ignorieren wird. Obwohl beide ihr Erleben verzerren, so tut Sam das wenigstens in der Gegenwart, was ihm mehr Gelegenheiten für Feedback darüber läßt, was gerade vor sich geht.

Die Wertschätzung jedes einzelnen Moments mag eine Stunde, eine Woche, einige Jahre oder sogar ein ganzes Leben dauern (2), vorausgesetzt, daß Sie, wenn Sie Ihren Partner wertschätzen, Ihre Aufmerksamkeit auf die Gegenwart richten und eine klare Vorstellung davon haben, was es ist, das Sie schätzen und wollen, damit Sie beurteilen können, ob das, was Sie wertschätzen, es sinnvoll macht, zu den nächsten Phasen der Beziehung vorzurücken.

Die Sicherheits- und Erwartungs-Phase

Es fiel Jill nicht schwer zu entscheiden, daß sie Sam heiraten wollte. Sie liebten sich, sie liebten es zusammenzusein und sie wollte das, was sie in den letzten Monaten gehabt hatten, für immer behalten. Sam fiel der Gang zum Altar nicht ganz so leicht.

Das erstemal, als Sam wirklich über seine Beziehung zu Jill besorgt war, war als sie die Möglichkeit einer Heirat angesprochen hatte. Er war mit dem Stand der Dinge ganz zufrieden, doch nachdem er mit Jill gesprochen hatte, wurde ihm klar, daß er sie verlieren würde, falls er sie nicht heiratete. Diese tolle Frau verlieren? Wieder allein sein? Sam beschloß, daß er beide Möglichkeiten nicht ertragen könnte und so kaufte er den Ring und stellte die bewußte Frage. Jills Antwort war „Ja".

Wenn die Gegenwart angenehm genug wird, beginnt man in die Zukunft zu schweifen und sich zu überlegen, was einen dort alles erwarten könnte und das, was man sich vorstellt, auch zu wollen. Es braucht nicht einmal ein beabsichtigter, bewußter Entscheidungsprozeß zu sein. Es kann ganz einfach auf so subtile Weise beginnen, daß man damit rechnet, den Samstagabend zusammen zu verbringen, auch wenn man noch nicht weiß, was man zusammen tun wird. Das Erlebnis zusammenzugehören, beginnt Wurzeln zu schlagen und sich auszubreiten.(3) Schon bald beginnt man dann Pläne für die Zukunft zu machen und sich auszumalen, wie das gemeinsame Leben sein wird. In der Regel trifft man an diesem Punkt eine offene oder verdeckte verbindliche Zusage oder definiert in anderer Weise die Grenzen und Schranken der Beziehung, d. h. man entscheidet, auf welcher Grundlage die Beziehung in Zukunft weitergeführt werden soll.

An diesem Punkt der Beziehung kommt es zu einer Interaktion zwischen kurzfristigen und langfristigen Erwägungen. Es ist nun an der Zeit, seine langfristigen (was erwartet man von der Zukunft?) und kurzfristigen (was ist in der Gegenwart gegeben?) Kriterien auf die Beziehung anzuwenden. Das ist auch die Gelegenheit, zu überlegen, was *nicht* erfüllt ist und *wahrscheinlich nicht* erfüllt sein wird. In dem oben angeführten Beispiel macht Jill den Fehler, sich in eine verbindliche Beziehung zu stürzen, ohne darauf zu achten, was in ihrer Beziehung in der Vergangenheit erfüllt war und aktuell erfüllt ist. Auch wenn eine Entscheidung über die Verbindlichkeit einer Beziehung auf einer Bewertung zukünftiger Möglichkeiten beruhen kann, kann eine wohlüberlegte Entscheidung nur unter Berücksichtigung von Ursache-Wirkungsbeziehungen zwischen der Gegenwart und der Zukunft getroffen werden. Die grundlegende Frage lautet: „Was kann ich mit dem, was ich von mir und der anderen Person weiß vorhersagen?" Jill hat nicht sehr darauf geachtet, was in der Gegenwart vor sich geht und hat daher keine Basis für Aussagen über Gegenwart-Zukunfts Ursache-Wirkungsbeziehungen, falls sie sie überhaupt anstellen wollte.

Sam macht einen ähnlichen Fehler, mit dem Unterschied, daß er bei seiner Entscheidung zwar nicht seine kurzfristigen, aber dafür seine langfristigen Kriterien ignoriert. Sie ist weiterhin für ihn attraktiv, und er möchte sie nicht verlieren. Was er dabei jedoch nicht berücksichtigt ist, ob sie in zehn, zwanzig oder vierzig Jahren immer noch die Person sein wird, mit der er zusammensein möchte.

Um es noch einmal zu wiederholen: da dies die Zeit ist, in der wir durch die Erfüllung unserer Erwartungen versuchen, Sicherheit zu gewinnen, ist es wichtig, daß wir auf sinnvolle Weise zu diesen Erwartungen gelangen (durch Berücksichtigung der Vergangenheit, Gegenwart und Zukunft), damit Enttäuschungen vermieden werden.

Natürlich ist das auch die Phase, in der Beziehungen häufig zerbrechen. Diejenigen, die es immer wieder vorziehen, eine Beziehung zu beenden, anstatt sie verbindlich werden zu lassen, denken häufig in einer Weise über ihre Erfahrung nach, die keine Möglichkeit für Veränderung in der Zukunft vorsieht. Sie verwandeln in ihren inneren Repräsentationen selbst die kleinste verbindliche Zusage in eine unauflösbare Verpflichtung und fühlen sich überfordert und in der Falle. Diese Reaktion kann auch auf Kriteriumsäquivalenzen beruhen, die Verbindlichkeit mit Unfreiheit, oder zu jemandem zu gehören mit Verlust der eigenen Identität oder Unterordnung persönlicher Wünsche gleichsetzen und Beziehungen daher als Gelegenheiten sehen, verletzt oder enttäuscht zu werden. Anstatt sich an glückliche Momente in der Beziehung zu erinnern und diese auf die Zukunft zu übertragen, nutzen sie Erinnerungen an unglückliche Beziehungen, beziehen diese in ihre Beurteilung der Zukunft ein und haben daher den Drang davonzulaufen. Sie sagen sich: „Ich habe früher in Beziehungen versagt und daher werde ich wieder versagen", „Ich bin früher verlassen und verletzt worden und das gleiche wird wieder passieren."

Es dauerte nicht sehr lange, bis Frances und Ian sich häufiger sahen. Sie waren verliebt, wußten das und waren glücklich darüber. Es war ihnen beiden ganz natürlich erschienen, als die Anrufe, in denen sie ihre Verabredungen ausgemacht hatten, der unausgesprochenen Annahme wichen, daß sie jede freie Minute zusammen verbringen würden. Das brachte Frances darauf, an ein langfristigeres Arrangement zu denken. Ian war sowohl als Freund wie auch als Geliebter wundervoll gewesen. Wie würde er als Hausgenosse und Ehemann sein? Sie wollte jemanden, der stabil (nicht schwerfällig), zuverlässig und verantwortungsbewußt war. Diese Beschreibung paßte auf Ian. Frances wollte auch Kinder und Ian schien Kinder sehr zu mögen. Frances konnte sich an viele Gelegenheiten erinnern, als Ian andere Dinge zurückstellte, um mit Kindern zu spielen. Frances war sportlich sehr aktiv und wollte das auch in Zukunft bleiben. In dieser Hinsicht war Ian eindeutig anders. Frances machte sich hier nichts vor – die wenigen Male, als sie Ian zu sportlicher Betätigung bewegen konnte, hatte sie ihn vorher wochenlang dazu überreden müssen. Doch ansonsten war Frances sich im Klaren darüber, daß sie auf Dauer mit Ian zusammenbleiben und ihr Leben mit ihm verbringen wollte. Und was sportliche Aktivität anbelangte, würde es ihr vielleicht noch irgendwann gelingen, in Ian Gefallen an Turnschuhen zu wecken. Doch ganz gleich, ob sie dabei erfolgreich war oder nicht, sie würde dafür sorgen, daß sie mit ihren Freunden Sport treiben konnte, wann immer es ihr danach war.

Da die Beziehung mit Ian erfüllend ist, beginnt Frances langfristige Möglichkeiten zu erwägen. Ihre kurzfristigen Kriterien sind erfüllt worden, doch das ist nicht genug, um sie zu überzeugen, daß eine langfristige (lebenslange) Beziehung mit Ian befriedigend sein wird. Frances überprüft daher ihre langfristigen Kriterien und versucht auf der Grundlage ihrer bisherigen Erfahrungen mit Ian (Erinnerungen und aktuellen Erfahrungen) zu entscheiden, ob sie zusammen ein zufriedenes Leben haben würden, d. h. sie bewertet die Zukunft auf Grund von Gegenwart-Zukunfts Ursache-Wirkungsbeziehungen.

Soweit Frances sehen kann, sind sie und Ian bis auf eine wichtige Ausnahme kompatibel: Sie betätigt sich gern sportlich und er nicht. Wenn Frances nicht die Fähigkeit hätte, andere Wahlmöglichkeiten und Optionen zu entwickeln, könnte dieser wichtige Unterschied zwischen ihnen sie leicht dazu bewegen, mit Bedauern zu entscheiden, daß sie nicht zueinander passen und getrennte Wege gehen müssen. Statt dessen kann Frances eine zufriedenstellende Lösung finden, um ihr Bedürfnis nach sportlicher Betätigung zu befriedigen (mit Freunden). Wir möchten hier betonen, daß sie diese langfristige Beziehung nicht eingeht, ohne die wichtigen Unterschiede zwischen ihr und Ian zu kennen (wie Sam und Jill es getan haben). Frances sieht vielmehr eine weitgehende Übereinstimmung zwischen dem, was sie und Ian schätzen und sie hat Möglichkeiten, um für sich selbst die Kriterien zu erfüllen, die sich nicht in der Beziehung erfüllen lassen.

Die Phase des Übelnehmens

Nun haben Sie also eine entweder explizite oder implizite verbindliche Zusage, zusammenzubleiben. Als Folge davon leben Sie nun zusammen, haben vor zu heiraten, planen eine Kreuzfahrt im Pazifik, einen Hauskauf oder (das Größte von allem) ein Kind zu haben. Sobald diese Zusage gemacht ist, richtet man sich in dem angenehmen und erfüllenden Gefühl der Sicherheit ein. Doch sicher vor was? In dieser Phase der Beziehung entwickelt man Erwartungen in bezug auf die Zukunft: man will diese, die nächste und jede weitere Nacht in den kommenden Jahren zusammen verbringen; Auseinandersetzungen sollen nicht mehr das Ende der Beziehung bedeuten; es muß nicht mehr jeder Moment ekstatisch sein, um trotzdem noch eine gute Beziehung zu haben. Im Verlauf der Wochen, Monate und Jahre, die nun folgen, wird man darauf achten, ob die Erwartungen, die man hatte, erfüllt werden oder nicht. Solange sie erfüllt werden, kann man sich glücklich und auch sicher fühlen. Doch wenn sie es nicht sind...

Jetzt, da sie verheiratet sind, genießen Sam und Jill die Behaglichkeit und Sicherheit zu wissen, was sie von nun an in Zukunft wann, wo und wie gemeinsam tun würden. Wenn Sam jetzt nachmittags anrief, nur um sich danach zu erkundigen, wie es ihr ging, war sie nicht mehr entzückt darüber, es war nun Teil ihrer täglichen Routine geworden. Die Komplimente, mit denen er sie überhäuft hatte, sei es für ihre Lasagne oder ihr rotes Haar, nahmen ab und verschwanden schließlich völlig. Ihre Lasagne und ihr Haar gefielen ihm immer noch, er rief sie auch noch gern nachmittags an, doch sie war nun an all das gewöhnt und so fiel es leicht, zu vergessen, wie angenehm es wirklich war. Nach einer Weile begann Sam seine Anrufe zu vergessen. Jill bemerkte das und jedes Mal, wenn er vergaß sie anzurufen, wurde sie sich unsicherer darüber, wie wichtig sie ihm war. Sie begann sich zu fragen, ob er vielleicht nicht mehr so interessiert an ihr war oder vielleicht sogar Interesse an jemand anderem gefunden hatte. Sam fiel auf, daß Jill sich nicht mehr so zurechtmachte, wie sie es früher getan hatte und ihr Haar auch nicht mehr auf die Weise trug, die ihm, wie sie *wußte*, besonders gut gefiel. Sam begann sich zu fragen, ob diese neue Nachlässigkeit einen Ausblick auf die Zukunft gab. Er hatte eine schöne Frau geheiratet und der Gedanke daran, eine ungekämmte, alternde Hausfrau im Bademantel zu Hause zu finden, machte ihn wütend und mißtrauisch. Da war auch noch etwas anderes. Jills ständige Begeisterung für die Zukunft fing an, ihm auf die Nerven zu gehen. Er liebte es in Erinnerungen zu schwelgen, an alte Zeiten zu denken. Jill haßte das und verließ jedesmal den Raum, wenn er begann, von Freunden aus alten Zeiten zu sprechen. Er konnte auch nicht umhin zu bemerken (und deswegen beleidigt zu sein), daß sie nie vergaß, ihr Abonnement für *OMNI* zu erneuern, aber nie daran dachte, sein Abonnement für *The Smithonian* zu verlängern.

Eine der Gefahren der Sicherheitsphase, der viele begegnen, ist die der Gewöhnung. In der gleichen Weise, in der man sich an einen bestimmten Geruch gewöhnen kann (selbst an einen unangenehmen), bis man ihn nicht mehr wahrnimmt, können Menschen sich auch an Erfahrungen gewöhnen, die sie früher einmal aufregend oder erfreulich fanden. Eine Mahlzeit, die gerade so zubereitet ist, wie Sie es mögen, die Anrufe am Nachmittag, um herauszufinden wie es Ihnen geht, die verspielten Scherze, die Mühe des sich Zurechtmachens – kurz all die Dinge, die Sie während der Wertschätzungs-Phase so wohltuend und außergewöhnlich fanden – beginnt man irgendwann, einfach zu erwarten und für selbstverständlich zu halten. Auch wenn man sie immer noch bemerkt, reagiert man jetzt sachlich oder gleichgültig auf die besonderen Mahlzeiten, die Anrufe, Scherze, neuen Kleider, usw.

Das ist mit Jill und Sam passiert. Nachdem sie sich ihrer Beziehung sicher sind, beginnen sie, die Dinge, die früher so außergewöhnlich waren und die sie so schätzten, einfach zu erwarten und bald für selbstverständlich zu halten. Die interessierten Reaktionen, die sie vom anderen erhielten, als sie sich noch umwarben, bleiben aus und so ist es nicht schwer zu verstehen, daß Sam vergessen wird, am Nachmittag anzurufen und Jill kein Verlangen mehr danach haben wird, sich für Sam attraktiv zu machen. *Gewöhnung* führt dazu, daß die Anrufe und die Kosmetika erwartet werden, und daher fallen sie Jill und Sam auf, wenn sie *nicht* da sind. Sam und Jill beginnen sich zu fragen, ob ihre Erwartungen gerechtfertigt waren, was dazu führt, daß sie anfangen darüber zu spekulieren, was es bedeutet, daß ihr Partner nicht so ist, wie sie es erwartet hatten. Folglich beginnen sie, Beispiele für diese Diskrepanzen zu sammeln und zu stapeln, was zur Folge hat, daß sie unabsichtlich (und meistens unbewußt) ein neues Verständnis der anderen Person entwickeln.

Eine weitere Entwicklung, die häufig einsetzt, wenn man sich in seiner Beziehung von Erwartungen einlullen läßt, ist, daß andere Kriterien und Interessen, die vorher durch den Glanz der gegenseitigen Wertschätzung in den Schatten gestellt worden waren, nun langsam wieder in den Vordergrund rücken. Sobald Sam nicht mehr durch Jills Schönheit und den Reiz der neuen Beziehung in Bann gehalten ist, fällt ihm wieder ein, wie gern er früher seinen Erinnerungen nachgehangen hatte. Doch, bedauerlicherweise für Jill und Sam, findet er dabei heraus, daß sein Vergnügen an solchen Reminiszenzen von Jill nicht geteilt wird. Zusätzlich zu seinen Befürchtungen und seiner Wut über Jills schwindendes Interesse an ihrer Erscheinung, muß Sam nun auch damit fertigwerden, daß er etwas von der Beziehung will, das er mit Jill nicht hat und (soweit er sehen kann) nie haben wird.

Sam und Jill bewerten die Vergangenheit, Gegenwart und Zukunft auf der Grundlage der Erwartungen, die sie gehabt haben, ihrer entstehenden Bedürfnisse und ihrer Phantasien darüber, wozu das alles führen kann (dabei handelt es sich um vorgestellte zukünftige Möglichkeiten, die jedoch wie reale Information behandelt werden). Indem sie das tun, sammeln sie Beispiel um Beispiel für Diskrepanzen zwischen dem, was sie in ihrer Beziehung wollen und erwarten und dem, was sie tatsächlich bekommen haben, bekommen oder in Zukunft erwarten können. Hier spielt auch eine wichtige Rolle, daß alle Gedanken daran, wie sie den Verlauf der Dinge durch ihr eigenes Verhalten positiv beeinflussen könnten, in ihren inneren Prozessen fehlt. Die Folge davon ist, daß sie diese Beispiele nicht als Produkt ihrer Interaktion als Paar verstehen, sondern als Problem auffassen, das durch die *andere* Person verursacht wird.

Mit den Beispielen nimmt auch der Druck zu, aufgrund dieser Beispiele seine eigenen Glaubenssätze zu verändern.

Die kritische Grenze

Für Sam und Jill folgte nun eine Zeit der Auseinandersetzungen. Sie stritten darüber, daß sein Interesse an ihr nachgelassen habe (was er bestritt) und ihr nichts mehr daran lag, für ihn attraktiv zu erscheinen (was sie bestritt). Sie versöhnten sich zwar nach jedem Streit wieder – doch sie vergaßen nicht. Eines nachts erreichten sie die kritische Grenze. Er kam spät von der Arbeit nach Hause und war mit zwei Dingen beschäftigt. Erstens war es schon lange her, seit er und Jill einen romantischen Abend zusammen verbracht hatten und das war genau, was er für diesen Abend geplant hatte. Zweitens hatte er vergessen anzurufen und ihr zu sagen, daß er später kommen würde, und nun überlegte er, wie er ihr das am besten erklären könne. Als er nach Hause kam, saß sie in ihrem Bademantel vor dem Fernsehgerät, abgeschminkt, ihr Haar unfrisiert und schenkte ihm kaum Beachtung. Sie hatte auch kein Abendessen vorbereitet. Das war der Tropfen, der für Sam das Faß zum Überlaufen brachte. Er explodierte und begann, Jill wegen ihrer Schlampigkeit und Nachlässigkeit sich selbst und ihrer Ehe gegenüber laut zu kritisieren. Jetzt endlich, schrie er, könne er ihre Oberflächlichkeit erkennen und die Maske durchschauen, mit der sie ihn gelockt hatte. „Du bist nicht die Frau, die ich geheiratet habe", erkannte er mit einem Mal. Jill war aufgebracht, doch sie hatte keine Tränen mehr – sie hatte sich schon vorher die Augen ausgeweint, als ihr klar geworden war, daß

Sam an diesem Tag nicht mehr anrufen würde. Es war ihr Geburtstag und Sam hatte ihn vergessen. Sie war von der Ungeheuerlichkeit dieses Versäumnisses wie erschlagen, und ihr wurde klar, daß sie für ihn nur ein Sexobjekt gewesen war. Das hätte ich wissen können, warf sie sich reuevoll vor, als ich sah, wie er sich an alle Frauen auf der Party ranmachte, auf der ich ihm zum ersten Mal begegnet war.

Wenn Sie alle Beispiele für die Versäumnisse Ihres Partners aufeinanderstapeln, passiert es häufig, daß Ihr Maß an Toleranz mit einem Mal erschöpft ist und Sie über Ihre kritische Grenze hinausgehen. Sobald Sie diese kritische Grenze einmal übertreten haben, wird es unmöglich, die alten Glaubenssätze weiterhin aufrechtzuerhalten. Plötzlich entwickeln Sie neue, in der Regel negative Kriteriumsäquivalenzen für das Verhalten Ihres Partners (d. h. Sie ordnen ihm neue Bedeutung zu). Was für Sie früher Zeichen eines offenen Wesens war, erscheint Ihnen nun exhibitionistisch; die Tatsache, daß er die Gesellschaft von Frauen mag, scheint auf einmal auf Wollüstigkeit und Laszivität hinzuweisen; ihre enge Beziehung zu ihren Freunden wird zu einem Beweis ihrer Unsicherheit; sein Wunsch, viel mit ihr zusammen zu sein, wird als Anspruchshaltung ausgelegt, ihre Verspieltheit als Verantwortungslosigkeit verstanden.

Diese Veränderung der Perspektive ist nicht auf die Gegenwart beschränkt, sondern erstreckt sich auch auf die Vergangenheit. Wenn man die kritische Grenze überschritten hat und von diesem Punkt aus in die Vergangenheit zurückblickt, erscheint sie auf einmal verändert. In ihrer Wahrnehmung ist es nicht nur so, daß ihr Ehemann (der die Gesellschaft von Frauen mag) jetzt ein Schürzenjäger ist, sondern er war immer schon ein Schürzenjäger, und plötzlich fallen ihr alle diese Beispiele aus seiner Vergangenheit ein, die diese neue Perspektive bestärken. Genauso ist die Frau, die einen engen Freundeskreis hat, nicht bloß jetzt unsicher, sondern sie war es immer schon, und es gibt auch hier wieder eine Fülle von Beispielen, die diese Erkenntnis belegen. Die rosarote Brille hat man nun abgelegt, die Gläser der neuen Brille haben eine weniger gefällige Tönung.

Wenn die kritische Grenze einmal überschritten ist, scheint es kaum möglich zu sein, zu dem früheren Zustand zurückzukehren.

Sie sehen jetzt nicht nur das Verhalten Ihres Partners in der Vergangenheit und in der Zukunft als konstant unbefriedigend, Sie beginnen die Zukunft in gleicher Weise zu sehen. Wenn Sie jetzt eine Vergangenheit und Gegenwart überblicken, die eindeutig die Mängel Ihres Partners offenlegen (zumindest in ihrer Wahrnehmung), kann man kaum der Neigung widerstehen, anzunehmen, daß die Zukunft genauso werden wird. Manche beginnen, ihre Partner sogar als boshafte oder gestörte Person zu sehen. Ohne Hoffnung auf Veränderung und in der festen Erwartung weiterer ähnlicher Unerfreulichkeiten, beginnt die Zukunft nun etwas düster zu erscheinen. Manche finden sich mit dieser Düsterkeit ab, andere trennen sich und suchen nach einem neuen Partner, der ihre Bedürfnisse befriedigen kann.

Die kritische Grenze kann überschritten werden, wenn die Negativbeispiele zu zahlreich oder ein zu großes Ausmaß annehmen. In dem Beispiel, das wir aufgeführt haben, war Sam schon viele, viele Male nach Hause gekommen und dadurch enttäuscht worden, Jill in diesem verschlampten Zustand vorzufinden. Irgendwann war eine kritische *Häufigkeits-Grenze* dieser Erfahrungen erreicht und schließlich überschritten. Er sah Jills Schönheit als ein Beispiel für ihre Oberflächlichkeit und als einen Köder, den sie benutzt hatte, um ihn einzufangen. Was Jill über die kritische Grenze gestoßen hatte, war nicht, daß Sam versäumt hatte anzurufen (was vorher bereits oft passiert war), sondern das enorme *Ausmaß* an Desinteresse, das er bekundet hatte, als er ihren Geburtstag vergaß. Plötzlich wurde Jill klar, daß alles was Sam wollte – und je gewollt hatte – war, sie als Sexobjekt zu haben.

Es muß jedoch nicht immer so verlaufen:

> Frances war in den letzten Tagen recht häufig besorgt gewesen. Seit einem Jahr hatte sie versucht, Ian dafür zu interessieren eine Familie zu gründen, doch jedesmal, wenn sie das Thema anschnitt, würde er einen Grund finden dem Thema auszuweichen, sie zu vertrösten oder einfach, in fast rüder Weise, das Thema zu wechseln. Frances versuchte, aus seinen Reaktionen schlau zu werden und neue Zugänge zu finden, doch das Ergebnis war immer das gleiche. Schließlich begann Frances sich Gedanken darüber zu machen, ob sie sich in bezug auf Ians Kinderliebe

getäuscht hatte. Sie fürchtete sich direkt zu fragen, aber sah, daß ihr nichts anderes übrigblieb. Die Antwort war nicht so wie sie erwartet hatte. Ian wollte keine Kinder – er hatte nie welche gewollt. Er mochte die Kinder *anderer Leute*, doch der Gedanke daran, eigene Kinder zu haben, erfüllte ihn mit Angst vor Verantwortungen, die er einfach nicht bereit war einzugehen. Frances war enttäuscht, doch sie wollte ihren Wunsch nach Kindern nicht aufgeben. In den folgenden Monaten versuchte sie, Ians Einstellung zu Kindern zu verändern und ging einmal sogar so weit, ihm zu drohen, sich von jemand anderem schwängern zu lassen. Ian hatte daraufhin das Haus verlassen und war die ganze Nacht fortgeblieben. Wenn sie jetzt miteinander schliefen, war es nicht mehr so angenehm, sie begannen tiefgehendere Gespräche zu vermeiden und wenn sie miteinander sprachen, endete es oft in Streitigkeiten oder Trivialitäten. Eines morgens fragte Frances sich: „Ist es das, was wir für den Rest unseres gemeinsamen Lebens zu erwarten haben?" Was sie betraf, war die Antwort „nein". Kinder zu haben war für Frances nicht das gleiche, wie Sport zu treiben. Sie wollte ihren Wunsch Kinder zu haben nicht aufgeben, und für sie gab es keinen anderen Weg das zu ermöglichen, als eigene Kinder zu bekommen. Sie sah ein, daß ihre Meinungsunterschiede mit Ian unbehebbar waren und sie beide neue Partner finden mußten. Sie wollte Ian nicht verletzen, denn sie liebte ihn immer noch, aber sie mußten sich trennen. Später, nachdem sie geschieden waren, blieben sie weiterhin befreundet. Frances war nicht bereit, alles aufzugeben was sie gehabt hatten, und sie blieb weiter in Kontakt mit Ian, einem wundervollen Mann, der leider keine Kinder wollte.

Der offensichtliche Unterschied zwischen Frances Erfahrung und der von Sam und Jill liegt darin, daß Frances die kritische Grenze nicht überschreitet. Sie ging nicht einmal durch die Phase des Übelnehmens. Sie sah Ians Abneigung oder Weigerung, mit ihr über Kinder zu sprechen, als etwas, für das sie eine neue Perspektive und einen neuen Zugang finden mußte. Sie variierte in ihren inneren Prozessen das Ausmaß und die Art der Details, die sie berücksichtigte und dachte auch an Vergangenheit-Gegenwart-Zukunfts Ursache-Wirkungsbeziehungen. Das schuf für sie eine Grundlage, auf der sie neue Reaktionsmöglichkeiten entwickeln konnte. Das richtete ihre Bemühungen darauf, den Zugang zu finden, der am geeignetsten war, um mit Ian über das Gründen einer Familie zu reden. Schließlich wurden alle ihre Bemühungen frustriert und sie wendete sich an Ian, um mehr Informationen von ihm zu erhalten. Sie erkannte, daß sie die Situation falsch eingeschätzt hatte und Ian und sie, was Kinder betraf, unvereinbare Meinungsgegensätze hatten. Sie trennten sich letztlich wegen dieser Unterschiede, jedoch auf eine andere Weise als Sam und Jill. Frances war traurig und enttäuscht, aber sie war nicht bitter. Da sie nie negative Erfahrungen mit Ian aufgestapelt hatte, bis sie über die kritische Grenze gegangen war, konnte sie Ian verlassen, ohne daß ihre guten Erinnerungen und Gefühle in bezug auf ihn beeinträchtigt worden waren. Sie hatte, als sie ihn verließ, auch gelernt, wie wichtig es ist, so wichtige Fragen wie den Wunsch nach Kindern mit einem potentiellen zukünftigen Partner vorher und sehr explizit zu klären.

Glücklicherweise gibt es eine andere Möglichkeit als die kritische Grenze zu überschreiten, eine Möglichkeit, die voraussetzt, daß Sie Ihre Wahrnehmung und Verhaltensflexibilität einsetzen, um Ihre Interaktionen mit Ihrem Partner, entsprechend den Bedürfnissen der Beziehung variieren zu können. In der Liebe und Ehe ist es von entscheidender Bedeutung, sich aufeinander einzustellen. Natürlich kann es, wie Frances erlebte, vorkommen, daß Sie bestimmte Wünsche, Bedürfnisse und Erwartungen haben, die Sie mit denen Ihres Partners nicht in Einklang bringen können oder umgekehrt. Doch die überwältigende Mehrheit aller Meinungsverschiedenheiten, derentwegen sich Paare das Leben schwer machen, streiten oder sogar trennen, sind *nicht* unüberwindbar. Sie beruhen viel häufiger auf falschen Informationen oder Vorstellungen über die gegenseitigen Wünsche und Bedürfnisse. Hier ein Beispiel:

> Für Steve war es wichtig, etwas Neues zu haben, auf das er sich freuen konnte. Er haßte es, in die selben Restaurants zu gehen, die gleichen Urlaubsorte zu besuchen, immer auf die gleiche Weise mit seiner Frau zu schlafen. Seine Frau, Michele, schätzte Tradition, suchte immer wieder die alten Ferienorte auf, dekorierte den Christbaum jedes Jahr in der gleichen Weise und genoß es, wenn sie sich in der gleichen Weise liebten. Wenn Steve etwas

Neues vorschlug, hatte sie Angst, einen Teil ihrer Vergangenheit zu verlieren. Wenn Michele etwas Traditionelles vorschlug, war Steve enttäuscht und gelangweilt. Schließlich hatten sie lange genug über diese Reaktionen miteinander gestritten, um dahinterzukommen, was vor sich ging. Als sie das herausgefunden hatten, waren sie sich und die Beziehung ihnen wichtig genug, um ihre Bedürfnisse miteinander in Einklang zu bringen. Steve begann, Michele neue Restaurants oder Urlaubsorte als Gelegenheiten vorzuschlagen, *neue Traditionen* zu begründen. Er begann auch ihre Fähigkeit zu bewundern, Traditionen zu bewahren. Michele ihrerseits war bereit, sich auf einige von Steves neuen Ideen einzulassen oder sie doch wenigstens als gute Ideen anzuerkennen, auch wenn sie das Gefühl hatte, daß es für sie wichtig war, bestimmte Traditionen weiterhin zu bewahren.

Als Fred an diesem Morgen Sylvia in der Küche traf, entgegnete sie sein „Guten Morgen" nur mit einen mürrischen Brummen und einer kalten Schulter. Sie waren seit fünfunddreißig Jahren verheiratet, doch sie hatte erst in den letzten Monaten damit angefangen, ihn auf diese Weise zu behandeln. Fred beschloß herauszufinden was los war. „Ich dachte gar nicht, daß es dich interessieren würde – schließlich bin ich dir nicht wichtig genug, um mir Gute Nacht zu sagen." Es stellte sich heraus, daß Fred sich unlängst angewöhnt hatte, abends einfach ins Bett zu gehen, sobald er müde war. Wenn Sylvia dann nach ihm suchte, weil sie ihm etwas zu sagen hatte oder einfach in seiner Nähe sein wollte, fand sie ihn schlafend im Bett. Sie war gekränkt und hatte das Gefühl, daß er sich nichts mehr aus ihrer Beziehung machte. Das war jedoch nicht der Fall, und Fred beteuerte ihr das nicht nur, sondern dachte auch von nun an daran, ihr Bescheid zu sagen, wenn er zu Bett ging.

Laurie fühlte sich scheußlich. Ihr Kopf und ihre Schultern schmerzten, ihre Nebenhöhlen pochten und ihr Magen war auch nicht ganz in Ordnung. Als Greg nach Hause kam, lag sie auf dem Sofa und versuchte sich so wenig und so langsam wie möglich zu bewegen. Er fragte, was mit ihr los sei und Laurie antwortete: „Ich glaube, ich bekomme wieder eine Erkältung." Greg gab ihr einen

Kuß auf die Wange und sagte: „Oh, das tut mir leid. Ich bin dann draußen im Garten." Als Greg eine Stunde später wieder ins Haus kam, war Laurie nicht nur krank, sondern auch wütend und in Tränen aufgelöst. Sie warf ihm vor, daß es ihm gleichgültig sei, wie es ihr ginge, weil er sowieso nichts davon wissen oder sich um sie kümmern wollte – er würde sich ganz einfach nichts aus ihr machen. Ihre Krankheit zu ignorieren war aber Gregs Weg, ihr zu zeigen, daß er sich um sie kümmerte, weil er, wenn er selbst krank ist, lieber mit seiner Krankheit allein bleibt. Er erkannte nun, daß das nicht Lauries Vorstellung von Pflegen war, und da ihm wirklich daran lag sie zu pflegen, war er froh, seiner Frau die Aufmerksamkeit und Fürsorge zu geben, die sie wollte, brauchte und verdiente.

Diese drei Beispiele verdeutlichen, daß unerfreuliche, enttäuschende und schmerzhafte Differenzen zwischen Ihnen und Ihrem Partner sich nicht stapeln müssen, bis die kritische Grenze erreicht ist. Die überwiegende Mehrzahl dieser Differenzen kann beigelegt werden, vorausgesetzt Ihr eigenes Erleben und die Qualität Ihrer Beziehung ist Ihnen wichtig genug, um Ihr Verhalten zu ändern. Wenn Sie die Entschlossenheit haben, die Qualität Ihrer Beziehung zu bewahren, ist alles was Sie darüber hinaus brauchen, eine bewußte Wahrnehmung Ihrer Reaktionen und der Ihres Partners, sowie die Flexibilität, Ihr Verhalten oder das Ihres Partners zu ändern, wenn die Qualität Ihres Verhaltens nicht Ihren Wünschen entspricht.

Mit Liebe im Sinn

In diesem Abschnitt stellen wir ein EMPRINT-Format für jede der Phasen vor, die wir in dem vorhergehenden Abschnitt besprochen haben: Anziehung, Wertschätzung, Sicherheit-Erwartung, Übelnehmen und kritische Grenze. Sie können die Einsichten und Erfahrungen, die jedes dieser Formate enthält, nutzen, unabhängig davon, ob Sie den richtigen Partner suchen, Erfüllung und Wertschätzung in Ihrer jetzigen Beziehung bewahren oder Ihre gegenseitige Liebe in einer kriselnden Beziehung wiederaufleben lassen wollen.

Die Anziehungs-Phase

Im Zusammenhang mit seinen Erfahrungen während der Dreharbeiten zu *Tootsie* beschrieb Dustin Hoffman, wie ausgeschlossen und unbeachtet er sich als unattraktive Frau gefühlt habe. Männer hätten in der Regel kein Interesse gezeigt, Tootsie kennenzulernen, und Hoffman war der Meinung, daß sie die Gelegenheit versäumten, einen wundervollen Menschen kennenzulernen. Hoffmans Erfahrungen als Angehöriger des anderen Geschlechts sind ein Beispiel für ein Problem, das wir bereits beschrieben haben: Anziehung, die durch die äußere Erscheinung, Geld, sozialen Status, akademische Titel, politischen Einfluß oder in der Zukunft liegende romantische Möglichkeiten ausgelöst wird. Auf der Grundlage solcher oberflächlichen Kriterien zu bestimmen, mit wem man zusammensein will, ist abwertend und unfair andern gegenüber, wird dazu führen, daß Sie es versäumen, eine Menge liebenswerter Menschen kennenzulernen und mit großer Wahrscheinlichkeit wird es früher oder später zu Enttäuschung führen.

Ob Ihre Strategie für Anziehung darauf beruht, jemanden zu finden, dessen Erscheinung zu Ihren visuellen äußeren Normen paßt (wie in Sams Fall) oder darauf, sich Möglichkeiten mit dieser Person in der Zukunft auszumalen (wie in Jills Fall), Sie beachten und beurteilen in beiden Fällen nicht, *wer* die andere Person *ist*. Daher ist eine Strategie nötig, die eine ausführlichere Berücksichtigung von Normen des aktuellen, persönlichen Erlebens miteinbezieht, die erfüllt sein müssen, bevor Sie zu dem Zustand der Anziehung gelangen.

Zu diesem Zweck müssen Sie natürlich zuerst Ihre Kriterien kennen. Bei der Überprüfung Ihrer Kriterien müssen Sie zwischen kurzfristigen und langfristigen unterscheiden. Es wird sehr oft übersehen, daß kurzfristige Kriterien sich deutlich von langfristigen Kriterien unterscheiden können. Das führt dann zu dem Irrtum, entweder langfristige Kriterien in dem kurzfristigen Kontext von Anziehung zu überprüfen (wie Jill es getan hat), oder kurzfristige Kriterien in dem langfristigen Kontext von Sicherheit zu überprüfen (wie Sam es getan hat). In beiden Fällen sind Enttäuschungen so gut wie sicher.

Wenn es darum geht, befriedigende und dauerhafte Beziehungen zu finden, ist es das beste, wenn Ihre langfristigen Kriterien Ihre kurzfristigen Kriterien einschließen oder ermöglichen. Das ist nicht möglich, wenn Ihre kurzfristigen und langfristigen Kriterien miteinander im Konflikt stehen.(4) Wenn Sie z. B. Spontaneität, Wildheit, Unbekümmertheit, Herausforderung, Widerspruchssinn und Verwöhnung als kurzfristige Kriterien haben und Ihre langfristigen Kriterien Stabilität, Sicherheit, Kameradschaft, Freundlichkeit, Fürsorglichkeit und Sensibilität sind, dann passen Ihre kurzfristigen und langfristigen Kriterien nicht zusammen. Jede Person, die Ihre kurzfristigen Kriterien erfüllt, wird Sie mit Sicherheit enttäuschen, wenn die Beziehung in die Sicherheits- und Erwartungs-Phase kommt. Wenn lang- und kurzfristige Kriterien besser übereinstimmen, haben Sie auch eine bessere Aussicht auf eine zufriedenstellende und dauerhafte Beziehung. Wenn Sie z. B. Spaß, Rücksichtnahme, Intelligenz, Freundlichkeit, Leidenschaft und Sinnlichkeit als kurzfristige und Familiensinn, emotionales Verantwortungsbewußtsein, Hilfsbereitschaft, Fürsorglichkeit und Aufmerksamkeit für die Wünsche und Bedürfnisse anderer als langfristige Kriterien haben, sind die Chancen, daß die kurzfristigen Kriterien zu der Erfüllung der langfristigen Kriterien führen werden, viel größer. Außerdem werden Ihre kurzfristigen Kriterien wahrscheinlich weiterhin erfüllt werden, wenn die langfristigen Kriterien in den Vordergrund treten, wie es in dauerhaften Beziehungen geschieht.

Wir möchten noch einmal betonen, daß langfristige Kriterien zwar nicht angemessen sind, wenn es darum geht zu entscheiden, ob Sie sich mit jemand zum Abendessen verabreden wollen, doch sehr wohl angemessen sind, wenn es um die Entscheidung für eine feste Beziehung geht. Es ist wichtig, zwischen kurz- und langfristigen Kriterien zu unterscheiden und Ihre Kriterien so abzustimmen, daß die kurzfristigen Kriterien zu den langfristigen führen. Wenn Sie sich dann zu einer festen langfristigen Beziehung entschließen, sind die Aussichten viel größer, daß diese auf Dauer Ihre Wünsche und Bedürfnisse befriedigen wird.

1. Erstellen Sie eine Liste Ihrer kurz- und langfristigen Kriterien. Überprüfen Sie, welche Ihrer kurzfristigen Kriterien auf natürliche Weise zu Ihren langfristigen Kriterien führen oder in diesen enthalten sind. Wären Sie damit einverstanden, in einer langfristigen Beziehung auf die kurzfristigen Kriterien zu verzichten, die mit

Ihren langfristigen Kriterien unvereinbar sind? Wenn nicht, überlegen Sie, wie Sie diese kurzfristigen Kriterien korrigieren können, damit sie zu Ihren langfristigen Kriterien führen oder in diesen enthalten sind. Sie können auch Ihre langfristigen Kriterien verändern, damit die bisher unvereinbaren kurzfristigen Kriterien berücksichtigt werden. (Beispiele dafür, wie Sie kurz- und langfristige Kriterien vereinbaren können, finden Sie am Ende des Kapitels „Die kritische Grenze".) Stimmen Sie so weit es geht Ihre kurz- und langfristigen Kriterien miteinander ab. Erstellen Sie jetzt Ihre Liste und überlegen Sie mögliche Veränderungen, bevor Sie weiterlesen.

Kriterien für Beziehungen

Kurzfristig	Langfristig
______________________	______________________
______________________	______________________
______________________	______________________
______________________	______________________
______________________	______________________
______________________	______________________

Sie haben nun eine Liste der kurzfristigen und langfristigen Kriterien, die für Sie in einer Beziehung wichtig sind. Neben der Kenntnis dieser Kriterien ist es auch notwendig, entscheiden zu können, ob Ihr potentieller Partner die Eigenschaften besitzt oder nicht, die durch diese Kriterien ausgedrückt werden. Nehmen Sie z. B. an, daß eines Ihrer Kriterien „höfliche Aufmerksamkeit" sei. Welches Verhalten wäre ein Ausdruck dafür, daß diese Eigenschaft vorhanden ist? Ein Anzeichen dafür wäre es, wenn Ihr potentieller Partner einer alten Frau, die sich mit Tragetüten bepackt eine Treppe hochquält, anbietet, einige Tüten abzunehmen und das in einer Weise tut, die ausdrückt: „Ich weiß, daß Sie es auch selbst tun können, aber lassen Sie mich Ihnen Ihren Tag etwas erleichtern." Ein Anzeichen für Mangel an „höflicher Aufmerksamkeit" wäre es, z. B. im Verkehr zu dicht aufzufahren oder sich in Warteschlangen an anderen vorzudrängeln. (Das gleiche Verhalten kann natürlich als Beweis für die Fähigkeit zu überleben gelten, wenn Sie in New York City wohnen.) Wenn Sie ehrenamtlich im Tierschutzverein oder bei der Audubon Society tätig sind, wird eine Frau, die sich einen Sealmantel wünscht, Großwildjagd für sexy hält und Elfenbein auf dem Schwarzmarkt kauft, kaum die Kriterien ausdrücken, auf die Sie Wert legen.

2. Gehen Sie die Liste Ihrer Kriterien durch und überlegen Sie, welches Verhalten und welche Reaktionen Anzeichen dafür wären, daß die gleichen Kriterien von einer anderen Person geteilt werden und welches Verhalten und welche Reaktionen Anzeichen dafür wären, daß Ihre Kriterien *nicht* von der anderen Person geteilt werden. Das wird Ihnen eine Grundlage dafür geben, um klug auf andere zu reagieren und wird Ihre Auswahl von Partnern und die Erfüllung Ihrer Wünsche und Bedürfnisse weniger zufällig machen. Machen Sie sich jetzt selbst dieses Geschenk und bestimmen Sie diese Verhaltensweisen und Reaktionen.

Eine weitere wichtige Überlegung betrifft frühere Fehler. Jeder Fehler, den Sie gemacht haben, als sie sich zu jemandem hingezogen fühlten oder mit jemandem eine Beziehung eingegangen sind, sollte als Information darüber genutzt werden, was Sie in der Zukunft tun und nicht tun sollen und nicht als Beispiel für Ihre Dummheit, Wertlosigkeit, Unattraktivität, usw. Wenn der frühere Fehler z. B. darin bestand, daß ein Partner stark getrunken hat und sein Trinken schließlich die Beziehung zerstörte, ist es wahrscheinlich keine gute Idee, sich mit dem trinkfreudigsten Zecher an der Theke einzulassen, auch wenn er ausdrucksvolle blaue Augen hat.

3. Machen Sie am Ende dieses Absatzes eine Liste Ihrer früheren Fehler in Beziehungen und bestimmen Sie, was diese Erfahrungen zu Fehlern macht. Suchen Sie danach, was diese Fehler möglich gemacht hat, damit Sie in der Zukunft wissen, worauf Sie bei einem Partner achten müssen (und diese Fehler nicht als Beweis Ihres persönlichen Versagens nutzen). Machen Sie jetzt diese Aufstellung; Sie entwickeln damit hilfreiche Richtlinien für zukünftigen Erfolg.

Sie haben nun eine angemessene und vielversprechende Grundlage, um zu entscheiden, von wem Sie sich angezogen fühlen wollen. Sie haben zwischen Ihren kurz- und langfristigen Kriterien unterschieden; Sie haben kurz- und langfristige Kriterien so weit wie möglich miteinander in Einklang gebracht; Sie haben eine Vorstellung davon, welche Verhaltensweisen Ausdruck der Eigenschaften sind, die Sie in anderen schätzen.

Der nächste Schritt, um sich von anderen angezogen zu fühlen, besteht darin, Ihre visuellen Kriterien so zu verändern, daß Sie anstatt weiter kulturell (in der Regel durch die Medien) bestimmte Kriterien wie hübsch, häßlich, begehrenswert, unattraktiv, usw. zu erfüllen zu suchen, zu einer qualitativen Bewertung des Charakters der Person übergehen. Hier sind folgende Fragen angebracht: Sieht diese Person freundlich, fürsorglich, rücksichtsvoll, intelligent, feindselig, arrogant, einsam, gelangweilt aus? Gibt es mir ein angenehmes Gefühl, sie anzusehen?

4. Nehmen Sie sich am Ende dieses Absatzes etwas Zeit und führen Sie sieben oder acht der Eigenschaften oder Merkmale auf, die Sie in anderen Personen schätzen. Wenn Sie diese Liste haben, denken Sie an eine Person des gewünschten Geschlechts, in dessen Gesellschaft Sie unlängst waren (z. B. bei einem Fest), zu der Sie sich jedoch nicht angezogen fühlten; jemand, den Sie hätten kennenlernen können, aber nicht kennenlernen wollten. Denken Sie dann an eine Person, von der Sie sich kürzlich angezogen fühlten, die Sie aber nicht kennenlernten. Machen Sie dann ein klares inneres Bild von der ersten Person, schauen Sie sie an und stellen Sie sich Fragen, wie wir sie oben beschrieben haben und verwenden Sie dabei Ihre Liste der Charaktereigenschaften, die Sie schätzen, als Richtschnur für Ihre Fragen (z. B.: „Scheint er anderen gegenüber rücksichtsvoll zu sein?").

Eigenschaften, die ich an anderen schätze

____

____

____

____

____

____

____

5. Wenn Sie Ihre Liste durchgegangen sind, stellen Sie sich die Frage: „Welche Eigenschaften scheint diese Person neben den von mir geschätzten zu haben?" Wenn Sie zwei oder drei gefunden haben, überlegen Sie, ob sie Charaktereigenschaften darstellen, die Sie schätzen oder zumindest interessant finden können oder nicht. Tun Sie das jetzt.

6. Überlegen Sie als nächstes, wie Sie sich fühlen, wenn Sie diese Person anschauen. Fühlen Sie sich gut, schlecht, neugierig, gelangweilt, vorsichtig, hoffnungsvoll? Wenn Sie das getan haben, wechseln Sie zu dem Bild der Person über, von der Sie sich angezogen fühlten, die Sie jedoch nicht kennengelernt haben, und gehen Sie wieder die gleiche Sequenz durch, in der Sie diese Person anhand der Liste geschätzter Charaktereigenschaften, darüber hinaus vorhandener Eigenschaften, die Sie in Ihrer Liste nicht berücksichtigt haben, und Ihres Gefühls beim Anblick dieser Person einschätzen. Führen Sie diesen Schritt durch, bevor Sie weiterlesen.

7. Die nächste Eigenschaft, die Sie zu berücksichtigen haben, ist der Klang der Stimme dieser Person. Der Klang einer Stimme – schrill, volltönend, näselnd, leise, laut, flach, gehaucht – hat starken Einfluß auf die emotionalen Zustände anderer, doch bedauerlicherweise erfolgt die Bewertung der Tonalität einer Stimme für die meisten Menschen in unserem Kulturkreis unbewußt. Wenn Sie die Tonalität nicht berücksichtigen, kann es Ihnen passieren, daß Sie Ihr Leben mit jemand verbringen, der unangenehme Gefühlszustände in Ihnen auslöst, ohne daß Ihnen je der Gedanke kommt, Ihr Erleben mit der Stimme dieser Person in Zusammenhang zu bringen. Die nächste Frage, die Sie sich zu stellen haben, lautet: „Wie klingt die Stimme dieser Person für mich?" Das zu beantworten setzt natürlich eine viel größere räumliche Nähe (und möglicherweise eine Unterhaltung mit der betreffenden Person) voraus. Wenden Sie Ihre Aufmerksamkeit nun wieder den beiden Personen zu, die Sie vorhin ausgewählt haben (die unattraktive Person und die attraktive Person, die Sie nicht kennengelernt haben), und erinnern Sie sich an den Klang ihrer Stimmen und achten Sie darauf, wie sich Ihr Gefühlszustand ändert, wenn Sie diese beiden Stimmen hören.

8. Denken Sie jetzt wieder daran, wie Sie sich fühlen, wenn Sie in der Gesellschaft der betreffenden Person sind. Ist Ihr Erleben bereichert? Sind Sie glücklich darüber sie zu sehen? Fühlen Sie sich angenommen und gewürdigt, wenn Sie mit ihr zusammen sind? Fühlen Sie sich in ihrer Gesellschaft angenehm? Fühlen Sie sich sinnlich angesprochen? Intellektuell stimuliert? Wenn Sie sich nun die Zeit nehmen, eine Person aus Ihrem Bekanntenkreis zu bestimmen, die Sie zwar nicht äußerlich attraktiv finden, von der Sie sich aber geschätzt fühlen, und eine andere Person, die Sie äußerlich attraktiv finden, in deren Gesellschaft Sie sich aber *nicht* geschätzt fühlen, werden Sie schnell feststellen, daß eine Anziehungsstrategie, die auf äußeren, visuellen Kriterien beruht, auf keinen Fall eine Garantie dafür darstellt, einen befriedigenden Partner zu finden. Probieren Sie es jetzt aus.

Wenn Sie die Schritte, die wir Ihnen gerade beschrieben haben, noch einmal durchgehen, werden Sie feststellen, daß Sie sie alle auf Ihr aktuelles Erleben hin orientieren. Sie werden auch feststellen, daß sie von Ihnen verlangen, Ihre Kriterien so zu formulieren, daß sie in allen drei Sinnessystemen erfüllt werden können: visuell, kinästhetisch (Gefühle) und auditiv. Wie wir zuvor beschrieben haben, erfolgt Anziehung am sinnvollsten in der Gegenwart und mit einer aktuellen Bewertung, da Sie nur auf diese Weise die Gelegenheit für sich schaffen, all das zu entdecken, was gewürdigt und möglicherweise geliebt werden kann. Eine solche gegenwartsbezogene Strategie (die eine Fülle an Kriterien und Flexibilität in den verschiedenen Möglichkeiten beinhaltet, diese Kriterien zu erfüllen) führt zu einem Verhalten, durch das Sie andere kennenlernen und zuerst neugierig und interessiert sind, bevor Sie sich angezogen fühlen. Auf diese Weise entsteht eine Beziehung zwischen Ihnen und der anderen Person, bevor es zu einem Gefühl von Anziehung kommen kann.

Die Wertschätzungs-Phase

Wie wir bereits gesagt haben, ist die Wertschätzungs-Phase eine wundervolle, rosarote Zeit. Wenn Sie die Anziehungs-Phase abgeschlossen haben, werden Sie so gut wie sicher in die Phase der

Wertschätzung treten. Ihr Partner glänzt in Ihren Augen. Manche werden die andere Person in dieser Phase jedoch mehr für das wertschätzen, was sie sein könnte, als für das was sie ist. Auch wenn es zu diesem Zeitpunkt in der Regel kein Problem darstellt, so wird es später sehr wohl zu einem Problem und zur Quelle zahlreicher Enttäuschungen, sobald die Beziehung verbindlich wird und langfristige Erfüllung und Sicherheit zu einem Thema werden. Erst dann beginnt man zu erkennen, daß Dinge, die man erwartet hat, nicht da sind und wahrscheinlich auch nie da waren. Wenn Ihre Anziehung jedoch aus einer Bewertung der Gegenwart erwachsen ist, wie wir sie in dem Abschnitt über Anziehung beschrieben haben, werden Sie das, was da ist, mehr schätzen als das, was da sein könnte.

1. Beginnen Sie mit einem aktuellen Test, indem Sie eine Liste der Verhaltensweisen Ihres Partners aufstellen, die Ihre Wertschätzung verdienen. Bestimmen Sie wenigstens fünf Verhaltensweisen, die er bzw. sie regelmäßig ausführt, die Sie wirklich wertschätzen. Dabei kann es sich z. B. darum handeln, daß Ihr Partner die Wahrheit sagt, sich an Vereinbarungen hält, dafür sorgt, daß der Benzintank immer mehr als halbvoll ist, Sie nachts schon ins Bett gehen läßt, während er die Tür abschließt und die Lichter löscht, seine schmutzige Wäsche in den Wäschekorb tut, sich daran erinnert, Ihnen an Ihrem Geburtstag ein Geschenk zu kaufen, Ihre Sachen aus der Reinigung holt oder nett zu Ihren Eltern ist. Die Bedeutung der Beispiele kann variieren, doch es sollte sich in jedem Fall um Verhaltensweisen handeln, die Würdigung verdienen. Tragen Sie in dem unten freigelassenen Raum fünf Verhaltensweisen Ihres Partners ein, die Sie schätzen.

Verhaltensweisen meines Partners, die ich wertschätze

____

____

____

____

____

2. Führen Sie als nächstes fünf Dinge auf, die Ihr Partner *nicht* tut, und die für Sie Gründe sind ihn zu schätzen. Vielleicht lügt Ihr Partner nicht, schreit Sie nicht an, ist nicht verschwenderisch mit Geld, trinkt nicht übermäßig und ist nicht unhöflich zu Ihren Freunden.

Ich schätze an meinem Partner, daß er nicht...

____

____

____

____

____

3. Nachdem Sie nun das Verhalten Ihres Partners beurteilt haben, betrachten Sie nun seine positiven *Eigenschaften*. Mit Eigenschaften meinen wir Merkmale oder Wesenszüge, wie z. B. neugierig, ehrgeizig, verantwortungsbewußt, aufrichtig, liebevoll, sexy, usw. Nennen Sie fünf Eigenschaften Ihres Partners, die Sie schätzen, und denken Sie dann an fünf Gelegenheiten, in denen Ihr Partner diese Eigenschaften gezeigt hat. Wenn Sie fünf Eigenschaften Ihres Partners gefunden haben, die Sie schätzen und sich an fünf Gelegenheiten erinnert haben, die Ausdruck für diese Eigenschaften sind, tragen Sie diese Eigenschaften unten ein.

Eigenschaften meines Partners, die ich wertschätze

____

____

____

____

____

Dieses Inventar an Verhaltensweisen und Eigenschaften sorgt dafür, daß Ihre Wertschätzung gerechtfertigt und nicht nur Folge einer rosaroten Brille ist. Dieser Prozeß vertieft auch Ihre Wertschätzung für Ihren Partner. Da Sie nun mit diesem Verfahren vertraut sind, brauchen Sie, wenn Sie Wertschätzung erfahren wollen, Ihren Partner nur zu bitten, das gleiche mit Ihren Verhaltensweisen und Eigenschaften zu machen.

Es ist nicht nur wichtig, Ihre Aufmerksamkeit auf die Gegenwart zu richten und Ihre Entscheidungen auf der Grundlage von aktuellen Bewertungen zu treffen, Ihren Partner richtig zu schätzen bedeutet auch, daß Sie das in einer Weise tun, die er wahrnehmen kann. Indem Sie Ihrem Partner mitteilen, was Sie an ihm oder an ihr schätzen, sorgen Sie gleichzeitig dafür, daß er in Zukunft weiß, was er tun kann, um von Ihnen geschätzt zu werden. In gleicher Weise wissen Sie, wenn Sie entdeckt haben, welche Verhaltensweisen für Ihren Partner ausdrücken, daß Sie ihn schätzen, was Sie in Zukunft tun können, um ihm diese Erfahrung zu geben.

4. Alles was Sie tun müssen, um diese Information zu bekommen, ist Ihren Partner zu fragen. Fragen wie „Woran erkennst du, daß ich dich schätze?", „Was kann ich sagen oder tun, um auszudrücken, daß ich dich schätze?" oder „Was wäre ein Zeichen für dich, daß ich dich schätze?" werden Ihnen Informationen darüber geben, wie Ihr Partner geschätzt werden möchte. Sie werden dann wissen, was Sie tun können, um die Kriteriumsäquivalenzen Ihres Partners für „Geschätztwerden" zu erfüllen. Führen Sie diesen Informationssammlungs-Prozeß für mehrere wichtige Kriterien durch. Es ist wichtig, daß Sie wissen, woran Ihr Partner erkennt, daß Sie ihn lieben, ihm vertrauen, ihn respektieren, usw. Wenn Sie diese Informationen haben, müssen Sie Ihrem Partner mitteilen, woran Sie erkennen, daß Sie geschätzt und geliebt werden, daß Ihnen vertraut wird, Sie respektiert werden, usw. Auf diese Weise werden Sie Ihrem Partner die Gelegenheit geben, Sie auf eine Weise zu schätzen (und Sie zu lieben, Ihnen zu vertrauen, Sie zu respektieren, usw.), die für Sie bedeutungsvoll ist.

Die wundervolle Erfahrung gegenseitiger Wertschätzung braucht nicht nur eine Phase zu bleiben, die am Ende wegen Vernachlässigung und mangelnder Informationen vorübergeht. Von den Menschen, die man liebt, wertgeschätzt zu werden, ist eine Erfahrung, nach der jeder streben wird, umso mehr als er weiß, was er tun kann, um diese Wertschätzung zu gewinnen.

Von den Menschen, die uns wichtig sind, geschätzt und verstanden zu werden, ist eine Erfahrung, die wir alle würdigen und nach der wir streben, vorausgesetzt wir wissen was wir tun können, um diese Wertschätzung zu verdienen.

Die Sicherheits- und Erwartungs-Phase

In der Sicherheits-Phase beginnt man die Möglichkeit zu erwägen, die Beziehung zu dem Partner in formaler oder informeller Weise verbindlich zu machen, um dadurch der Beziehung Dauer zu geben. Die Gefahren, die in der Regel im Zusammenhang mit dieser Phase auftreten, haben entweder damit zu tun, daß eine der beteiligten Personen Angst vor einer festen Beziehung hat oder die Entscheidung für eine dauerhafte, verbindliche Beziehung auf der Grundlage unangemessener und unrealistischer Erwägungen getroffen wird. Die Sicherheits-Phase ist auch die Phase, in der Erwartungen entwickelt werden, die bereits den Keim für schmerzhafte Enttäuschungen in sich bergen.

Das folgende EMPRINT-Format geht zunächst auf die Ursachen ein, die typischerweise den Ängsten und Befürchtungen vor einer langfristigen Beziehung zugrundeliegen. Es vermittelt Ihnen dann nützliches Know-How für dauerhafte und langfristige Verbindungen und auch Strategien, mit denen Sie von Ihrem Partner das, was Sie wollen, auf eine Weise bekommen können, die Sie beide bereichert.

Das Muster, das der Angst vor Verbindungen zugrundeliegt, ähnelt in der Regel anderen Problemen, in denen unangemessener Gebrauch von der Vergangenheit gemacht wird. Auf der Grundlage unangenehmer Erfahrungen werden Kriteriumsäquivalenzen für Beziehungen, Verbindlichkeit, Ehe und die eigene Person gebildet, die in etwa folgendermaßen lauten: Beziehungen dienen nur der Befriedigung eigener Bedürfnisse; eine Beziehung bedeutet Unterordnung der eigenen Persönlichkeit; die Ehe ist nur eine weitere Gelegenheit, um verletzt zu werden; ich bin kein liebenswerter oder verläßlicher Mensch.

1. Um solche Kriteriumsäquivalenzen zu verändern, müssen Sie als erstes Gegenbeispiele finden. Suchen Sie in Ihrer persönlichen Geschichte (oder in der weiten Welt) nach Beispielen, die mit der ungewünschten Kriteriumsäquivalenz nicht übereinstimmen. Es ist äußerst wichtig, solche Gegenbeispiele zu finden und zu erkennen, da sie die durch eine Kriteriumsäquivalenz bedingte automatische Reaktion („So ist es eben!") in etwas verwandeln, das Ihnen zumindest die Möglichkeit einer gewählten Reaktion eröffnet. Wenn Sie z. B. glauben, daß feste Beziehungen zur Unterordnung der eigenen Persönlichkeit führen, versuchen Sie sich an mindestens ein Beispiel dafür zu erinnern, in dem Sie Ihre Persönlichkeit und Ihre Bedürfnisse vollkommen frei in einer Beziehung ausdrücken konnten. Wenn Sie kein Gegenbeispiel in Ihren eigenen Erinnerungen finden können, können Sie in den Erinnerungen von Freunden und Bekannten nach solchen Beispielen suchen, damit Sie zumindest die Erfahrung haben, daß es möglich ist, in einer festen Beziehung zu sein, ohne sich selbst aufzugeben. Wenn Sie Angst davor haben, sich auf eine Beziehung einzulassen, nehmen Sie sich jetzt ein Paar Minuten Zeit, um Ihre unangemessenen Kriteriumsäquivalenzen zu bestimmen. Sobald Sie diese bestimmt haben, finden Sie Gegenbeispiele für jede Kriteriumsäquivalenz.

2. Wenn Sie die automatische Reaktion der Kriteriumsäquivalenzen aufgelöst haben, können Sie nun einschätzen, was die betreffenden Irrtümer in Ihrer persönlichen Geschichte zu den Fehlern macht, als die Sie sie sehen. Fragen Sie sich: „Wie unterscheidet sich diese positive Erfahrung (das Gegenbeispiel) von der schlechten Erfahrung, die ich hatte?" Die Antwort auf diese Frage wird Ihnen dabei helfen, die Ursachen für diesen Fehler zu finden. Wenn Sie die Ursachen kennen, können Sie diese Information dazu benutzen, um Kriterien und Normen für die Zukunft aufzustellen, damit Sie den selben Fehler nicht noch einmal wiederholen. Die Frage dazu lautet: „In welcher Weise bin ich jetzt anders?" und „Was tue ich oder werde ich tun, damit dieses erinnerte unangenehme Ereignis nicht noch einmal eintritt?" Antworten Sie auf diese Fragen, bevor Sie weiterlesen.

3. Das übliche Problem in dieser Phase besteht darin, sich auf der Grundlage unangemessener Überlegungen auf eine Beziehung einzulassen. Die Bereitschaft zu einer festen Bindung bedeutet, daß man bereit ist, eine bestimmte Zeit in der Zukunft zusammen zu verbringen. Deshalb werden zu diesem Zeitpunkt die eigenen langfristigen Kriterien wichtig. Es ist nun an der Zeit, Ihre langfristigen (wie auch kurzfristigen) Kriterien auf die Erfahrungen anzuwenden, die Sie mit Ihrem Partner bisher gemacht haben, um zu entscheiden, ob es wahrscheinlich ist, daß Sie mit dieser bestimmten Person Ihre langfristigen Kriterien erfüllen können. Anders ausgedrückt, müssen Sie auf realistische Weise bestimmen, was da ist und was nicht, was wahrscheinlich da sein wird, und was wahrscheinlich nicht da sein wird. Nehmen Sie sich die Zeit, diese realistische Evaluation vorzunehmen, bevor Sie zu dem nächsten Schritt weitergehen.

4. Diese Erwägungen haben Ihnen wahrscheinlich gezeigt, daß es sowohl Übereinstimmungen wie auch Unterschiede in dem gibt, was Ihnen und Ihrem Partner wichtig ist. Menschen sind einfach viel zu verschieden, als daß es anders sein könnte. Sehr häufig achtet man aber nur auf die Übereinstimmungen und ignoriert die Unterschiede. Doch irgendwann holen einen diese Unterschiede ein. Deshalb ist es wesentlich, mit jedem Unterschied auf eine der drei Arten umzugehen, die wir am Ende dieses Kapitels darstellen. Wenn Sie gerade erwägen, eine feste Beziehung einzugehen oder bereits eine Beziehung haben, wäre es sinnvoll, wenn Sie zunächst eine oder mehrere Verschiedenheiten bestimmen und dann in folgender Weise damit verfahren:

- Stellen Sie sich vor, daß dieser Unterschied nie aufgehoben werden wird, d. h. daß ein bestimmter Wunsch oder ein bestimmtes Bedürfnis, das Sie haben, in dieser Beziehung nie befriedigt werden wird. Wären Sie immer noch zufrieden und erfüllt? (In Frances Fall z. B. ist die Beziehung immer noch erfüllend, obwohl sie nicht mit ihrem Partner gemeinsam Sport treiben kann.)
- Können Sie Ihren Wunsch oder Ihr Bedürfnis so ändern, daß Sie in Einklang mit dem stehen, was in der Beziehung möglich ist und gleichzeitig zumindest ein Teil Ihrer ursprünglichen Absicht zufriedenstellend erfüllt ist. (Der Wunsch Kinder zu haben kann z. B. in den Wunsch verwandelt werden, sich um andere Menschen zu kümmern.)
- Gibt es Möglichkeiten, Ihren Wunsch oder Ihr Bedürfnis außerhalb der Beziehung zu erfüllen, ohne die Integrität der Beziehung zu gefährden? (Frances treibt z. B. mit Bekannten Sport.)

Jede Verschiedenheit, die nicht auf wenigstens eine der drei beschriebenen Weisen aufgelöst werden kann, wird als unüberbrückbarer Gegensatz bestehen bleiben. Der betreffende Wunsch wird weder innerhalb noch außerhalb der Beziehung erfüllt werden.

Auch wenn ein unüberbrückbarer Gegensatz zwischen zwei Menschen besteht, muß das nicht zwangsläufig bedeuten, daß die Beziehung zum Scheitern verurteilt ist. Das hängt von der relativen Bedeutung dessen ab, worüber sich das Paar uneins ist. Im Fall von Frances und Ian konnte der bestehende Gegensatz für sie auf keine der drei dargestellten Arten aufgehoben werden: 1. würde sie ohne ein Kind nicht glücklich sein, 2. wäre es nicht akzeptabel, sich in der gleichen Weise um Ian zu kümmern, wie sie es für ein Kind tun würde und 3. wäre auch die Arbeit in einer Kinderkrippe keine akzeptable Lösung. Da ein Kind zu haben für Frances von sehr großer Bedeutung war, konnte sie die Situation nicht einfach übergehen und ignorieren. Wenn der Gegensatz sich auf etwas bezogen hätte, das (in Frances Augen) bedeutend trivialer war, wie z. B. Ians beharrliches Tüfteln an ausgefeilten Sicherheitssystemen für das Haus, so hätte weder Frances Abneigung gegen diese Anlagen noch die Tatsache, daß sie diese Abneigung nicht überwinden konnte, ausgereicht, um das Ende der Beziehung heraufzubeschwören. Möglicherweise hätte es zu Spannungen oder humorvollen Auseinandersetzungen geführt, doch Frances hätte es als etwas akzeptieren können, das sie nicht ändern kann und das durch die Freuden des Zusammenlebens mit Ian aufgewogen wurde.

Wenn Sie eine Verbindung eingehen, ist es auch wichtig, die Flexibilität Ihrer Kriteriumsäquivalenzen zu berücksichtigen. Das muß vor allem berücksichtigt werden, wenn Sie bereits eine Verbindung eingegangen sind oder schon in der Sicherheits-Phase leben. Jill wußte, daß Sam an sie dachte, wenn er sie während des Tages anrief, um sie zu fragen, wie es ihr ginge. Wenn er nicht anrief, hatte sie daher das Gefühl, daß er nicht an sie dachte. Wenn Sie nur eine Möglichkeit haben, um ein Kriterium zu erfüllen, bedeutet das, daß Sie die Erfüllung dieses Kriteriums nur dann erleben werden, wenn die notwendigen äußeren Bedingungen erfüllt sind. Die Welt ist jedoch komplex und launisch genug, um dafür zu sorgen, daß es Zeiten geben wird, wo diese äußeren Bedingungen nicht erfüllt sein werden. Was dann?

Es ist weitaus nützlicher (und auch lohnender), mehrere Wege zu haben, Ihre Kriterien zu erfüllen. Je mehr Wege Sie haben, um sich geliebt zu fühlen, umso häufiger werden Sie diese Erfahrung haben können. Wenn Sie eine Frau sind, können Sie sich z. B. geliebt fühlen, wenn Ihr Partner sie anruft, um Ihnen mitzuteilen, daß er später kommen wird; wenn er nachts die Türen abschließt und die Lichter löscht; wenn er Sie fragt, welchen Film Sie gerne sehen würden; wenn er zärtlich zu Ihnen ist; wenn er offen „nein" sagt, wenn er nicht mit Ihnen schlafen möchte; wenn er ein berufliches Angebot ausschlägt, weil es Sie zu lange voneinander trennen würde; wenn er nicht mit anderen Frauen flirtet; wenn er ein guter Gegner für Sie ist; wenn er Ihnen die Wahrheit sagt, auch wenn es nicht das ist, was Sie hören wollen. Alle diese (und viele weitere) Beispiele können Ihnen als Hinweise dafür dienen, daß Sie geliebt werden. (Es ist besonders hilfreich, wenn es sich dabei um Verhaltensweisen handelt, die für Ihren Partner nicht verzichtbar sind – d. h. wenn es Verhaltensweisen sind, die als natürliche Nebenprodukte seiner bzw. Ihrer Persönlichkeit auftreten.)

In diesem Zusammenhang ist es wichtig, zu erkennen und zu begreifen, daß Ihr Partner Ihnen auf viele verschiedene Weisen zeigt, daß er Sie liebt (respektiert, umsorgt, schätzt), ohne daß Sie diese Zeichen als solche erkennen. Die Frage danach, welchen Film Sie sehen möchten, kann Ihnen als gewöhnliche Höflichkeit erscheinen, doch für Ihren Partner kann es ein Ausdruck der Liebe für Sie sein.

5. Führen Sie am Ende dieses Absatzes verschiedene Erfahrungen auf, die Sie in Ihrer aktuellen Intimbeziehung sehr gern erleben, die Sie jedoch nicht so oft erleben, wie Sie möchten (z. B. herumalbern oder fühlen, daß Ihr Partner Ihnen vertraut und glaubt). Gehen Sie dann in Gedanken Ihre Interaktionen mit der anderen Person durch und versuchen Sie, verschiedene Wege zu erkennen, auf denen die andere Person versucht, Ihnen diese Erfahrung zu geben, ohne daß Sie bisher diese Absicht erkannt hatten. Wenn Sie Beispiele dafür gefunden haben, können Sie, wenn Sie wollen, Ihren Partner direkt fragen, was seine Absicht mit einem bestimmten Verhalten ist. (Einige gute Beispiele dafür finden Sie am Ende des Abschnitts „Kritische Grenze".) Schließen Sie diesen Schritt ab, bevor Sie weiterlesen.

6. Wenden Sie sich jetzt den Kriterien und Normen zu, die Sie auf jeden Fall in Ihrer Beziehung erfüllt sehen wollen. Wählen Sie drei oder vier dieser Kriterien aus, und finden Sie für jedes einzelne Kriterium wenigstens vier Wege (andere als die gewohnten), die für Sie Zeichen dafür wären, daß die andere Person Ihre Kriterien erfüllt. Denken Sie dabei daran, Ihre Wahl mit Rücksicht auf die bestehenden Verhaltensweisen Ihres Partners zu treffen. Je mehr verschiedene Wege es gibt, um Ihr Kriterium zu erfüllen, umso besser wird Ihre alltägliche Erfahrung sein und umso reicher und sicherer wird Ihre Beziehung sein. Führen Sie zunächst diese wichtige Evaluation durch, bevor Sie weiterlesen.

Was ist mir wichtig?	**Woran kann ich merken, daß ich es bekomme?**
______________________	______________________
	______________________
	______________________
	______________________
______________________	______________________
	______________________
	______________________
	______________________
______________________	______________________
	______________________
	______________________
	______________________
______________________	______________________
	______________________
	______________________
	______________________

Eine der potentiellen Gefahren der Sicherheits-Phase besteht in der Tendenz, sich an die Dinge zu gewöhnen, die man früher aneinander geschätzt hat. Indem man beginnt, diese einst besonderen Verhaltensweisen und Reaktionen einfach zu erwarten, werden sie zu etwas Selbstverständlichem. Wie wir bereits dargestellt haben, ist das oft der Anfang vom Ende einer Beziehung. Sobald dieses Verhalten für selbstverständlich gehalten wird, fällt nur noch das Ausbleiben, nicht mehr das Vorkommen desselben auf. Das führt dazu, die Beispiele dafür zu sammeln, daß man etwas erwartet und nicht bekommen hat. Schließlich, wenn diese Sammlung einen kritischen Wert erreicht, zum Überschreiten der Grenze. Sowohl um die Beziehung wie auch um diese besondere Qualität der Wertschätzung zu bewahren, ist es wichtig, sich nicht in eine Haltung von Erwartung und Gewöhnung locken zu lassen.

Der wahrscheinlich beste Weg, um Erwartung und Gewöhnung in Ihrer Beziehung zu vermeiden, besteht darin, die Ursache-Wirkungsbeziehungen zu kennen, die zu den Stimmungen, den Verhaltensweisen und zu der Erfüllung der Kriterien in Ihrer Beziehung führen. Nehmen wir z. B. an, Sie schätzen die Tatsache, daß Ihr Mann Ihnen bei der Hausarbeit hilft. Möglicherweise stellen Sie fest, daß er Ihnen hilft, weil es für ihn bedeutet, etwas mit Ihnen gemeinsam zu tun. Die Erkenntnis dieser Ursache-Wirkungs-Beziehung hat eine zweifache Wirkung. Zunächst einmal bedeutet es, daß seine Mithilfe nicht ohne weiteres erwartet und folglich nicht so einfach als selbstverständlich hingenommen werden kann. Seine Hilfe bei der Hausarbeit ist, wie Sie jetzt erkennen, keine angeborene Reaktion von seiner Seite, sondern ist durch bestimmte Umstände bedingt, nämlich dadurch, daß sie als Teil einer gemeinsamen Unternehmung wahrgenommen wird.

Die zweite Folge der Erkenntnis dieser Ursache-Wirkungs-Beziehung ist ein Wechsel von „Stapeln" zu mehr Interaktion. Anstatt nur passiv zu registrieren, ob etwas erfolgt oder (was häufiger ist) ausbleibt, wie es für das „Stapeln" typisch ist, werden Sie ein aktives Mitglied einer Interaktion und können bestimmen, wie Sie die Stimmungen und Verhaltensweisen ermöglichen können, die Sie und Ihr Partner wollen und schätzen. Wenn Sie andererseits Ursache-Wirkungs-Beziehungen nicht berücksichtigen und Ihren Ehemann bitten, die Gardinen herunterzunehmen, damit sie gewaschen werden können und er etwas zögernd reagiert, besteht eine häufige Reaktion darin, nur zu bemerken, daß er Ihnen nicht wie früher bei der Hausarbeit helfen will; diese Situation wird dann auf frühere, ähnliche Erfahrungen gestapelt, die Sie in Ihrem Gedächtnis gespeichert haben. Wenn Sie jedoch die Ursache-Wirkungs-Beziehung kennen, werden Sie sich eher wundern, wieso Ihre Aufforderung zu dieser zurückhaltenden und nicht zu einer erfreuten Reaktion geführt hat. Wenn Sie wissen, daß Teamwork für Ihren Partner den Ausschlag gibt, können Sie die Situation entsprechend angehen. Sie könnten vorschlagen, die Gardinen gemeinsam herunterzunehmen, ihn bitten, die Gardinen im Rahmen einer größeren Putzaktion, an der Sie auch beteiligt sind, herunterzunehmen oder darauf hinweisen, daß seine Mithilfe es Ihnen ermöglichen würde, andere Dinge zu erledigen, die Sie beide als notwendig erachten.

7. Nun ist es an der Zeit, das, was Sie über Ursache-Wirkungs-Beziehungen gelernt haben, auf Ihre Situation anzuwenden. Bestimmen Sie verschiedene Bereiche in Ihrer Beziehung, die für Sie Anlaß von Enttäuschung sind, da Ihr Partner bestimmte Verhaltensweisen oder Reaktionen, die Sie sehr geschätzt haben, nicht mehr zeigt, sei es, weil er nicht mehr dazu bereit ist oder nicht mehr in der Lage dazu ist. Vielleicht vermissen Sie es, daß Ihr Partner jetzt, nach einigen Monaten oder Jahren, nicht mehr wie zu Beginn Ihrer Beziehung pünktlich, großzügig, hilfsbereit und an Ihnen interessiert ist. Diese Informationen werden Sie für den nächsten Schritt brauchen, finden Sie daher zunächst Beispiele für solche Enttäuschungen, bevor Sie weiterlesen.

8. Bestimmen Sie als nächstes, welche Bedingungen zu der gewünschten Reaktion führen und welche dazu führen, daß sie nicht eintritt. Wenn Sie Schwierigkeiten dabei haben, die Ursache-Wirkungs-Beziehung zu bestimmen, versuchen Sie folgendes: Nehmen Sie die erste dieser Situationen und erinnern Sie sich an eine Gelegenheit, in der Ihr Partner die gewünschte Reaktion gezeigt hat, und an eine Gelegenheit, in der er sie nicht gezeigt hat. Vergleichen Sie diese beiden Situationen und stellen sie sich die Frage: „Was ist in diesen beiden Beispielen gleich und was ist verschieden?“ Um die Ursache-Wirkungs-Beziehung, die Sie gefunden haben, zu überprüfen und zu verfeinern, können Sie dann die Unterschiede, die Sie ausgemacht haben, mit ein paar anderen Beispielen vergleichen, in denen das betreffende Verhalten erfolgt bzw. nicht erfolgt ist. Sie können diese Informationen dann nutzen, um eine Atmosphäre zu schaffen, die auf natürliche Weise die Art von Interaktionen fördert, die Sie und Ihr Partner wollen und schätzen (wie in dem Beispiel mit den Gardinen). Nehmen Sie eines Ihrer Beispiele, bestimmen Sie die entsprechenden Ursachen und entwickeln Sie dann Ideen, wie Sie in Zukunft interagieren können, um die Reaktionen hervorzurufen, die Sie möchten.

Es gibt eine andere zuverlässige (und häufig übersehene) Möglichkeit, um die Ursache-Wirkungs-Beziehung zu finden, die die Grundlage der Interaktionen bildet, die Sie sich wünschen: fragen Sie. Wenn eine Beziehung noch nicht die kritische Grenze überschritten hat, haben gewöhnlich alle Beteiligten die besten Absichten füreinander.

Diese guten Absichten drücken sich nicht immer in Verhalten aus, und in diesem Fall werden die meisten froh darüber sein, eine Gelegenheit zu bekommen, die Situation zu korrigieren. Sagen Sie daher Ihrem Partner, daß Sie ein bestimmtes Verhalten oder eine bestimmte Art der Interaktion immer sehr gemocht haben und fragen Sie ihn dann, wodurch dieses Verhalten in ihm hervorgerufen wurde. Das wird Ihnen oft direkt die Informationen geben, die Sie brauchen, um dieses Verhalten und diese Reaktionen zu einem Teil Ihres gemeinsamen Alltags zu machen.

Wenn Sie sich der Ursache-Wirkungs-Beziehung zwischen den Umständen (die zu einem großen Teil von Ihrem eigenen Verhalten abhängen) und der Qualität der Interaktionen bewußt sind, die Sie mit Ihrem Partner haben, werden Sie nicht mehr einfach davon ausgehen, daß diese Interaktionen selbstverständlich erfolgen werden. Wenn sie tatsächlich ausbleiben sollten, werden Sie einen Weg haben, sie wieder zu ermöglichen, indem Sie die Bedingungen schaffen bzw. wieder schaffen, in denen diese Interaktionen möglich sind. Dieses Verständnis hat eine weitere Konsequenz, was das Pflegen und Bewahren von Beziehungen betrifft – es verhindert, daß Sie Enttäuschungen stapeln, bis es schließlich zur Überschreitung der kritischen Grenze kommt.

Die kritische Grenze

Wenn Ihre Enttäuschungen mit einer anderen Person über einen bestimmten Punkt hinausgehen oder wenn Sie eine Enttäuschung erfahren, die allein massiv genug ist, überschreiten Sie die kritische

Grenze. Wie wir bereits ausgeführt haben, führt das Überschreiten der kritischen Grenze dazu, einen neuen Glaubenssatz zu formulieren, in dem die andere Person nun als grundsätzlich ungeeignet gesehen wird und sowohl die Vergangenheit wie auch die Zukunft aufgrund dieses neuen Glaubenssatzes umbewertet werden. Auch wenn es manchmal nützlich sein kann, die kritische Grenze zu überschreiten, so z. B. wenn es eine Frau dazu bringt, ihren gewalttätigen Ehemann zu verlassen, ist es im allgemeinen nicht sinnvoll, über die kritische Grenze hinauszugehen. Es stellt die andere Person lediglich in einem schlechten Licht dar und übersieht meistens die Ursache-Wirkungs-Beziehungen, die überhaupt erst zu der Kette von Mißkommunikationen und Enttäuschungen geführt haben. Ohne diese Information besteht nur wenig Aussicht darauf, daß Sie die gleichen Fehler nicht in Ihrer nächsten Beziehung wiederholen werden.

Es ist nicht schwer, jemanden dazu zu überreden, der Beziehung noch einmal eine letzte Chance zu geben, doch es ist etwas vollkommen anderes, so zu intervenieren, daß Sie Ihren Partner wieder in unvoreingenommener Weise sehen können. LCB und ML haben zwei Techniken entwickelt, die sich auf das Phänomen der kritischen Grenze beziehen. Der „threshold neutralizer" ist angebracht, wenn Ihre Reaktion auf Ihren Partner (oder eine beliebige andere Person, dergegenüber Sie die kritische Grenze überschritten haben) aus starker Enttäuschung, Wut, Haß, Unzufriedenheit, usw. besteht. Das Ziel des „threshold neutralizers" besteht darin, es Ihnen zu ermöglichen, die Trennung auf eine gesunde Weise aufrechtzuerhalten (wenn Sie bereits voneinander getrennt sind) oder Ihnen, wenn es das ist, was Sie wollen, die Gelegenheit zu einer realistischen Neubewertung Ihrer Beziehung zu geben. Der „relationship evaluator" hilft Ihnen bei einer gründlichen Neu-Evaluierung und hat die Wirkung, Sie entweder dazu zu motivieren, sich voll dafür einzusetzen, Ihre Beziehung wieder in Gang zu bringen (dieses Mal auf einer angemesseneren Grundlage), oder Ihre Entscheidung zugunsten einer Trennung zu bestärken. Dieser Abschnitt enthält eine Darstellung der einzelnen Schritte für beide Techniken. Für eine ausführlichere Darstellung dieser Verfahren und Beispiele für ihre Anwendung in der Arbeit mit Klienten empfehlen wir Leslie Cameron-Bandlers Buch *Solutions: Practical and Effective Antidotes for Sexual and Relationship Problems.*(5)

Wenn Sie über die kritische Grenze hinausgegangen sind, haben Sie sich mit den schmerzhaften früheren Erfahrungen, die Ihren Partner betreffen, assoziiert und von den angenehmen Erfahrungen dissoziiert. Sie können sich zwar an beide Arten von Erfahrungen erinnern, aber die unangenehmen Erfahrungen sind viel wirklicher und motivierender. Darüber hinaus sind Ihr Schmerz und Ihre Unzufriedenheit mit Ihrem Partner verbunden. Der „threshold neutralizer" hat eine zweifache Absicht: erstens, Ihren Schmerz und Ihre Unzufriedenheit von Ihrem Partner abzukoppeln (ohne zu leugnen, daß es sie gibt), und zweitens, wieder Zugang zu den angenehmen Erinnerungen zu ermöglichen. Im folgenden finden Sie die einzelnen Schritte für den „threshold neutralizer". Nehmen Sie sich ausreichend Zeit für jeden Schritt, und gehen Sie erst zu dem nächsten Schritt über, wenn Sie den vorhergehenden abgeschlossen haben.

1. Bestimmen Sie Ihre aktuellen Gefühle Ihrem Partner gegenüber, indem Sie sich vorstellen, der Person zu begegnen, dergegenüber Sie die kritische Grenze überschritten haben. Achten Sie genau auf Ihre Reaktion, da Sie das gleiche vorgestellte Treffen später als Test verwenden werden. Je positiver Ihre Reaktion am Ende ausfallen wird, desto erfolgreicher haben Sie die Technik eingesetzt.

2. Denken Sie an die Merkmale und Eigenschaften, die Sie unverkennbar zu der Person machen, die Sie sind. Sehen Sie sich selbst aus den Augen von jemanden, der Sie liebt (es spielt dabei im Augenblick keine Rolle, ob Sie diese Person auch lieben), und freuen Sie sich auf diese frische und neue Weise an Ihren positiven Eigenschaften. Nutzen Sie diese frische Perspektive auf Ihre positiven Eigenschaften, um Zugang zu einem starken Gefühl der Wertschätzung für sich selbst zu finden. Bewahren Sie dieses Gefühl während des gesamten Prozesses, der nun folgt. (Die Fähigkeit, ein positives Gefühl sich selbst gegenüber zu bewahren, während Sie mit der anderen Person Kontakt haben, erlaubt es Ihnen, Ihre unangenehmen Gefühle nicht auf alle Aspekte dieser Person zu übertragen und gibt Ihnen mehr Wahlfreiheit in bezug auf Ihr Verhalten.)

3. Stellen Sie sich die andere Person in einem Bild, wie z. B. in einer Photographie vor, so wie sie ausgesehen hat, als Sie sich begegneten.

Vergessen Sie nicht, das Gefühl der Wertschätzung für sich selbst zu bewahren, während Sie sich dieses Bild anschauen. Wenn Sie dieses Bild ansehen und Ihr positives Selbstwertgefühl bewahren können, beginnen Sie dazu überzugehen, diese Person als eigenständiges, von Ihnen getrenntes Wesen zu sehen, das bis zu diesem Zeitpunkt ein Leben ohne Sie geführt hat. Machen Sie sich bewußt, daß er oder sie eine eigenständige, von Ihnen unabhängige Person mit einzigartigen Merkmalen und Eigenschaften ist. Stellen Sie sich die betreffende Person in der Zukunft vor, in einer anderen Umgebung, mit Bekannten und Freunden, die Ihnen fremd sind. Erinnern Sie sich dann an die Merkmale oder Eigenschaften, die Sie anfangs zu dieser Person hingezogen haben.

4. Erinnern Sie sich jetzt an ein gemeinsames, angenehmes Erlebnis. Machen Sie die Erinnerung an dieses Erlebnis so lebhaft wie möglich, sehen Sie wieder, was Sie damals gesehen haben, hören Sie, was Sie gehört haben, riechen Sie, was Sie gerochen haben und fühlen Sie, was Sie gefühlt haben, und machen Sie sich dabei bewußt, daß nichts Ihnen diese angenehme Erinnerung nehmen sollte.

5. Kehren Sie mit dem Gefühl der Wertschätzung für sich selbst wieder in die Gegenwart zurück.

6. Stellen Sie sich wieder eine zufällige Begegnung mit der anderen Person vor. (Wenn Sie noch mit dieser Person zusammenleben, können Sie sich vorstellen, ihr unerwartet zu begegnen, damit Ihre Reaktion in einer Situation erfolgt, die nicht zu Ihren gewohnten, üblichen Treffen zählt. Stellen Sie sich vor, früher nach Hause zu kommen, sich im Supermarkt zu begegnen oder sich im Rahmen einer anderen unerwarteten, nichtritualisierten Situation zu sehen.) Wie unterscheidet sich Ihre Reaktion diesesmal von der, auf die erste vorgestellte Begegnung mit dieser Person (im ersten Schritt)? Sind Sie immer noch abgestoßen, freuen Sie sich oder liegt Ihre Reaktion irgendwo dazwischen? Gehen Sie, wenn Sie sich immer abgestoßen fühlen, zurück zu Schritt Nr. 2 und wiederholen Sie den gesamten Prozeß noch einmal. Achten Sie diesesmal darauf, das positive Selbstwertgefühl konstant zu halten und das Gefühl der Unabhängigkeit von der anderen Person zu erhöhen (Schritt 3).

Der „relationship evaluator" ist eine Technik, die einem Partner oder beiden Partnern in einer Beziehung dabei helfen kann, ihre Kriterien und Verhaltensweisen im Zusammenhang mit der Beziehung zu bestimmen und zu überprüfen. Der Prozeß beinhaltet die Evaluierung, ob die Wünsche und Bedürfnisse beider Partner durch den anderen erfüllt werden können. Je nach dem Ergebnis dieser Evaluierung, können Sie und Ihr Partner entweder zu der Entscheidung kommen, daß Sie nicht mehr zueinander passen (was Ihre Entscheidung, sich zu trennen, als angemessen bestätigen würde) oder neu dazu motiviert werden, Ihre gegenseitigen Kriterien zu erfüllen.

Der „relationship evaluator" ist eine recht ausführliche Sequenz verschiedenartiger Erfahrungen, die Sie dabei unterstützen soll, Ihre Wünsche und Bedürfnisse zu evaluieren und spezifische Richtlinien dafür aufzustellen, wie Sie in persönlichen Beziehungen Erfüllung erreichen und bewahren können. Sie werden im Verlauf dieses Prozesses bei jedem Schritt eine Fülle an Material für weitere Evaluierungen gewinnen. Daher ist es empfehlenswert, wenn Sie diesen Prozeß über einige Tage ausdehnen und sich die Gelegenheit nehmen, sich und Ihre Beziehung gründlich kennenzulernen.

Der „relationship evaluator" ist eine Sequenz von Fragen und Anweisungen, die Sie zusammen mit Ihrem Partner durcharbeiten können. (Wenn Sie allein daran arbeiten möchten, sollten Sie zunächst die Antworten Ihres Partners auf die ersten drei Fragen dieser Sequenz erhalten.) Antworten Sie ausführlich auf die Fragen und halten Sie sich genau an die Anweisungen; sie sind wichtig, um Ihnen und Ihrem Partner dabei zu helfen, Ihre Wünsche, Bedürfnisse und Erwartungen in bezug auf Beziehungen im allgemeinen und Ihre aktuelle Beziehung im besonderen auf nützliche Weise zu evaluieren. Um Ihnen eine Vorgabe für die Beantwortung der Fragen zu geben, haben wir im Anschluß an die ersten sechs Fragen Beispiele für mögliche Antworten aufgeführt.

1. Was wollen Sie wirklich von einer Beziehung? D. h. was wollen Sie jetzt von einer Beziehung, nicht unbedingt von Ihrer gegenwärtigen Beziehung, sondern von einer idealen Beziehung? (Beispiel: Freundschaft; einen Partner und Freund; jemand, auf den ich mich verlassen kann; nicht jemand, den ich ständig bei

Laune halten muß, sondern jemand, der mit mir zusammen an einem Strang zieht.)

2. Wie unterscheidet sich das von dem, was Sie früher von einer Beziehung wollten? Gehen Sie mehrere Jahre zurück und erinnern Sie sich daran, was Sie damals wollten. Was fanden Sie anziehend, was erfüllte die Bedürfnisse, die Sie damals hatten? (Beispiel: Damals wollte ich versorgt werden – ich hatte nicht genug Selbstvertrauen, um eine andere Möglichkeit zu sehen. Ich suchte jemanden, der mich unterhalten und anregen könnte.)

3. Gehen Sie von der Vergangenheit in die Gegenwart zurück und weiter in die Zukunft und entdecken Sie, was Sie in der Zukunft wollen und brauchen werden. Wie unterscheidet sich das von dem, was Sie jetzt wollen. (Beispiel: Es ist schwer es mit Sicherheit zu sagen, aber es scheint so ziemlich das gleiche zu sein, was ich jetzt auch will, nur noch tiefer. Ich weiß, daß ich Zuneigung will. Ich will sicher sein, daß ich viel Zuneigung habe. Es scheint mir in der Zukunft noch wichtiger zu sein als im Jetzt.)

4. Welche Ihrer Wünsche und Bedürfnisse hat Ihr Partner bis jetzt erfüllt? (Beispiel: Er war unterhaltsam und hat versucht für mich zu sorgen.)

5. Was von dem, was Ihr Partner jetzt tut, wird Sie auch in Zukunft zufriedenstellen? (Ich bin mir nicht sicher. Es steht fest, daß er die Kinder liebt.)

6. Was haben Sie in der Vergangenheit von Ihrem Partner bekommen, das Ihnen zuvor unbekannt war. (Beispiel: Er hat mir immer wieder neue Herausforderungen gestellt; er hat mein Selbstvertrauen gestärkt. Da er oft von zu Hause fort war, hatte ich Gelegenheit, eine Menge über mich zu lernen und herauszufinden, wie ich allein zurechtkommen könnte.)

7. Überprüfen Sie sehr sorgfältig, was Ihnen ohne die Zeit mit Ihrem Partner heute fehlen würde. Wie hat Ihre gemeinsame Zeit dazu geführt, daß Sie heute dem, was Sie sein möchten (oder schät-

zen) näher gekommen sind, unabhängig davon, ob alle Ihre Erfahrungen angenehm oder positiv waren? Wie werden Sie als Folge Ihrer gemeinsamen Vergangenheit in der Zukunft mehr von dem sein, was sie sein wollen, unabhängig davon, ob Sie zusammenbleiben oder nicht?

8. Entwickeln Sie, nachdem Sie gerade eine kurze Reise in die Zukunft unternommen haben, verschiedene mögliche Zukunftsentwürfe: Wählen Sie Beispiele für bestehende Eigenschaften und Verhaltensweisen Ihres Partners – nicht Beispiele für vergangene oder zukünftige Möglichkeiten – und beurteilen Sie, ob Ihr Partner Ihnen das geben kann, was Sie wollen. Entwickeln Sie ein mögliches Zukunftsszenario und überprüfen Sie, was Sie von ihm bzw. ihr bekommen. Vergleichen Sie das mit einem Zukunftsszenario, das auf Eigenschaften und Verhaltensweisen beruht, die Ihr Partner in der Zukunft möglicherweise haben wird. Welches Szenario ist attraktiver für Sie: das, welches auf den tatsächlichen Eigenschaften und Verhaltensweisen Ihres Partners beruht oder das, in dem Sie zukünftige Möglichkeiten hinzunehmen?

9. Beschreiben Sie einige der Verhaltensweisen Ihres Partners, denen Sie stark ablehnend gegenüberstehen. Gehen Sie sie eine nach der anderen durch und überlegen Sie, was in Ihnen vorgehen müßte, damit Sie sich in gleicher Weise verhalten würden? (Wenn Sie es z. B. wirklich hassen, daß Ihr Partner einfach den Raum verläßt wenn Sie streiten, stellen Sie sich vor, wie Sie genau das gleiche tun: mitten in einem Streit den Raum zu verlassen. Was muß in Ihnen vorgehen, damit Sie sich so verhalten? Ist es die Intensität der Wut, Frustration oder Bedrohung, die Sie erleben? Was kann dem beanstandeten Verhalten zugrundeliegen und es verständlicher machen, nicht notwendigerweise angenehm oder annehmbar – doch zumindest verständlich?)

10. Gehen Sie nun nacheinander verschiedene Situationen durch, in denen Ihr Partner dieses Verhalten gezeigt hat, und verdeutlichen Sie sich die möglichen Gründe, die ihn dazu veranlassen, sich in dieser Weise zu verhalten. Überlegen Sie, wie die einzelnen Situationen hätten verlaufen können, wenn Sie sich anders verhalten hätten. Probieren Sie verschiedene Verhaltensmöglichkeiten in jeder dieser Situationen für sich aus und achten Sie darauf, wie sie hätten verlaufen können, wenn Sie darauf eingegangen wären, was in Ihrem Partner vor sich geht, anstatt auf das, was er getan hat.

11. Denken Sie noch einmal aus einer anderen Perspektive an diese Beispiele für das beanstandete Verhalten. Überlegen Sie, wie jedes einzelne Beispiel Ausdruck für eine Eigenschaft ist, die Sie mögen und von der Sie in anderen Situationen Vorteile haben. Bei einem Paar regte sich der Mann jedesmal darüber auf, wenn seine Frau sich verspätete, was recht häufig geschah. Als er jedoch erkannte, daß ihr Zuspätkommen die Folge davon war, daß sie voll auf die Bedürfnisse der Personen einging, mit denen sie gerade interagierte, konnte er sich daran erinnern, wie häufig sie sich zu anderen Verabredungen verspätet oder sie verschoben und abgesagt hatte, um auf ihn eingehen zu können. Überlegen Sie, in welcher Weise das beanstandete Verhalten Ihres Partners das Nebenprodukt einer geschätzten und positiven Eigenschaft sein kann.

12. Denken Sie an die Eigenschaften, die Sie an sich selbst am meisten schätzen und daran, wie Sie diese Eigenschaften in Ihrem Verhalten äußern. Erinnern Sie sich jetzt an eine unerfreuliche Auseinandersetzung mit Ihrem Partner. Achten Sie auf sich selbst und darauf, was die Gefühle hinter dem Verhalten Ihres Partners waren. Erkennen Sie, daß Sie auch nicht genau die Person sind, die Sie sein wollen oder sein können. Sehen Sie sich selbst in dieser Situation. Wählen Sie eine der Eigenschaften, die Sie an sich schätzen und die in dieser Situation nützlich wäre. Beobachten Sie, wie Sie verschiedene Verhaltensweisen zeigen, die Ausdruck für diese Eigenschaft sind. Bemerken Sie, wie sich die gesamte Interaktion ändert, wenn Sie Ihre Eigenschaften nutzen. Wiederholen Sie diesen Prozeß mit wenigstens zwei weiteren unerfreulichen Auseinandersetzungen, die Sie mit Ihrem Partner hatten.

13. Nachdem Sie nun mehrere Beispiele für neues und nützlicheres Verhalten gesammelt haben, das Sie in Ihren Interaktionen einsetzen können, stellen Sie sich vor, wie Sie diese Verhaltensweisen in einem der Zukunftsentwürfe, die Sie in Schritt Nr. 8 entwickelt haben, einsetzen können. Wie ändern sich die weiteren Ereignisse? Wieviel mehr von dem, was Sie in der Situation wollen, können Sie jetzt erreichen?

14. Sie wissen nun, daß Sie die Vergangenheit hätten beinflussen und die Gegenwart und Zukunft verändern können. Wollen Sie es auch wirklich tun? Sind Sie bereit, die notwendigen Veränderungen durchzuführen, um Ihren Interaktionen eine andere Richtung zu geben? Liegt Ihnen genug daran?

15. Wenn Ihre Antwort „JA" lautet, stellen Sie sich vor, wie Sie diese neuen Verhaltensweisen ausführen und damit den Verlauf Ihrer Beziehung beeinflussen. Spüren Sie dabei, was für ein Gefühl es ist, einen wesentlichen Beitrag dazu geleistet zu haben, um eine gute oder möglicherweise sogar wundervolle Beziehung zu haben. Sehen Sie Ihren Partner und erkennen Sie seine positiven Eigenschaften, die Ihre Wertschätzung verdienen. Spüren Sie diese Wertschätzung. Wann werden Sie das nächste Mal eine Gelegenheit haben, um Ihre neuen Verhaltensweisen auszuprobieren und herauszufinden, welchen Einfluß sie auf den Verlauf Ihrer Beziehung nehmen können?

Wenn Ihre Antwort „NEIN" lautet, können Sie sich fragen, was Sie zu verlieren haben – welche Ihrer Wünsche und Bedürfnisse würden unerfüllt bleiben – wenn Sie ohne die andere Person leben müßten? Was von dem, das Sie jetzt haben, würden Sie missen? Wie können Sie diese Bedürfnisse ohne die andere Person erfüllen?

Der „relationship evaluator" kann auf zwei verschiedene Weisen Ihre Probleme lösen, wenn Sie oder Ihr Partner die kritische Grenze überschritten haben. Eine Möglichkeit besteht darin, daß Sie beide durch die überlegte Evaluierung Ihrer Kriterien für Beziehungen zu der Schlußfolgerung gelangen, daß Sie nicht zueinander passen (d. h. keine Möglichkeit besteht, Ihre gegenseitigen Wünsche und Bedürfnisse zu erfüllen, da Sie und/oder Ihr Partner dazu nicht bereit oder in der Lage sind). In diesem Fall gewinnen Sie beide ein objektives Verständnis, das die Grundlage dafür bilden kann, um alles, was Sie einander gegeben haben, zu würdigen, Ihrer Entscheidung für die Trennung zu vertrauen und mit Zuversicht in die Zukunft zu blicken.

Die zweite Möglichkeit besteht darin, daß dieser Prozeß Ihnen dabei hilft, Ihre Verhaltensflexibilität und Ihre Wahrnehmung für die emotionalen Zustände Ihres Partners zu erhöhen. Das erfolgt darüber hinaus im Licht eines expliziteren Verständnisses dessen, was jeder von Ihnen will und braucht, sowohl in der Gegenwart wie auch in der Zukunft. In diesem Fall nimmt jeder von Ihnen die Verantwortung auf sich, Ihr gemeinsames Leben zu dem zu machen, was es sein kann, indem Sie beide Ihre besten Eigenschaften aktiv einsetzen und zugleich die Eigenschaften, die Sie am anderen schätzen, wahrnehmen und fördern. Die Kenntnis der gegenseitigen Wünsche und Bedürfnisse und die Bereitschaft, diese zu erfüllen, wird so zu einer wichtigen Verpflichtung Ihnen selbst und Ihrer Zukunft gegenüber.

Die Entscheidung, ob man eine Beziehung weiterführen soll oder nicht, ist ein wichtiger Schritt. Indem Sie die oben ausgeführten Schritte in Ihre Überlegungen miteinschließen, sorgen Sie dafür, daß Sie die Kriterien und Kriteriumsäquivalenzen berücksichtigen, die für eine solche Entscheidung angemessen sind.

Unabhängig davon, was Sie entscheiden, wird Ihre Entscheidung die Form einer Meinung, eines Urteils, Ziels, Wunsches, usw. haben. Sie können dann auf diesen neuen Wunsch oder dieses neue Vorhaben das Format „Von Wünschen zu Haben“ anwenden, das wir im Kapitel Vier im Abschnitt „Verwirklichen Sie Ihre Wünsche“ dargestellt haben. Wenn Sie das tun, können Sie von einer anderen Perspektive entscheiden, ob es sich lohnt, Ihr neues Ziel oder Vorhaben weiter zu verfolgen. Wenn ja, werden Sie die Pläne, Wahrnehmungen und Verhaltensflexibilität entwickeln, die es Ihnen erlauben wird, mit Zuversicht in die Zukunft zu gehen, in dem Wissen, daß Sie das Know-How besitzen, diese zukünftige Möglichkeit in Wirklichkeit zu verwandeln.

10. Kindererziehung

Vermutlich gibt es keine wichtigere Aufgabe, kein größeres Privileg als Vater oder Mutter zu sein. Und die einzige Qualifikation, die Sie für diese Aufgabe brauchen, sind Kinder. Mit einem Mal liegt die unglaubliche Verantwortung in Ihren Händen, ein menschliches Wesen aufzuziehen. Die Art und Weise, in der Sie dieser Verantwortung in den nächsten achtzehn Jahren nachkommen werden, wird zu einem bestimmten (und vielleicht sehr großen) Maß den Charakter, die kognitiven und perzeptuellen Fähigkeiten und Werte bestimmen, die Ihr Kind im Leben haben (oder nicht haben) wird. Natürlich wächst mit unseren Kinderen auch unsere Gesellschaft und unsere Kultur. Trotz der Bedeutung der Beziehung, die sich während der Kindheit zwischen Eltern und Kindern entwickelt, wird nur wenigen beigebracht, wie sie die positiven und für beide Seiten befriedigenden Beziehungen schaffen können, die sie mit ihren Kindern haben möchten. Wir wollen nun einige der Möglichkeiten besprechen, durch die diese Beziehungen gepflegt werden können, was dies möglicherweise zu dem wichtigsten Kapitel des gesamten Buches macht.

Wachsen Sie mit Ihrem Kind

Das mit Sicherheit am stärksten ausgeprägte Merkmal der Kindheit ist *Veränderung*. Kinder wachsen, ihre Proportionen verändern sich, ihre Gesichts- und Körpermerkmale ändern sich, ihre Fähigkeiten zu begreifen und zu denken entwickeln sich, usw., usw. Für einige endet diese Entwicklung, wenn sie um die zwanzig sind, doch zumindest bis zu dieser Zeit ändert sich der Mensch täglich. Während der Entwicklung des Kindes vom Säugling zum jungen Erwachsenen entwickeln sich in gleicher Weise auch seine Wünsche, Bedürfnisse und Fähigkeiten. Obwohl jeder um diese Veränderungen weiß, versäumen viele von uns es immer noch, sich danach zu verhalten. Mit ihrem Kind zu wachsen bedeutet, ihre eigenen Erwartungen an ihr Kind und ihre Interaktionen mit ihrem Kind seiner noch in Veränderung begriffenen Welt und nicht anderen, unangemessenen Normen anzupassen.

Douglas zehnter Geburtstag stand bevor. Er sah ihm mit einer Mischung aus Hoffnung und Hoffnungslosigkeit entgegen. Er würde nun seine Mutter, Tess, zum fünften Mal in Folge um ein Fahrrad bitten. Er fand sie an diesem Abend lesend im Wohnzimmer. Douglas setzte sich in einen Stuhl ihr gegenüber. „Mutti?" Sie schaute von ihrem Buch auf, lächelte ihn an und streckte ihre Arme nach ihm aus. „Komm her mein Schatz. Ich hab' dich den ganzen Tag kaum gesehen." Douglas ging zu ihr hinüber und setzte sich neben sie. Tess nahm ihn in ihre Arme. „Mutti, weißt du, was ich zu meinem Geburtstag haben will?" „Was?" fragte sie. „Ein Fahrrad." Sie zog ihn näher zu sich heran „Aber sie sind doch so gefährlich mein Schatz. Ich kann meinen kleinen Liebling doch nicht einfach so auf die Straßen lassen." Douglas hatte damit gerechnet, aber das Herz wurde ihm dennoch schwer. „Aber Mutti, ich werde doch vorsichtig sein." „Vorsichtig? Du bist doch noch ein kleines Kind!" Als seine Mutter ihn am nächsten Tag vor der Schule abgesetzt hatte und sie wieder außer Sichtweite war, lieh Douglas sich wieder mit schamrotem Gesicht das Fahrrad von einem Freund, um ein bißchen auf dem Schulgelände herumzufahren.

Unabhängig davon, ob es sicher ist, ein Fahrrad zu fahren oder nicht, mit zehn Jahren ist Douglas gewiß kein kleines Kind mehr. Tess beharrt jedoch darauf, ihm immer noch so zu begegnen, wie er früher war (als hilfloses, zartes und unselbständiges Kleinkind) und nicht wie er jetzt *ist* (ein Zehnjähriger mit offenen Augen und Ohren, der seinen Körper und seine Sinne kontrollieren kann und darauf brennt, herauszufinden, wie er diesen Körper und diese Sinne einsetzen kann). Tess geht in diesem Fall nicht auf die aktuelle Erfahrung ihres zehnjährigen Sohnes ein, sondern gebraucht ihre Erinnerungen von ihm als Kleinkind als Grundlage, um zu entscheiden, ob er ein Fahrrad haben kann. Darüber hinaus gebraucht sie Kriterien und Kriteriumsäquivalenzen, die besser zu Douglas Kleinkindjahren als zu der aktuellen Wirklichkeit passen.

Da sie auf Erinnerungen und Kriterien aus der Vergangenheit (und die entsprechenden, veralteten Assoziationen) reagiert, übersieht Tess seinen gegenwärtigen Entwicklungsstand, seine Fähigkeiten und Bedürfnisse. Das ist kränkend für Douglas, da diese Sicht seine sich entwickelnden Fähigkeiten nicht anerkennt. Möglicherweise ist es auch schädlich für seine zukünftige Entwicklung, wenn ihm als Kind Gelegenheiten versagt werden, die Erfahrungen zu machen, die für seine Entwicklung zu einem vollausgebildeten menschlichen Wesen nötig oder nützlich sind.(1) Alle verantwortlichen Eltern werden Sicherheit als Kriterium sehr ernst nehmen, ganz gleich wie alt ihr Kind ist. Doch was Sicherheit bedeutet (d. h. was die Kriteriumsäquivalenzen für Sicherheit sind), ändert sich notwendigerweise in dem Maße, in dem sich das Kind ändert. Für ein Kleinkind bedeutet Sicherheit z. B., keine scharfen Gegenstände in Reichweite zu haben. Später muß diese Kriteriumsäquivalenz so verändert werden, daß sie auch den sicheren Gebrauch von Messern einschließt. Ob man es mag oder nicht, ob man es wahrhaben will oder nicht, ein Kind wird zwangsläufig irgendwann mit Messern umgehen müssen. Im Sinne der Sicherheit ist es daher das beste, wenn das Kind rechtzeitig gelernt hat mit Messern umzugehen. Doch es gibt noch andere Wege, um unangemessen zu reagieren.

> Harold liebte die Oper und er wollte, daß Joseph, sein siebenjähriger Sohn diese Vorliebe mit ihm teilte. Harold steckte seinen Kopf in Josephs Zimmer und sprach: „Joseph zieh dir was an: Wir gehen in die Zauberflöte!" Joseph war so sehr in die seltsame Form vertieft, die sich allmählich aus den Legosteinen entwickelte, daß er die Anwesenheit seines Vaters gar nicht bemerkt hatte und ganz versunken weiter kleine Plastikklötze zusammensteckte. Harold war verärgert und seine Stimme wurde etwas strenger: „Joseph!" Der Junge schaute zu seinem Vater auf. „Du solltest wissen, daß es sich nicht gehört, jemanden zu ignorieren, der mit dir spricht. Zieh dir jetzt deine Schuhe und deinen Mantel an." Das Spielen mit den Legosteinen war erstmal vorbei.
>
> In der Oper mußte Joseph dagegen ankämpfen, nicht von seinem Klappstuhl verschluckt zu werden. Er konnte nur etwas sehen, wenn er sich auf seinen Sitz kniete, aber dann dauerte es nicht lange, bis er einen Krampf in den Beinen bekam. Sobald er versuchte sie auszustrecken, zischte sein Vater ihn an: „Sei still und

genieß die Vorstellung!" Joseph gab sich alle Mühe. Das Bühnenbild war ganz schön, aber es war schwer daraus schlau zu werden, was da oben vor sich ging, da die Leute eine andere Sprache sprachen. Er wollte zur Toilette gehen, doch sein Vater sagte bloß: „Warte!" Er bekam Hunger. Sein Vater sagte: „Pssst!" Er wurde durstig und sein Vater drohte ihm mit gereizter Stimme: „Wenn du dich nicht gleich beruhigst, gehen wir." Joseph dachte kurz darüber nach und fragte dann, ob er im Gang etwas auf- und ablaufen dürfe.

So wie ein Siebenjähriger kein Kleinkind mehr ist, so ist er auch noch kein Erwachsener. Daher ist es unangemessen, sich einem Kind gegenüber so zu verhalten, als ob es den Geschmack, den Körper und die Werte eines Erwachsenen hätte. Es ist wundervoll, daß Harold seinen Sohn der Schönheit und Leidenschaft der Oper aussetzen möchte, doch es ist auch rücksichtslos von ihm, das auf eine Weise zu tun, die Josephs Fähigkeit, Schönheit und Leidenschaft zu würdigen, unberücksichtigt läßt und die Bedürfnisse und Vorlieben eines siebenjährigen Jungen außer Acht läßt. Das soll nicht heißen, daß Harold seinen Sohn nicht in die Oper hätte mitnehmen sollen. Er hätte jedoch erwarten können, daß Joseph sich wie ein siebenjähriger Junge verhalten würde, und das schließt normalerweise aus, drei Stunden lang still zu sitzen, an einer unverständlichen Kunstform interessiert zu sein, Ewigkeiten ohne Essen, Getränke und Toilettenbesuche auszukommen, usw. Anstatt so auf Joseph einzugehen, wie er ist, behandelt Harold ihn als jemand, der er erst eines Tages noch werden wird (d. h. als Erwachsenen).

Harolds Kriterien sind nicht grundsätzlich falsch. Er macht jedoch den Fehler, Kriteriumsäquivalenzen anzuwenden, die eher für Erwachsene als für siebenjährige Kinder angemessen sind. Die Aufmerksamkeitsspanne von Siebenjährigen ist viel kürzer als die von Erwachsenen. Für Siebenjährige ist es schon eine enorme Leistung, eine halbe Stunde lang aufmerksam, ohne jede Ablenkung dazusitzen. (Ein ähnliches Beispiel betrifft eine Mutter, die, als ihre sechsjährige Tochter sie darum bat, ihr ein Kleid zu kaufen, das ihr gefiel, dem kleinen Mädchen sagte, daß sie es ihr kaufen würde, wenn sie ein Jahr lang brav wäre!) Sie können zwar erwarten, daß einem Siebenjährigen das Bühnenbild und die Musik gefallen, aber es ist unvernünftig, von ihm zu erwarten, die Handlung verfolgen zu können oder die Arie der Königin der Nacht besonders ergreifend zu finden, usw. Während Tess nicht auf Douglas eingeht, wie er jetzt ist, sondern ihn behandelt, als sei er um Jahre jünger, reagiert Harold nicht auf Joseph, sondern darauf wie er (in Harolds Vorstellung) in einigen Jahren *sein wird*. In den Interaktionen mit ihren Kindern fehlen Tess und Harold genaues Feeback über ihre Kinder wie auch Kriterien, die zeitgemäß, praktisch und fair sind.

Tess' und Harolds Schwierigkeiten mit ihren Kindern lassen sich auch so erklären, daß sie beide von ihren Kindern erwarteten, sich nach Normen zu verhalten, die gewöhnlich für jüngere bzw. ältere Kinder typisch sind. Doch nur, weil Joseph nicht die Vorstellungen seines Vaters darüber teilt, wie Wertschätzung auszudrücken sei, bedeutet nicht, daß er keinen Begriff davon hat, was Wertschätzung ist und wie sie sich ausdrücken läßt. Wie Erwachsene so haben auch Kinder ihre eigenen persönlichen Kriteriumsäquivalenzen, mit denen sie die Welt beurteilen und mit denen sie auf die Welt reagieren.

Eine Erfahrung die LCB in der Erziehung ihres Sohnes Mark hatte, bietet ein Beispiel hierfür. Als Mark ungefähr acht Jahre alt war, bemerkte LCB, daß er häufig widerwillig (und manchmal sogar verängstigt) war, wenn es darum ging, sich auf neue Situationen einzulassen, die körperliche Geschicklichkeit voraussetzten, auch wenn LCB ihn lebhaft und beharrlich dazu ermutigte. Er mied Kampfsportarten und hatte panische Angst bei dem Gedanken, Schwimmen lernen zu sollen, obwohl LCB ihm versicherte, daß sie selbst schon gesehen habe, wie er tolle körperliche Leistungen vollbracht habe und sicher sei, daß er auch das schaffen würde. Bei einer solchen Gelegenheit fragte LCB Mark, was seiner Auffassung nach ein Erfolg und was ein Mißerfolg sei. Mark antwortete, daß Erfolg für ihn bedeutete, „etwas zu tun, was man sich selbst und andere einem nicht zugetraut hätten" und Mißerfolg bedeutete „etwas nicht zu schaffen, das man sich selbst und andere einem zugetraut hatten". LCB erkannte, daß angesichts von Marks Kriteriumsäquivalenzen für Erfolg und Mißerfolg ihre Ermutigungen nur dazu beigetragen hatten, ihn ungewollt für Mißerfolg vorzubereiten. Wenn sie Mark sagte, sie sei sich sicher, daß er es schaffen werde, so schuf das (in Marks Vorstellung) sofort die bedrohliche Möglichkeit des Mißerfolgs, wenn es ihm aus welchen Gründen auch immer nicht gelänge. Er würde daher nicht das geleistet haben, was seine Mutter von ihm erwartete und hätte somit versagt.

LCB änderte ihr Verhalten, damit es besser Marks Vorstellung von Erfolg entsprach. Anstatt ihm zu versichern, daß er ganz bestimmt vom einen Ende des Beckens zum andern schwimmen könne, sagte sie ihm jetzt: „Ich weiß nicht, wie weit du schwimmen kannst" oder „Natürlich kannst du nicht erwarten, so gut zu sein wie beim letzten Mal, schließlich ist es schon eine ganze Weile her, daß du es versucht hast" oder „Versuch es einfach und schau, wieviel du vom letzten Mal behalten hast". Die Bedeutung dieser Ermunterungen liegt darin, daß sie Mark die Idee vermitteln, seine Mutter habe keine bestimmten Erwartungen an seine Leistung und ihm suggerieren, selbst auch keine Erwartungen an seine eigene Leistung zu haben. Er lief daher nicht länger Gefahr, der schrecklichen Möglichkeit des Versagens Vorschub zu leisten, indem er etwas wagte. Jede Verbesserung war daher unerwartet und somit ein Erfolg. Nachdem LCB ihre Kommunikation so abgestimmt hatte, daß sie Marks Assoziationen in Betracht zog, veränderte sich die Situation dramatisch und er suchte nun die gleichen Situationen auf, die er zuvor so einschüchternd gefunden hatte. LCB half Mark auch dabei, zunehmend flexiblere Möglichkeiten zu finden, um sein Erfolgskriterium zu erfüllen (z. B. lernen, sein Bestes geben, Spaß haben, usw.). Betrachten Sie in diesem Zusammenhang das folgende Beispiel:

> Maribeth war zu Besuch bei Freunden, als eines Abends deren drei Jahre alte Tochter Kim, mit der Bettdecke an sich gepreßt, aus dem Schlafzimmer kam. Als ihre Eltern sie fragten, warum sie aufgestanden sei, gestand sie, daß sie Angst vor den Ungeheuern in ihrem Zimmer habe. Ihre Eltern erklärten ihr, es gäbe keine Ungeheuer und schickten sie zurück ins Bett. Fünf Minuten später tauchte Kim wieder auf, offensichtlich immer noch wegen der Ungeheuer beunruhigt. Ihre Eltern sagten, daß sie unvernünftig sei und schickten sie zurück ins Bett, woraufhin Kim anfing zu weinen. Es folgte eine kurze, lautstarke Auseinandersetzung, die damit endete, daß Kim von ihrem Vater gepackt und ins Bett gesteckt wurde mit dem Hinweis, ja nicht auf den Gedanken zu kommen, noch einmal aufzustehen.

Am nächsten Morgen waren Maribeth und Kim allein im Haus. Mit zaghafter Stimme fragte Kim Maribeth, ob sie je Ungeheuer in ihrem Zimmer habe. Maribeth antwortete, daß sie früher Ungeheuer in ihrem Zimmer hatte, bis sie herausfand, wie sie sie loswerden könne. Kim wollte sofort wissen, wie sie das geschafft habe. Sie habe entdeckt, erzählte Maribeth, daß Ungeheuer Angst vor Milch und Bettdecken hätten. Solange sie ihre Milch trank, konnte sie die Ungeheuer fernhalten und wenn sie ihr doch einmal naherücken würden, brauchte sie bloß ihre Decke über den Kopf zu ziehen und sie würden wieder verschwinden. Kim war ganz begeistert und verlangte an diesem Abend ausdrücklich ein Glas Milch vor dem Zubettgehen. Wie Maribeth später von Kim erfuhr, habe sie nie wieder Ärger mit Ungeheuern in ihrem Zimmer gehabt.

Kims Eltern hatten die besten Absichten, als sie versuchten, ihr ihre Angst vor Ungeheuern auszureden, doch sie behandelten sie so als sei sie älter als sie tatsächlich war. Für viele (vielleicht die meisten) Dreijährigen sind Ungeheuer in der Nacht eine Wirklichkeit. Auch wenn es nicht allgemein für Kinder ihres Alters typisch wäre, so sind diese Ungeheuer im Moment ein Teil von Kims Wirklichkeit. Anstatt so auf sie einzugehen, wie sie ist, behandeln ihre Eltern sie so, als sei sie fünf Jahre alt (oder noch älter). In unserer Auffassung wäre es für die Eltern ebenso unangebracht gewesen, mit Kims Angst vor Ungeheuern so umzugehen, als sei sie noch ein Kleinkind, und sie auf den Arm zu nehmen, zu wiegen und ihr zu versichern, daß alles in Ordnung sei. Kim brauchte mehr als das und war sicher in der Lage, auf einem höheren Niveau zu reagieren.

Maribeth respektierte dagegen die Tatsache, daß Kim drei Jahre alt war und nachts in ihrem Zimmer Ungeheuern gegenübertreten mußte. Maribeth akzeptierte die Gültigkeit von Kims Erfahrung (einfach nur zu erklären, es gäbe keine Ungeheuer, wie es ihre Eltern getan haben, gibt ihr, wenn auch unabsichtlich, zu verstehen, daß sie verrückt sei). Sie erkennt, daß Kim drei Jahre alt ist und nicht fünf, zehn oder zwanzig. Maribeth zeigt Kim dann einen Weg die Ungeheuer zu verbannen, der ihre Fähigkeiten als Dreijährige nutzt, Ursache-Wirkungs-Beziehungen zu erkennen und sie nicht wie eine Ein- oder Zweijährige behandelt.

Das wichtigste Merkmal von Maribeth Überlegungen besteht darin, daß sie auf die Gegenwart eingeht und sich auf Kims aktuelles Erleben und aktuelle Fähigkeiten bezieht (möglicherweise nutzt sie dazu ihre Vorstellung davon, wie Kims Erfahrung wohl aussehen muß). Die Bedeutung dieser Überlegungen und Erfahrungen, die Maribeth als Datenbasis verwendet, liegt darin, daß sie ihre Aufmerksamkeit darauf richten, wie Kim in der Gegenwart ist. Maribeth könnte natürlich auch Kims gegenwärtige Erfahrung ignorieren und auf die Vergangenheit oder die Zukunft eingehen, doch diese Entscheidung würde auch in Kenntnis und (hoffentlich) unter Berücksichtigung dieser Gegenwart erfolgen.

Indem Sie auf Ihre Kinder eingehen, wie sie sind, sorgen Sie dafür, daß ihre Interaktionen mit Ihnen auf ihre Bedürfnisse und Fähigkeiten abgestimmt sind. Wie wir in dem Absatz „Wie Sie an Ihrem Kind Freude haben können" darstellen werden, gibt Ihnen eine beständige Wahrnehmung der Bedürfnisse, Fähigkeiten und persönlichen Eigenschaften Ihrer Kinder auch die Grundlage dafür, sie zu schätzen und Freude an ihnen zu haben.

Was Ihr Kind von Ihnen braucht

Lucille schob ihren Einkaufswagen durch den Supermarkt, während Vivian, ihre fünfjährige Tochter, hinter ihr her hopste. Vivian fühlte sich heute älter als sonst und wollte sich daher aktiver am Einkaufen beteiligen. Sie zupfte am Rock ihrer Mutter und fragte, ob sie die Sachen für sie in den Wagen packen solle. Lucille war voll damit beschäftigt, die Regale zu überfliegen. „Kann ich?" fragte Vivian wieder mit kläglicher Stimme. Diesmal drang die Frage zumindest so weit zu Lucille vor, daß sie eine Antwort brummte. Vivian faßte das als „Ja" auf und begann sich danach umzuschauen, was sie brauchten. Sie lief zu der Obstabteilung hinüber und blieb vor einer Pyramide aus glänzenden Äpfeln stehen. „Wir brauchen Äpfel", entschied sie und griff nach dem Apfel, der ihr am nächsten war. Der Apfel war ziemlich weit unten in der Pyramide und als sie ihn herauszog, goß ein wahrer Apfelregen auf sie herunter und auf den Boden. Das entging Lucilles Aufmerksamkeit nicht mehr. Als sie sich, rot vor Wut und Verlegenheit, umdrehte, sah sie die anderen Kunden kichern und Vivian anstarren, die so tat, als würde sie nicht inmitten von Äpfeln stehen. Lucille war außer sich. Sie lief zu Vivian hinüber und zerrte sie aus den auf dem Boden liegenden Äpfeln heraus. „Schau dir an, was du angerichtet hast!“ schrie sie. „Ich kann dich nirgendwohin mitnehmen. Keine Sekunde darf ich dich aus den Augen lassen.“ Als Lucille anfing die Äpfel aufzusammeln, wollte Vivian ihr helfen. „Rühr' dich nicht vom Fleck! Du hast für heute genug angerichtet.“ Vivian begann zu weinen und schämte sich dafür, so ein ungezogenes Kind zu sein.

Jeder von uns hat schon einmal eine ähnliche Szene in einem Supermarkt miterlebt. (Einkaufen scheint eine der Situationen zu sein, in denen Eltern ihre Kinder nicht als Teil der bestehenden Aufgabe sehen.) Es besteht kein Zweifel darüber, daß Vivian ein ziemliches Durcheinander angerichtet hat. Es besteht auch kein Zweifel darüber, daß Lucille allen Grund hat, über dieses Durcheinander aufgebracht zu sein; letzten Endes wird sie einen großen Teil davon selbst wieder in Ordnung bringen müssen. War Lucilles Reaktion auf die verstreuten Äpfel angemessen?

Die Antwort darauf hängt weitgehend davon ab, worin Ihrer Meinung nach die Aufgabe von Eltern besteht. Wenn Sie glauben, daß sie vor allem darin besteht, Kinder zu kontrollieren, dann ist Lucilles Reaktion in Ordnung. Wenn Sie jedoch denken, daß die Aufgabe von Eltern darin besteht, Kinder *aufzuziehen*, dann war Lucilles Reaktion unangemessen. (Mit „aufziehen“ meinen wir die Unterstützung, das Einüben und Erziehen, das ein Kind in den verschiedenen Phasen seines Wachstums erhält.) Eine Frau erwähnte uns gegenüber vor kurzem, daß sie sich von ihren Kindern sehr im Stich gelassen fühlte. Sie beschwerte sich darüber, daß die Art, wie sie wohnten und überhaupt lebten, vollkommen chaotisch sei. Dann erinnerte sie sich wehmütig daran, was für wohlerzogene Kinder sie waren. „Wenn wir Freunde besuchten, saßen sie ganz still da, sagten kein Wort und rührten sich nicht, außer wenn ich es ihnen ausdrücklich sagte“, seufzte sie ganz gerührt bei dieser Erinnerung. (Nachdem ihre Kinder aus dem Haus waren, begann sie Hunde zu dressieren.) Man kann zwar sagen, daß diese Frau ihren Kindern beigebracht hat, still auf einem Fleck zu sitzen, doch in der Welt besteht wenig Bedarf für diese Fertigkeit. Diese Nische ist schon durch Möbel und Felsen besetzt.

Unserer Meinung nach besteht die Aufgabe von Eltern nicht darin, Kinder daran zu hindern etwas zu tun, sondern darin, ihnen beizubringen, *wie sie es gut machen können*. Das soll nicht heißen, daß es nicht auch Dinge gibt, die Kinder nicht tun sollten. Bis zu einem bestimmten Alter sollte man Kinder von der Straße, großen Höhen, scharfen Gegenständen, Giften, usw. fernhalten. Doch viel zu häufig vergessen Eltern, daß der Schutz des körperlichen Wohlergehens ihrer Kinder auch beinhaltet, ihnen beizubringen, sich in gefährlichen Situationen sicher zu verhalten. Statt dessen verbieten viele Eltern ihren Kindern einfach, in solche Situationen zu geraten. Es läßt sich jedoch nicht vermeiden, daß Kinder an solchen gefährlichen Aktivitäten und Situationen beteiligt sind, und wie sie mit ihnen fertig werden hängt zum großen Teil davon ab, wieviel Informationen und Training sie bis dahin von ihren Eltern erhalten haben. Einem Kind zu sagen, daß es nicht an Steckdosen spielen und keine Kabel anfassen soll, zeigt ihm nicht, wie es elektrische Geräte sicher anschließen kann. Und ob man es mag oder nicht, sie werden es irgendwann tun. Da sie grundsätzlich neugierig sind und wissen, daß ihre Eltern es nicht wollen, werden sie es wahrscheinlich tun, wenn sie nicht dabei sind und ihnen keine Anleitung geben (oder den Arzt rufen) können.

Natürlich bedeutet das nicht, daß man einem Einjährigen zeigen soll, wie er sicher die Straße überqueren oder mit Steckdosen umgehen kann. Das Kind muß in seiner Entwicklung (körperlich und geistig) bereit sein, Ihre Anweisungen zu verstehen und auszuführen. Probleme entstehen, wenn das Kind von seiner Entwicklung her bereit ist und Sie ihm immer noch nicht die Gelegenheit geben zu lernen. Das bezieht sich nicht nur auf gefährliche, sondern auch auf ganz gewöhnliche Situationen. In dem Beispiel mit Lucille und Vivian hat Vivian eine Stufe in ihrer Entwicklung erreicht, in der sie beim Einkaufen mithelfen will und groß genug ist, es auch schon zum Teil zu tun. Was glauben Sie, war ihre Lernerfahrung in dieser Situation? Die Tatsache, daß die Äpfel heruntergefallen sind, bedeutet nicht notwendigerweise, daß sie gelernt hat, beim nächsten Mal die oberen Äpfel zu nehmen. Erwachsene halten oft ihre eigene Erfahrenheit und Logik für selbstverständlich und erkennen nicht, daß ein Kind nicht unbedingt die gleiche Schlußfolgerung aus einer Erfahrung zieht, die ein Erwachsener ziehen würde. Vielleicht hat Vivian daraus nur gelernt, keine Äpfel mehr anzufassen, was eine sehr nutzlose Verallgemeinerung wäre. Was sie von ihrer Mutter hätte erfahren müssen, war, wie es dazu kam, daß die Äpfel herunterfielen und wie man sie richtig auswählen kann. Darüber hinaus mag Vivian auch gelernt haben, daß sie ein ungezogenes Kind sei. Dazu müßte sie nicht einmal Schlußfolgerungen ziehen – ihre Mutter hat es ihr schließlich selbst gesagt.

Wenn es nicht Lucilles Absicht war, ihrer Tochter in dem Supermarkt etwas beizubringen, worauf war sie dann aus? Lucille achtete (wie wir später herausfanden, als wir uns mit ihr unterhielten) in der Situation auf das, was im Moment im Hinblick auf Kriterien wie Wohlerzogenheit, Effektivität und Kontrolle passierte. Solche Kriterien werden, ob sie angemessen sind oder nicht, mit Sicherheit in Frage gestellt werden, wenn man mit einer Fünfjährigen einkaufen geht. Mit diesen Kriterien und der vorwiegenden Berücksichtigung der Gegenwart, erlebt Lucille nun, daß ihre Tochter (für die sie verantwortlich ist) eine Szene macht, sie Zeit und Ärger kostet und nicht zu kontrollieren ist; daher erlebt sie die Situation als eine grobe Verletzung ihrer momentanen Kriterien. Wenn ihre Kriterien „Spaß haben" und „Aufsehen erregen" gewesen wären, hätte sie natürlich eine deutlich andere Reaktion auf dieses Vorkommnis gehabt.

Neben der Unangemessenheit ihrer Bewertung und ihrer Kriterien (was die Lerngelegenheit für ihre Tochter betrifft), zeigt Lucille auch einen Mangel an Wahlfreiheit in ihren Reaktionen (automatische Reaktion) und stellt sich vor, was andere Leute wohl aufgrund der mangelnden Wohlerzogenheit, Effektivität und Kontrolle von ihr halten. Diese sofortige, stellvertretende Projektion der Meinung und Reaktion anderer bildet die Grundlage für Lucilles Verlegenheit, wegen des Durcheinanders, das ihre *Tochter* angerichtet hat. Ihr daraus folgendes Verhalten, Vivian auszuschimpfen und anzuschreien, stellt eine Bestrafung (d. h. das Zufügen körperlichen oder seelischen Schmerzes, eines Verlustes oder einer Einschränkung) für dieses Vergehen dar.

Mit Bestrafung zu reagieren kann jedoch auch auf andere Weise zustande kommen, als durch die Berücksichtigung der Gegenwart. Es kann sein, daß sie, als sie ihre Tochter einen Berg von Äpfeln zum

Einstürzen bringen sieht, diesen Fehler mit anderen, früheren Vergehen in Verbindung bringt. Sie kann dann möglicherweise so reagieren, als ob das aktuelle Ereignis ein weiteres Beispiel für den Ungehorsam und die Unachtsamkeit ihrer Tochter ist.

Der motivierende Aspekt des Verhaltens kommt aus der *Vergangenheit*. Die Apfelpyramide zum Einsturz zu bringen, Pyjamas auf dem Boden liegen zu lassen und mit Muttis Make-up zu spielen, sind Beispiele für verschiedene Verfehlungen. Wenn man alle diese Verhaltensweisen jedoch in einer Kategorie zusammenfaßt, dann werden sie alle als Beispiele für das *gleiche Phänomen* wahrgenommen: Ungehorsam oder Unachtsamkeit. Wenn man auf der Grundlage solcher innerer Prozesse reagiert, die vergangene, zusammengefaßte Vergehen so sehr betonen, ist es einfach, sehr schnell die Grenzen der eigenen Geduld zu erreichen, da alle diese Beispiele in der Erfahrung in einem großen Sack zusammengeworfen sind. Sobald dieser Sack voll ist, führt der kleinste Fehler des Kindes zu einem plötzlichen Gewitter an Wut und Frustration.

Ein weiteres häufiges Beispiel wäre, sich angesichts der heruntergefallenen Äpfel vorzustellen, daß das Kind in Zukunft ein unkontrollierbarer, pflichtvergessener Erwachsener sein wird, weil es jetzt keine Disziplin gelernt hat. Die Reaktion auf diese zukünftige Möglichkeit besteht häufig darin, das Kind zu bestrafen, um es auf diese Weise zu lehren, diese unerfreuliche Zukunft ernst zu nehmen und zu vermeiden.

Die Überlegungen, die in diesem Fall das Verhalten auslösen, beziehen sich auf die Zukunft, doch sie haben ein besonderes Merkmal: sie sind eine in großem Maßstab verallgemeinerte Beschreibung (unkontrollierbarer, pflichtvergessener Erwachsener). Die weiteren Evaluationen beziehen sich dann auf das, was, wie man glaubt, passieren wird, wenn sich dieses Verhalten fortsetzt. Solche Evaluationen der Zukunft (bei denen diese unerwünschte Zukunft vollkommen real erscheint) haben die Wirkung, in den Eltern den emotionalen Zustand herzustellen, den sie haben würden, wenn diese Zukunft tatsächlich Wirklichkeit geworden wäre, was wiederum ein unwiderstehliches Bedürfnis erzeugt, auf der Stelle entschlossen vorzugehen. Das führt in der Regel zu einer Form von Bestrafung, die zum Ziel hat, das Kind davon abzuhalten, dieses Vergehen noch einmal zu wiederholen.

Auch wenn die drei gerade beschriebenen Überlegungen auf verschiedenen Zeitrahmen beruhen (Vergangenheit, Gegenwart und Zukunft), haben alle drei die gleiche Wirkung, was das Kind betrifft. Es wird (möglicherweise) darüber informiert, was es nicht tun soll, doch es erfährt nicht bzw. wird nicht darüber unterrichtet, was es tun soll. Mit anderen Worten, diese Überlegungen führen zu Bestrafung anstatt zu Erziehung. Wenn wir von Erziehung sprechen, meinen wir damit eine Interaktion, die das Kind dabei unterstützt, in einem bestimmten Bereich soziale, persönliche, akademische oder körperliche Kompetenz zu erreichen. Bedenken Sie in diesem Zusammenhang das folgende Erziehungsbeispiel:

> Alex und sein Vater, Paul, kamen gerade aus dem Kaufhaus, als Paul auf dem Weg zum Parkplatz bemerkt, daß sein vierjähriger Sohn in seiner kleinen Faust etwas umklammert hielt. Als er ihn danach fragte, zeigte Alex ihm stolz den Buntstift, den er in der Hand hatte. Paul hockte sich neben Alex hin und fragte ihn, woher er diesen Buntstift habe. „Aus dem Geschäft", antwortete Alex. Paul erklärte Alex, daß der Bleistift Eigentum der Leute sei, denen das Kaufhaus gehört und es Diebstahl sei, ihn ohne Erlaubnis oder ohne zu zahlen mitzunehmen. Paul fragte ihn, was sie jetzt tun sollten. Alex wußte es nicht, daher schlug Paul vor, in das Kaufhaus zurückzugehen und den Buntstift zurückzubringen. Als Alex dem Kassierer den Buntstift zurückgab, erklärte Paul die Situation. Eine Woche später kamen Paul und Alex gerade wieder aus einem Kaufhaus, als Alex seinen Vater am Ärmel zupfte und ihm treuherzig zeigte, was er in der Hand hielt. Es war ein herzförmiger Anstecker. Als Paul ihn fragte, woher er ihn habe, sagte Alex: „Aus dem Geschäft." „Weißt du noch, wie man so etwas nennt", fragte Paul. Alex nickte: „Diebstahl. Ich bring es wohl besser zurück." Paul wartete vor der Tür, während Alex zurückging und das Herz dorthin zurücklegte, von wo er es genommen hatte.

Das Bemerkenswerte an diesem Beispiel ist, daß Paul nicht wütend oder entsetzt ist, als er erfährt, was Alex getan hat und ihn nicht anschreit, ausschimpft, verhaut oder auf andere Weise für dieses eindeutig unpassende Verhalten bestraft, sondern ihm die Informationen und Erfahrungen gibt, die er braucht, um in Zukunft eine bessere Wahl treffen zu können. Die spätere Überprüfung des neu erworbenen Wissens macht deutlich, daß dieses Vorgehen erfolgreich war. Als wir Paul fragten, was in ihm vor sich gegangen sei, als er sah, was Alex getan habe, antwortete er: „Nun, ich wollte nicht, daß er stiehlt, daher überlegte ich mir, was ich tun könne, um ihm beizubringen, das nicht zu tun. Ihn den Buntstift zurückbringen zu lassen, schien eine gute Idee zu sein." Sowohl das, was Paul tat, wie auch das, was in der Situation innerlich in ihm vorging, macht deutlich, daß seine Überlegungen auf der Berücksichtigung verschiedener Zukunftsentwürfe beruhten, die es Alex ermöglichen sollten etwas zu lernen. Mit anderen Worten, anstatt zu versuchen Alex dazu zu bringen, das Falsche zu tun, zeigt Paul ihm, wie er es richtig machen kann.

Wie die Eltern, die wir beschrieben haben, die sich eine schreckliche Zukunft vorstellen und ihr Kind bestrafen, um diese Zukunft zu verhindern, berücksichtigt Paul die Zukunft auf der Grundlage von Ursache-Wirkungs-Beziehungen zwischen Gegenwart und Zukunft. Der Unterschied besteht darin, daß Paul seine Evaluationen der Zukunft nutzt, um einen Weg zu finden, für Alex eine Erfahrung zu schaffen, die ihn zu dem Ziel führen wird, das er (vermutlich mit Alex gemeinsam) hat. Dieser Unterschied in der Orientierung und Verhaltensflexibilität hat mehrere Gründe: Paul sieht Wahlmöglichkeiten in der Zukunft, er hat die Fähigkeit, das Ausmaß dessen, was er berücksichtigt, zu verändern und verwendet das Kriterium „Lernen", was wiederum Einfluß auf die Art der Möglichkeiten hat, die er in Erwägung zieht.

Wir wollen mit diesem Beispiel Erziehung nicht mit schmerzloser und Bestrafung mit schmerzhafter Interaktion gleichsetzen. Unserer Meinung nach ist es nicht so sehr von Bedeutung, ob das Kind schmerzhafte und unangenehme Erfahrungen hat, sondern ob diese schmerzhaften und unangenehmen Erfahrungen darauf ausgerichtet sind, dem Kind zu vermitteln, was es *nicht* tun soll (Bestrafung), oder ihm zu zeigen, was es tun soll (Erziehung). Hier eine Erfahrung, die Milton H. Erickson, einer der effektivsten Psychotherapeuten, die es in der Zunft je gegeben hat, in der Erziehung seiner Kinder gemacht hat:

Mein Sohn Robert erklärte eines Abends, daß er nun groß genug, alt genug und stark genug sei, um den Müll herauszustellen. Ich äußerte meine Zweifel, doch er versicherte mir, daß er groß und stark genug sei. Ich sagte, daß er es möglicherweise vergessen könnte, doch er versicherte mir, daß er das nicht tun würde. Ich sagte: „In Ordnung, von Montag an kannst du den Müll herausstellen." Montag abend brachte er den Müll nach draußen, Dienstag abend brachte er ihn nach draußen, Mittwoch vergaß er es. Ich erinnerte ihn daher am Donnerstag daran. Er entschuldigte sich dafür, daß er es am Mittwoch vergessen habe; er brachte den Müll Donnerstag abend nach draußen, aber vergaß es am Freitag und Samstag. Zufällig wachte ich am Sonntag morgen um drei Uhr früh auf. Ich war sehr gut zu Robert gewesen – ich hatte ihn bis ein Uhr morgens aufbleiben lassen. Doch ich war nun um drei Uhr wach geworden. Ich weckte Robert auf, entschuldigte mich umständlich dafür, ihn nicht daran erinnert zu haben den Müll herauszubringen und bat ihn, doch so nett zu sein, sich anzuziehen und den Müll herauszubringen. Robert, dessen Gedanken ich nur erraten kann, seufzte tief, zog sich an und nahm den Müll nach draußen. Als er zurückkam, zog er sich aus, schlüpfte in den Pyjama und ging zu Bett. Ich wartete bis er wieder fest eingeschlafen war und weckte ihn wieder auf. Ich entschuldigte mich sehr aufrichtig und sehr umständlich und sagte ihm, daß ich mir einfach nicht erklären könnte wie es kam, daß ein Teil des Mülls übersehen worden war. Robert untersuchte die Küche sehr gründlich, trug den restlichen Müll zur Mülltonne und ging dann langsam wieder zum Haus zurück. Er kam zum Hintereingang, drehte sich noch einmal um und inspizierte den Umkreis der Mülltonne. Er kam herein und zog sich nachdenklich wieder seinen Pyjama an. Ich mußte ihn nie wieder daran erinnern.(2)

Anders als in dem Beispiel von Paul und Alex, bereitete Erickson seinem Sohn eine zweifellos unangenehme Erfahrung. Die Beispiele sind jedoch insofern gleich, als sie beide den Kindern eine Anleitung dafür geben, was sie tun sollen, anstatt sie einfach nur für das zu bestrafen, was sie getan haben. Liz, eine Kollegin von uns, hatte Schwierigkeiten damit, daß ihre zweieinhalbjährige Tochter ihren zehn Monate alten Bruder kniff, biß und stieß. Sie erklärte das dem kleinen Mädchen mehrere Male, doch ohne Erfolg. Eines Morgens saß Liz in der Nähe der beiden Kinder, als sie sah, wie das Mädchen sich zu ihrem Bruder hinüberbeugte und ihn biß. Noch bevor der Junge begriffen hatte, was geschehen war und zu weinen anfangen konnte, beugte Liz sich hinüber und biß ihre Tochter. Das Mädchen war zunächst überrascht, doch es ging schnell dazu über, ihrem Bruder beim Weinen Gesellschaft zu leisten. Die Wirkung von Liz' Vorgehen bestand darin, ihrer Tochter eine motivierende und fast unmittelbare Erfahrung dafür zu geben, was ihr Bruder erlebte, wenn er gebissen wurde. Die Folge war, daß das Mädchen damit aufhörte, ihrem Bruder wahllos Schmerz zuzufügen.

Man kann den dargestellten Lektionen oder der Art und Weise, in der die Eltern die in den drei Beispielen beschriebenen Ziele verfolgten, zustimmen oder auch nicht. Was man seinen Kindern beibringen möchte und wie man es ihnen beibringt, ist eine persönliche Angelegenheit, die Eltern untereinander ausmachen müssen. Was an allen diesen Beispielen jedoch hervorgehoben werden sollte ist, daß die Eltern ihrem Kind in jedem Fall eine Lernerfahrung vermittelt haben, die ihm die Gelegenheit gab zu lernen, was es tun sollte, anstatt es einfach nur zu bestrafen, weil es etwas getan hatte, das es nicht hätte tun sollen. Liz hat ihre Tochter nicht aus Haß oder Rache gebissen. Es war vielmehr zeitlich so abgestimmt, daß es fast genau in dem Moment erfolgte, als das Mädchen ihren Bruder biß, um ihr so eine unmittelbare Repräsentation und ein Feedback für ihr Verhalten aus der Perspektive des Jungen zu geben, und das war etwas, das sie bis dahin nicht verstanden hatte. In diesem besonderen Fall war der Zeitpunkt entscheidend. Wenn Liz gewartet hätte, bis der Junge anfing zu weinen, hätte das die Wahrscheinlichkeit erhöht, daß ihre Tochter das Gebissenwerden als Bestrafung dafür auffaßt, den nun offensichtlichen Schmerz ihres Bruders verursacht zu haben.

Wir haben oben bemerkt, daß Liz' Handlung ohne Haß erfolgte, was auch auf die anderen beiden Beispiele zutrifft. In diesem Zusammenhang müssen wir erwähnen, daß Bestrafung häufig in einer Form erfolgt, die einen Angriff auf die Person und das Selbstwertgefühl des Kindes darstellt (oder beinhaltet). Lucilles wütende Beschimpfung ihrer Tochter als rücksichtslos und ungezogen war ein Beispiel für die Gleichsetzung von Selbstwert und Verhalten. Es macht einen großen Unterschied einem Kind zu sagen, daß es einen Fehler oder sogar etwas Schlechtes gemacht habe und ihm zu sagen, es *sei* rücksichtslos *oder* schlecht. Der erste Zugang berücksichtigt, daß es noch Dinge lernen und an sich verändern muß, läßt jedoch sein Selbst-Konzept und seine Integrität intakt. Der zweite Zugang hingegen verwandelt sein falsches Verhalten oder sein Unwissen in Beispiele dafür, daß es ein Versager und eine unzulängliche Person sei.

Der Unterschied zwischen diesen beiden Kommunikationsformen mag Ihnen als subtil erscheinen, doch der Unterschied in der Wirkung ist beträchtlich. Nehmen Sie sich einen Moment Zeit, um sich an eine Begebenheit zu erinnern, bei der Sie in einer Weise auf Ihr Kind reagiert haben, derer Sie sich schämen und die Sie bedauern. Vielleicht haben Sie Ihr Kind einmal verhauen oder es angeschrien, als es eine so strenge Behandlung gar nicht verdiente. Vielleicht haben Sie es in einer Weise behandelt, die es tief gekränkt und möglicherweise sogar ihre Beziehung zu ihm gefährdet hat. Ganz gleich was es war, finden Sie ein Beispiel für eine Gelegenheit, als Sie Ihrer Aufgabe als Vater oder Mutter nicht so nachgekommen sind wie Sie es sollten.

Denken Sie jetzt an diese Begebenheit und überlegen Sie:

> Wie war es möglich, daß Sie so rücksichtslos waren? Wie war es möglich, daß Sie so gefühllos waren? Was für ein Mensch sind Sie? Das war mit Sicherheit *nicht* das, was ein guter Vater oder eine gute Mutter tun würde und wenn Sie wissen, was für Sie und für Ihr Kind gut ist, tun Sie es besser nie wieder.

Solche Bemerkungen ähneln den bitteren, bestrafenden Bemerkungen, die häufig gebraucht werden, um auf das Fehlverhalten und die Versäumnisse von Kindern einzugehen. Vergleichen Sie die Gefühle, die Sie als Reaktion auf diese Bemerkungen hatten, mit den Gefühlen, die Sie erleben, wenn Sie sich folgendes überlegen:

> Ihr Verhalten Ihrem Kind gegenüber war in dieser Situation vermutlich nicht das, was Sie sich gewünscht hätten. Wie hätten Sie sich lieber verhalten? Wie können Sie Ihre Wahrnehmung des Verhaltens Ihres Kindes und der Situation so verändern, daß Sie sich das nächste Mal, wenn Sie in einer ähnlichen Situation sind, so verhalten können wie Sie es *wollen* (und die Person sein können, die Sie sein wollen)?

Wahrscheinlich erleben Sie diese Reaktion auf Ihr elterliches Fehlverhalten oder Ihr Versäumnis als viel respektvoller Ihren Selbstwert-Gefühlen und Ihrem Selbstkonzept gegenüber und als hilfreicher, um *nützliches neues Verhalten zu lernen*. Diese Unterscheidung zwischen Verhalten und Selbst-Wert zu machen hilft dem Kind in seiner Entwicklung, auf Fehler als etwas zu reagieren, das angesprochen und gelöst werden muß, um Wiederholungen in der Zukunft zu vermeiden. Sie werden auf diese Weise nicht durch ihren Mißerfolg zerstört oder eingeschüchtert und müssen nicht an ihrer Fähigkeit zweifeln, die betreffende Situation kompetent bewältigen zu können. Wenn der eigene Selbst-Wert jedoch von Verhalten abhängig gemacht wird, führt das zu starken und bleibenden Gefühlen von Unzulänglichkeit und Furcht davor, sich auf Situationen einzulassen, in denen man bereits mehrfach versagt hat.

Wir möchten noch einmal betonen, daß die inneren Prozesse, die wir als Grundlage einer angemessenen Förderung der kindlichen Entwicklung dargestellt haben, solche unangenehmen Reaktionen wie Wut, verletzt oder enttäuscht-sein oder Verhaltensweisen, wie einen Klaps auf den Hintern zu geben oder Bestrafungen auszusprechen, weder ausschließen noch verschmähen. In unserer Erfahrung liegen solche Reaktionen innerhalb der Grenzen der Erziehung, vorausgesetzt diese Reaktionen werden so ausgedrückt und diese Verhaltensweisen so eingesetzt, daß Ihr Kind Informationen und Erfahrungen erhält, die darauf abzielen, ihm dabei zu helfen, in den betreffenden Situationen Kompetenz zu erzielen und wenn das auf eine Weise geschieht, die die Persönlichkeit des Kindes respektiert („Ich bin eine vertrauenswürdige Person." anstatt „Ich bin keine vertrauenswürdige Person.") und seinen Selbstwert unterstützt („Ich bin gut." anstatt „Ich bin schlecht.")

Die inneren Prozesse, die wir oben als angemessen dargestellt haben, führen auf natürliche Weise zu den beiden Zielen, die wir gerade beschrieben haben. Sie führen erstens dazu, daß Sie ganz natürlich berücksichtigen, was nötig ist, um es Ihrem Kind zu ermöglichen, das zu erreichen, was Sie gemeinsam wollen. Das beruht auf inneren Prozessen, die vor allem zukünftiges Wohlbefinden, das Kriterium „Lernen", Wahlmöglichkeit in bezug auf Verhalten, Flexibilität in der Berücksichtigung einer weiten Palette von Zielen (Zielen mit verschiedenen Ebenen von Spezifizität) und Gegenwart-Zukunfts Ursache-Wirkungs-Beziehungen berücksichtigen (d. h. die Verhaltensweisen, die zu den wichtigen zukünftigen Ergebnissen führen). Diese inneren Prozesse gehen zweitens darauf ein, was zu *tun* ist anstatt danach zu suchen, was falsch ist (wie es mit den drei Beispielen der Fall war, in denen unangemessenes Verhalten beschrieben wurde). Das führt dazu, daß Sie in der Situation nach angemessenem Verhalten anstatt nach persönlichen Fehlern und Schwächen suchen. Es geht mit anderen Worten nicht mehr darum, ob das Kind gut oder schlecht und vertrauenswürdig oder nicht sei, sondern darum zu bestimmen, welche Erfahrungen dem Kind mit einiger Wahrscheinlichkeit angemessene soziale, persönliche, akademische und physische Fertigkeiten vermitteln werden.(3)

Wie Sie an Ihrem Kind Freude haben können

Wie wir am Anfang dieses Kapitels bemerkt haben, sind Veränderung und Wachstum zwei der hervorstechendsten Merkmale von Kindern. Mit diesen Veränderungen mitzuhalten stellt neben der Verpflichtung, seine Kinder vor Gefahren zu beschützen, auf ihre emotionale, körperliche und intellektuelle Entwicklung einzugehen und ihrem scheinbar unaufhörlichen Bedarf an Nahrung, Kleidung, Malbüchern und verschiedenen Ausrüstungen nachzukommen, eine Vollzeitbeschäftigung für die meisten Eltern dar. Was ist der Lohn für (mindestens) einundzwanzig Jahre solcher Bemühungen? Nun, hier läßt sich eine ganze Menge anführen. Auch wenn manche Eltern das Aufziehen ihrer Kinder als bloße Pflichterfüllung auffassen, so finden andere tiefe Befriedigung darin, ihre Kinder sicher auf den Weg in ein eigenes selbständiges Leben zu bringen. Wieder andere erhalten durch ihre Kinder ein Gefühl der Bedeutung oder der Unsterblichkeit. Für viele Eltern hat das Abschneiden ihrer Kinder in der Schule, im Umgang mit dem anderen Geschlecht, in der Ehe und im Beruf direkte Auswirkungen auf ihr Selbstwertgefühl. Unglücklicherweise kann man viele Früchte der Kindererziehung, wie die eben erwähnten, erst ernten und genießen, wenn ganze Lebensabschnitte bewältigt und viel Zeit vergangen ist (Schulabschlüsse, Heirat, die erste Stelle, das einundzwanzigste Lebensjahr, usw.). Pete Seeger, der Folk-Sänger, hat eine andere Ansicht, wenn er sagt, daß Eltern „den größten Lohn erhalten – Küsse!" Der Vorteil dabei, in den Küssen den Lohn für seine Mühen zu sehen, liegt darin, daß das etwas ist, das Sie jeden Tag in diesen einundzwanzig (und mehr) Jahren genießen können.

> „Schau, Vati! Ich hab' meinen Namen geschrieben!" Susan hielt stolz das Blatt in die Höhe. Ihrem Vater, Mel, lag viel daran, daß Susan schreiben lernte. Er hatte erwartet, daß sie mittlerweile viel weiter wäre, als sie tatsächlich war, und so nahm er in Erwartung großer Dinge das Blatt von seiner fünfjährigen Tochter entgegen und sah sich an, was sie geleistet hatte: ZUZAN. Mel konnte nicht umhin enttäuscht zu sein. Warum hatte sie das nicht besser machen können? „Wann lernst du endlich richtig zu schreiben?" fragte er, als er Susan das Blatt zurückgab und fortging.

Mel *wollte* sich an dem Triumph seiner Tochter freuen. Anstatt auf den Fortschritt einzugehen, den sie gemacht hatte, reagiert er jedoch auf den Fortschritt, den er von ihr erwartete. Er vergleicht ihre gegenwärtige Schreibleistung mit seiner Vorstellung davon, wie ihre Schreibleistung sein könnte und sollte. Seine darauf folgenden Bewertungen beziehen sich auf die Gegenwart, doch er macht sie im Hinblick auf zukünftige Möglichkeiten/Wahrscheinlichkeiten, die Susan noch nicht verwirklicht hat. Er wendet diese zukünftigen Möglichkeiten auf die Gegenwart an und kann natürlich nicht anders als enttäuscht zu sein. Die Folge seiner Erwartung, daß die Zukunft in der Gegenwart stattfinden solle, stellt für Susan eine Abwertung ihrer Leistung dar und ist für Mel eine versäumte Gelegenheit, sich mit ihr gemeinsam an dieser Leistung zu freuen.

Neben der bereits erwähnten Tatsache, daß seine Evaluationen auf zukünftigen Möglichkeiten beruhen, von denen er erwartet, daß sie in der Gegenwart erfolgen, setzt Mels Verhalten in der Regel auch ein recht detailliertes Maß an Spezifität voraus. Der Unterschied besteht darin, ob man Fortschritt als das *richtige* Schreiben von Buchstaben oder als *besser*-Buchstaben-schreiben-können auffaßt. Beide können als Anzeichen von Fortschritt angesehen werden, doch richtig zu schreiben ist viel spezifischer als besser zu schreiben und ist daher nicht so einfach zu erfüllen. Die Bandbreite an Verhalten, die einer so detaillierten und spezifischen Repräsentation von Fortschritt genügen kann („richtig"), ist sehr schmal, während das allgemeinere „besser werden" viel mehr Gelegenheiten bietet, wachsende Kompetenz zu demonstrieren und sich somit auch an den Fortschritten des Kindes zu freuen.

Mels Unterhaltung mit seiner Tochter hätte ein zufriedener und erfreulicher Moment sein können, wenn er ihre Leistung auf die Vergangenheit und nicht auf die Zukunft bezogen bewertet hätte. Susan hatte vorher noch nie ihren Namen geschrieben. Das, was sie heute tun kann, weist verglichen mit dem, was sie gestern tun konnte, einen Fortschritt auf, an dem Mel sich freuen könnte. Verglichen mit dem Gekritzel vom Vorjahr sind die verkehrten Buchstaben ebenso erfreulich wie ermutigend.

Vergleichen Sie damit das Verhalten, das eine Lehrerin zeigte, als die Mutter eines fünfjährigen Mädchens zu einer Beratung zu ihr kam: Nachdem sie sich – in Anwesenheit des Mädchens – zehn Minuten lang die Beschwerden der Frau darüber angehört hatte, daß ihre Tochter nicht die Leistung erbrachte, die ihre Mutter erwartete, hatte sie genug. Sie unterbrach die Litanei und sagte: „In den letzten fünf Jahren hat ihre Tochter gelernt zu gehen, zu laufen, sich die Schuhe zuzubinden, zu zeichnen, zu malen, zu basteln, mit anderen auszukommen, zu essen und sich anzuziehen, zur Toilette zu gehen, Fahrrad zu fahren, zu zählen, abstrakt zu denken, die Grundzüge der Logik zu beherrschen, Zahlen und Buchstaben zu erkennnen, eine Reihe von Wörtern zu lesen *und* eine Sprache fließend zu sprechen. Wieviel haben *Sie* in den letzten fünf Jahren gelernt?"

Der offensichtliche Unterschied zwischen dieser Lehrerin und Mel besteht darin, daß, obwohl beide den Fortschritt in der Gegenwart beurteilen (sie beurteilen was das Kind tun kann), die Lehrerin diese Beurteilung aber im Bezug auf die *Vergangenheit* macht, während Mels Beurteilungen in bezug auf die Zukunft erfolgen. Der einzige weitere Unterschied besteht darin, daß die Lehrerin in der Lage ist, die Spezifität der Erfahrungen zu variieren, die sie zur Erfüllung ihres Kriteriums nutzt (z. B. abstrakt denken, Zahlen erkennen) und dadurch die verschiedenen Leistungen ihrer Schülerin als Beispiele für Erfolg erkennen kann, was für beide von ihnen ein Anlaß zur Freude ist.

Zu bemerken welche Fortschritte Ihre Kinder machen, ist jedoch nicht der einzige Weg, um Freude an ihnen zu haben.

David fühlte sich mit seinen siebzehn Jahren schon selbstbewußt und für sich selbst verantwortlich. Er hatte das genaugenommen schon in den letzten Jahren gefühlt, doch mit seinem Highschool-Abschluß und dem nahenden Beginn des College, war dieses Gefühl jetzt besonders stark. David war gerade auf dem Weg in sein Zimmer, als sein Vater, Ned, ihn rief. David stöhnte innerlich; er wußte genau, was jetzt wieder kommen würde. Sein Vater fing gleich damit an, daß David einen Fehler bei der Wahl seines Colleges gemacht habe. David hörte ihm ein paar Minuten zu, doch plötzlich hatte er genug. „Das geht dich alles überhaupt nichts an", schrie er und lief nach oben in sein Zimmer. Noch bevor er sein Zimmer erreicht hatte, sank ihm das Bewußtsein dessen, was er gerade getan hatte, schwer wie eine Kanonenkugel in den Magen. Er hatte noch nie so mit seinem Vater geredet. David wartete auf das Klopfen an der Tür, doch nichts geschah. Am nächsten Tag grüßte Ned ihn gut gelaunt. David wartete vorsichtig darauf, daß der Hammer fallen würde, doch weder geschah das, noch brachte sein Vater je wieder das Thema der College-Wahl auf.

Jahre später erinnerte David sich an den Vorfall und fragte seinen Vater, ob er wegen seines Ausfalls wütend auf ihn gewesen sei. „Wütend?" antwortete er, „Nein, ich war stolz auf dich". David neigte seinen Kopf zur Seite und fragte: „Hast du stolz gesagt?" „Ja" erwiderte Ned, „ich fragte mich, wann du dich endlich mir gegenüber behaupten würdest. Als du es getan hattest, wußte ich, daß du von nun an deine eigenen Entscheidungen treffen würdest."

Ned war vermutlich nicht gerade versessen darauf, zu hören, daß es ihn nichts anginge. Wenn er auf diese Abfuhr daher nur in bezug auf die Gegenwart reagiert hätte, wäre er sehr wahrscheinlich beleidigt gewesen und hätte in irgendeiner Form mit einer Strafmaßnahme reagiert. Statt dessen übertrug er die Gegenwart auf die *Zukunft* und konnte die Widerspenstigkeit seines Sohnes als Anzeichen der wachsenden Unabhängigkeit des Jungen erkennen – einer Eigenschaft, die er, wie Ned wußte, bald brauchen würde. Anstatt beleidigt zu sein, kann Ned daher stolz und hoffnungsvoll sein, da sein Sohn die Fähigkeit hat, auf seinen eigenen Beinen zu stehen.

Neds Verhalten verdeutlicht auch den Punkt, den wir vorhin erwähnt haben: Es macht einen großen Unterschied, wie detailliert die Bedingungen spezifiziert sind, durch die ein Kriterium erfüllt werden kann. Indem Mel ganz genau festlegt, wie sein Kriterium erfüllt werden muß, hatte er den Spielraum an Verhalten beträchtlich eingeengt, der seinen Kriteriumsäquivalenzen entsprechen würde. Bis ins kleinste Detail festgelegt könnte Mels Kriteriumsäquivalenz für *Unabhängigkeit* z. B. beinhalten, einen Wagen und ein Haus zu besitzen, verheiratet zu sein und eine Familie zu unterhalten und einen gut bezahlten und sicheren Job zu haben. (Wir haben sogar Personen kennengelernt, die noch engere, genauer detaillierte Repräsentationen hatten, in denen sogar die Automarke, die Art des Hauses, des Ehepartners und des Jobs festgelegt sind.) Mit solchen detaillierten Spezifizierungen müßte Mel warten bis jede dieser besonderen Bedingungen erfüllt ist, bevor er sich über die Unabhängigkeit seines Sohnes oder seiner Tochter freuen könnte.

Die allgemeineren und flexibleren Richtlinien, nach denen Ned in dieser Situation vorgeht, ermöglichen es ihm, nach angemesseneren Anzeichen für „Selbstverantwortung" zu suchen. Das Ausmaß an Situationen und Verhaltensweisen, die als Beispiele für Unabhängigkeit gelten können, ist enorm und beinhaltet selbst solche ansonsten unangenehmen Erfahrungen, wie von seinem eigenen Sohn oder seiner eigenen Tochter zurechtgewiesen oder ignoriert zu werden.

Es gibt eine andere Art von „Kuß", die Eltern jeden Tag bekommen können und doch gewöhnlich übersehen. Das ist die Freude, die man daraus gewinnen kann, die Wirklichkeit eines Kindes zu teilen. Die Welt Ihres Kindes ist offensichtlich verschieden von Ihrer eigenen und sie ändert und entwickelt sich mit jeder Entwicklungsphase, die Kinder erleben. Diese verschiedenen Wirklichkeiten der Heranwachsenden waren einmal Ihre eigenen, als Sie vor vielen Jahren selbst aufwuchsen. Sie sind jetzt möglicherweise unangemessen, um als Erwachsener in einer Erwachsenenwelt zu funktionieren, doch die Bereicherung und die Möglichkeiten der Perspektiven, die diese jüngeren und mittlerweile für Sie etwas fremden Wirklichkeiten bieten, sind es wert, erforscht und genossen zu werden. Das Puppenhaus, die Legos, der Kletterbaum, der Baseballhandschuh (die Fußballschuhe), die wilde Garderobe, der Rock and

Roll, die Verabredungen und lauten Autos bieten Möglichkeiten, die Welt wahrzunehmen, und Ihnen darüber hinaus neue, interessante und erfrischende Perspektiven eröffnen zu können.

Der Weg zu Ihrem Ziel

In diesem Abschnitt werden wir Sie durch die EMPRINT-Formate für jeden der drei zuvor besprochenen Bereiche der Kindererziehung führen. Diese EMPRINT-Formate sind dafür bestimmt, Ihnen zu zeigen, wie Sie als Eltern effektiver, erfüllter und zufriedener sein können. Vielleicht werden Sie entdecken, daß die Fertigkeiten, die Sie lernen werden, während Sie die einzelnen Explorationen und Übungen ausführen, genau die sind, die Sie in Ihrer Kindheit Ihren Eltern gewünscht hätten. Lesen Sie jeden Schritt aufmerksam durch und führen Sie die Anleitungen für jeden der Schritte aus. Auf diese Weise werden Sie lernen, so wahrzunehmen und zu handeln, daß es sowohl Ihnen wie auch Ihrem Kind zugutekommt.

Wachsen Sie mit Ihrem Kind

Wenn Sie auf die drei Abschnitte über Kindererziehung zurückschauen, die wir gerade besprochen haben, werden Sie bemerken, daß alle nützlichen inneren Prozesse, die wir beschrieben haben, von Ihrer Kenntnis des aktuellen Entwicklungsstandes Ihres Kindes abhängen. Die Fähigkeit, mit Ihrem Kind zu wachsen, setzt voraus, daß Sie die Besonderheiten der Welt erkennen können in der es lebt und die es würdigen kann. Diese Erkenntnis erlaubt es Ihnen, mit Ihrem Kind in einer Weise zu interagieren, die seinem gegenwärtigen Entwicklungsstand entspricht. Wenn Sie das gegenwärtige Modell der Welt Ihres Kindes und seine Fähigkeiten verstehen, ermöglicht Ihnen das, darüber hinaus sich daran zu freuen, wie es neue Fertigkeiten und Eigenschaften erwirbt. Dieses Verständnis gibt Ihnen auch Aufschluß über die Aspekte in der Entwicklung Ihres Kindes, die unter Umständen Ihre besondere Aufmerksamkeit und Zuwendung verlangen.

Als Eltern müssen Sie daher vor allem die Bedürfnisse in physiologischer, sozialer, kognitiver und verhaltensmäßiger Hinsicht und die Fähigkeiten erkennen können, die Ihr Kind gegenwärtig hat. Dieser Punkt wird Ihnen deutlicher werden, wenn Sie sich an eine Begebenheit aus der jüngeren Vergangenheit erinnern, in der Ihnen jemand eine Anweisung/Anleitung gegeben hat, die mehr Kenntnisse von Ihrer Seite voraussetzte als Sie tatsächlich hatten und die in einer Weise gegeben wurde, die Ihnen keine Gelegenheit ließ Fragen zu stellen. Beispiele für solche Erfahrungen sind u.a., wenn Ihnen ein gelangweilter Mechaniker den Defekt an Ihrem Wagen erklärt und beschreibt, wie er behoben werden kann oder Ihnen ein Computerhändler herablassend zuhört, wie Sie Fragen über Ihren Computer stellen oder wenn Sie ein langes Formular für das Finanzamt ausfüllen müssen. Erinnern Sie sich auch an Situationen, in denen jemand von oben herab zu Ihnen sprach und viel weniger Kenntnisse annahm als Sie tatsächlich hatten. Vielleicht wird jemand mit achtundzwanzig noch von seiner Mutter angerufen und daran erinnert, sich morgens warme Socken anzuziehen. Oder ein Buchhändler, den Sie nach einem Buch fragen und der darauf besteht, Ihnen zu erklären, wie man den Katalog gebraucht und Ihnen dann zeigt, wie Sie in den Regalen nach dem Buch suchen können. Beide Arten von Beispielen können als Referenzerfahrungen dafür dienen, wie es ist, auf einem Kompetenzniveau angesprochen zu werden, das nicht dem eigenen entspricht. Die Gefühle von Unzulänglichkeit und Unmut, die Sie wahrscheinlich in diesen Erfahrungen erlebten, sind die gleiche Art von Gefühlen, wie Kinder sie haben, wenn sie auf einem Verständnis- und Entwicklungsniveau angesprochen werden, das entweder ober- oder unterhalb ihres eigenen liegt.

Wenn Sie gemeinsam mit Ihrem Kind wachsen und angemessen und zu Ihrer gegenseitigen Zufriedenheit mit ihm interagieren wollen, dann ist es wesentlich, daß Sie Ihr Kind wirklich kennen. Wie wir oben bereits verdeutlicht haben, bestehen die zwei Fehler, die Eltern in diesem Zusammenhang machen darin, entweder ihre Kinder als jünger oder als älter wahrzunehmen als sie tatsächlich sind.

1. Um eine aktuelle Einschätzung Ihres Kindes vorzunehmen, ist es hilfreich, zunächst wenigstens zwei andere Kinder zu finden, die zwei bis drei Jahre jünger sind als Ihr Kind. Sehen Sie in Gedanken diese zwei jüngeren Kinder neben Ihrem Kind stehen und vergleichen Sie ihre Körper; vergleichen Sie ihre Körpergröße; vergleichen Sie die Proportionen von Rumpf, Gliedmaßen und Kopf; vergleichen Sie ihr Gewicht; ihre Muskulatur; ihre Gesichtszüge. Führen Sie zunächst diesen einfachen Vergleich durch, bevor Sie fortfahren.

2. Vergleichen Sie als nächstes am Ende dieses Abschnittes diese Kinder mit Ihrem eigenen Kind in Hinsicht darauf, wie viel sie sich bewegen, spielen und miteinander interagieren. Vergleichen Sie ihre Tonalitäten. Vergleichen Sie ihre Interessen und ihre körperlichen und geistigen Fähigkeiten. Vergleichen Sie das, was sie gerade in der Schule lernen. Vergleichen Sie, wie sich ihre Reaktionen unterscheiden, wenn sie bestraft werden, belohnt werden, aufgefordert werden etwas zu tun, usw. Das Ziel hierbei ist die Physiologie, das Verhalten, den Verstand und die Gefühle Ihres Kindes von dem jüngerer Kinder unterscheiden zu lernen. (Wenn diese vorgestellten Vergleiche Sie nicht überzeugen, beobachten Sie Ihr Kind, wenn es tatsächlich in der Gesellschaft jüngerer Kinder ist und achten Sie auf die Unterschiede zwischen ihnen, wenn sie interagieren.) Nehmen Sie sich nun die Zeit, diese Vergleiche anzustellen.

3. Der nächste Schritt besteht darin, sich Ihr Kind vorzustellen, wie es vor einem Jahr war und wie es jetzt ist. Vergleichen Sie diese beiden Bilder in der gleichen Weise, wie Sie es mit den jüngeren Kindern getan haben. (Wenn Ihnen Ihr Kind in beiden Bildern gleich erscheint, finden Sie ein Photo von ihm, das vor etwa einem Jahr aufgenommen wurde, und nutzen Sie es, um Ihre Erinnerung darüber aufzufrischen, wie Ihr Kind vor einem Jahr ausgesehen hat.) Nehmen Sie wieder wahr, wie sich der Körper, das Gesicht, die Stimme, die Bewegungen, die körperlichen und akademischen Interessen, die Schulfächer, die Denkweise und die Reaktionen auf verschiedene Situationen verändert haben.

4. Der nächste Schritt, um angemessen auf Ihr Kind einzugehen, besteht darin, dieselben Vergleiche zwischen Ihrem Kind und *älte-*

ren Kindern anzustellen. Wählen Sie zunächst zwei oder drei *Erwachsene*, die Sie kennen. Stellen Sie sich diese Erwachsenen und Ihr Kind nebeneinander vor und vergleichen Sie sie hinsichtlich ihrer körperlichen Entwicklung. Vergleichen Sie sie dann in bezug auf ihr Verhalten, ihre intellektuellen Fähigkeiten und Interessen, die Art ihrer emotionalen Reaktionen, usw.

5. Wenn Sie das getan haben und einige Unterschiede bemerkt haben, die Ihr Kind immer noch von der Welt der Erwachsenen trennen, suchen Sie als nächstes ein paar Kinder aus, die ungefähr zwei Jahre älter sind als Ihr eigenes Kind. Vergleichen Sie wieder diese beiden Kinder und Ihr eigenes Kind hinsichtlich physischer, psychischer, verhaltensmäßiger, intellektueller und emotionaler Merkmale. Das einzige Ziel besteht hier wieder darin, Sie auf einige der Punkte aufmerksam zu machen, in denen sich Ihr Kind von älteren Personen unterscheidet. Wenn Sie den Vergleich nicht überzeugend finden, empfehlen wir Ihnen, Ihr Kind tatsächlich mit zwei oder drei Erwachsenen und dann einigen etwas älteren Kindern zusammenzubringen und diese Vergleiche anzustellen, indem Sie ihren Interaktionen zuschauen und zuhören.

Indem Sie die oben beschriebenen Vergleiche anstellen, beginnen Sie Ihr Kind angemessen in der Entwicklungsphase einzuordnen, in der es sich befindet. Auch wenn das bereits besser ist als sich Ihrem Kind gegenüber so zu verhalten, als sei es jünger oder älter als es tatsächlich ist, so reicht es doch immer noch nicht aus. Wie jeder Erwachsene so hat auch ein Kind seine eigenen charakteristischen körperlichen, emotionalen und kognitiven Merkmale, Fähigkeiten und Interessen. Es ist überraschend, wie leicht es ist das zu vergessen und Ihr Kind daher unbeabsichtigt wie irgendein beliebiges Kind dieses Alters zu behandeln. Es ist daher wichtig im Auge zu behalten, *wer* Ihr Kind ist, damit Sie in einer angemessenen und für beide zufriedenstellenden Weise interagieren können.

6. Erstellen Sie zunächst ein Inventar mit den folgenden Kategorien für Ihren Sohn oder Ihre Tochter (die in Klammern gesetzten Beispiele beziehen sich auf den fünfjährigen Sohn eines der Autoren). Nutzen Sie die freigelassenen Zeilen, um die Ihr Kind betreffenden Informationen aufzuschreiben.

▪ **Physiologie** Beurteilen Sie den Körper Ihres Kindes hinsichtlich Größe, Stärke, Geschicklichkeit, Muskulatur, Körperbehaarung, Größe der Hüften, Brüste, Weite der Schultern, Stimmlage, Hautbeschaffenheit, Gerüche, usw. (Beispiel: groß für sein Alter, nicht besonders stark, ermüdet leicht)

Die Physiologie meines Kindes ______________________________

____

▪ **Körperliche Fähigkeiten** Welche grob- und feinmotorischen Tätigkeiten beherrscht Ihr Kind gut und welche beherrscht es nicht gut? (Beispiel: Er gebraucht Werkzeuge gut, hat sehr gute Feinmotorik, klettert gut.)

Körperliche Fähigkeiten meines Kindes _______________________

____

▪ **Körperliche Interessen** Welche körperlichen Tätigkeiten mag Ihr Kind und welche mag es nicht? (Beispiel: Will herausfinden, was sein Körper leisten kann, mag Laufen und Gymnastik.)

Körperliche Interessen meines Kindes ________________________

____

▪ **Kognitive Fähigkeiten** In welchen geistigen Tätigkeiten und Denkweisen ist Ihr Kind kompetent? (Beispiel: Ist seinem Alter voraus, was Wortschatz und Denkweise angeht, kann rechnen und schreiben, hat ein tolles Gedächtnis.)

Kognitive Fähigkeiten meines Kindes _________________________

____

▪ **Persönliche Eigenschaften** Welche Werte, Persönlichkeitsmerkmale und emotionalen Wünsche und Bedürfnisse hat Ihr Kind? (Beispiel: Achtet auf das Wohlbefinden anderer, hat einen starken Familiensinn, wird leicht verlegen, ist künstlerisch veranlagt, neigt dazu aufzugeben, wenn er etwas nicht schnell beherrschen lernt, ist rücksichtsvoll, beschützt seine Schwester, fühlt sich wohl in der Gesellschaft von Kindern, die viel älter sind als er.)

Persönliche Eigenschaften meines Kindes ____________________

____

- **Interessen** Was mag, sucht und schätzt Ihr Kind und was mag es nicht, vermeidet oder ignoriert es? (Beispiel: Mag Kunst, Bücher und Comics; haßt Medizin; plant gern verschiedene Projekte.)

Interessen meines Kindes ____________________

____

Wenn Sie diese sechs Erlebens- und Verhaltenskategorien für Ihr Kind durchgegangen sind, haben Sie bereits viele der charakteristischen Merkmale Ihres Sohnes oder Ihrer Tochter zu diesem Zeitpunkt seines bzw. ihres Lebens bestimmt. Wenn Sie sich mit Ihrem Kind gemeinsam entwickeln wollen (so, daß Sie mit ihm in einer Weise interagieren, die das Kind würdigen kann), dann müssen Sie das in bezug auf die Merkmale tun, die Sie gerade bestimmt haben.

Ein Freund von uns, Mark, hat z. B. einen elfjährigen Sohn, Jordon, der eine exzellente Feinmotorik besitzt – eine Fertigkeit, die sich in Rekord-Punktzahlen in Videospielen in Spielhallen rund um die Stadt ausdrückt. Diese hervorragende Koordination zwischen Auge und Hand erstreckt sich jedoch, aus welchen Gründen auch immer, nicht auf den Rest seines Körpers. Er ist ein Virtuose in der Spielhalle und ein Klotz auf dem Basketballfeld. Mark ist sich dieser qualitativen Unterschiede in Jordons physischen Fertigkeiten bewußt und variiert die Art seiner Interaktionen mit seinem Sohn der Situation entsprechend. Wenn sie z. B. Videospiele spielen (eine Tätigkeit, die Feinmotorik voraussetzt), hält Mark Jordon an besser zu werden, ist ehrlich beindruckt von der Leistung seines Sohnes und tröstet Jordon, wenn es mal schlecht läuft. Wenn sie jedoch zusammen Basketball spielen, ändert Mark seine Interaktionen mit seinem Sohn entsprechend und verschiebt den Schwerpunkt darauf, eine gute Zeit mit ihm zusammen zu verbringen (anstatt besonders gut abzuschneiden).

Ein ausgesprochenes Persönlichkeitsbeispiel von Pauls fünfjährigem Sohn Alex ist z. B. seine Sensibilität für das Verhalten anderer.

Er achtet beständig auf Stimmlage, Gesichts- und Körperausdruck von anderen, erkennt sehr schnell Veränderungen im emotionalen Zustand einer Person und reagiert entsprechend. Er versucht z. B. seine kleine Schwester aufzumuntern, wenn sie unglücklich ist und legt die Lieblingsmusik seiner Mutter auf, wenn er bemerkt, daß sie gereizt ist. Auch wenn seine Reaktionen oft sehr reif sind, so ist Alex doch immer noch fünf Jahre alt und versteht bestimmte Nuancen der Kommunikation noch nicht, wie z. B. Sarkasmus, Aufziehen, erhitzte Auseinandersetzungen, usw. Folglich geschieht es häufig, daß er die Bedeutung einer Kommunikation falsch versteht (vor allem, wenn sie an ihn gerichtet ist), leicht verletzt ist und in Tränen ausbricht. Paul geht daher sehr behutsam mit den Gefühlen seines Sohnes um, indem er entweder keine (für Alex) unklaren Formen der Kommunikation verwendet oder indem er vorher klarmacht, daß er nur Spaß macht, usw.

Die Vergleiche, die Sie oben angestellt haben, müßten verdeutlicht haben, daß sich Ihr Kind von Jahr zu Jahr verändert (oder sogar von Monat zu Monat, wie Sie sehen können, wenn Sie die gleichen Vergleiche in diesen kürzeren Zeitabständen durchführen.) Daher reicht es nicht aus, das obige Inventar nur einmal aufzustellen. Solange es für Sie wichtig ist, mit Ihrem Kind in einer für beide Seiten zufriedenstellenden Weise zu interagieren, haben Sie die Aufgabe, die Merkmale und die Entwicklung Ihres Kindes im Auge zu behalten. Ganz gleich in welcher Form, sollte ein solches Inventar ein ständiger Bestandteil Ihrer Wahrnehmung Ihres Kindes sein.

7. Wir kennen keinen besseren Weg, um mit der Welt Ihres Kindes (und somit den verschiedenen Unterscheidungen, die wir vorgestellt haben) in Kontakt zu bleiben, als gelegentlich mit ihm in *seiner* Umgebung zu *seinen* Bedingungen zu interagieren. Passen Sie Ihr Tempo dem Ihres Kindes an, indem Sie sich in der gleichen Geschwindigkeit bewegen, mit der gleichen Geschwindigkeit sprechen und reagieren wie es selbst. Achten Sie auf die Worte und Begriffe, die es gebraucht. Reden Sie über die Themen, über die es reden möchte, und tun Sie die Dinge, die es tun möchte und zwar auf die Weise, die es möchte. Allein schon mit Ihrem Kind in seinem Zimmer oder auf einem Spaziergang zu sein, mit keinem anderen Ziel, als Informationen darüber zu sammeln, was wichtig, bedeu-

tend und attraktiv für es ist und an was es Freude hat, wird Ihnen die stärkste persönliche und stellvertretende Erfahrung dafür vermitteln, wer Ihr Kind ist.

8. Diese Informationssammlung sollte auch Wissen darüber einschließen, vermittelt über welche Bedeutungen (Kriteriumsäquivalenzen) Ihr Kind die Welt wahrnimmt. Wie LCBs Erfahrung mit ihrem Sohn verdeutlicht, haben Kinder wie jeder Erwachsene Kriteriumsäquivalenzen, mit denen sie ihre Erfahrungen ordnen und ihr Verhalten steuern. Wie wir dargestellt haben, kann die Kenntnis dieser Kriteriumsäquivalenzen wesentlich sein, um das Verhalten Ihres Kindes zu verstehen und auf angemessene und nützliche Weise interagieren zu können. In LCB und Marks Beispiel konnte Leslie, nachdem sie Marks Kriteriumsäquivalenz für „Versagen" kannte („Nicht tun können, was man selbst oder andere erwartet hatten"), ihm Herausforderungen in einer Weise präsentieren, die es ihm ermöglichte sie anzugehen. Auch wenn Kriteriumsäquivalenzen einer der wirksamsten Aspekte in dem Erleben und Verhalten Ihres Kindes sein können, sind sie sehr einfach herauszufinden. Fragen Sie einfach. Sie werden so gut wie immer die Kriteriumsäquivalenz Ihres Kindes in einer bestimmten Situation herausfinden können indem Sie z. B. fragen: „Woran erkennst du, daß du Erfolg ... Mißerfolg ... Interesse hast, geliebt wirst ..., dir zugehört wird?"

9. Häufig kommt es zwischen Eltern und Kindern (oder überhaupt zwischen zwei Personen) zu Mißverständnissen, da beide, ohne es zu wissen, in der gleichen Situation nach verschiedenen Kriteriumsäquivalenzen vorgehen. Gehen Sie Ihre eigenen Interaktionen mit Ihrem Kind in Gedanken noch einmal durch und suchen Sie zwei frustrierende oder enttäuschende Ereignisse oder Momente aus, in denen Ihr Kind sich nicht so verhalten hat, wie Sie es erwartet oder gewollt hätten. (Wenn Ihr achtjähriger Sohn z. B. wiederholt Ihr Gespräch mit Ihrem Partner unterbricht.) Bestimmen Sie für jedes dieser Ereignisse die Kriterien, die Ihnen in der Situation wichtig waren und die von Ihrem Kind nicht erfüllt wurden (möglicherweise „Rücksichtnahme" und „Höflichkeit" in unserem Beispiel). Sie werden diese Information in dem nächsten Schritt brauchen, bestimmen Sie daher zunächst diese Kriterien, bevor Sie fortfahren.

Situationen, in denen sich mein Kind nicht so verhalten hat, wie ich es gewünscht hätte	**Normen, an die sich mein Kind in der Situation nicht gehalten hat**
1. ____________	a. ____________
	b. ____________
2. ____________	a. ____________
	b. ____________

10. Bestimmen Sie als nächstes *Ihre* Kriteriumsäquivalenzen für diese Kriterien und Normen (z. B. „rücksichtsvoll" = achtet auf die Wünsche und Bedürfnisse anderer Menschen). Wenn Sie diese Kriteriumsäquivalenzen bestimmt haben, können Sie als nächstes zu Ihrem Kind gehen und es nach *seinen* Kriteriumsäquivalenzen für das gleiche Kriterium fragen. (Sie könnten z. B. fragen: „Woran erkennst du, wenn du selbst oder jemand anderer höflich ist?" oder „Was bedeutet es höflich zu sein?") Sie werden so entweder das Verständnis Ihres Kindes für dieses Kriterium erfahren oder herausfinden, daß es keine Kriteriumsäquivalenzen für dieses Kriterium hat (in diesem Fall haben Sie die Gelegenheit, welche vorzuschlagen). Finden Sie das jetzt heraus, und tragen Sie die Antworten in dem dafür freigelassenen Raum ein.

Meine Kriteriumsäquivalenzen, die in der Situation nicht erfüllt wurden	**Die Kriteriumsäquivalenzen meines Kindes für dieses Kriterium**
a. ____________	____________
____________	____________
b. ____________	____________
____________	____________
c. ____________	____________
____________	____________
d. ____________	____________

11. Vergleichen Sie nun die Kriteriumsäquivalenzen Ihres Kindes mit Ihren eigenen. In welchen Punkten sind sie ähnlich und in welchen Punkten unterscheiden sie sich? Können Sie nun das Verhalten Ihres Kindes, das sie so schwierig fanden, in Kenntnis dieser Unterschiede besser verstehen? Wie könnten Sie Ihr Verständnis der Kriteriumsäquivalenzen Ihres Kindes nutzen, um ihm in seinem Wachstum und in seiner Entwicklung zu helfen? In unserem Beispiel könnte das Kind antworten, daß „höflich sein" bedeutet, andere nicht zu verletzen. Wenn Sie seine Kriteriumsäquivalenzen mit Ihren vergleichen (auf die Wünsche und Bedürfnisse anderer eingehen), stellen Sie fest, daß sie insofern ähnlich sind, als daß sie sich beide auf andere beziehen, aber sich in ihrer Reichweite unterscheiden („Wünsche und Bedürfnisse" ist viel umfassender als „verletzen"). Bei dieser Kriteriumsäquivalenz ist es offensichtlich, daß Ihr Sohn seine Unterbrechungen nicht für unhöflich halten wird. Wenn Sie das verstanden haben, können Sie seine Kriteriumsäquivalenz dahingehend verändern, daß sie einen weiteren Bereich einschließt oder Sie können seine Kriteriumsäquivalenz nutzen, um ihm dabei zu helfen, sein Verhalten zu ändern, indem Sie ihm erklären, daß *andere sich häufig dadurch verletzt fühlen, wenn sie unterbrochen werden.*

Doch auch wenn Sie Ihr Kind gut kennen, bedeutet das nicht notwendigerweise, daß Sie von Ihrem Sohn oder Ihrer Tochter nicht trotzdem mehr wollen und erwarten als er oder sie gegenwärtig leisten kann. Das ist auch völlig in Ordnung, denn Ihre Aufgabe als Vater bzw. Mutter besteht darin, Ihrem Kind Herausforderungen und Gelegenheiten zu bieten, damit es über seine Grenzen hinauswachsen kann. Manchmal überragt jedoch der Eifer von Eltern, die Entwicklung ihres Kindes zu beschleunigen, seine Fähigkeit, diese Erwartungen zu erfüllen. Was von den Eltern zunächst als Ermutigung gedacht war, wird bald zu Ungeduld, und das gibt einem Kind fast immer das Gefühl, daß es *unzulänglich* ist. Wenn Sie in bezug auf die Entwicklung Ihres Kindes ungeduldig werden, probieren Sie die folgende Übung (Schritte 12 bis 17).

12. Finden Sie zunächst eine wichtige Fertigkeit (bis hundert zählen, ohne Windeln auskommen, Freunde finden können) oder Eigenschaft (Rücksichtnahme auf andere, Großzügigkeit, Bereitschaft

Neues auszuprobieren), die Ihr Kind bereits erworben hat. Gehen Sie zurück zu dem Augenblick, als Sie erkannt haben, daß diese Fertigkeit oder Eigenschaft nun ein Teil des Repertoires Ihres Kindes war, und erleben Sie wieder den Stolz und die Erleichterung (und vielleicht auch Überraschung und Befriedigung), die Sie spürten, als Sie es bemerkten. Erleben Sie dieses Ereignis oder diesen Augenblick jetzt wieder; es ist wichtig, daß Sie sich diese Gefühle deutlich vergegenwärtigen, bevor Sie fortfahren.

13. Gehen Sie jetzt zurück in die Zeit, als Ihr Kind diese Fertigkeit oder Eigenschaft noch nicht erworben hatte, als Sie diese Fertigkeit oder Eigenschaft aber schon von ihm erwarteten. (Sie sehen z. B., daß Ihr Sohn Bobby jetzt seine Sachen mit anderen teilen kann. Wenn Sie in Gedanken zu einem Ereignis zurückgehen, das vor sechs Monaten stattgefunden hat, indem Sie trotz Vorschlägen, Ermutigungen und Vorhaltungen Billys Freunde nach Hause schicken mußten, weil er sie nicht mit seinen Spielsachen spielen ließ.) Erinnern Sie sich jetzt an diese Zeit.

14. Bringen Sie dieses Ereignis in Ihr Gedächtnis zurück und erleben Sie wieder die Frustration, die Enttäuschung und die Befürchtungen, die Sie in der Vergangenheit hatten, doch tun Sie es diesmal mit dem Wissen, das Sie damals nicht hatten, *daß nämlich Ihr Kind letztendlich diese Fertigkeit oder Eigenschaft erwerben wird, und es zu diesem Zeitpunkt lediglich noch nicht Teil seiner Entwicklung ist*. Achten Sie darauf, wie sich Ihre Reaktion auf die Situation verändert (vermutlich werden Sie geduldiger, vielleicht sogar neugierig in bezug auf die Zukunft). Wiederholen Sie diese Sequenz mit mehreren anderen Fertigkeiten oder Eigenschaften, die Sie zu einem früheren Zeitpunkt erwarteten und derentwegen Sie sich aufgeregt haben und die Ihr Kind jetzt erworben hat.

15. Sie können nun die veränderte emotionale Reaktion, die Sie erleben, wenn Sie diese Sequenz durchlaufen haben, mit Gewinn in der Gegenwart nutzen. Wählen Sie eine Fertigkeit oder Eigenschaft, die Sie *gegenwärtig* von Ihrem Kind erwarten oder wollen, die es jedoch (zu Ihrem Ärger, Ihrer Enttäuschung oder Sorge) nicht zeigt. Indem Sie die Geduld weiter bewahren, die Sie in dem vorhergehenden Schritt erreicht haben, erinnern Sie sich nun an eine Situation, die sich unlängst ereignet hat und in der Ihr Kind sich auf eine Weise verhalten hat, die deutlich machte, daß es die Fertigkeit oder Eigenschaft noch nicht hatte, die Sie von ihm erwarten. Machen Sie sich klar, daß es diese Fertigkeit oder Eigenschaft in der Zukunft erwerben und zeigen *wird*. Wie verändert sich Ihre Reaktion darauf, daß es diese Fertigkeit oder Eigenschaft jetzt noch nicht hat?

16. Wählen Sie andere Beispiele für Fertigkeiten und Eigenschaften, die Ihr Kind noch nicht zeigt, die Sie sich aber dringend für Ihr Kind wünschen, und verfahren Sie mit diesen Erwartungen in der oben beschriebenen Weise.

17. Wenn Sie das getan haben, ist es wichtig, sich die Zeit zu nehmen, dafür zu sorgen, daß Sie Ihr neues Verhalten in Zukunft auch zeigen werden. Bestimmen Sie zwei oder drei absehbare Situationen, in denen Sie sich Ihrem Kind gegenüber auf diese neue, geduldigere und sicherere Weise verhalten wollen. Stellen Sie sich nacheinander vor, schon in diesen Situationen zu sein: Sehen Sie, was um Sie herum vor sich geht, hören Sie die Stimmen anderer Personen, erleben Sie die Empfindungen, die in dieser Zukunft auf Sie warten. Üben Sie mental ein, sich Ihrem Kind gegenüber so zu verhalten, wie Sie es vorhaben, und führen Sie alle Verbesserungen durch, die nötig sind, damit Ihr Verhalten im Einklang mit Ihren neuen Wahrnehmungen und emotionalen Zuständen steht. Vergessen Sie nicht zu erkennen und zu würdigen, daß Sie gelernt haben, Problemsituationen in Gelegenheiten zu verwandeln, in denen Sie Ihre Liebe und Unterstützung ausdrükken können. Nehmen Sie sich nun die Zeit, diesen letzten und wichtigen Schritt durchzuführen.

Der Sinn dieser Sequenz besteht nicht darin, Ihnen zu helfen sich damit abzufinden, wie Ihre Kinder sind, sondern darin, Ihnen zu versichern (mit Hilfe Ihrer eigenen Erfahrungen), daß Ihr Kind die Fertigkeiten und Eigenschaften, deren Bedeutung Sie als Erwachsener kennen, erwerben kann und höchstwahrscheinlich auch wird. Die Geduld, die aus dieser Versicherung entsteht, wird Ihrem Kind das Gefühl vermitteln, daß Sie seiner Fähigkeit vertrauen, diese wichtigen Fertigkeiten und Eigenschaften zu erwerben. Es wird

Ihnen auch eine Perspektive ermöglichen, die es Ihnen erleichtert, sich an Ihren Kindern zu freuen, so wie sie sind.

Was Ihr Kind von Ihnen braucht

Wie wir gerade gesagt haben, besteht das Ziel nicht darin, der Entwicklung Ihres Kindes gegenüber gleichgültig zu werden. Vielmehr haben Eltern die Verantwortung, ihre Söhne und Töchter dahin zu führen, die Fertigkeiten und persönlichen Merkmale zu erwerben, die es ihnen erlauben werden, ein erfüllendes Leben zu führen. Es *muß* sogar das Ziel von Eltern sein, daß ihre Kinder diese Fertigkeiten und Eigenschaften erreichen, die die Grundlage für ein erfüllendes Leben sind, andernfalls wäre ihre Rolle kaum anders als die eines Wärters.

Das folgende EMPRINT-Format zeigt Ihnen, wie Sie Ihre besonderen Belange und persönlichen Werte einsetzen können, um Lernerfahrungen zu schaffen, die das zukünftige Wohlbefinden Ihres Kindes beeinflussen werden. Alle Eltern beeinflussen ihre Kinder und somit das zukünftige Wohlbefinden ihrer Kinder. Dieses EMPRINT-Format ist dazu bestimmt, Ihnen das Know-how zu geben, das Sie brauchen, um das informiert und effektiv zu tun. Um Sie auf die Entwicklung Ihres Sohnes oder Ihrer Tochter von der Kindheit zu einem erfüllten Erwachsenenalter hin zu orientieren, betonen wir vor allem das Kriterium „Lernen" und seine Bedeutung für die langfristige Zukunft.

1. Nehmen Sie sich einen Augenblick Zeit, um sich zu überlegen, was Ihr Kind langfristig lernen soll: *Was möchten Sie, das Ihr Kind als Schulkind, Teenager, junger Erwachsener und Erwachsener lernt?* Sie werden im weiteren Verlauf dieses Kapitels noch mehrere Male aufgefordert werden, diese Lernziele zu bedenken, tragen Sie sie daher jetzt in den dafür vorgesehenen Raum ein.

Was mein Kind lernen soll

Als Schulkind ____

____

Als Teenager ____

____

Als junger Erwachsener ____

____

Als Erwachsener ____

____

Es ist aus zwei Gründen wichtig ungefähr festzulegen, welche Ziele Sie für Ihre Kinder haben. Erstens können Sie, indem Sie Ihre Ziele explizit machen, beurteilen, ob diese Ziele, die Sie für Ihre Kinder verfolgen, auch wirklich mit der Persönlichkeit Ihres Kindes vereinbar (oder potentiell vereinbar) sind (erinnern Sie sich an das vorhergehende Kapitel „Wachsen Sie mit Ihrem Kind").

2. Nehmen Sie sich am Ende dieses Absatzes Zeit, um die Liste der Ziele, die Sie für Ihr Kind haben, daraufhin zu überprüfen, wie sie sich mit dem verträgt, was Sie von der Persönlichkeit Ihres Kindes wissen. Passen die Ziele für Ihren Sohn oder Ihre Tochter? Auch wenn sie jetzt nicht passen, könnten sie u.U. zu einem späteren Zeitpunkt in seinem Leben passen? Wie können Sie grundsätzlich unpassende (nicht kongruente) Ziele so abändern, daß sie der Persönlichkeit und den physischen, emotionalen und kognitiven Fertigkeiten Ihres Kindes entsprechen? Nutzen Sie diese Fragen jetzt als Leitfaden, um die Liste Ihrer Ziele zu überprüfen.

Der zweite Grund, warum es wichtig ist, sich der beabsichtigten Ziele für Ihre Kinder im Klaren zu sein: Sie werden explizite Ziele haben, auf die Sie sich beziehen, auf die Sie sich in den Interaktionen mit Ihren Kindern zubewegen und wofür Sie planen können. Um bei der Planung von Nutzen zu sein, muß die Kriteriumsäquivalenz für das Ziel jedoch angemessen in relativ kleine Verhaltenselemente unterteilt sein. Wenn Sie z. B. wollen, daß Ihr Kind rücksichtsvoll ist, ist es wichtig zu wissen, daß für Sie (vielleicht) „rücksichtsvoll" bedeutet, andere nicht zu unterbrechen, anderen zu helfen, ohne erst gefragt werden zu müssen und pünktlich zu sein. Wenn Sie wollen, daß Ihr Kind selbstbewußt wird, müssen Sie wissen, ob das (für Sie) bedeutet, Sachen erledigen zu können, ohne um Unterstützung bitten zu müssen, alleine ausgehen zu können, und korrigierbare Fehler ohne Hilfe von anderen korrigieren zu können.

Eine explizite Repräsentation von einem Ziel zu haben kann oft einen enormen Unterschied ausmachen. Wenn Sie Ihren Kindern bloß *sagen*, daß sie rücksichtsvoll sein sollen, gibt ihnen das keine spezifischen Informationen darüber, *was sie tun können*, um als rücksichtsvoll zu gelten, gleichgültig wie oft oder wie laut Sie sie dazu auffordern. Sie können auch nicht wissen, *was Sie tun können*, um Ihren Kindern zu helfen, höfliche Menschen zu werden, wenn Sie das gewünschte Ziel/Verhalten nur global kennen. Sobald Sie jedoch beginnen, Ihre Kriteriumsäquivalenz auf der Ebene von Verhalten zu spezifizieren, bekommen sowohl Sie wie auch Ihr Kind unmittelbar eine genaue Vorstellung davon, was „höflich sein" ausmacht. Nun können Sie Ihrem Kind erklären, darstellen oder die Erfahrung vermitteln, was es genau *tun* kann.

3. Bestimmen Sie für jedes der Ziele, die Sie für Ihr Kind aufgeführt haben, in welchem Verhalten sich für Sie dieses Ziel ausdrücken würde.

Ziel	**Spezifisches Verhalten**
________________	________________
	________________
________________	________________
	________________
________________	________________
	________________
________________	________________
	________________

Was tun Sie nun, nachdem Sie das Ziel bestimmt haben? Die allgemeine Antwort lautet, daß Sie Ihrem Kind die Erfahrungen vermitteln, die ihm dabei helfen werden, das zu lernen, was es Ihrer Meinung nach lernen soll. Wir können diese Antwort weiter ausführen, indem wir Ihnen die drei Arten von Lernerfahrungen vorstellen, die sich in unserer Erfahrung als nützlich erwiesen haben.

Wenn Ihr Kind jünger als sechs oder sieben Jahre ist, reicht es häufig, eine Erklärung oder Demonstration des Verhaltens zu geben, das Sie von ihm erwarten. Kleine Kinder haben häufig noch keine Kriteriumsäquivalenzen für viele Fertigkeiten und Eigenschaften gebildet. Dieser Mangel an vorgefaßten Konzepten ergibt in Verbindung mit dem unersättlichen Lernhunger des Kindes eine enorme Bereitschaft, solche Erklärungen und Demonstrationen aufzunehmen und nachzuahmen. Die Art und Weise, in der Paul Alex erklärt, was es bedeutet einen Bleistift zu stehlen, und mit ihm dann die einzelnen Verhaltensschritte durchgeht, um ihn zurückzubringen und sich zu entschuldigen, ist beispielhaft dafür. Das vermittelt Alex eine Reihe von Lernerfahrungen, die er später in ähnlichen Situationen nutzen kann.

Eine zweite Strategie, um Lernerfahrungen zu vermitteln, besteht darin, die negativen (unangenehmen, gefährlichen) Konsequenzen erleben zu lassen, die eintreten, wenn ein bestimmtes Verhalten oder eine bestimmte Eigenschaft nicht erworben wird. Wenn Milton Erickson wiederholt seinen Sohn aufweckt, sich entschuldigt und ihn daran erinnert, den Müll herauszubringen, so ist das ein Beispiel dafür. Wir kennen in diesem Zusammenhang einen Vater, dessen Sohn im Teenageralter unaufhörlich den Rest der Familie hänselte. Entschlossen, etwas dagegen zu tun, ging er zu seinem Sohn hinüber und kniff ihn fest in den Arm. Zunächst hielt der Junge es für einen Scherz, doch als sein Vater ihn weiter kniff, wurde der Sohn ärgerlich und wollte, daß er aufhöre. Doch sein Vater hörte nicht auf und der Ärger des Jungen schlug in Wut und Groll über. Als der Junge wirklich wütend und aufgebracht war, hörte sein Vater auf und sagte bloß: „Das ist genau das, was wir mit deinem Hänseln durchmachen." Das Hänseln hörte auf. Auch in diesem Fall vermittelte der Vater eine Erfahrung der negativen Konsequenzen, die das Verhalten des Sohnes (für die Familie) hatte, eine Lernerfahrung, die der Junge dann nutzen konnte, um sein eigenes Denken und Verhalten zu ändern. Das Beispiel, das wir weiter oben angeführt haben, in dem Liz ihrer Tochter die Erfahrung vermittelt, wie es ist, gebissen zu werden, kann auch als eine Verdeutlichung negativer Konsequenzen aufgeführt werden.

Eine dritte Strategie besteht darin, Ihrem Kind eine Lernerfahrung für die positiven (angenehmen, wertvollen) Konsequenzen zu geben, die erfolgen, wenn es sich auf eine bestimmte Weise verhält. Ein Bekannter von uns, der seinem Sohn Ausdauer beibringen wollte, kaufte ihm z. B. ein sehr einfaches Modellflugzeug und half ihm dabei es zusammenzubauen. Jedesmal wenn der Junge nicht weiterwußte, stellte sein Vater ihm Fragen, die es ihm ermöglichten weiterzumachen und lobte seinen Sohn dann dafür, daß er es geschafft habe. Nachdem er die gleiche Interaktion mehrere Male mit anderen und zunehmend komplizierteren Modellflugzeugen wiederholt hatte, begann der Junge Ausdauer in seinem eigenen Verhalten nachzuahmen. Jedesmal wenn er später einmal nicht weiterwußte, nahm er ganz selbstverständlich an, daß es einen Weg gäbe, um weiterzukommen und suchte dann sorgfältig nach diesem Weg.

4. Alle diese Beispiele haben gemeinsam, daß sie sowohl die Bedeutung des *Lernens* für die Zukunft wie auch die Ursache-Wirkungs-Beziehungen betonen, die zu dieser Zukunft führen (oder doch zumindest mit großer Wahrscheinlichkeit führen werden). Wählen Sie jetzt eine der gewünschten Fertigkeiten oder Eigenschaften, die Sie zuvor als Beispiel aufgeführt hatten (z. B. etwas mit anderen teilen können) und stellen Sie sich vor, wie Ihr Kind in Zukunft in der Lage sein wird, dieses Ziel in seinem Verhalten auszudrücken (sehen und hören Sie, wie es das Verhalten tatsächlich ausführt). Tun Sie das, bevor Sie zu dem nächsten Schritt gehen.

5. Stellen Sie sich als nächstes vor, welche Arten von Lernerfahrungen Sie schaffen könnten, die dazu beitragen würden, diese Zukunft Wirklichkeit werden zu lassen (mit anderen Worten, die Ursache-Wirkungs-Schritte, die die Gegenwart mit dieser Zukunft verbinden). Um Sie dabei zu unterstützen, schlagen wir Ihnen vor, die drei Lernerfahrungs-Strategien, die wir oben beschrieben haben, als Leitfaden zu benutzen. Beispiel:

- Beschreiben Sie die Kriteriumsäquivalenz, nach der sich Ihr Kind verhalten soll; demonstrieren Sie sie in Ihrem eigenen Verhalten und/oder führen Sie das Kind an dieses Verhalten heran. (Wenn wir weiter in dem „Mit-anderen-teilen"-Beispiel bleiben, könnte das Ziel Ihrer Planung darin bestehen, Ihrem Kind die Bedeutung dieses

Verhaltens zu erklären; denken Sie daran, mit Ihrem Kind und in Gegenwart Ihres Kindes das gewünschte Verhalten selbst auszuführen und es dabei darauf hinzuweisen.)

- Schaffen Sie Gelegenheiten, in denen die negativen Konsequenzen erlebt werden können, die eintreten, wenn die betreffende Fertigkeit oder Eigenschaft nicht erworben wird. (Beginnen Sie ein Spiel, an dem Sie beide Spaß haben. Wenn Ihr Kind sich dann weigert, etwas mit Ihnen zu teilen, können Sie Ihre Enttäuschung beschreiben, aufstehen und gehen; finden Sie etwas, das Ihnen gehört und das Ihr Kind haben will. Verweigern Sie es ihm, wenn es Sie darum bittet; richten Sie seine Aufmerksamkeit darauf, wie unangenehm dieser innere Zustand ist und geben Sie ihm dann, was es sich gewünscht hat, um ihm den Kontrast zu verdeutlichen.)

- Schaffen Sie Gelegenheiten, in denen die positiven Konsequenzen erlebt werden können, die eintreten, wenn die betreffende Fertigkeit oder Eigenschaft erworben wird. (Bereiten Sie eine Situation vor, in der Ihr Kind etwas bekommt, das es einem seiner Freunde geben soll, erklären Sie ihm dann, daß das bedeutet etwas zu teilen und loben Sie es dann dafür.)

Nutzen Sie den freigelassenen Raum, um die Ideen aufzuschreiben, die Sie auf der Grundlage jeder dieser drei Strategien für eines Ihrer Ziele entwickeln.

Ziel	**Lernerfahrung**
____________________	1. ____________________
	____________________
	____________________
	2. ____________________
	____________________
	____________________
	3. ____________________
	____________________
	____________________

Wenn Sie diese drei Strategien auf das Ziel anwenden, werden Sie vermutlich wenigstens drei mögliche Wege finden, wie Sie mit

Ihrem Kind interagieren können, um es dabei zu unterstützen, sich auf dieses Ziel zuzubewegen. Hier geht es vor allem darum, eine Lernerfahrung für Ihr Kind zu schaffen, die ihm eine nützliche Referenzerfahrung bietet. Die Nützlichkeit dieser drei Strategien besteht darin, Ihr Denken in diese Richtung zu lenken.

6. Wir empfehlen Ihnen daher, diese Strategien auf die anderen Fertigkeiten und Eigenschaften auf der Liste anzuwenden. Wenden Sie diese Strategien auch weiter in Ihren täglichen Interaktionen mit Ihren Kindern an, bis Sie in den Situationen, in denen eine Diskrepanz eintritt zwischen dem, was Sie *für* Ihr Kind wollen und erwarten und dem, was es tatsächlich tut, spontan auf eine Weise reagieren, die nützliche Lernerfahrungen für das Kind schafft.

Auf zwei Punkte müssen wir noch weiter eingehen. Erstens setzt es Beständigkeit von *Ihrer* Seite voraus, Ihre Kinder zu neuen Fertigkeiten und Eigenschaften zu führen. Auch wenn manchmal eine einzelne motivierende Erfahrung zu Veränderung führen kann, wird Ihr Kind häufiger durch Wiederholung auf eine besondere Fertigkeit oder Eigenschaft hin orientiert werden. Eltern müssen sich daher an die wichtigen Interaktionen (Drohungen, Versprechungen, Lob, Lektionen, Vereinbarungen, usw.), die sie mit ihren Kindern gehabt haben, erinnern und sich nach diesen richten. Das wird es ihnen ermöglichen, sich auf Dauer beständig zu verhalten. Es ist z. B. kein Zeichen von Beständigkeit, wenn Sie von Ihrem Kind verlangen, etwas, das es aus einem Geschäft mitgenommen hat zurückzubringen, aber es dann ignorieren, wenn es das nächste Mal etwas nimmt, das ihm nicht gehört. Solche Unbeständigkeit wird Ihrem Kind wahrscheinlich kaum die Lernerfahrungen vermitteln, die ihm später dabei helfen können zu entscheiden, ob es etwas, das jemand anderem gehört, nehmen soll oder nicht.

7. Future-Pacing kann Ihnen dabei helfen, sich Ihrem Kind gegenüber beständig zu verhalten. Sie können dafür sorgen, daß Sie sich auf Dauer Ihrem Kind gegenüber angemessen und beständig verhalten, wenn Sie sich vorstellen, wie Sie sich in der Zukunft in Situationen, die der ähneln, in der Sie gerade mit Ihrem Kind interagiert haben, angemessen und konsistent verhalten. Nehmen Sie sich am Ende dieses Abschnitts etwas Zeit, um eine in der nahen

Zukunft liegende Situation zu bestimmen, in der Sie die Gelegenheit haben werden, entsprechend einer zuvor geäußerten Drohung, Versprechung oder Vereinbarung zu handeln. Stellen Sie sich vor, in dieser Situation zu sein. Erleben Sie so vollständig wie möglich, wie es ist, zu diesem zukünftigen Zeitpunkt an diesem Ort zu sein, handeln Sie dann in dieser Situation entsprechend Ihrer Absicht und erkennen und würdigen Sie, daß Sie in dem besten Interesse des zukünftigen Wohlbefindens Ihres Kindes handeln. Nutzen Sie, bevor Sie weiterlesen, diese Methode und future-pacen Sie Ihre neue, beständigere Art zu reagieren.

Zweitens wollen wir durch unsere Betonung von Überlegungen, die sich auf die Zukunft beziehen, nicht andeuten, daß Sie immer auf diese Weise auf Mängel in dem Verhalten Ihres Kindes reagieren sollen. Es ist offensichtlich, daß häufig Reaktionen nötig sind, die auf Überlegungen beruhen, welche sich auf die Gegenwart oder unmittelbare Zukunft beziehen. Jeder, der auch nur ein einziges verregnetes Wochenende damit verbracht hat, auf Kinder aufzupassen, sie letzendlich zu Bett gebracht hat, dann dankbar auf dem Sofa zusammengebrochen ist, um Minuten später von Kinderstimmen aufgeweckt zu werden, die darüber streiten, wer das größte Stück Kuchen gehabt hat, weiß, wovon wir reden. Natürlich könnten Sie sich eine interessante Reaktion überlegen, die ihnen eine nützliche Lernerfahrung dafür geben würde, worum es sich wirklich zu streiten lohnt. Aber wen interessiert das schon um 21 Uhr 30, nach zwei vollen Tagen mit den Kindern im Haus? Warum soll man nicht einfach vom Sofa aus hinaufrufen, daß sie ruhig sein und endlich schlafen sollen, zumal wenn es funktioniert? Es gibt somit Zeiten, wenn es Ihre Absicht und Ihr Wunsch ist, Ihr Kind zu erziehen, und Zeiten, zu denen es nicht angebracht ist, oder Sie einfach kein Interesse daran haben. Wir halten es jedoch für wichtig, daß Sie bedenken, ob die Aufmerksamkeit, die Sie dem Aufziehen Ihres Kindes widmen, angemessen ist und ob Ihr Vorgehen angemessen und nützlich ist, um Ihrem Kind in seiner Entwicklung zu helfen. In dieser Hinsicht können die Überlegungen, die wir hier vorgestellt haben, darüber entscheiden, ob Sie ein Wärter oder ein Lehrer sind.

Wie Sie an Ihrem Kind Freude haben können

Welchen Grund zur Freude hat man mit Kindern? Einer, der mit Sicherheit erfreulichsten Aspekte am Kinderhaben ist es, daß man ihre Entwicklung von Babys zu (hoffentlich) glücklichen, erfüllten Erwachsenen miterleben kann. Als elterlicher Freund und Lehrer (anstatt als Wärter) wird man belohnt durch die Freude zu sehen, wie das eigene Kind neue Fertigkeiten meistert und nutzt, das Wissen, daß jede dieser Veränderungen dazu beitragen kann, das Leben Ihres Kindes etwas besser zu machen und den Stolz, das Beste für sein Kind getan zu haben (sein Kind wohl auf den Weg gebracht zu haben). Sie wollen, daß Ihre Kinder in emotionaler, intellektueller und sozialer Hinsicht gedeihen. Einer der erfreulichsten Momente in der Kindererziehung ist es, miterleben zu können, wie unsere Kinder in der einen oder anderen Weise gedeihen.

An Ihren Kindern in dieser Weise Freude zu haben bedeutet, daß Sie in der Lage sind, zu erkennen, wenn sie Fortschritte gemacht haben. Wie Sie sich erinnern können, verpaßte Mel eine Gelegenheit, sich am Fortschritt seiner Tochter zu freuen, weil er nicht in der Lage war, es als solchen zu erkennen. Statt dessen nahm er wahr, was sie noch nicht erreicht hatte und konnte daher nicht an Susans Leistung teilhaben. Was ihm fehlte, war ein Bezug zu seinen Erinnerungen hinsichtlich der früheren Schreibleistung seiner Tochter. Ein solcher Bezug hätte ihm die Grundlage für einen Vergleich gegeben, der den Fortschritt seiner Tochter deutlich gemacht hätte.

Das ist leicht zu erreichen, wenn die Orientierungen und inneren Prozesse, die wir bisher in diesem Kapitel beschrieben haben, Ihnen geläufig geworden sind. Zwei wichtige Dinge, die Sie in diesen Abschnitten getan haben, waren 1. die Gelegenheit wahrzunehmen, darauf einzugehen, wie Ihr Kind jetzt tatsächlich ist und 2. die Fertigkeiten und Eigenschaften, die Sie für Ihr Kind und von Ihrem Kind wollen, in Anbetracht der Persönlichkeit Ihres Kindes zu beurteilen. Wenn Sie die Qualitäten Ihres Kindes würdigen und wissen, welche Fertigkeiten und Eigenschaften es noch entwickeln muß, ist das einzige, was Sie noch brauchen, um sich an dem Fortschritt Ihres Kindes zu freuen, eine Erinnerung, mit der Sie seine aktuellen Fertigkeiten und Eigenschaften vergleichen können. Der Maßstab zur Einschätzung des Fortschritts Ihres Kindes wird dann die Frage „Wie hat es sich verbessert?" (und nicht „Beherrscht es etwas schon oder nicht?").

1. Wenn Sie ein jüngeres Beispiel für eine Situation haben, in der Ihr Kind eine Fertigkeit oder Eigenschaft, die Sie für Ihr Kind wollen, nicht bewältigt hat, nehmen Sie sich etwas Zeit, um weiter in der Zeit zurückzugehen und Beispiele dafür zu finden, wie Ihr Kind noch *weiter* von dem Erwerb dieser Fertigkeit oder Eigenschaft entfernt war.

2. Vergleichen Sie jetzt diese Beispiele mit dem, was Ihr Kind jetzt tun kann. Bemerken Sie die Verbesserung und den Fortschritt, der in diesem Vergleich deutlich wird. (Eine andere Möglichkeit ist natürlich, daß Sie bei diesem Vergleich entdecken, daß Ihr Kind noch *weiter* von diesen Zielen entfernt ist als es das früher war. Auch wenn Ihnen das wahrscheinlich keine Freude machen wird, ist es doch wichtig diese Information zu haben, da Sie darauf aufmerksam gemacht werden, daß es an der Zeit ist, einen Plan zu entwikkeln, um in nützlicher Weise zu intervenieren. Lesen Sie noch einmal das Kapitel „Was Ihr Kind von Ihnen braucht".)

Eine andere Möglichkeit, um die Befriedigung zu genießen, die Sie aus der Wahrnehmung des Fortschritts Ihres Kindes ziehen können, besteht darin, zu bemerken, wie die gegenwärtigen Fertigkeiten und Eigenschaften Ihrem Kind in der *Zukunft* dienen werden. Wenn Sie sich noch erinnern, war Neds Reaktion, als sein Sohn ihm sagte, sich um seine eigenen Angelegenheiten zu kümmern, ein Beispiel dafür. Das Verhalten des Jungen mag grob und ungezogen gewesen sein, doch Ned nahm es auch als Anzeichen für die wachsende Selbständigkeit seines Sohnes wahr – und das war etwas, von dem er wollte, das sein Sohn es lernt.

3. Erinnern Sie sich an eine Gelegenheit, bei der Ihr Kind Sie mit einem neuen und (für Sie) entweder unangenehmen oder angenehmen Verhalten überrascht hat. (Beispiel: Ihr fünfjähriger Sohn sitzt zu nah am Fernsehgerät. Als er aufsteht, um Ihrer Aufforderung nachzukommen, etwas weiter zurückzurücken, ziehen Sie seinen Stuhl für ihn etwas zurück. Er wird wütend und tritt Sie gegen das Schienbein: „Ich wollte das selbst machen!")

4. Als nächstes müssen Sie hinsichtlich dieses Verhaltens das, was Ihre Aufmerksamkeit in dem Moment anzieht, in ein Beispiel für eine zukünftige wichtigere und positive Eigenschaft verwandeln. Die Absicht dabei ist, von dem Verhalten selbst zu dem überzugehen, was sich als *nützliche* Eigenschaft darin ausdrückt. (Das Verhalten Ihres Sohnes ist ein Zeichen für wachsendes Selbstvertrauen, was auf einer allgemeineren Ebene liegt als sein Wütendwerden, sein Treten und sein Wunsch, es selbst machen zu wollen.) An dieser Stelle ist es wichtig, die Eigenschaft von den Verhaltensweisen zu trennen, durch die sie sich äußert. Diese Trennung ermöglicht es, mit Blick auf den größeren Zusammenhang seiner Persönlichkeitsentwicklung, auf das Verhalten Ihres Kindes zu reagieren, anstatt nur auf die unmittelbare Anstößigkeit des Verhaltens. Diese Trennung von Verhalten und Eigenschaft kann, wie im Fall von Ned und seinem Sohn, beruhigend und angenehm sein. Erinnern Sie sich jetzt an die Situation aus dem vorhergehenden Schritt und verwandeln Sie das anstößige Verhalten in ein Beispiel für eine zukünftige positive Eigenschaft.

Wenn das Verhalten, mit dem Ihr Kind diese Eigenschaft ausgedrückt hat, angemessen ist, können Sie die Angelegenheit auf sich beruhen lassen. Wenn sein Verhalten andererseits in irgendeiner Weise unangemessen (gefährlich, unerfreulich, kontra-produktiv) war, müssen Sie noch folgende Überlegungen anstellen.

5. Wenn Sie jetzt eine Vorstellung davon haben, welche Eigenschaft sich in dem Verhalten äußert, müssen Sie als nächstes dafür sorgen, daß Ihr Kind angemessene Verhaltensweisen hat, um die sich entwickelnde Eigenschaft auszudrücken. Die *Eigenschaft* selbst ist schließlich etwas Erhaltenswertes. Ihre Aufgabe besteht somit darin, Ihrem Kind dabei zu helfen, angemessenere Wege zu finden, um diese Eigenschaft auszudrücken. Wenn Sie die Eigenschaft erkannt haben, müssen Sie Verhaltensweisen finden, die angemessen sind, um diese Eigenschaft auszudrücken. Diese Verhaltensweisen gilt es dann Ihrem Kind zu vermitteln. (Das Ziel Ihrer Interaktion ist es in diesem Fall zu erziehen.) Da das Wütendwerden und Treten des Jungen in unserem Beispiel mit Sicherheit unangemessen und letztlich nicht nützlich ist, könnten Sie ihn dafür loben, es selbst machen zu wollen und ihm gleichzeitig erklären, daß Sie keine

Möglichkeit hatten, das vorher zu wissen, das andere seine Gedanken nicht lesen können und er von nun an anderen mitteilen muß, was er vorhat, damit Sie mit ihm kooperieren können. Was wären angemessene Verhaltensweisen für Ihr Kind, um die betreffende Eigenschaft auszudrücken? Wie können Sie das Ihrem Kind vermitteln? Nehmen Sie sich nun etwas Zeit, um Antworten auf diese Fragen zu finden.

Neben der Freude an der Entwicklung Ihres Kindes besteht eine weitere Quelle von Freude, die häufig von Eltern übersehen wird, in der Welt des Kindes selbst. Auch wenn es ein Teil der Aufgabe von Eltern ist, ihre Kinder zum Erwachsensein zu führen, steht es doch fest, daß sie noch nicht die gleichen Wahrnehmungen, Unterscheidungen und Glaubenssätze haben, die die Welt der Erwachsenen kennzeichnen. Wenn Sie bereit dazu sind, kann Ihr Kind Sie zu einer Sichtweise der Welt zurückführen, die stärker durch Staunen, Zauber, Neugier, Möglichkeiten, Flexibilität in der Wahrnehmung, Akzeptanz und Freiheit gekennzeichnet ist als die Welt der Erwachsenen. Jede neue Phase in ihrem Wachstum und ihrer Entwicklung bringt Veränderungen in diesen Wahrnehmungen mit sich.

Wir haben bereits beschrieben, wie Sie die Wirklichkeit Ihres Kindes betreten können, als wir davon sprachen, wie Sie herausfinden können, welche Persönlichkeit Ihr Kind hat. Die einzige Ergänzung, die wir hier vorschlagen möchten, ist, neben dem Sammeln von Informationen, Ihre Freude an der Erfahrung dieser jüngeren Welt zu betonen. Der wirksamste Weg, um in die Welt Ihres Kindes einzutreten, besteht darin, Ihre eigenen Bewegungen, Ihr Tempo, Ihre Sprache, Ihre Betonung und Ihr Verhalten denen des Kindes anzugleichen. Viele Erwachsene haben Schwierigkeiten damit, weil sie entweder glauben, daß sie etwas anders tun sollten, als einfach nur Zeit mit ihrem Kind zu verbringen, oder weil sie Angst haben, albern zu wirken. Wenn es Ihnen aus einem dieser beiden Gründe schwerfällt, die Welt Ihres Kindes zu betreten, empfehlen wir Ihnen im voraus zu planen und sich etwas Zeit freizuhalten mit der erklärten Absicht, die Wirklichkeit Ihres Kindes kennenzulernen. Wenn Sie erst erlebt haben, welche frische Perspektive und vertraute Interaktion möglich ist, wenn Sie für eine Weile in ihre Wirklichkeit eintreten, werden Sie wahrscheinlich jede Gelegenheit nutzen, die sich Ihnen bietet, um es zu wiederholen.

Kinder wachsen und versäumte Gelegenheiten lassen sich nicht zurückbringen. Das ist eine wertvolle Zeit in Ihrem Leben. Vergeuden Sie sie nicht. Nutzen Sie das, was Sie in diesem Kapitel gelernt haben.

Nachwort

Die Beispiele und EMPRINT-Formate, die wir in diesem Buch dargestellt haben, dienen dem Erwerb von Talenten, Fähigkeiten und Erfahrungen, nicht der Analyse von Problemen. Obwohl wir mehrfach beschrieben haben, welchen Problemen Menschen häufig begegnen und wie manche mit Erfolg in diesen Problemsituationen reagieren, so gehen wir in keinem dieser Fälle darauf ein, *warum* jemand ein bestimmtes Problem hat und warum jemand anderer es nicht hat. Unsere Absicht war es vielmehr, die inneren Prozesse zu beschreiben, die Personen gebrauchen, um ihr Gesamterleben zu erzeugen – ihr Verstehen, ihre Einsichten, ihre emotionalen Zustände – und ihr Verhalten. Wir haben diese inneren Prozesse darüber hinaus in einer Weise beschrieben, die sie jeder anderen Person zugänglich machen, die ähnliche Erfahrungen oder Verhaltensweisen braucht oder wünscht. Diese Orientierung geht natürlich zurück auf Edward Halls Desideratum, in dem er nach dem „Äquivalent eines Notensystems, das gelernt werden kann und das für alle verschiedenen Männer und Frauen, in verschiedenen Berufen und Beziehungen für Zeit, Raum, Arbeit und Freizeit" wirkt mit dem Ziel „ein Werkzeug zu haben, um das Leben etwas weniger zufällig und etwas mehr erfreulich zu machen".

Das bezieht sich nicht nur auf sogenannte gute Erfahrungen und Verhaltensweisen, die einige Menschen zeigen, sondern ebenso auf die problematischen. Wie wir immer wieder dargestellt haben, sind alle Erfahrungen und Verhaltensweisen nützlich und angemessen, es hängt nur davon ab, in welcher Situation sie auftreten. Daher ist jeder Mensch – Sie eingeschlossen – eine Ressource, die eine Fülle genau der Erfahrungen und Verhaltensweisen enthält, die jemand anderer braucht, um seine Niederlagen, Enttäuschungen und Frustrationen in bereichernde Erfahrungen und Erfolge zu verwandeln.

Was wir auf diesen Seiten vorgestellt haben, ist daher nur eine Probe, ein Vorgeschmack auf das, was erhältlich und möglich ist. Die Unterscheidungen für die inneren Prozesse, die wir beschrieben haben, können in jedem Gedanken, in jeder Interaktion, Handlung, Fertigkeit und Reaktion gefunden werden, die für Menschen möglich ist. Die Methode, die diese Unterscheidungen organisiert, ist kein Modell von menschlichen Wesen, sondern ein Weg, um ein Modell für ihr Verhalten in den verschiedenen Situationen zu erstellen, die ihr Leben ausmachen. Das Leben braucht keine Kette von automatischen Reaktionen zu sein, das durch die Willkür der Umstände bestimmt wird. Indem Sie Zugang zu den ansonsten verschlossenen Bereichen der inneren Verarbeitung gewinnen, die dem Erleben und Verhalten jedes Menschen zugrundeliegen, können die hier dargestellten Ideen und Formate für Sie zu einem Werkzeug für Ihre persönliche Entwicklung werden. Auf weite Gruppen von Personen angewendet, die von neuen Wahlmöglichkeiten in ihrem Erleben und Verhalten profitieren könnten, können diese Ideen und Verhaltensweisen (und die EMPRINT-Methode selbst) auch zu einem Werkzeug für die soziale und kulturelle Entwicklung werden.

Wir hoffen, daß Sie in Ihrem Leben täglich Erfahrungen machen, Kommentare hören oder Ideen kennenlernen werden, die Fragen in Ihnen wecken werden, die Sie auf der Suche nach Informationen und Verständnis wieder zu diesem Buch führen werden. Wir haben dieses Buch nicht geschrieben, damit es einmal gelesen wird und dann im Bücherschrank verschwindet, um den Staub von den Regalen fernzuhalten. Es soll genutzt werden, um praktische und zugängliche Wege zu bieten, Ziele im allgemeinen und die in den einzelnen Kapiteln besprochenen im besonderen zu erreichen. Es soll eine erfahrungsbezogene Darstellung einer Methode sein, die das erlernbare menschliche Notensystem liefern kann, das Hall beschreibt. Es soll auch Fragen aufwerfen – Fragen, deren Sinn nicht in den Antworten liegt, sondern in der Suche nach ihnen.

Anmerkungen

Kapitel Eins

1. Der vielleicht erste publizierte Versuch, die interkulturell charakteristischen Verhaltensweisen von Menschen zu beschreiben, war Charles Darwins „The Expressions of the Emotions in Man and Animals". Der interkulturelle Vergleich von Erleben, Verhalten und sozialen Strukturen war natürlich lange Zeit ein Arbeitsgebiet der Anthropologen; ein jüngeres Beispiel dafür ist Colin Turnbulls Buch „The Human Cycle" in dem er die Muster untersucht, die alle Kulturen gemeinsam zu haben scheinen.

Kapitel Zwei

1. Die in diesem Buch vorgestellten Formate wurden mit der EMPRINT-Methode entwickelt, einem von den Autoren entworfenen Verfahren zur beschleunigten Aneignung von Fertigkeiten. Die EMPRINT-Methode, sowie ihr Gebrauch und ihre Anwendungen ist in einem weiteren Buch der Autoren „The EMPRINT Method: A Guide to Reproducing Competence" (deutsche Ausgabe bei Junfermann in Vorbereitung) dargestellt.

2. In seinem Buch „Die Struktur wissenschaftlicher Revolutionen" gibt Thomas Kuhn in seiner Beschreibung einer von Bruner und Postman durchgeführten Serie von Experimenten weitere Belege für diesen durchdringenden Einfluß individueller Modelle. Bruner und Postman baten Versuchspersonen, einzelne Spielkarten zu bestimmen. Die Versuchspersonen wußten jedoch nicht, daß atypische Karten in dem Stoß waren, wie z. B. eine rote Pik sechs, eine schwarze Karo vier, usw. Bei kurzen Darbietungszeiten hielten die Versuchspersonen die Karten für normale Spielkarten (eine schwarze Herz sechs wurde als Pik sechs oder als Herz sechs erkannt). Wenn die Darbietungszeiten verlängert wurden, reagierten die Versuchspersonen verwirrt und begannen mit der Antwort zu zögern. Bei weiterer Erhöhung der Darbietungszeit gelang es einigen Versuchspersonen, die atypischen Karten zu erkennen, woraufhin sie im weiteren Verlauf keine Mühe hatten, diese Karten auszumachen.

Einigen wenigen Versuchspersonen gelang es jedoch bis zuletzt nicht, die notwendige Anpassung ihrer Kategorien durchzuführen. Selbst bei einer Darbietungszeit, die vierzig Mal länger war als die im Durchschnitt zur Identifizierung normaler Karten notwendige Zeit, konnten sie mehr als zehn Prozent der atypischen Karten nicht identifizieren. Die betreffenden

Versuchspersonen erlebten akuten Streß. Eine der Versuchspersonen sagte: „Ich kann die Farbe nicht erkennen. Es sah nicht mal wie eine Karte aus. Ich weiß nicht, welche Farbe es ist und ob es Pik oder Herz ist. Ich bin mir jetzt nicht einmal mehr sicher, wie Pik aussieht. Oh, mein Gott." (S. 63)

Kuhn bemerkt weiter, daß einer der Experimentatoren (Postman) zugab, daß er selbst es auch unangenehm fand, die atypischen Karten anzusehen.

Beim Durchsehen der umfangreichen experimentellen Literatur, aus der diese Beispiele entnommen sind, bekommt man den Verdacht, daß so etwas wie ein Paradigma überhaupt eine Voraussetzung für Wahrnehmung ist. Was jemand sieht, hängt sowohl davon ab, was er anschaut wie auch davon, was seine vorherige visuell-konzeptuelle Erfahrung ihn zu sehen gelehrt hat. In Ermangelung eines solchen Trainings kann es, in William James Worten, bloß „ein wildes, wirres Durcheinander" geben.

Kapitel Vier

1. Es mag so aussehen, als ob die Überlegungen, die man in der „Handlungs"-Phase anstellt, bestimmen, ob man Handeln chronisch aufschiebt oder nicht. In unserer Erfahrung ist das viel stärker davon abhängig, ob man eine reichhaltige, zwingende Repräsentation der Zukunft hat, die in der Lage ist, jemanden auf etwas zu oder von etwas fort zu zwingen. Das Aufschieben wird daher durch die Art der Überlegungen bestimmt sein, die während der „Wünschen"- und „Wollen"-Phasen angestellt werden.

Kapitel Fünf

1. Alles, was wir in diesem Kapitel „gemodellt" haben und vorstellen werden, ist für eine gesunde Ernährungsweise gedacht – nicht für Diät oder Gewichtsreduktion. Um gesund zu sein und sich fit zu fühlen, muß man sich angemessen ernähren und sich bewegen. Viele stellen ihre Ernährung und sportliche Betätigung darauf ab, Kriterien zu erfüllen, die durch die Medien hinsichtlich Aussehen, Schönheit, Attraktivität, Kontrolle, usw. aufgestellt werden. Wir sind jedoch mehr daran interessiert, daß Sie aus Ihren eigenen, *selbstbestimmten* Kriterien heraus handeln. Ihr Gewicht wird das Resultat ihrer Eß- und Bewegungsgewohnheiten sowie Ihrer genetischen Ausstattung sein. Wenn Sie sich angemessen ernähren und ausreichend Bewegung verschaffen, werden Ihre genetischen Programme dafür sorgen, daß Sie Ihr Normalgewicht erreichen. Wenn Sie Ihr Gewicht darüber hinaus reduzieren wollen, müssen Sie sich darüber im klaren sein, daß Sie u.U. gegen Ihre genetische Prädisposition ankämpfen, was schwierig sein kann und möglicherweise die lebenslange Bereitschaft voraussetzt, auf

bestimmte Dinge zu verzichten. Bevor Sie sich darauf einlassen, sollten Sie bedenken, ob Sie es tun wollen, um selbst- oder fremderzeugte Kriterien zu erfüllen und ob die Erfüllung dieser Kriterien die Mühe wert ist. (Der Abschnitt „Von Wissen zu Erfahrung" in diesem Kapitel wird Ihnen dabei helfen, die Antworten auf diese Fragen zu finden.)

Kapitel Sieben

1. Das in den Zigaretten enthaltene Nikotin tritt an die Stelle bestimmter Neurotransmitter, die an der Erzeugung von Zuständen wie Euphorie und Wohlbefinden mitbeteiligt sind. Wenn Nikotin über einen längeren Zeitraum hinweg gebraucht wird, „erkennen" die chemischen Prozesse, die für die Produktion dieser Neurotransmitter verantwortlich sind, daß sie nicht mehr benötigt werden und versiegen. Die Folge ist, daß man von Zigaretten und dem in ihnen enthaltenen Nikotin abhängig wird, um ein Gefühl von Wohlbefinden zu erreichen. Wenn man aufhört zu rauchen, tritt plötzlich ein Mangel sowohl dieser Neurotransmitter wie auch des Nikotins ein, was in vielen Fällen zu Niedergeschlagenheit, Nervosität und Angstzuständen führen kann. Die physiologische Abhängigkeit läßt allmählich nach, da Ihre Neuro-Physiologie das Bedürfnis nach den fehlenden Neurotransmittern bemerkt und wieder mit ihrer Produktion beginnt.

2. Wir möchten betonen, daß wir hier nicht von Alkoholabhängigkeit sprechen, da es sich dabei um ein sowohl psychisch wie sozial viel komplexeres Problem handelt als bei sozial unangemessenem Trinkverhalten.

Kapitel Neun

1. Genau betrachtet ist gegenseitige Anziehung ein überraschend häufiges Phänomen. Wir vermuten, daß diese Häufigkeit vor allem damit zusammenhängt, daß für viele, wenn sie von jemand anderem attraktiv gefunden werden, viele der Kriterien erfüllt sind, die sie haben, um andere attraktiv zu finden. D. h. „wenn er/sie mich will, zeigt das, was für eine intelligente, sensible und wundervolle Person er/sie ist".

2. Wertschätzung, die auf Evaluationen der Zukunft beruht (wie in Jills Fall), kann auch sehr dauerhaft sein. Wertschätzung, die darauf beruht, was in der Zukunft sein wird, kann länger anhalten als Wertschätzung, die auf Evaluationen in der Gegenwart beruht. Zukunftsbezogene Wertschätzung wird nur dann verblassen, wenn man genügend motivierende Erfahrungen

macht, die einen davon überzeugen, daß die Zukunft, die man erwartet hat, nicht mehr möglich ist. Zu dieser Schlußfolgerung zu gelangen, kann jedoch sehr lange dauern, was dazu führt, daß man in einer Beziehung bleibt, die man schon lange beendet hätte, wenn man mehr Gewicht auf seine *gegenwärtige* Erfahrung gelegt hätte.

3. Es lohnt sich zwischen „zu jemandem gehören" und „jemandem gehören" zu unterscheiden. Beide werden oft verwechselt. Wenn man einmal z. B. ein Sofa kauft, gehört es einem und man muß – anders als bei einer Beziehung – nichts mehr tun, um es zu behalten. Beziehungen sind dagegen nie abgeschlossen und verlangen beständige Bemühungen („Handeln"), um bewahrt zu werden.

4. Das ist häufig der Fall mit verheirateten Personen, die Affären haben. Mit unterschiedlichen, unvereinbaren kurz- und langfristigen Kriterien werden Affären die einzige Möglichkeit, um alles, was man von einer Beziehung will und braucht zu bekommen.

5. Leslie Cameron-Bandlers Buch „Solutions: Practical and Effective Antidotes for Sexual and Relationship Problems" enthält eine tiefergehende Diskussion von „Threshold"-Mustern und bespricht eine Reihe anderer Aspekte von Beziehungen. Es enthält viele (in diesem Buch nicht erwähnte) Techniken, die nützlich sind, um Beziehungen angenehm und erfüllend zu gestalten (siehe dazu auch Leslie Cameron-Bandlers Buch „Wieder Zusammenfinden. NLP – Neue Wege der Paartherapie", Junfermann, Paderborn 1991, 5. Auflage).

Kapitel Zehn

1. Obwohl das Schwergewicht in diesem Kapitel auf Eltern und ihren noch nicht erwachsenen Kindern liegt, möchten wir doch darauf hinweisen, daß einige Eltern sich immer noch so verhalten, als ob die Vergangenheit die Gegenwart sei, selbst wenn ihr Kind schon erwachsen und verheiratet ist und eigene Kinder hat. Vermutlich wird es Ihnen nicht schwerfallen, aus Ihrem eigenen Bekanntenkreis Beispiele dafür zu finden.

2. Dieses Beispiel ist aus „Phoenix: Therapeutic Patterns of Milton H. Erickson" von Gordon und Meyers-Anderson, übernommen worden. Ericksons einzigartiger und sehr lehrreicher Umgang mit Familienangelegenheiten ist am besten in Jay Haleys Buch „Uncommon Therapy: The Psychiatric Techniques of Milton H.Erickson, M.D." (dt. Ausgabe: Die

Psychotherapie Milton H. Ericksons, Pfeiffer, München) dargestellt. Lesen Sie dieses Buch mehrmals. Es wird Ihnen Perspektiven auf die Interaktion in Familien eröffnen, die ebenso verblüffend wie nützlich sind.

3. Wir sind überzeugt, daß Vertrautheit und Flexibilität im Umgang mit den Unterscheidungen im Erleben und den nützlichen Überlegungen, die in diesem Buch beschrieben sind, zwei Ihrer Ziele in der Erziehung Ihrer Kinder sein sollten. Wir haben jedoch nicht vor, Ihnen vorzugeben, was Ihre Ziele für Ihre Kinder im Hinblick auf deren Selbst-Konzept und Selbstwertgefühl sein sollten (außer Ihnen die allgemeine Empfehlung zu geben, auf diese Bereiche des Erlebens Ihres Kindes zu achten und sie zu unterstützen). Spezifischere Informationen über Glaubenssätze und Werte, die zu einem angemessenen Selbstkonzept und Selbstwertgefühl führen, kann man in den zahlreichen Büchern zu diesem Thema finden. Zwei Bücher, die wir empfehlen sind „Self-Esteem: The Key to your Childs Well-Being" (Clemes und Bean) und „Uncommon Therapy" (Haley).

Wenn Sie an weiteren Beispielen interessiert sind, die sowohl respektvoll dem Kind gegenüber, wie auch strategisch klug sind, empfehlen wir Ihnen die wundervollen „Mrs. Piggle-Wiggle Books" von Betty MacDonald. Jedes einzelne enthält Geschichten verzweifelter Eltern, die entdecken, wie sie auf einfache, natürliche und wirksame Weise die soziale und persönliche Entwicklung ihres Kindes beeinflussen können. Pflichtlektüre für alle Eltern.

Glossar

Automatische Reaktion – Die Unfähigkeit, mit mehr als einer Emotion oder einem Verhalten auf eine bestimmte Situation zu reagieren.

Emotionaler Zustand – Die Gefühle einer Person zu einem bestimmten Zeitpunkt (z. B. glücklich, neugierig, zuversichtlich, usw.).

Evaluierung – Der Prozeß, bei dem Kriterien in einem bestimmten Kontext angewendet werden, um zu bestimmen, ob und in welchem Ausmaß diese Kriterien erfüllt worden sind, erfüllt werden oder erfüllt werden könnten (auch Test genannt).

Feedback – Jedes Verhalten (sowohl Ihr eigenes wie auch das anderer), das als Information oder Leitfaden für das Denken und Handeln einer Person genutzt werden kann.

Future Pacing – Eine Technik, die Ihnen dabei helfen soll, neue Verhaltensweisen auch tatsächlich zur Verfügung zu haben, wenn Sie sie brauchen. Das geschieht, indem zukünftige Situationen so deutlich wie möglich vergegenwärtigt werden und in der Vorstellung die Erfahrung erlebt wird, die neuen Verhaltensweisen in den betreffenden Situationen einzusetzen.

Gegenbeispiel – Eine Erfahrung, Erinnerung oder Information, die mit einer Generalisierung oder einem Glaubenssatz unvereinbar ist.

Gegenwart-Zukunfts Ursache-Wirkung – Der tatsächliche oder angenommene Zusammenhang zwischen einem Verhalten, einem Ereignis, einer Erfahrung oder einer Situation in der Gegenwart und Ereignissen in der Zukunft.

Gewähltes Verhalten – Die Fähigkeit, mit mehr als einer Emotion oder einem Verhalten auf eine bestimmte Situation zu reagieren.

Innere Prozesse – Denkweisen; die Interaktion von Kriterien, Kriteriumsäquivalenzen, Annahmen über Ursache-Wirkungs-Zusammenhänge, Repräsentationen und Evaluierungen, die zusammen zu dem subjektiven Erleben und Verhalten einer Person in einer bestimmten Situation führen.

Kriterium – Die Standards, auf denen eine Evaluierung beruht.

Kriteriumsäquivalenz – Die Verhaltensweisen, Wahrnehmungen, Eigenschaften, Umstände, usw., die ein Kriterium erfüllen.

Referenzerfahrung – Die Erfahrungen, die eine Person in einer bestimmten Situation als Quelle von Information verwendet.

Repräsentation – Die inneren Bilder, Töne und Gefühle, die, bewußt oder unbewußt, das Erleben und Verhalten einer Person beeinflussen.

Stellvertretende Erfahrung – Informationen, die dadurch gewonnen werden, daß man sich vorstellt, was eine andere Person erlebt.

Subordination – Das Ignorieren von oder sich-drüber-Hinwegsetzen über Evaluierungen, die sich auf einen bestimmten Zeitrahmen beziehen, zugunsten von Evaluierungen, die sich auf einen anderen Zeitrahmen beziehen (z. B. das Ignorieren der Zukunft zugunsten der Gegenwart).

Ursache-Wirkung – Erfahrungen, Ereignisse, Situationen oder Verhaltensweisen, die voneinander in der Weise abhängig sind, oder als voneinander abhängig wahrgenommen werden, daß das Auftreten der/des einen zu dem Auftreten der/des anderen führt.

Vorannahme – Ein Glaubenssatz, der bewußt oder unbewußt, das Erleben und Verhalten einer Person beeinflußt.

Zwingender Zukunftsentwurf – Ein vorgestellter Zukunftsentwurf, der in der Lage ist, das Erleben und Verhalten einer Person in der Gegenwart zu beeinflussen.

Literatur

Aaronson, Bernard S. Behavior and the Place Names of Time, in *Waker, Henri* (Hg.): The Future of Time. New York, NY.: Doubleday, 1971.

Ashby, W. Ross. Design for a Brain: The Origin of Adaptive Behavior. New York, NY.: John Wiley & Sons, 1960.

Bandler, Richard & Grinder, John. The Structure of Magic. (2 Bde.) Cupertino, Ca.: Science and Behavior Books, Inc., 1975. Dt.: Metasprache und Psychotherapie. Paderborn: Junfermann 1990, 6. Auflage; sowie: Kommunikation und Veränderung. Paderborn: Junfermann 1991, 5.Auflage.

Bleibtreu, John N. The Parable of the Beast. New York, NY.: Collier Books, 1968.

Cameron-Bandler, Leslie; Gordon, David & Lebeau, Michael. The EMPRINT Method: A Guide to Reproducing Competence. San Rafael, Ca.: Future-Pace, 1985 (deutsche Ausgabe bei Junfermann in Vorbereitung).

Clemes, Harris & Bean, Reynold. Self-Esteem: The Key to Your Child's Well-Being. New York, NY.: Zebra Books, 1981.

Darwin, Charles. The Expression of the Emotions in Man and Animals. Chicago, Ill.: The University of Chicago Press, 1965. Dt.: Der Ausdruck der Gemütsbewegungen bei den Menschen und den Thieren. Stuttgart: Schweizbarthsche Verlagsbuchhandlung, 1899.

Dossey, Larry. Space, Time & Medicine. Boulder, Co.: Shambala Publications, Inc., 1982. Dt.: Die Medizin von Raum und Zeit. Sphinx

Erickson, Milton H. Pseudo-Orientation in Time as a Hypnotherapeutic Procedure, in: *Journal for Clinical and Experimental Hypnosis,* 1954, 2, 261-283.

Frankl, Viktor E. Man's Search for Meaning. New York, NY.: Washington Square Press, 1963.

Gordon, David. Therapeutic Metaphors. Cupertino, Ca.: Meta Publications, 1978. Dt: Therapeutische Metaphern. Paderborn: Junfermann 1990, 3.Auflage.

Gordon, David & Meyers-Anderson, Maribeth. Phoenix: Therapeutic Patterns of Milton H. Erickson. Cupertino, Ca.: Meta-Publications, 1978. Dt.: Phoenix. Hamburg: Isko-Press, 1986.

Haley, Jay. Uncommon Therapy: The Psychiatric Techniques of Milton H. Erickson, M.D. New York, NY.: W.W. Norton & Co., Inc., 1973. Dt.: Die Psychotherapie Milton H. Ericksons. München: Pfeiffer, 1978.

Hall, Edward T. The Silent Language. Garden City, NY.: Doubleday & Company, 1959.

—.The Hidden Dimension. Garden City, NY.: Doubleday & Company, 1966.

—. Beyond Culture. Garden City, NY.: Anchor Press/Doubleday, 1976.

—. The Dance of Life. Garden City, NY.: Anchor Press/Doubleday, 1983.

Kuhn, Thomas S. The Structure of Scientific Revolutions. Chicago, Ill. The University of Chicago Press, 1970. Dt.: Die Struktur wissenschaftlicher Revolutionen. Frankfurt: Suhrkamp, 1979.

MacDonald, Betty. Mrs. Piggle-Wiggle. Philadelphia, Pa.: J.B. Lippincott Co., 1975.

Mann, Harriett; Siegler, Miriam & Osmond, Humphry. The Psychotypology of Time, in: *Waker, Henri* (Hg.): The Future of Time. New York, NY.: Doubleday, 1971.

Miller, George A.; Galanter, Eugene & Pribram, Karl. Plans and the Structure of Behavior. New York, NY.: Holt, Rinehart and Winston, Inc., 1960.

Newell, Allen & Simon, Herbert A. Human Problem Solving. Englewood Cliffs, NJ.: Prentice-Hall, 1971.

Pribram, Karl. Languages of the Brain. Englewood Cliffs, NJ.: Prentice Hall, 1971.

Sheehy, Gail. Passages. New York, NY.: E.P. Dutton & Co., Inc., 1974.

Turnbull, Colin M. The Human Cycle. New York, NY.: Simon and Schuster, 1983.